国家社会科学基金西部项目资助

邓小平关于武器装备建设的论述研究

DENG XIAOPING GUANYU WUQI ZHUANGBEI JIANSHE DE LUNSHU YANJIU

曾　敏　李泉霖　著

中央文献出版社

目　录

绪 论

邓小平是中国共产党第二代中央领导集体的核心，既是中国社会主义改革开放和现代化建设的总设计师，又是新时期中国国防和军队建设的总设计师。邓小平创造性地提出了新形势下国防和军队建设的一系列新观点，为新时期中国国防和军队建设指明了方向。邓小平关于中国国防和军队现代化建设的科学论述，中心是解决国防和军队现代化问题。国防和军队现代化，离不开武器装备现代化。然而，由于受多种因素的制约，学术界对邓小平武器装备建设重要论述的研究不够系统。邓小平关于新时期武器装备建设的科学论述内涵丰富，涉及整个国民经济领域，其基本内容涉及战略指导、科研先行、军民结合、军工技改、管理改革等方面。邓小平关于新时期中国武器装备现代化建设的重要论述，对新时期中国国防和军队现代化建设起到了极其重要的指导作用，在新时代得以发展和升华。

一、关于新时期武器装备建设的战略指导

邓小平认为，中国武器装备现代化建设，首先要抓战略问题，抓战略是抓装备的出发点。武器装备是实现战略的工具，发展什么样的武器装备，取决于战略的需要。战略问题是全局问题。从战略高度抓武器装备，就是要克服各兵种、各军种各自为政的低层次的局限，从国际战略、国家安全战略、国家发展战略、军事战略和武

器装备战略等层面，以全局的观念指导新时期中国武器装备的现代化建设。

对国际战略格局的新判断，推动了武器装备建设指导思想的战略性转变。曾经，从战争不可避免而且迫在眉睫的战略观点出发，中国国防和军队的各项建设都以直接应对即将发生的战争为目的，国防科技工业的建设布局、武器装备的研制和生产都是着眼于即将爆发世界大战，不可避免地忽视国防科技长远发展的筹划和实施。20 世纪 70 年代，邓小平敏锐洞悉世界战略格局的重大变化提出，“可以争取延缓战争的爆发”。经过对战争与和平问题深入的长期的观察和全方位的研判，1985 年又指出：世界大战的危险还是存在的，但是，世界和平力量的增长超过战争力量的增长。由此得出结论，在较长时间内不发生大规模的世界战争是有可能的，维护世界和平是有希望的。这推动中国实现了军队建设指导思想的战略性转变，即由“准备早打、大打、打核战争”转到和平时期建设的轨道上来，摆脱了过去多年来在临战状态下进行应急式建设的被动局面，在服从和服务于国家经济建设的前提下，有计划有步骤地进行现代化建设。中国军队武器装备建设指导思想由“临战状态”向“和平建设”的战略性转变，要求武器装备建设以现代化为中心，从未来战争的需要出发，从军队肩负的职能和使命出发，逐步纳入整个国家建设的大系统中，着眼武器装备建设的根本性、长远性、基础性因素，从长计议、循序渐进、互相协调发展。

以国家安全战略为基点的局部战争，对武器装备提出新的要求。在世界战争可以推迟或者避免的国际形势下，虽然战争威胁程度有较大减轻，“大仗”一时打不起来，但是局部的、小规模的战争威胁不可避免而且危险性在增强。邓小平认为，国际形势有一个战争问题。美苏两家打不起来，就没有世界大战。但是，小的战争不可避免，不发达国家之间的战争实际上是发达国家的需要。发达国家欺负发展中国家爆发的局部战争不断，甚至连中国这样一个发展中的大国，都还有维护主权、独立和领土完整的任务，国家安全仍然面临威胁。新中国成立后，历史遗留的领土和海洋权益争端，曾经先后导致中印、中苏、中越边境武装冲突。20 世纪 70 年代起，又有一些国家觊觎中国的海洋权益，抢占中国岛屿，挑起大陆架争议。基于中国面临的国家安全问题，邓小平提出，我们还要看到战争。不管哪个方面，战争准备都要加强。要在国家安全战略的指导下，深入研究现代局部战争的特点，调整武器装备研制和生产的战略和计划，以适应其需要。现代局部战争的新特点，对中国新时期军事斗争准备提出了新的课题，对武器装备的发展和战时保障提出了新的要求。中国的整个军事斗争准备的基点应该由应付一般条件下的局部战争转变到打赢现代技术特别是高技术条件下的局部战争上来，这个转变的实质，是由准备应付工业时代的战争向准备应付信息时代的战争转变，这就要求中国军队武器装备建设由机械化向电子化、信息化迈进。

服从服务于国家发展战略，军队要“忍耐”，不影响武器装备建设。局部战争危险的存在，国家安全始终面临的威胁，使中国不得不进行军事斗争准备。但是，新时期的战争准备不能沿袭传统的做法，不能就国防建设而搞国防建设，不能就武器装备而搞武器装备，必须从国家发展战略的整体布局来思考和谋划。邓小平精辟地揭示了新时期军事斗争准备的特点，就是军队装备的现代化，要服从经济建设的大局。立足和平与发展的国际大局和以经济建设为中心的国内大局，武器装备建设指导思想的战略性转变，应当遵循“富国强兵”的原则，强兵服从富国，做到既富国又强兵。用邓小平的话讲，就是在“忍耐”中谋发展，具体要求是：第一，在一定时期内维持国防经费占国家财政支出的低比例，保持在 5% 左右，低于国民经济两位数增长发展速度。第二，调整武器装备发展规划，坚决收缩战线，突出战略武器和高科技武器研制。第三，减少军队人员，把省下来的钱用于更新装备，减少供养军队的“人头费”，增加国防科研投入。20 世纪 80 年代军队的“忍耐”，为经济建设提供了强大的支持，为国防建设奠定了坚实的基础，从 20

世纪90年代开始，随着国力的增强，中国国防预算开始多年维持两位数的增长势头，武器装备现代化开始进入一个新的发展阶段。

按照积极防御的军事战略，指导国防科研和生产。军事战略是确定武器装备发展的总体方向、基本目标以及重点领域的根本依据。军事战略承接中国国家安全战略的要求，指导着武器装备建设的重点和方向，对武器装备的发展起着核心支撑作用。如果说国防科技赋予武器装备发展的可能性，那么也可以说，军事战略最终决定武器装备发展的现实性。邓小平强调按照战略要求指导国防科研和生产，从战略原则上讲，这里的战略应当说主要是指军事战略。邓小平认为新时期中国军事战略仍然是积极防御。按照积极防御的军事战略要求，既要搞进攻型武器包括核武器，具备必要的威慑力，更要重视发展防御型武器，提高中国的整体防卫能力。邓小平认为，中国的战略始终是防御，核潜艇也是战略防御武器，就是将来现代化了，也还是战略防御。空军、海军都是以防御为主。没有空军掩护，出远海也不行。空军的轰炸机也是防御武器。海军战略的近海防御战略的性质，决定中国不像霸权主义那样到处伸手。中国建设海军基本上是防御，但是面临霸权主义强大的海军，没有适当的力量也不行。即使发展新概念武器，立足点也还是防御。激光武器研制争取早点取得成绩，主要是有利于我们的防御。

军事方面要有一个规划，要从战略着眼，提出对装备的要求。武器装备发展战略是筹划和指导未来一定时期武器装备发展全局的方略，是国家对武器装备发展进行的顶层设计和总体谋划。如果说国际战略、国家战略和军事战略是战略思想层面的指导，主要体现为新的思想观念，那么武器装备战略则是战略实施层面的指导，主要体现为规划计划或者说路线图和时间表。邓小平认为，制定武器装备发展规划，就是从战略高度，提出对装备的要求，提出科研和生产的任务，是武器装备现代化的施工图。根据邓小平关于制定武器装备发展规划的要求，20世纪70年代后期至80年代中期，中国迎来了武器装备发展战略研究的高潮，先后制定了国防科技

“六五”规划，提出了1981年至1985年的发展计划以及20世纪末的战略设想；结合国防科技“七五”规划的制定，根据中央军委的要求，国防科工委起草了《深入进行国防科技发展战略研究》《关于国防科技应用、基础研究重点选题方案》《关于增强国防科技工业活力若干问题的意见》等文件；结合国家长期战略的研究，国防科工委组织开展《2000年的中国国防科学技术》的研究工作，提出到2000年中国国防科技发展的战略设想和发展目标，为20世纪末、21世纪初发展高新技术以及新型武器装备，制定符合国情、国力保证持续稳定协调发展的中长期计划提供了科学的依据，是新时期国防科技和武器装备发展的全景式蓝图。《2000年的中国国防科学技术》是邓小平关于要提出武器装备战略目标思想的全方位展开，是新时期武器装备研制的战略方案。

二、关于新时期武器装备建设的科研先行

战争表现为武器的比拼，背后则是科技的角斗。亲身经历过中国科技极端落后状况下长期战争磨难的邓小平，深切感受到现代科技对于赢得战争胜利的极端重要性。早在1975年，针对武器装备建设中重生产轻科研的现象，邓小平明确提出科研要走在前面的要求，强调用先进科技引领武器装备研制，赋予新时期中国武器装备现代化建设强劲动能。

武器装备固有的科技特征，是国防科研走在前头的本质规定。武器装备是科技的结晶。在某种程度上，人类文明的发展史就是一部战争史，就是一部武器装备的角逐史，就是一部先进科技改进战争技术和战争工具的演进史。邓小平指出，科学技术是第一生产力，这在航空工业上表现得特别明显。当时中国航空工业隶属于国防工业，是空军武器装备的科技和工业基础。邓小平的论述阐述了科技转化为生产力的内在逻辑。科技在国民经济上面表现为生产力属性，提高生产能力和生产效率；科技在武器装备性能上面表现为

战斗力属性，提高杀伤威力和防御能力。生产力是武器装备的研究开发能力，就是武器装备的生产制造能力，落脚为武器装备的则是战斗力。新时期武器装备建设就是要提高武器装备的研制能力，进而增强武器装备的威力，最终提高军队的战斗力。衡量武器装备战斗力最直观的指标是速度、距离、携载弹药数量、杀伤力等，而这些性能都需要有特定的技术支持。不同的技术水平决定着不同性能的武器装备，也就决定着不同的战斗力水平。石器加工技术只能产生石制兵器，机械制造技术产生的是机械化装备，信息技术则提供信息化的装备。可以说，科技是武器装备战斗力的"内在标识"。无可置疑，在军队的战斗力构成中人是决定性因素，同时也不能忽视武器装备在战斗力构成中的重要作用。正如邓小平所说，我们也要讲究技术，不讲究技术是要吃亏的。在新一轮科技革命的背景下，培育战斗力新的增长点离不开科技。习近平总书记指出："国防科技发展是具有基础性、引领性的战略工程。必须选准突破口，超前布局，加强前瞻性、先导性、探索性的重大技术研究和新概念研究，积极谋取军事技术竞争优势，提高创新对战斗力增长的贡献率。"① 因此，武器装备现代化建设，必须坚持科研先行、坚持科技兴军，不断提高科技创新对军队建设和战斗力发展的贡献率。

重视预先研究工作，是国防科研走在前头的必然要求。现代武器装备的研制分为三个大的阶段，即预先研究、型号研制和正式生产。科研走在前头，体现在工作顺序安排方面，就是预先研究先行。预先研究，是比正式全型号或全产品设计先行的研究工作，是为正式研制打基础的科技研究工作。改革开放前，中国武器装备发展的经验说明，如果不搞预先研究，就缺乏科技的支撑，就难以上水平。落实邓小平科研走在前头的要求，国防科研部门把预先研究工作摆在重要的战略地位，设立管理机构、组建专家队伍、制订管理办法、单列经费预算，用健全的预先研究机制确保科研走在前

① 《习近平谈治国理政》第2卷，外文出版社2017年版，第409页。

头，取得了显著的成效。据不完全统计，到20世纪80年代末，取得各类单项成果的预先研究2500多项，其中用于型号研制的约占45%，用于进一步开展预先研究的约占41%，用于民品开发的约占14%。有近一半的成果分别获得国家、省部级科技进步奖、发明奖和自然科学奖。高水平、高质量的预先研究成果，为新型武器装备的研制储备了技术、增添了后劲。

急起直追高科技，是国防科研走在前头的必由之路。军事高技术，尤其是军用微电子技术、军用光电子技术、军用计算机技术、精确制导技术、军用新材料技术、军用航天技术和军用信息技术的迅猛发展和广泛应用，使武器装备呈现出电子化、精确化、隐形化、智能化的突出特征，引发了武器装备的革命性变革。科研走在前头，就内容而言，不仅是传统科技要走在前面而且高科技也要走在前面。邓小平亲自决策和推动的“军民结合”高科技发展规划迅速实施，使中国武器装备建设转换到以高科技为引领的追赶发展轨道。如果说20世纪80年代初以洲际导弹、潜地导弹、通信卫星为重点的尖端武器研制成功，是邓小平积极支持发展高技术武器装备的标志，那么，20世纪80年代中期军民结合的跟踪国外高科技发展战略的果断决策，则表明邓小平推动中国高技术武器发展的战略眼光。20世纪80年代中期以来，在全面分析美国的“星球大战”计划、欧洲的“尤里卡”等高科技计划后，邓小平深刻指出，高科技计划，不仅具有前景远大的经济价值，而且军事价值巨大。看到这一点，我们不能不搞，要急起直追，中国必须在世界高科技领域占有一席之地。

加速引进先进科研手段，是国防科研走在前头的办法。科研走在前头的立足点只能是自力更生，立足自己搞科学研究，自己设计出好的飞机、好的海军装备和陆军装备。基于与世界先进国家的巨大差距，科研走在前头的前置条件是必须要有先进的科研手段。邓小平认为，引进先进的国防科研手段，是国防科研的基本建设，是国防科研走在前面节省时间、节省财力、节省人力的有效途径。引进科研手段，不仅航空工业，全国其他领域也必须加速引进一大批，尤其是强调军民通用的风洞和计算机试验手段的引进，千方百计把真正的技术弄到手。风洞是产生人工气流，对飞机、导弹、车辆、建筑物群模型进行空气动力学试验的管道装备，是空气动力学研究的主要手段。风洞试验装置的改造升级，奠定了中国武器装备研究的重要基础。作为试验手段的高性能计算机，亦称超级计算机或巨型计算机，在武器装备的研制过程中，主要承担洲际导弹、宇宙飞船、隐身战机、大型舰艇等重要武器装备项目的数字化设计与仿真实验以及核爆炸模拟实验等，是高科技武器装备研制不可或缺的试验手段。邓小平对高性能计算机技术的引进高度关注，亲自要求美国、日本等国家解除对中国的禁运限制。

三、关于新时期武器装备建设的军工改造

世界历史进入工业革命以后，战争已经不再是士兵在战场上的单兵对抗，而是整个国家的工业体系的对抗。强大的工业集成能力和制造能力是铸就性能卓越、战斗力超强的武器装备体系的物质保证。邓小平明确提出，中国国防的现代化，只有建立在国家整个工业发展的基础上，才有可能。20 世纪五六十年代奠定的中国现代工业基础，到 20 世纪 70 年代已经远远落后于世界工业的信息化发展趋势，完成中国军队建设面临机械化信息化双重历史任务，必须对原有工业尤其是原有国防工业进行彻底的技术改造和技术升级。邓小平明确指出，造船工业最大的问题是改造问题，要积极引进技术，不只是民用改造，军用的也要改造。

军民结合是中国工业改造的基本方针。中国工业体系的突出弊端是国防工业与民用工业严重分离。因此，邓小平提出“军民结合，平战结合，军品优先，以民养军”的国防工业改造发展方针，要求实现国防工业和民用工业两大部门的结合，把军事工业纳入国民经济的整个体系之中，消除军事工业与民用工业的区分。20 世

纪80年代，除苏联外，世界上其他国家都没有专门的军事工业部门，几乎都是平战结合的工业体系。现代战争的突出特点是武器装备消耗量巨大，仅仅依靠专业军工企业的生产能力远远不能满足需要。战争一旦爆发，就要求迅速改变国家的经济结构，建立适应战时需要的经济结构。因此，平战结合的工业结构是有利于国民经济和国防建设良性发展的模式。提倡军品优先提出了处理军品和民品生产的基本原则，要求尽管在力量分配上军品不一定占主要份额，但是在重要性上，国家确定的军品任务应给予优先保证，军品任务无论多少，都必须坚决完成。以民养军就是军工企业通过大力发展民品，取得的技术成果可用于军品的开发和生产，取得的收益可用于支持自身企业的发展，加快更新改造，锻炼和培养队伍，从而为军品科研和生产提供支撑，最终形成军品民品相互促进的良性循环机制。民用产品的权益和技术，为军工产品的研制和提高提供了强有力的经济支持和技术支撑。新时期国防科技工业改革发展的实践证明，邓小平确定的军民结合的十六字方针，是中国军事工业快速健康发展的重要指南。

引进国外技术改造军工企业。邓小平认为，要注意引进国外技术改造军工企业，具体的要求是：以资源换技术，加速工业尤其是国防工业的改造。邓小平提出，要争取多出口一点东西，换点高、精、尖的技术和设备回来，加速工业技术改造，提高劳动生产率。① 高技术、精密技术、尖端技术，是邓小平坚持引进国外先进军工技术改造企业的技术标准。技术人才是科学知识和先进技术的主要载体和运用主体，实际上引进人才也引进了技术。针对引进外国人才认识不足、决心不大的问题，邓小平提出，不要怕请外国人多花几个钱，要把利用外国智力作为对外开放的战略内容。引进技术改造要包括管理。现代技术与现代管理紧密相连。没有先进的管理，任何先进的技术都不能发挥作用。邓小平要求，引进技术改造

① 《邓小平文选》第2卷，人民出版社1994年版，第29页。

企业，管理要完全照外国的办法。要在技术上、管理上都来个革命。掌握新技术要善于创新。先进科技的购买是学习先进科技的初级阶段，对引进技术的创新是学习先进科技的高级阶段。邓小平强调，掌握新技术，要善于学习，更要善于创新。① 创新是学习国外先进科技的最高境界，贯穿于学习外国先进科技的全过程，是全面引进先进技术改造企业的落脚点。20 世纪 80 年代起，中国国防工业各个领域积极引进先进技术，比较快地实现了产业技术的更新升级。

要随着工业的发展大量使用计算机。中国工业的改造包括国防工业的改造，核心是用电子技术改造传统工业。邓小平深刻指出："什么叫现代化？恐怕首先是电子工业化吧，没有电子工业化就谈不上现代化。"② "现在国际上普遍使用电子计算机"，"工厂要改革工艺，不用行吗？我们要随着工业的发展大量使用计算机。"③ 计算机在工业尤其是军事工业上的广泛应用，离不开电子工业的发展。20 世纪 70 年以来，以信息技术为核心的新技术革命的开启，给世界各国的国防和军队建设以强烈影响。随着信息技术在军事领域的广泛运用，发达国家与发展中国家的军事技术形态出现了又一轮"时代差"。历史上西方列强以洋枪洋炮对亚非拉国家的大刀长矛的军事技术优势，正转变为发达国家以信息化军事对发展中国家的机械化半机械化的优势。因此，国防现代化的实现，武器装备的现代化，必须建立在现代电子工业的基础之上。加快电子工业的发展，是实现武器装备现代化的技术基础。从一定意义上可以说，无论是中国经济全面赶超发达国家还是武器装备全面赶超世界先进水平，关键是电子科技和电子工业要跻身世界先进行业。所以，邓小平要求，电子工业要争取时间加快发展。1992 年 3 月 8 日，国务院印发的《国家中长期科学技术发展纲要》提出："工业科学技术

① 《邓小平年谱（1975—1997）》下，中央文献出版社 2004 年版，第 961 页。

② 《邓小平科技思想年谱（1975—1994）》，中央文献出版社、科学技术文献出版社 2004 年版，第 133 页。

③ 《邓小平年谱（1975—1997）》上，中央文献出版社 2004 年版，第 278 页。

发展的主要任务，是用现代科学技术，特别是微电子技术，对我国各主要工业领域进行技术改造。”① 用电子技术改造工业企业尤其是军工企业，是中国武器装备加速更新换代、实现信息化智能化一体化的基础。

四、关于新时期武器装备建设的体制改革

学习苏联模式，改革开放前建立起来的新中国武器装备研制管理体制，对中国武器装备机械化现代化建设奠定初步基础发挥过较大作用。但是，随着时代的发展，学习苏联建立起来的管理制度已经不适应中国社会的发展。邓小平强调，苏联的管理那些东西落后了，要从照搬的苏联体制中解放出来，改革势在必行。考察新时期武器装备管理体制改革的路径，可看出从宏观的国家统一领导、中观的政企分开、微观的企业运行三个层面进行了改革，通过建立充满活力的新的国防科技工业管理体制，使新时期中国武器装备现代化建设走上健康的发展轨道。

实行高度集中统一的管理体制，克服“杂货摊子”弊端。在宏观顶层管理层面，苏联模式武器装备管理体制的主要特点是分散分段多头管理，主要弊端是不利于实施集中统一领导，其突出表现就是邓小平所说的“杂货摊子”问题，计划没有办法订，仗没有办法打，弹药没有办法补充，指挥也不方便。邓小平认为，解决武器装备的“杂货摊子”问题，从管理机构的设置角度来讲，必须有一个“抓总”的机构。不管是战略性的还是常规性的武器定型、批准、试制、生产等等，要有一个统一的机构抓。② 20 世纪 70 年代中期至 80 年代末，随着形势的变化和认识的深化，邓小平对建

① 《十三大以来重要文献选编》下，人民出版社 1993 年版，第 1950 页。

② 《邓小平军事文集》第 3 卷，军事科学出版社、中央文献出版社 2004 年版，第 65 页。

立高层次的武器装备“抓总”的思考和探索，经历了军委科技小组、军委科装委两个协调机构到国防科工委这一管理机构的发展变化。长期以来，中国军队武器装备的最高领导机关是装备管理部门，按编制设在总后勤部。20 世纪 70 年代中期，邓小平要求总参要很好地抓一下装备问题，同时提出把原来隶属于总后勤部的装备部划归总参谋部管理。后来，针对当时国防科技工业管理的混乱状况，1977 年 8 月 23 日，在中共中央军委座谈会上的讲话中，邓小平又提议在军委之下设立总管战略武器和常规武器的研制和定型的“科技小组”。提议设立“科技小组”后仅仅一个多月，10 月 4 日，邓小平对武器装备“抓总”机构的设置又有了新的认识，提议设置中央军委科学技术装备委员会，集中国防科研和国防工业的管理职权，统一军队装备发展方向。到 20 世纪 70 年代末，邓小平深刻地认识到，国防科委和国防工办两个体制并行是造成比例严重失调，影响整个国防科技工业发展的重要原因，成立中央军委科技装备委员会虽然减少了矛盾，但是仍然没有解决科研与生产的协调问题。经邓小平同意，1982 年 5 月 10 日，国务院、中央军委正式以国防科委机构为基础，由国防科委、国防工办、军委科装委办公室合并，组成中国人民解放军国防科学技术工业委员会，简称“国防科工委”，也称“中华人民共和国国防科技工作委员会”。邓小平对中国武器装备“抓总”机构设置的认识历程，始终坚持的主题就是加强武器装备建设的集中统一领导。事实证明，坚持党的集中统一领导，是发挥社会主义制度“集中力量办大事优势”的基本前提。

军工体制同样要改革，否则也要吃亏。在中观的行业管理层面，苏联管理模式的弊端是政企不分。邓小平认为，中国的军工体制搬的是苏联的，苏联的体制证明是吃了亏的，因此，中国的军工体制要改革，否则也要吃亏。军工体制改革的思路主要是：第一，实行政企分开。改革前，中国军工企业是国家部委这类行政机关的组成部分，有的甚至由中央军委直接管理。实行政企分开，就是要将军工企业从国家部委和中央军委的直接经营管理中分离出来，使其真正成为相对独立的经济实体。第二，建立公司制度。军工企业实行政企分离的企业化体制改革，目的是用经济办法管理经济，因此建立的公司不能成为行政机构。1993 年，中国的机构改革对国防工业部门进行了重新划分，成立了五个总公司，即中国核工业总公司、中国航空工业总公司、中国航天工业总公司、中国北方工业总公司和中国船舶工业总公司，后来又演变成为目前的 11 个国防工业集团。第三，军火生产必须改为订货关系。邓小平认为，国防科技工业的改革，要按照计划与市场相结合的原则，在军队与工业部门之间建立起新的关系，即订货关系。军队需要的装备，由军事部门和工业部门签订合同，哪个工厂生产合适，就同哪个工厂订合同，签订合同以后，企业必须优先保证军队的需要。没有签订合同的、军队不要的产品，就是企业生产出来了，也不能强迫军队接受。实行武器装备研制合同制，最大的好处是军工企业的设备、技术、人才综合利用起来，效益成倍增加。

实行严格的科学管理，保证武器装备质量。军工企业的体制改革，在微观方面就是围绕武器装备质量恢复、完善和落实企业管理制度。研制现代化的高科技武器装备，必须加强军工企业管理，提高军工产品质量。为纠正“文化大革命”中废除各种管理制度导致国防科研生产处于极端混乱状态的现象，邓小平强调，要建立严格的科学管理、严格的科研生产制度。特别是研制尖端的武器装备，没有严格的规章制度，一个小零件，就可以毁全局。研制现代化的高科技武器装备，必须加强军工企业管理，提高军工产品质量。第一，恢复和健全责任制度。质量管理是现代企业管理的核心。邓小平认为，质量问题与建立规章制度有关。没有必要的责任制度，质量难于保证。解决产品质量差、质量事故难于消灭的问题，关键在建立制度。在恢复制度方面，特别是岗位责任制方面，军事工业部门应该走在前面。要搞出一套制度来，彻底改变质量事故多的局面。军工企业以设计师系统和行政指挥系统组成的生产指挥系统各项制度的建立，从国家法规层面和企业规章层面确立了质量保障机制。第二，配备敢于管理的领导班子。企业领导人敢于管理是落实制度、确保产品质量的前提。整顿国防工业企业，建立确保军工产品质量的管理体系，首先要有敢于管理的领导班子。要建立必要的规章制度，要落实政策，没有敢字当头的领导班子就根本不可能，企业落实质量管理制度，关键是把领导班子配好。第三，要在军工企业设立军代表。由军方向承制单位派出现场代表，监督装备合同履行情况和检查验收产品，既是世界各军工强国的通行做法，也是中国军工企业质量管理的成功经验。但是，“文化大革命”期间，军事代表工作被错误地批判为“管、卡、压”，军事代表制度曾经两次被取消。邓小平纠正了否定军事代表制度的做法，坚决要求在国防工业企业设立军代表，主抓武器装备研制质量，确保不合格军用产品不能出厂。军事代表制度的恢复和完善加强了武器装备研制的质量管理。第四，要实行武器装备研制合同制。邓小平提出将武器装备生产改为订货关系，也就是实行武器装备研制的合同制。武器装备研制合同制，对提高军工企业产品质量具有重要作用。邓小平认为，实行合同制最大的好处，是军工企业的设备、技术、人才可以综合利用，成倍增加企业效益。① 实际上，是从企业内部管理的角度提高武器装备生产质量。同时，邓小平强调，合同制可以增加各个军工企业的外部压力，迫使其主动提高武器装备研制质量。邓小平认为，实行合同制后，对于多个企业都能够制造的武器装备，就可以凭借“哪个部产品好，军队就买哪个部的”这样的选择权，推动军企业“互相竞赛”②，从而提高武器装备质量。武器装备研制合同制，是用市场竞争手段加强军工企业科学管理，提高武器装备质量的重要措施。

---

① 《邓小平军事文集》第 3 卷，军事科学出版社、中央文献出版社 2004 年版，第 267—268 页。

② 《邓小平军事文集》第 3 卷，军事科学出版社、中央文献出版社 2004 年版，第 176 页。

20 世纪 80 年代是中国社会各个领域发生历史性转折的年代，进入新时期中国社会呼唤新的思想观念，来引领中国社会加快发展健康发展。邓小平以伟人的气魄、站在时代的高点、前瞻未来的趋势，提出的新时期国防和军队现代化建设的新观点新要求，作出的新决策和采取的新措施，指明了并且保证了中国武器装备现代化建设的正确方向，是世界新军事变革条件下中国军队完成机械化信息化双重历史任务的宝贵精神财富。

第一章 争取国际和平环境，把经济基础加强，也把军事力量特别是装备加强

发展问题是当今世界的核心问题。不解决发展问题，人类进步将困难重重。解决发展问题需要和平的世界环境。作为最大的发展中国家，中国的发展需要一个长期和平的国际环境，而"现在国际形势看来会有个比较长时间的和平环境，即不爆发第三次世界大战的环境。"① 从20世纪80年代算起，"中国的工业、农业、科学、国防实现现代化要七十年时间，即本世纪二十年、下个世纪五十年。中国事情难办，没有这样长的时间不够。"② 因此，中国希望至少有70年的国际和平环境，才能"把我们的力量加强，把社会主义经济基础加强，也包含军事力量特别是装备的加强"③。从20世纪80年代到21世纪50年代的70年，是邓小平分析判断中国实现四个现代化包括以武器装备为主要内容的国防现代化所需要的时间周期。

第一节 没有世界大战打不起来这个判断，不可能确定军队建设的正确原则和方向

战争与和平问题是影响和制约国家军事战略、国防建设和军队

① 《邓小平文选》第3卷，人民出版社1993年版，第270页。
② 《邓小平年谱（1975—1997）》下，中央文献出版社2004年版，第1186页。
③ 《邓小平年谱（1975—1997）》上，中央文献出版社2004年版，第15页。

建设乃至整个国家建设的基本因素。邓小平敏锐洞悉世界战争与和平形势的发展变化，紧紧抓住和平与发展这一新的时代课题，科学判断当代战争与和平形势、当代战争根源及发展趋势、当代中国在维护世界和平中的地位和作用等重大问题，奠定了新时期制定中国武器装备发展战略的思想基础。邓小平指出，“世界大战打不起来”这个判断，对我们是非常重要的。“首先就是我们能够安安心心地搞建设，把我们的工作重点转到建设上来。没有这个判断，一天诚惶诚恐的，我们怎么还能够安心地搞建设？不可能安心地搞建设，更不可能搞全面改革，也不可能确定建军的正确原则和方向。”① 武器装备现代化建设是军队现代化建设的重要内容，没有“世界大战打不起来”的判断，既不可能确定军队建设的正确原则和方向，也不可能确定武器装备建设的正确原则和方向。世界大战打不起来的科学判断，是邓小平新时期武器装备建设论述的逻辑起点。

一、对战争与和平问题的认识，决定武器装备现代化的政策

邓小平指出，曾经相当长的一段时期，中国过多地认为世界大战很快就要打起来，不能安安心心地发展生产力，不能一心一意地搞经济建设。离开经济建设来搞国防建设，导致发展武器装备的诸多政策脱离国家发展实际。根据对时代发展的新分析，以邓小平同志为核心的党的第二代中央领导集体确立了以经济建设为中心的基本路线，要求牢固树立国防现代化离不开农业现代化、工业现代化和科技现代化的观念，制定了以“三化”支撑和引领国防的现代化、武器装备现代化的政策，开始走上经济建设和国防建设相互协调发展的中国式武器装备发展道路。

1. 新的世界大战不可避免而且迫在眉睫的观点，曾是武器装备发展方针政策的出发点

随着新中国成立特别是中国大陆及沿海岛屿的解放和抗美援朝

① 《邓小平军事文集》第3卷，军事科学出版社、中央文献出版社2004年版，第266页。

战争的结束，中国的国防和军队建设由战争时期进入到一个相对和平的建设时期。在苏联等国家的援助下，中国开始了现代国防科技工业和武器装备现代化的大规模建设。但是，由于敌对势力的长期包围、封锁和遏制，中国始终处于应急性备战状态，长期未能进入到和平建设的健康发展状态。尤其是20世纪60年代以后，由于中苏关系恶化，苏联“在中苏边境摆了一百万军队和三分之一的导弹，还在蒙古驻军，这些都对中国造成严重威胁”①，加剧了中国对战争来临的担忧。包括邓小平在内的中共第一代中央领导集体对国际战略格局的基本判断是新的世界大战不可避免而且迫在眉睫，制定和实施的战略主要是应对世界大战。20世纪70年代中期，对苏美两个超级大国争霸世界的战略进行全面深入分析后，邓小平当时仍然也曾持有爆发新的世界战争的危险性更大的观点。1974年11月13日，在会见也门民主人民共和国总统委员会主席鲁巴伊时，邓小平说：“我们总的估计是，新的世界战争的危险比过去更大了。……劝大家不要相信什么‘缓和’，什么‘一代人的和平’。”②

随着世界战略格局的变化，邓小平认识到我们过去坚持的世界大战不可避免而且迫在眉睫的战争观，是中国国防和武器装备建设曲折发展的原因。邓小平指出：“过去我们的观点一直是战争不可避免，而且迫在眉睫。我们好多的决策，包括一、二、三线的建设布局，‘山、散、洞’的方针在内，都是从这个观点出发的。”③ 但是，正如后来我们认识到的，“过去很长一个时期内，由于受到来自外部的封锁、包围和敌视，我们面临着军事、政治的严重威胁，抓紧防范战争危险的准备是正确的。但是，我们的认识也有偏离实际的地方，判定新的世界大战不可避免，而且迫在眉睫。”④ 也就

---

① 《邓小平年谱（1975—1997）》下，中央文献出版社2004年版，第926页。

② 《邓小平军事文集》第2卷，军事科学出版社、中央文献出版社2004年版，第362页。

③ 《邓小平文选》第3卷，人民出版社1993年版，第126—127页。

④ 《江泽民文选》第2卷，人民出版社2006年版，第273页。

是说，当时国防工业和国防科技的布局和建设，武器装备的研制和生产都是着眼于即将爆发世界大战，着眼于如何抵御具有强大军事力量的国家的进攻，是应急的、短期的武器装备发展观。有学者认为，尽管发生世界大战不可避免甚至迫在眉睫的认识有合理的一面，却使整个军队一直处于临战应付状态，加上“文化大革命”的影响，最后造成军队机构臃肿、员额庞大等弊端，不仅延误了军队现代化建设的进程，也给国家经济建设带来不利影响。[①] 世界大战不可避免而且迫在眉睫，就必然要求国防和军队的各项建设都要以直接应对即将发生的战争为目的，首要的任务是扩充军队、购置武器、筹措作战物资，进行战场准备，不可避免地忽视国防科技发展的筹划和实施，导致中国武器装备建设着眼应急考虑多、在打基础方面抓得少，对近期建设考虑多、对长远建设考虑少，强调国防建设多、推进军民结合发展少，其后果是，国防建设与经济建设严重分离，武器装备发展长期在低级阶段徘徊，与世界先进国家的差距扩大，严重制约着中国武器装备现代化的进程。

2. 改变世界大战不可避免观点，武器装备工作就不能还是建立在过去的估计基础上

20 世纪 80 年代，在经过对战争与和平问题进行长期深入的观察和全方位的研判后，邓小平提出：“在较长时间内不发生大规模的世界战争是有可能的，维护世界和平是有希望的。根据对世界大势的这些分析，以及对我们周围环境的分析，我们改变了原来认为战争的危险很迫近的看法。”[②] 1986 年 3 月 25 日，在会见丹麦首相保罗·施吕特时，邓小平说：“我们希望中国、欧洲和所有第三世界国家强大起来，加强团结，维护世界和平。这样，和平是有希望的，战争应该避免也可以避免。”[③] “这样，我们的工作就不能还是

① 刘继贤主编：《邓小平军事思想教程》，军事科学出版社 2013 年版，第 87 页。

② 《邓小平军事文集》第 3 卷，军事科学出版社、中央文献出版社 2004 年版，第 273 页。

③ 《邓小平年谱（1975—1997）》下，中央文献出版社 2004 年版，第 1108 页。

建立在过去那种估计的基础上。"[1] 这个新的科学判断，为中国共产党和国家工作重点的转移，也为军队建设的指导思想实行战略性转移，奠定了重要基础。[2] 根据邓小平对当代国际战略格局的新判断，中国对国防建设尤其是武器装备建设的指导思想、方针政策和工作部署作出及时的调整，推动中国实现了"军队建设指导思想的战略性转变，即由准备'早打、大打、打核战争'转到和平时期建设的轨道上来，摆脱多年来在临战状态下进行应急式建设的被动局面，在服从和服务于国家经济建设的前提下，有计划有步骤地进行现代化建设"[3]。

国防和军队建设指导思想实现战略性转变，就是要充分利用在较长的时间内世界大战打不起来的有利的国际和平环境，国防和军队建设在服从服务于国家经济建设大局的前提下，抓紧时间，有计划有步骤地加强以现代化为中心的国防和军队建设，增强中国军队在现代化条件下的自卫防御能力。武器装备现代化是军队建设现代化的重要标志。中国军队战略指导思想转变后，要求武器装备建设要以现代化为中心，要从未来战争的需要出发，从军队肩负的职能和使命出发，有计划有步骤地纳入国家建设的大系统中，着眼武器装备建设的根本性、长远性、基础性因素，从长计议、循序渐进、互相协调发展。既要考虑国防科技工业的发展，又要考虑与民用科技工业的结合；既要考虑发展战略武器，又要考虑发展常规武器；既要着眼于应对全面战争，又要着眼对付局部战争和武装冲突；既要考虑机械化武器装备的发展，又要考虑加快武器装备的信息化步伐。基于对世界大战问题的新判断，邓小平提出了我们要重新制定武器装备的发展规划、要从战略的高度提出武器装备的需求、跟踪高技术武器装备的发展等系列要求，为武器装备建设实现战略性转

---

① 《邓小平年谱（1975—1997）》上，中央文献出版社 2004 年版，第 686 页。

② 《江泽民文选》第 2 卷，人民出版社 2006 年版，第 273 页。

③ 《江泽民文选》第 2 卷，人民出版社 2006 年版，第 271—272 页。

变规划了新的发展蓝图。

3. 如果当前老是强调战争马上打起来，使我们的精力都集中到打仗上面，就会影响四个现代化建设

改变世界大战迫在眉睫的观点，符合新时期中国的核心利益。搞经济建设，搞四个现代化，是新时期中国人民的核心利益。20世纪80年代中国的发展战略，邓小平概括为三件大事，第一件事，是在国际事务中反对霸权主义，维护世界和平。第二件事，是台湾归回祖国，实现祖国统一。第三件事，要加紧经济建设，就是加紧四个现代化建设。三件事的核心是现代化建设。在国际事务中反对霸权主义，台湾归回祖国、实现祖国统一，归根到底，都要求我们的经济建设搞好。① 所以，邓小平强调："我们从八十年代的第一年开始，就必须一天也不耽误，专心致志地、聚精会神地搞四个现代化建设。搞四个现代化建设这个总任务，我们是定下来了，决不允许再分散精力。"② 搞经济建设，搞四个现代化，确确实实需要一个和平的环境。因此，反对霸权主义，延缓战争的爆发，争取更长一点时间的和平，不仅符合中国人民的利益，而且符合世界人民的利益。邓小平坚信世界大战短时间内打不起来，争取世界和平是可能的。因此，"我们不要自己吓唬自己，造成人为的紧张。如果当前老是强调战争马上打起来，使我们的精力都集中到打仗上面，就会影响四个现代化建设。"③ 如果我们还是坚持"立足于早打、立足于大打、立足于明天就打"④ 的观念，把精力集中在备战上面，就无法专心致志搞经济建设，就会妨碍四个现代化建设，也就不能快速积累实现武器装备现代化的强大经济基础。

从武器装备发展的规律来讲，现代化武器装备的研制需要较长

---

① 《邓小平文选》第2卷，人民出版社1994年版，第239—240页。

② 《邓小平文选》第2卷，人民出版社1994年版，第241页。

③ 《邓小平军事文集》第3卷，军事科学出版社、中央文献出版社2004年版，第186页。

④ 《邓小平年谱（1975—1997）》上，中央文献出版社2004年版，第685页。

的时间。邓小平指出："任何一个武器装备问题，都要几年甚至十几年才能解决。"[①] 同时，新的武器装备研制成功后，要装备部队尤其是整个军队武器装备的更新换代，还与国家的经济实力相关，其时间会更长。鉴于中国武器装备研制和引进的实际，考虑到国家的经济状况，1981 年 3 月 3 日，在听取总参谋部领导同志汇报精简整编情况时，邓小平说："我军的装备在近几年内不可能有大的变化。我军人还是这些人，武器也还是这些武器。"[②] 邓小平认为，无论是从武器装备导弹研制的规律来看，还是从当时中国经济发展状况的分析，即使强调战争迫在眉睫也不能立即解决武器装备的现代化问题，也就是说，无论我们对战争的估计如何，在相当长的时期内只能立足现有装备和现有人员打仗，与其如此，不如集中精力发展经济，奠定发展现代化武器装备的坚实基础。

二、反对战争有力，世界大战可以推迟或者避免，和平可以看得见

作出军队建设指导思想的战略性转变决策，提出以国家富强为基础的武器装备现代化方针，其思想来源是对"世界大战可以推迟或避免"的科学预见。邓小平说："现在国际形势趋向缓和，这是总的趋势。"[③] "我们相信，经过大家的努力，反对霸权主义的力量联合起来，可以延缓战争爆发的时间。如果我们反对战争有力，对付霸权主义有力，延缓战争爆发甚至争取比较长的和平时间是可能的。"[④] 邓小平这一关于世界大战可以推迟或者可以避免、世界的和平可以赢得的观点，是对 20 世纪 70 年代以来国际战略形势的深刻变化深邃洞悉的结果，是深刻分析多种战争制约因素演变的科学结论。

1. 如果世界和平力量发展起来，可以避免世界大战

世界和平不是凭空而来的，是制约战争的因素增长聚集的结

① 《邓小平年谱（1975—1997）》上，中央文献出版社 2004 年版，第 333 页。

② 《邓小平军事文集》第 3 卷，军事科学出版社、中央文献出版社 2004 年版，第 186 页。

③ 《邓小平年谱（1975—1997）》下，中央文献出版社 2004 年版，第 1253 页。

④ 《邓小平年谱（1975—1997）》下，中央文献出版社 2004 年版，第 737 页。

果，是世界反对战争、拥护和平的各国人民努力争取的结果。邓小平指出："虽然战争的威胁始终存在，但世界上维护和平的力量在发展，制约战争的因素在增长。"① "如果世界和平的力量发展起来，第三世界国家发展起来，可以避免世界大战。"② 从国际政治的角度，邓小平认为，由于世界和平力量的增长超过了战争力量的增长，因而超级大国像过去那样随意主宰世界人民命运的时代已经过去，第三次世界大战不会爆发，争取一个较长时期的和平是可能的，维护世界和平是有希望的。（1）制约战争的力量首先是第三世界。当今世界的战略格局决定，"制约战争的力量首先是第三世界。第三世界的独立、发展每增加一分，制约战争的力量就增加一分。"③ 到20世纪70年代，第三世界国家有120多个，占联合国成员国的80%以上。第三世界国家虽然经济力量有限，但占世界人口的四分之三，领土占世界总面积的三分之二，拥有极其丰富的资源，在国际政治中的分量已经大大增加。由于长期遭受帝国主义的掠夺，第三世界国家普遍贫穷，在取得国家主权独立后，迫切需要一个和平的国际环境发展自身经济，改善本国人民生活，增强各自的综合国力，因而强烈反对战争，成为抑制战争最重要的和平力量。（2）中国坚信自己是维护世界和平的稳定力量。中国最希望和平，因为中国需要发展。中国把自己的发展看作是对人类的贡献的问题，是保证世界和平的问题。占世界人口五分之一的中国每发展一步，就是为世界和平增加一份力量，因此，中国是维护世界和平和稳定的力量。邓小平说："中国坚信自己是维护世界和平的力量，谁要挑起战争，中国站到哪一方面，对方都吃不消。"④ 中国发展得越强大，世界和平越靠得住。到21世纪50年代，中国作为维护世界和平的力量如果接近发达国家的水平，战争就更有条件避

① 《邓小平年谱（1975—1997）》下，中央文献出版社2004年版，第1045页。
② 《邓小平文选》第3卷，人民出版社1993年版，第249页。
③ 《邓小平年谱（1975—1997）》下，中央文献出版社2004年版，第1045页。
④ 《邓小平年谱（1975—1997）》下，中央文献出版社2004年版，第1191页。

免。（3）欧洲的发展是制约战争力量的发展。邓小平“把欧洲的发展当作和平力量的发展，制约战争力量的发展”[①]。邓小平精辟地分析到，世界上维护和平力量的发展，除第三世界国家外，还包括不希望爆发战争的欧洲等大多数发达国家。欧洲经历了两次世界大战的灾难，如果新的世界大战一旦发生，首先受害的还将是欧洲。从各自的国家利益出发，欧洲国家不会自觉自愿地站在战争方面。因此欧洲是决定世界和平与战争的关键地区，“只要欧洲，包括东欧和西欧，不绑在别人的战车上，战争就打不起来”[②]。

2. 打世界战争只有两个超级大国有资格，而苏联和美国谁都还不敢打

军事力量的制衡是制约世界大战的重要因素。爆发世界大战的危险程度，取决于拥有强大军事实力而且奉行霸权主义政策的超级大国。1985 年 6 月 4 日，邓小平在军委扩大会议上的讲话中指出：“这几年我们仔细地观察了形势，认为就打世界大战来说，只有两个超级大国有资格，一个苏联，一个美国，而这两家都还不敢打。”[③] 两个超级大国都还不敢贸然发动世界大战的原因，从军事实力和战争准备情况来看，主要是受制于“力量对比相对均势”和“战略扩张的不断受挫”两大因素。军事力量对比相对均势，形成“核恐怖平衡”。冷战结束前，美苏两国拥有世界上 95% 以上的核武器，而在核武器系统的子系统方面各有优势，核打击能力呈现均势状态，即双方都具备毁灭对方的力量，但谁都没有取得完全消灭对方同时又保存自己的绝对优势，因而谁都不敢贸然发动战争尤其是全面核战争。这种不能打的“核恐怖平衡”，是美苏两个超级大国不敢轻易发动世界大战的主要原因。同时，还有一个原因就是全球战略部署受挫致使两个超级大国还不敢轻易发动世界大战。

---

① 《邓小平年谱（1975—1997）》下，中央文献出版社 2004 年版，第 1039 页。

② 《邓小平文选》第 3 卷，人民出版社 1993 年版，第 233 页。

③ 《邓小平军事文集》第 3 卷，军事科学出版社、中央文献出版社 2004 年版，第 273 页。

邓小平说："苏美两家都在努力进行全球战略部署，但都受到了挫折，都没有完成，因此都不敢动。"① 冷战时期，为争霸世界，美苏两国在全球范围内争夺战略要地，进行全球战略部署，在完成部署且取得绝对优势之前，双方都力图避免直接冲突。同时，美苏两国在世界各地挑起事端和支持动乱，插手地区冲突，都背上了沉重的政治、军事和经济包袱，全球战略部署遇到难以克服的困难。邓小平说："苏美两家原子弹多，常规武器也多，都有毁灭对手的力量，毁灭人类恐怕还办不到，但有本事把世界打得乱七八糟就是了，因此谁也不敢先动手。"②

3. 科技在世界竞争中的地位日益突出，世界各国都不得不认真对待

科学分析当代世界战争的制约因素，不仅要准确研判国际政治和军事因素，而且要深刻洞悉世界经济的发展变化和科技革命的突飞猛进。20 世纪六七十年代，世界范围的科技革命蓬勃兴起、高速发展，世界各国竞争的焦点已经从军事领域开始向经济领域与科技领域和综合国力方面转移。西欧特别是德国以及亚洲的日本等国家，没有卷入世界军事冲突或者军备负担较轻，他们依靠科技进步发展本国经济，取得了巨大成功，赢得了很高的国际地位，获得了强大的国际竞争力。形成鲜明对照的是，美国和苏联等国家，由于陷入地区之间的军事冲突和热衷于军备竞赛，都背上了沉重的负担，经济发展放缓，国际竞争力相对下降。在世界各国的经济竞争尤其是科技竞争日益激烈的时代，战争作为解决国家间争端的手段，其地位和作用开始下降。邓小平说："世界新科技革命蓬勃发展，经济、科技在世界竞争中的地位日益突出，这种形势，无论美

① 《邓小平军事文集》第 3 卷，军事科学出版社、中央文献出版社 2004 年版，第 273 页。

② 《邓小平军事文集》第 3 卷，军事科学出版社、中央文献出版社 2004 年版，第 273 页。

国、苏联、其他发达国家和发展中国家都不能不认真对待。”① 面对世界各国竞争领域的转移和竞争手段的转变，苏美两个超级大国也不得不调整各自的战略，在国防建设方面采取了压缩数量、提高质量的方针，减轻国家发展的负担。科技革命对国际战略格局的巨大影响，迫使美苏两国不得不思考从军备竞赛转入科技竞赛、以高科技带动国家发展的重大问题，不得不坐下来举行首脑间的军控谈判，尽力改善其相互敌视和敌对关系。在和平发展的时代，军事力量已经不是国际竞争的全部，战争不能解决所有问题，战争也不是获取国家利益的最好方式。邓小平认为，发展问题不仅是落后国家的发展问题，也是发达国家的发展问题，是整个人类的发展问题。20 世纪 70 年代以来的世界发展趋势表明，当今时代的国际竞争，其实质是以经济实力为基础的综合国力的较量，谁的经济实力强，谁就能在竞争中取得优势地位。因此，世界各国都在继续重视国家安全的同时，加速发展以高科技引领的新经济和提高综合国力，对在解决国际争端中使用武力特别是对其他国家发动侵略战争普遍持反对态度。科技竞争逐渐削弱了直接的军事冲突，成为制约世界大战的强大力量，成为制约战争的一个新的因素。

4. 改变“一条线”对外战略，降低爆发周边冲突诱发世界大战的风险

争取和平的国际环境，推进中国的现代化，不仅要关注世界战争对世界安全的影响，而且更要关注中国面临的战争威胁的直接影响。邓小平改变世界大战的危险不可避免而且迫在眉睫的观点，作出世界大战可以推迟或者避免的判断，是基于对两大形势的分析，一个是对世界战略格局的分析，主要是两个超级大国、欧洲、第三世界尤其是中国自身发展情况的分析；另一个是对中国周边安全环境的分析，主要是对中苏关系的分析。1985 年 6 月 4 日，邓小平

① 《邓小平军事文集》第 3 卷，军事科学出版社、中央文献出版社 2004 年版，第 273 页。

在中央军委扩大会议上的讲话中指出："根据对世界大势的这些分析，以及对我们周围环境的分析，我们改变了原来认为战争的危险很迫近的看法。"① 历史和现实证明，一个国家的和平不仅仅只与是否爆发世界大战有关，从某种意义上说，其周边安全环境是更加直接的因素。中国作为维护世界和平的力量，对外政策的首要任务是改变中国的对外战略争取周边安全。邓小平提出："第二个转变，是我们的对外政策。过去有一段时间，针对苏联霸权主义的威胁，我们搞了'一条线'的战略，就是从日本到欧洲一直到美国这样的'一条线'。现在我们改变了这个战略，这是一个重大的转变。"②"根据独立自主的对外政策，我们改善了同美国的关系，也改善了同苏联的关系。"③ 1989 年 5 月中苏关系实现了正常化，消除了中国周边关系的紧张状态。自 20 世纪 80 年代初起，中国同与自己有领土争议或其他纠纷的国家的关系都有不同程度的改善，逐步消除了紧张气氛。到 20 世纪 80 年代中期，中国周边安全环境已经明显好转，中国面临全面战争威胁的程度有较大程度的减轻。中国周边战争危险的减轻，降低了因局部战争诱发世界大战的风险，是中国作为世界大战制约因素发挥的实际作用。

三、世界和平力量在发展，战争的危险还存在，要看到战争

世界和平力量的进一步发展，制约战争因素的进一步增长，大大降低了世界大战爆发的可能性。但是，战争的危险始终存在着。邓小平在作出"世界战争可以推迟或者避免"论断的同时，并没有排除爆发战争的可能性，认为"世界和平的力量在发展，战争的危险还存在"④。虽然中国面临的全面战争威胁程度有较大减轻，

---

① 《邓小平军事文集》第 3 卷，军事科学出版社、中央文献出版社 2004 年版，第 273 页。

② 《邓小平军事文集》第 3 卷，军事科学出版社、中央文献出版社 2004 年版，第 273 页。

③ 《邓小平军事文集》第 3 卷，军事科学出版社、中央文献出版社 2004 年版，第 274 页。

④ 《邓小平文选》第 3 卷，人民出版社 1993 年版，第 128 页。

“大仗”一时打不起来，但是，“小的战争”不可避免。诱发世界大战的争霸世界的因素没有消除，利用局部战争实现霸权利益的手段没有废除，就不能说没有战争的危险，就不能不对战争有所准备。否则，就要犯历史性错误。

1. 霸权主义者有疯狂性，不排除有朝一日出现一个战争疯子

世界大战可以推迟或者避免，但是，由于战争根源没有消除，战争威胁始终存在，对战争的危险性要有足够的认识，要始终保持高度的警惕性。中国“认为霸权主义是战争的根源。因为我们讲的战争不是小打小闹，是世界战争”①。美苏两个超级大国霸权主义的争夺遍及世界各个角落，尽管他们的核武器都多，双方都怕打。但只要在某一点上触犯了两国的利害关系，战争就可能会爆发。1977年12月28日，在中央军委全体会议上的讲话中，邓小平从霸权主义的疯狂性即从侵略本质方面揭示了世界战争的可能性，指出：“战争可能延缓爆发，可是我们不能只看到这一方面，我们要防备别人早打、大打。因为霸权主义者有疯狂性，不知道他们在什么地方制造一件什么小事情，就可能挑起战争。”② 1985年6月4日，在中央军委扩大会议上的讲话中，在全面论述世界战争可以推迟的诸多因素、提出改变对战争危险性看法的同时，邓小平提醒道：“苏美两家还在进行军备竞赛，世界战争的危险还是存在的。”③ 1986年9月14日，会见尼加拉瓜总统丹尼尔·奥尔特·萨阿韦德拉时，邓小平从霸权主义国家统治者的疯狂性即战争疯子的角度，揭示了世界大战的危险性，他指出：“美国和苏联两家谁也不敢首先发动新的战争，双方都有几次毁灭对方的力量。当然不排除有朝一日出现一个疯子，第二次世界大战不就是由一个疯子引起

① 《邓小平文选》第3卷，人民出版社1993年版，第104页。

② 《邓小平军事文集》第3卷，军事科学出版社、中央文献出版社2004年版，第80页。

③ 《邓小平军事文集》第3卷，军事科学出版社、中央文献出版社2004年版，第273页。

的吗？所以我们说战争危险存在。”[①] 1992 年春，邓小平在南方谈话中谈到，世界和平与发展这两大问题，至今一个也没有得到解决。所以，在和平与发展成为时代主题的当今时代，世界大战的危险还存在，仍然存在战争的威胁，只要和平与发展的时代性问题不解决，“仗总可能有一天要打起来”[②]。

2. 当今世界实际上没有什么和平，大战没有打，但小战不断

世界大战危险性的根本不仅根源于霸权主义者的本质和时代主题的曲折发展，而且可能诱发于霸权主义者导演的局部战争。霸权主义国家以“世界宪兵”自居，不断侵略其他国家特别是侵犯第三世界国家主权，甚至诉诸武力或者以武力相威胁，构成对世界和平的潜在威胁。尽管发生新的世界大战的可能性有所降低，但是，事实证明，只要霸权主义存在，局部战争和武装冲突就不可避免，新的世界大战的危险性就始终存在，世界和平永久就可能是幻想。1982 年 8 月 21 日，邓小平在会见联合国秘书长德奎利亚尔时说：“第二次世界大战以后，实际上没有什么和平，大战没有打，但小战不断。小战在哪里打？在第三世界。根源还不是超级大国霸权主义在那里挑拨，在那里插手！长期以来，超级大国就是利用第三世界的冲突来达到他们的目的。”[③] 从第二次世界大战结束到 20 世纪 80 年代末，世界上曾经发生过 180 多场局部战争和武装冲突。[④] 1989 年 9 月 4 日，邓小平同几位中央负责同志谈到自己辞去中央军委主席职务时说：“国际形势有一个战争问题。美苏两家打不起来，就没有世界大战。小的战争不可避免，现在不发达国家之间的战争，

① 《邓小平年谱（1975—1997）》下，中央文献出版社 2004 年版，第 1138 页。

② 《邓小平军事文集》第 3 卷，军事科学出版社、中央文献出版社 2004 年版，第 81 页。

③ 《邓小平军事文集》第 3 卷，军事科学出版社、中央文献出版社 2004 年版，第 219 页。

④ 段炳麟：《世界当代史》，北京师范大学出版社 1994 年版，第 69 页。转引自郭世贞主编：《军事装备思想研究》，国防工业出版社 2010 年版，第 153 页。

实际上是发达国家的需要。发达国家欺侮落后国家的政策没有变。”①

3. 中国还有维护主权、独立和领土完整的任务，我们要保持警惕，放松不得

世界大战在较长时间内不会爆发，中国周边安全环境显著改善，但是绝不意味着可以高枕无忧，因为“连中国这样一个发展中的大国，都还有维护主权、独立和领土完整的任务”②。尽管中国努力改变外交政策，但是，由于一些国家的挑动，中国与周边国家海洋权益的争端则日益凸显，捍卫领海主权的任务还重。邓小平说：“世界上希望我们好起来的人很多，想整我们的人也有的是。我们自己要保持警惕，放松不得。”③

第一，帝国主义、霸权主义对中国安全的威胁并没有消除。新中国成立后，帝国主义从来没有放弃过颠覆中国人民民主专政的企图，特别是苏联解体、东欧剧变以后，西方敌对势力对中国实行露骨的“和平演变”战略，企图通过打一场没有硝烟的第三次世界大战，使社会主义中国发生和平演变。

第二，历史遗留的领土和海洋权益争端有很大一部分没有得到解决。新中国成立以来，历史遗留的领土和海洋权益争端有的陆续得到解决，有的却一直没有得到解决。这些争端先后导致中印、中苏、中越边境武装冲突。20 世纪 70 年代起，又有一些国家觊觎中国的海洋权益，抢占中国岛屿，或挑起大陆架争议。东海钓鱼岛自古就是中国的领土，一直在中国政府的管辖之下。1971 年 6 月，美国公然违背《开罗宣言》原则，引发钓鱼岛问题。在中日邦交正常化谈判时，中日双方都同意对钓鱼岛问题“以后再说”，但是，事后日本却采取放任态度，批准日本一些右翼团体在岛上建立

① 《邓小平军事文集》第 3 卷，军事科学出版社、中央文献出版社 2004 年版，第 314 页。

② 《邓小平文选》第 3 卷，人民出版社 1993 年版，第 289 页。

③ 《邓小平军事文集》第 3 卷，军事科学出版社、中央文献出版 2004 年版，第 314 页。

航标灯，甚至出现舰艇进入钓鱼岛海域驱赶中国台湾渔民。南沙群岛历来是中国的领土。20 世纪 70 年代以前，南海毗邻国家对此从未提出异议。但是自发现南海蕴藏丰富的油气资源后，周边国家开始觊觎南海海域。一些国家单方面宣布了大陆架和 200 海里专属经济区范围，把南沙群岛的全部或部分岛礁列入自己的“版图”，加紧在南沙海域进行资源开发，致使南沙争端日益突出。

第三，美国向中国台湾地区出售先进武器。邓小平认为，解决台湾问题只有两个方式，一个是谈判方式，一个是武力方式。中国坚持谋求用和平的方式来解决问题，但是始终没有放弃用非和平方式解决的可能性。1978 年 12 月 13 日，在同美国驻中国联络处主任伦纳德·伍德科克就中美关系正常化问题举行会谈时，邓小平强调：“美国不应该再向台湾出售武器……对台出售武器会破坏中国的和平统一。如果美国向台湾出售大量武器，蒋经国就会把尾巴翘得高高的，这只会增加冲突的危险性。”① 15 日，在听取了伍德科克关于中美关系正常化后美国保留向中国台湾地区出售防御性武器的权利的说明后，邓小平明确指出：“中美建交后，希望美国政府慎重处理同台湾的关系，不要影响中国采取最合理的方法和平解决台湾问题。如果美国继续向台湾出售武器，从长远讲，将会对中国以和平的方式解决台湾问题设置障碍，最终只能导致武力解决。”② 针对祖国统一的艰巨复杂任务，我们绝不可能作出放弃武力解决台湾问题的承诺。

4. 战争来不来不决定于中国，总得准备另外一手，应付战争的到来

邓小平关于世界大战可以推迟或者避免的判断，前提是战争危险依然存在。因此，准备打仗的意识不能松懈，战争准备的立足点

---

① 《邓小平年谱（1975—1997）》上，中央文献出版社 2004 年版，第 452 页。

② 《邓小平年谱（1975—1997）》上，中央文献出版社 2004 年版，第 452—453 页。

要实现从举国迎敌的全面战争到应对偶然的突发的局部战争的转变。1981 年 10 月 1 日，在会见哥伦比亚外交部部长卡洛斯·莱莫斯·西蒙兹时，邓小平说："从国际上来说，我们希望和平，希望长期和平。但是我们总得准备另外一手，应付战争的到来。战争来不来，不决定于我们，所以迫使我们不能不在这方面注意，以对付面临的危险。"① 但是，有些人对当时的国际国内形势和对内对外政策认识不清，以为世界大战打不起来，军队要精简，要服从国家经济建设大局，似乎国防建设不重要了，"可以刀枪入库、马放南山"了。针对这种片面的认识，早在 1979 年 1 月 2 日，邓小平在中共中央军委座谈会上的讲话中指出："我们还要看到战争。不管哪个方面，战争准备都要加强。这方面要多考虑一下。我们说战争可以延缓一下，究竟能够延缓多久？国际局势究竟是更加缓和还是更加紧张？不是趋向缓和的。我们同美国建交，签订中日和平友好条约，这可能对和平稳定有好处，能够延缓战争的爆发，但不能寄托在这上头。"② 中国需要和平的国际环境，但是世界并不安宁，局部战争从未间断。因此，邓小平强调，"现在国际局势并不太平，我们必须巩固国防"③，加强军事斗争准备。

第二次世界大战以后的局部战争，一个显著的特点就是，局部战争的战场成为新型武器的试验场，新技术进步给作战方式方法带来一系列重大变革，主要表现为：电子战等新的作战样式的出现；战争、战役、战斗有时可融为一体，且联系更加紧密；战争空间范围已由陆、海、空向陆、海、空、天、电扩展，形成了全方位、多层次的军事对抗；战争的突然性增大、节奏加快；战争消耗不断增大，保障任务更加艰巨和繁重。现代局部战争的这些特点，对中国新时期军事斗争准备提出了新的课题，对武器装备的发展和战时保

① 《邓小平年谱（1975—1997）》下，中央文献出版社 2004 年版，第 773—774 页。

② 《邓小平军事文集》第 3 卷，军事科学出版社、中央文献出版社 2004 年版，第 147—148 页。

③ 《邓小平文选》第 3 卷，人民出版社 1993 年版，第 70 页。

障提出了更高的要求。1993 年初，中共中央军委制定了新时期积极防御的军事战略方针，在战略指导思想上实行了重大的调整，把军事斗争准备的基点由应付一般条件下的局部战争转到了要打赢现代技术特别是高技术条件下的局部战争上来。这就“正确解决了我军建设和改革的发展方向问题”①，也就解决了武器装备建设和发展方向问题。

第二节 超级大国还在进行军备竞赛，世界战争的危险还是存在

邓小平认为，只有两个超级大国有资格打世界大战。尽管超级大国不敢轻易发动世界战争，但是，由于“苏美两家还在进行军备竞赛，世界战争的危险还是存在的”②。“我们认为，主要是美苏两个超级大国争夺世界霸权，带来了爆发新的世界大战的危险。”③第二次世界大战后相当长的时间内，美国军事实力远远超过苏联。然而，20 世纪 70 年代，苏联利用美国深陷侵越战争泥潭实行“战略收缩”的时机，加强军事工业的发展，逐步缩小了与美国军事实力的差距，到 70 年代末与美国的军事实力处于战略均势。随后，双方都企图打破这种均势，获得军事优势，展开了轮番的军备竞赛，使两国的武器装备恶性膨胀。美苏两个超级大国的军备竞赛严重威胁着世界和平。诱发新的世界大战的军备竞赛，主导着现代武器装备发展的新趋势，对世界各国的武器装备产生了重大影响。邓小平在深刻分析了超级大国军备竞赛的实质、变化和趋势后，阐释了军备竞赛与世界大战的相关性，揭示了世界大战的现实危险性。

---

① 《江泽民文选》第 2 卷，人民出版社 2006 年版，第 457 页。

② 《邓小平文选》第 3 卷，人民出版社 1993 年版，第 127 页。

③ 《邓小平军事文集》第 3 卷，军事科学出版社、中央文献出版社 2004 年版，第 14 页。

一、超级大国争夺霸权的斗争不会停止，表现在核武器竞争上的争夺也不会停止

以武器装备为物质基础的军事实力是美苏推行霸权主义的基础，也是它们争夺势力范围和维护既得利益的重要条件。作为超级武器的核武器是争霸世界的“终结者”，因此，冷战期间长达40年的军备竞赛，始终聚焦于核武器的竞赛。“他们两家拥有那么多核武器，那么多常规武器，还要拼命地发展。”① 疯狂的核军备竞赛，是两个超级大国争夺世界霸权的性质所决定的，两个超级大国争夺霸权的斗争不停止，“表现在核武器竞争上的争夺也不会停止”②，爆发新的世界大战的危险性就无法消除。

1. 超级大国仓库里的核武器越堆越多，如果不销毁，始终是争取世界和平的难题

核武器竞赛是两个超级大国军备竞赛的焦点。1945 年 8 月 6 日、9 日，美国在日本广岛和长崎投放的两颗原子弹，标志着普通人难以想象的新型武器的出现，使人类社会进入核战争威胁的时代。作为西方世界的霸主，美国凭借垄断核武器的优势地位，以核讹诈为工具，对苏联和以苏联为首的东方阵营进行“冷战”，企图攫取世界霸权。苏联则针锋相对，加紧研制核武器，于 1949 年 8 月爆炸了第一颗原子弹，从而打破了美国的核垄断。从此，苏美两个超级大国展开了一浪高过一浪的激烈的核军备竞赛。邓小平认为，20 世纪 60 年代初，如果说苏联与美国核力量的差距相当大的话，那末，经过十年的竞争，到 20 世纪 70 年代初，两个超级大国的核武器水平已经接近了。1974 年 11 月 13 日，在会见也门民主人民共和国总统委员会主席鲁巴伊时，邓小平说：“在战略武器、常规武器方面，美苏都在加紧竞赛。在核武器方面，长期以来是美

① 《邓小平军事文集》第 3 卷，军事科学出版社、中央文献出版社 2004 年版，第 15 页。

② 《邓小平年谱（1975—1997）》下，中央文献出版社 2004 年版，第 1045 页。

国占优势，现在苏联至少不低于美国。照美国人的说法，质量上还是美国高，但是苏联的核弹头在数量上已经超过美国。”① 也就是说，在冷战第三阶段的末期，即20世纪70年代中后期，美苏已攻守易位，由“美攻苏守”变为“苏攻美守”。20世纪80年代初期，美国朝野上下普遍担心美国的军事力量能否支持继续实施对苏遏制政策。罗纳德·里根在回忆录里写道：1981年我初进白宫时，美国的军事力量虚弱到了使我们对苏联方面发动的袭击作出有效反应的能力变得非常可疑的程度，我们的战略武器——作为我们的威慑力量的基础的导弹和轰炸机——10年未曾更新，而苏联在此期间却建立了使我们每一级别的军事力量都相形见绌的战争机器。② 里根不无担心地说：“80年代初力量对比完全变了。苏联正在大量建造导弹，他们在核力量方面超过了我们。”③ 基于核力量处于下风这一判断，里根政府大力扩充核实力，于1981年10月提出战略力量现代化计划。这一计划决定的数量之多和范围之广在核时代几乎是前所未有的。同年，苏联实际军费达到1400亿美元，占苏联国民收入的22%。于是，美苏展开了新一轮激烈的核军备竞赛。里根回忆说：在1981年春天，军备竞赛在相互威慑的基础上迅速进行。苏联人用于军备的财力在国民财富中占的比例远远越过我们在这方面的比例。苏联的新武器层出不穷。我们不能让他们比我们领先。因此我们针对苏联的威胁，开始使我们核力量彻底现代化，并且准备把新的一类中程武器运到欧洲，帮助我们的北约组织盟国进行自卫，免受苏联导弹之害。④ 在里根任总统期间，美国军费开

① 《邓小平军事文集》第2卷，军事科学出版社、中央文献出版社2004年版，第362页。

② 〔美〕罗纳德·里根著：《里根回忆录——一个美国人的生平》，何力译，新华出版社1991年版，第4页。

③ 〔美〕罗纳德·里根著：《里根回忆录——一个美国人的生平》，何力译，新华出版社1991年版，第89页。

④ 〔美〕罗纳德·里根著：《里根回忆录——一个美国人的生平》，何力译，新华出版社1991年版，第46—47页。

支每年递增7%以上，8年耗资总和超过2万亿美元。到20世纪80年代中期，美苏两国的核弹头总数已占全世界的97%，分别达到2.6万枚和2.3万枚，战略核武器运载工具分别达1970件和2659件。[①]

1991年12月苏联的解体，是冷战彻底结束最重要的标志。在长达40余年的冷战时期，美苏两个超级大国展开的激烈的核军备竞赛，双方各自投入数万亿美元，发展了从地面到海洋、从空中到太空的庞大的核武器库。冷战结束前，美国拥有陆基洲际导弹1000枚、战略核潜艇19艘（潜射导弹640枚）、战略轰炸机311架。苏联拥有陆基洲际导弹1304枚、战略核潜艇26艘（潜射导弹760枚）、战略轰炸机182架。[②] 对此，邓小平不无担心地指出，核军备竞赛导致两个超级大国"仓库里核武器越堆越多，又不能吃，又不能穿，总得找个出路。当然最积极的出路就是销毁。如果不销毁，越堆越多，怎么办呢？所以维护世界和平始终是摆在当代人类面前的迫切任务"[③]。

2. 核武器的弹头数量即使增加不多，不控制质量也还是等于扩军

美苏两个超级大国的核军备竞赛，不仅表现在核武器数量上的增加而且还表现在核武器质量上的提高。20世纪80年代初，里根政府提出的战略力量现代化计划，就包括提高战略核力量的摧毁能力、耐久能力和灵活反应能力。与原子弹相比，氢弹是更高级的核武器，其威力是原子弹的几百倍甚至上千倍。1952年11月2日，美国成功试爆了一颗当量为300万吨TNT炸药的氢弹，总当量相当于150颗投放到日本广岛的那颗原子弹。同时，通过设计还能进一步增强或减弱氢弹的某些杀伤破坏因素，因而其战术技术性能远

---

① 刘继贤主编：《邓小平军事思想教程》，军事科学出版社2013年版，第65页。

② 王仲春著：《核战解码——关于核武器与核战争的那些人和事》，海洋出版社2014年版，第48页。

③ 《邓小平年谱（1975—1997）》下，中央文献出版社2004年版，第866页。

远优于原子弹。1975 年 3 月 12 日，在会见圭亚那总理伯纳姆时，邓小平说，1974 年 11 月，美苏海参崴的核武器协定"特别避开核武器的质量问题，他们说的核武器弹头的数量，也是向上涨的，即使增加的不多，不控制质量也还是等于扩军"①。邓小平的论断不仅是对美苏两国核竞赛历史的批判，也是对其发展趋势的揭露，即提高质量，增强杀伤力。

中子弹是美苏两国在所谓核裁军背景下，研制的质量更高的第二代核武器。1977 年美国研制成功的中子弹，是以高能中子为主要杀伤因素，同时相对减弱冲击波和光辐射效应的一种特殊设计的小型氢弹，确切地说是增强辐射弹。中子弹爆炸时放射性沾染很轻，只需要经过较短的时间部队即可进入爆炸地区，因此在军事上具有较强的使用价值，是质量更高的核武器。中子弹可以杀伤人，而对建筑物的破坏有限。因而，美国防务计划人员认为，中子弹是对付苏联在欧洲的装甲力量约为北约部队的 3 倍这一优势的抗衡力量。华沙条约组织部队有 19500 辆坦克针对西欧，其中有 12500 辆是在苏联部队中的苏联坦克，而北约组织方面，只有 7000 辆坦克与之对抗。中子弹是一种对付密集的坦克编队特别有用的武器②。针对美国核武器的新发展，1981 年 2 月出席日内瓦裁军会谈的苏联大使罗申说，如果美国发展中子弹，那么"美国垄断中子弹的日子不会很长了"。苏联也要跟着干，就是一个时间问题了。③ 时任法国国防部部长埃尔尼评价说："苏联人自己已经试验过这样一种武器。因此，我说，军备竞赛在加快。"④

如果把氢弹以及中子弹、冲击波弹、增强 X 射线弹等氢弹变种列为第二代核武器，那么，在提高核武器质量方面，20 世纪 80

① 《邓小平军事文集》第 3 卷，军事科学出版社、中央文献出版社 2004 年版，第 14 页。

② 《中子弹：为什么它使俄国人感到不安》，《参考消息》，1981 年 8 月 17 日。

③ 《罗申说美如发展中子弹苏就要跟着同样干》，《参考消息》，1981 年 2 月 9 日。

④ 《法国防部长就苏试验中子武器发表谈话》，《参考消息》，1981 年 8 月 12 日。

年代以来，美国研制的核电磁脉冲弹、核激励 X 射线激光器等则属于第三代核武器。

3. 不仅是核武器，在常规武器方面，苏美双方竞争也很激烈

军备竞赛不仅表现在核武器的数量和质量方面，而且还表现为常规武器的性能和数量方面。核武器、化学武器、生物武器等大规模杀伤破坏性武器以外的武器，通常被称为常规武器。核武器出现以后，常规武器的发展一度受到抑制，但随着冷战的发展，超级大国之间爆发核战争的可能性减小，又开始把军备竞赛的目光转向花费巨大、在任何级别的冲突中都能使用的常规武器。1974 年 11 月 13 日，在会见也门客人谈到美苏军备竞赛时，邓小平指出："值得注意的是，不仅是核武器，在常规武器方面，他们双方竞赛也很激烈。现在，如果单就美苏两家来说，苏联的常规武器占优势，包括飞机、大炮、坦克、导弹，但如果美国加上西欧、日本，就还不能这么说。"[①] 1975 年 3 月 12 日，在会见圭亚那总理伯纳姆时，邓小平说："美苏扩军不仅是核武器的扩充，人们常常忽略的常规武器也在扩充。美国和苏联自称的所谓战略武器，实际上只是指核武器。其实，常规武器也是战略武器。在常规武器方面，也是苏联比美国跑得快，包括飞机、坦克和常规导弹。美国有一批人已经看到了这个问题的危险性，美国在常规武器方面也在急起直追。"[②] 1981 年，美国里根政府已采取了一个新的防御战略，准备同时至少打两场大规模的战争，一场在欧洲，一场在其他地方，很可能在中东。美国国防部部长温伯格说，以前的战略在苏联的能力还不像现在这样强大的时候是一项充分可靠的计划，但是，苏联现在的能力需要我们计划至少同时进行两场需要我们和我们的盟国投入大量部队的战争。贯彻新的防御战略，美国必须发展并改变自己的军事

① 《邓小平军事文集》第 2 卷，军事科学出版社、中央文献出版社 2004 年版，第 362—363 页。

② 《邓小平军事文集》第 3 卷，军事科学出版社、中央文献出版社 2004 年版，第 14—15 页。

力量，尤其是需要新型的海运力量和空运力量，未来 5 年国防开支计划增加一倍。这支规模比较大的新海军将继续以耗资数十亿美元的大型航空母舰及由 12 艘左右护航舰只组成的战斗群为中心进行建设。[①] 据此，美国海军提出了一个庞大的军购计划，即从 1982 年到 1986 年，建造 143 艘舰艇（其中包括增建 2 艘核动力航空母舰和增建 14 艘核攻击潜艇）和 189 架飞机，比卡特政府所建议的增加 75%。该计划将耗资 1200 亿美元，占 1982 年财政年度计划的国防预算 2220 亿美元的一半以上。[②] 这种大规模的常规武器扩充，目的就是准备具有世界大战规模的战争。

二、空间军备竞赛比地面军备竞赛更厉害

进入 20 世纪 80 年代，美苏两个超级大国的军备竞赛开始向宇宙空间领域延伸，拉开了宇宙空间军备竞赛的序幕。美国航天飞机进入实用阶段和苏联拦截卫星试验成功，促使双方对宇宙空间的军事价值有了新的认识，“宇宙也是战场”的新的军备竞赛时代已经到来。1985 年 10 月 4 日，在会见马达加斯加总统迪迪埃·拉齐拉卡，谈到美国的“星球大战”计划时，邓小平指出：“空间军备竞赛比地面军备竞赛更厉害。”[③] 美国的“星球大战”计划把宇宙空间军事竞赛推向一个新的高度。对中国武器装备发展理念产生了颠覆性的影响。

1. 反对一切外太空军备竞赛，无论谁搞外太空武器，我们都不赞成

美苏两国太空军备军赛的主要方式是发展载人航天飞机和建立空间站。1981 年 4 月，美国“哥伦比亚号”航天飞机试飞成功，苏联认为“航天飞机可能开创空间‘超级武器’竞赛”。美国官员

① 《〈华尔街日报〉》报道温伯格谈美国的新战略——美打算建立同时能打两场大规模战争的力量》，《参考消息》，1981 年 6 月 18 日。

② 《美海军提出一项庞大的五年计划》，《参考消息》，1981 年 7 月 17 日。

③ 《邓小平军事文集》第 3 卷，军事科学出版社、中央文献出版社 2004 年版，第 276 页。

预料，航天飞机也将用来发射间谍卫星入轨和从事其他军事任务。航天飞机能做到而当时苏联却不能做到的一件事是捕捉敌方卫星，把它带回地球。因此，美国国防部预定了 1986 年底前航天飞机的大量使用权。苏联负责宇航员训练工作的领导人弗拉基米尔·沙塔洛夫说："当然，如果美国和五角大楼领导人走这条道路的话，这将意味着武器竞赛的一个新的盘旋上升，而且除了只会造成新的庞大的开支和加剧国际紧张局势外，肯定不会给美国带来什么好处和优势。"① 1981 年 6 月 19 日，苏联两个航天器在轨道上连接，20 日美国《洛杉矶时报》评论，"这是军用空间站的先驱"，还说"苏联人已经在集中精力把航天技术应用于军事方面"。② 1983 年 1 月 2 日美联社华盛顿专稿《美苏一九八二年的宇航成就和竞争》指出："这两个超级大国都在继续制订强大的军事空间计划。苏联人现在拥有的唯一可使用的空间武器是拦截卫星，它能摧毁在轨道上运行的有效载荷。美国空军预定在 1983 年初试发射美国的第一个反卫星武器。这两个国家都在加紧研究激光炮和带电粒子束之类这样一些异乎寻常的空间武器。这些武器能够击毁飞行中的卫星或弹道导弹。"③ 1982 年 6 月、1983 年 3 月苏联两次试飞航天飞机。1988 年 11 月 15 日苏联"暴风雪"号航天飞机首飞成功，该航天飞机是不载人、可重复使用的航天器。

美国提出的"星球大战"计划是太空军备竞赛的高峰。"星球大战"计划，指 1983 年 3 月 23 日美国总统里根提出的"战略防御倡议"。1985 年 1 月美国政府公布时定名《总统战略防御计划》。因为该《计划》的基本内容同美国科幻电影《星球大战》相似，所以被公众和媒体称为"星球大战"计划。1983 年 3 月 23 日，里根发表电视演说提出：我们将从事以防御手段来对抗可怕的苏联导弹计

---

① 《苏联对美国航天飞机试飞持敌视态度》，《参考消息》，1981 年 4 月 12 日。

② 《苏联把航天技术用于军事目的》，《参考消息》，1981 年 6 月 28 日。

③ 《美苏一九八二年的宇航成就和竞争》，《参考消息》，1983 年 1 月 10 日。

划……如果自由人民能够安全地生活，知道他们的安全不是靠美国以立即采取报复行动相威胁，使苏联不敢轻举妄动，知道我们能够在战略导弹到达我们自己的国土或者我们盟国的国土之前就拦截并摧毁它们，会出现怎样的局面呢……我呼吁为我们提供了核武器的科学界把他们的巨大才能转用于人类和世界的和平的事业，使我们有办法使这些核武器成为丧失威力的过时的废物。① 对里根政府将“星球大战”计划与军备控制挂钩的辩解，曾经参与过“星球大战”计划的美国科学家罗伯特·M．鲍曼博士指出，对美国人民最大的一次欺骗，恐怕就是把“星球大战”计划作为军备控制措施来推销。②

美国提出“星球大战”计划后，苏联等国家强烈反对把军备竞赛扩大到太空设想，但是里根政府坚持不放弃这个计划，并最终以其取代了“战略现代化”计划。1985 年 6 月 20 日，由 6 名美国专家组成的代表团专程到北京同大约 50 名中国军方、研究所和政府各部门的代表举行座谈会，通报了里根政府的“星球大战”计划，并向中国提供了苏联防御体系的情况。美国外交官说：“眼下没有什么迹象表明这次会谈得以改变中国早些时候对这个战略防御计划，即俗称‘星球大战’计划所持的反对态度。北京说它反对宇宙空间的军事化。”③ 美国公布的中国反对“星球大战”计划的说法，几个月后在邓小平的讲话中得到了证实。1985 年 9 月 6 日，在会见美国前总统理查德·尼克松时，邓小平说：“我们反对一切

---

① 〔美〕米歇尔·曼德尔伯姆、斯特罗布·塔尔伯特：《里根与戈尔巴乔夫——美苏关系突破的良机》，国际文化出版公司 1988 年版，第 102 页。转引自李显荣著：《论核战略》，人民出版社 2014 年版，第 125 页。

② 罗伯特·M．鲍曼：《星球大战：防御星还是死亡星?》，上海科学普及出版社 1988 年版，第 46 页。转引自李显荣著：《论核战略》，人民出版社 2014 年版，第 127 页。

③ 《美专家向中国有关人士通报“星球大战”计划》，《参考消息》，1985 年 6 月 22 日。

外空军备竞赛，无论谁搞外空武器，我们都不赞成。”① 1985 年 10 月 4 日，在会见马达加斯加总统拉齐拉卡时，邓小平强调：“当‘星球大战’计划出现时，中国就表示反对。美国人说苏联人早就开始搞了。我们的观点是，不管谁搞，我们都不赞成，都反对。这个观点我曾通过撒切尔夫人转告了美国领导人。”② 邓小平坚决反对“星球大战”计划，是因为邓小平深刻地认识到，“星球大战”计划将导致军备竞赛的升级，增加世界战争的危险性。

2. “星球大战”计划实际上是军备竞赛的质的升级，不是一般的升级

“星球大战”计划旨在研究和发展以太空为基地，对来袭的导弹和重返大气层飞行器进行多层拦截并加以摧毁的系统，使敌方核武器丧失威力，在军事上取得高技术竞争的优势。邓小平认为，“星球大战”计划是军备竞赛性质的变化，将改变未来战争的样式，对武器装备发展方向有巨大的影响。1985 年 8 月 2 日，在会见英国客人谈到美国“星球大战”计划时，邓小平说：“‘星球大战’同增加几个核弹头、改换几个新型号的导弹有着质的不同。‘星球大战’干不得，它会使两个超级大国之间的军备竞赛发生质的变化。”③ 1985 年 10 月 4 日，在会见马达加斯加总统拉齐拉卡时，邓小平再次指出：“我认为，‘星球大战’计划实际上是军备竞赛的质的升级，不是一般性升级。”④ 军备竞赛这种质的变化主要体现在两个方面，在作战领域方面，从海洋、陆地、天空拓展到太空；在武器装备方面，从传统的飞机、大炮、军舰发展到激光武器、粒子武器等新概念武器。

---

① 《邓小平年谱（1975—1997）》下，中央文献出版社 2004 年版，第 1074 页。

② 《邓小平军事文集》第 3 卷，军事科学出版社、中央文献出版社 2004 年版，第 276 页。

③ 《邓小平年谱（1975—1997）》下，中央文献出版社 2004 年版，第 1065 页。

④ 《邓小平军事文集》第 3 卷，军事科学出版社、中央文献出版社 2004 年版，第 276 页。

“星球大战”计划是一个以宇宙空间为主要基地的多层次的太空核防御系统，设想有四个层次：第一层是反导弹卫星，第二层是自由电子激光系统，第三层是猎手导弹，第四层是粒子炮。“星球大战”计划的四个层次的防御即所谓“四个阶段的拦截”。第一层为助推段的拦截，即敌导弹发射阶段有3—5分钟的持续时间，产生大量红外线，易被空间探测器捕获。担任拦截任务的是在地球同步轨道上运行的432颗反导弹X射线卫星，每颗卫星可摧毁100枚以上的正在升空的导弹。这种反导弹X射线卫星直径1米，表面插有多根刺猬状金属管，一旦发现敌导弹，卫星便开始攻击。卫星内部产生核爆炸，每一金属管都喷射一束X射线，将导弹摧毁。第二层为末助推段拦截，即导弹最末一级火箭关机，弹头和突防装置开始脱离导弹飞向目标阶段，持续时间大约500秒。可用激光武器或动能武器摧毁已投放的弹头和含有一部分尚未投放子弹头的母舱。第三层为中段拦截，从导弹投放完分弹头和突防装置，到弹头再入大气层之前的阶段，持续时间大约20分钟。拦截时，利用部署在高轨道发射平台上的动能武器或粒子束武器摧毁来袭导弹；利用飞机或在低轨道上部署的作战平台，发射以超高速火箭为动力的自动寻的拦截导弹。这种导弹可以在预定高度上形成密集的弹幕，直接击毁来袭导弹。第四层为再入段拦截。这一段是拦截再入大气层的导弹。先通过机载红外探测器和机载雷达捕捉目标，用红外寻的器进行信息瞄准和跟踪。拦截时，通过地基发射高速近程导弹，在预定高度爆炸击毁来袭弹头，或利用以火箭推进的非爆炸性弹丸，通过齐射方式将成千上万个弹丸送入拦截高度，以阻拦来袭弹头。另外，还可以带电粒子束武器的强烈电磁效应使来袭弹头失效。[①]“星球大战”的设计者称，太空核防御系统能保证摧毁敌方

① 《武器百科》编委会编写：《武器百科》，中国华侨出版社2011年版，第416页。

发射的所有导弹，美国的防御将固若金汤。①

针对美国的“星球大战”计划，苏联加快了航天站的军事化进程。苏联在环球航天站置放导弹，一分钟内即可达到地面，而陆基导弹大约要30分钟才能到达目标，因此，这可能使美国星战系统难以奏效。“据苏联科学家和战略家们起草的一份研究报告说，如果美国和苏联同意部署里根政府打算部署的空间导弹防御系统，那么这两个国家都将会情不自禁地把大量核导弹偷偷地运进这个系统的空间作战站。”这样一来，“将会引起一轮新的空间军备竞赛，空间将可能成为发生对峙的场所，因为两国进攻性核力量的大部分将会部署在那里。”“俄国人对部署‘星球大战’武器提出采取这种对策的可能，还是第一次。”“这个计划可能被看成是对空间弹道导弹防御系统采取的一项有效的反措施。”②

3. “星球大战”计划将导致军备竞赛达到不可控制的地步

对美国实施“星球大战”计划可能带来的严重后果，邓小平表示了严重的担忧。1985年10月4日，在会见马达加斯加总统拉齐拉卡时，邓小平说：“‘星球大战’计划将导致军备竞赛达到不可控制的地步。”③“星球大战”计划引发的军备竞赛的不可控制，主要表现为军费投入的巨大、时间跨度的漫长和卷入竞争的国家增加。

“星球大战”计划费用预算高达1万亿美元，即使经济和军事实力强大的美国也难堪重负，自该计划提出之时，美国国内反对的声音从未间断过。苏联解体以后，美国的“星球大战”计划的规模开始缩小，试图用小型“星球战争”替代“星球大战”。该计划正式名称是“防御有限攻击的全球计划”（Global Profeceion Against Limited Strikes），虽说仍然面临大量工程上的困难问题，但是其构想主要依据已有的技术，如卫星监视网、先进的陆基导弹和靠功能

① 《何谓“星球大战”计划》，《参考消息》，1985年2月1日。

② 《苏联用什么对付星战计划》，《参考消息》，1986年10月21日。

③ 《邓小平军事文集》第3卷，军事科学出版社、中央文献出版社2004年版，第276页。

即靠单纯的撞击力杀伤弹道导弹的太空基火箭。GPALS 计划 15 年的费用为 1200 亿美元，其中不包括 1983 年以来已经花掉的 230 亿美元的“星球大战”研究费用。由于美国财力紧缩，众议院投票把布什总统为 1992 年财政年度要求的 50 亿美元拨款削减 17 亿美元。节省的部分主要是取消太空基火箭。这一部分是要把 1000 颗载有火箭的卫星送入地球轨道，随时准备迎击来犯的导弹。取消这些卫星是“对这整个概念的直接打击”①。反对“星球大战”计划的人认为，这个计划不值得花那么多钱。

面对美国“星球大战”计划，苏联提出了自己的空间军备计划。苏联对“星球大战”计划的反措施有积极和消极两种。积极措施是使用以动能、激光及其他高能射线作为杀伤因素的各种陆基、海基、空基和宇宙基的兵器，摧毁和破坏在反导弹防御系统中易受攻击的宇宙通信、控制系统、各种载能体和动力系统等部分，其主要手段有摧毁太空战斗平台，攻击发射激光器的潜艇，破坏搜索、识别和制导系统。被动措施主要是发展战略导弹并使其多样化，其目的是给敌人的搜索、识别和制导系统增加困难使其失效。主要手段是：增加洲际弹道导弹的数量和弹头，补充部署相对便宜的安装有控制系统但不带弹头的“假导弹”；选择一定的回击程序，使敌人的反导系统过早地投入战斗；缩短战略导弹主动段的飞行距离，给搜索、追踪和制导系统进一步增加困难；对导弹施加伪装，增加尚无法被有效拦截的武器的潜力，以保持回击的能力。②苏联科学家合著的《空间武器：安全的困境》一书，被认为是苏联研究对付美国“星球大战”获得的第一项有深度成果。其主要结论是，部署太空轨道雷、太空子母弹、激光器和模型导弹可以作为对付“星球大战”计划的有效措施。因为，类似燃料舱和雷达的轨道运行组件可以被太空雷、装有高能量炸药的卫星、飞行神速

① 《美星战计划缩小了规模》，《参考消息》，1991 年 8 月 23 日。

② 《苏对付美“星球大战”计划的反措施》，《参考消息》，1986 年 11 月 12 日。

的密集太空子母弹击毁。另外，地面激光器和装有快燃助推器的小火箭也能成为击毁“星球大战”武器组件的有效武器。[①] 苏联对抗美国“星球大战”计划产生的巨大的空间军备投入，使苏联的经济发展遭到重创。有学者认为，冷战时期，美国发起的“星球大战”计划，迫使苏联投入巨资向太空发展，最终从经济上拖垮了苏联，并导致其解体。[②]

欧洲争议中的所谓欧洲防御倡议，或称欧洲航天防御倡议和欧洲空间防御倡议，是欧洲为发展反导弹武器所作的努力，实际上是一项欧洲“星球大战”计划。欧洲“星球大战”计划的技术有一部分将仿照美国的战略防御倡议。但是，与美国的重点是远程导弹不同，欧洲倡议的重点是对付华沙条约的短程导弹。这些导弹可以在10—15分钟内达到英国的海岸。到1985年底，欧洲倡议只是处于议论阶段。但是，欧洲反短程导弹的主张，引起军方和军事装备承包商的越来越多的注意。一些人设想搞一个独立于美国的战略防御倡议的欧洲计划，大多数欧洲防务官员认为，欧洲防御倡议只是美国“星球大战”计划的一个附属部分，因为欧洲一些国家积极参与美国的“星球大战”研制计划。英国公司在战略防御倡议研究计划中可参加的领域有：研究如何让西欧参加到可对付短程弹道导弹攻击的防御系统中来。激光、粒子束和射频武器这些部署在太空发射平台或设在地面上的装置能够用电磁辐射击落导弹。部署在太空的电磁炮；光计算机和开关装置；作为开关装置使用的先进充气闸流管；探测来犯导弹位置的传感器；激光雷达等。[③] “星球大战”把欧洲拉入新的空间军备竞赛之中。

“星球大战”计划危害巨大，把军备竞赛推向不可控制的地步，最终将给人类的生存带来毁灭性的破坏。曾经参与过“星球

---

① 《苏披露对付星球大战的高招》，《参考消息》，1986年12月21日。

② 赵超阳、魏俊峰、韩力著：《武器装备多维透视》，国防工业出版社2014年版，第111页。

③ 《英在“星球大战”计划中的研究项目》，《参考消息》，1985年12月10日。

大战”计划的美国科学家罗伯特·M．鲍曼博士认为，导弹防御计划根本不是什么“防卫”系统，而是给地球行星带来毁灭的“死亡星”。罗伯特·M．鲍曼批评说，“星球大战”系统唯一的意义，就是“把它作为一个进行性的‘死亡星’系统，通过它来掌握空间控制权，企图获得对整个地球的绝对军事优势”，但这样的企图是错误的，它将导致毁灭。“死亡星”方案将用激烈的动荡来代替脆弱的稳定、用痛苦来代替不安、用明显的恐惧来代替不信任、用对抗来代替竞争、用肯定毁灭的前途来代替不确定的前途、用爆发核战争来代替僵持。[①] 美国在反导问题上不断升级，给国际战略平衡带来严重负面影响，外层空间军备竞赛再次升温。

三、核武器谈判，外层空间武器谈判，看不出有什么进展

武器是科学的结晶。人类在用科技力量竞相发展各种武器已达成战争目的的同时，由于科技导致的双刃之痛，使人类不得不从自身利益出发，以文明为缘由，对武器的发展加以限制。由此，在大国战略平衡的战略中，在战争利益争夺的夹缝中，军备控制伴随着军备竞赛孕育而生。从常规武器中的军备控制开始，化学武器、生物武器、核武器相继都被纳入了军备控制的范围。苏美两国的裁军谈判的出发点是制约军备竞赛，但是就 20 世纪 60 年代到 80 年代的谈判结果来看，却是令世界和平力量极度失望。邓小平对裁军“总的看法是没有什么裁军。裁军讲得越厉害，就越是掩盖着更大的扩军”[②]。伴随着裁军谈判的是军备竞赛的不断升级，因此，邓小平指出：“核武器谈判，外层空间武器谈判，看不出有什么进展。”[③] 中国赞成裁军谈判，但不相信谈判会有什么结果。

---

① 罗伯特·M．鲍曼：《星球大战：防御星还是死亡星?》，上海科学普及出版社 1988 年版，第 88、73 页。转引自李显荣著：《论核战略》，人民出版社 2014 年版，第 127 页。

② 《邓小平军事文集》第 3 卷，军事科学出版社、中央文献出版社 2004 年版，第 15 页。

③ 《邓小平军事文集》第 3 卷，军事科学出版社、中央文献出版社 2004 年版，第 269 页。

1. 裁军谈判事实上掩盖着美苏两国拼命扩军，掩盖着新的世界大战的危险

邓小平认为，20 世纪 80 年代以前，“我们面临的国际形势是非常严峻的，冷战和对抗的局面一直没有得到缓和。总的局势是军备竞赛，水涨船高”①。1963 年到 1980 年的 17 年间，美苏核关系的主要基调是围绕着核军控展开的，双方试图努力在核军备竞赛中寻求缓和的途径，由公开的正面对抗转为暗斗。1963 年前后，由于美苏双方都已拥有互相摧毁的核能力，到 20 世纪 60 年代中期开始核对峙的局面已经稳定，防止核扩散和限制战略武器谈判，被提上核军控的议事日程。1972 年 5 月尼克松访问苏联签署了《限制反弹道导弹防御系统条约》和《限制进攻性战略核武器的某些措施的临时协定》。这两个文件实际上表明了，美苏承认双方的战略核力量保持着均衡，任何一方不得享有单方面的优势。《限制反弹道导弹防御系统条约》规定，双方可各自拥有两个反弹道导弹系统，其中一个用来保卫首都，另一个则用来保卫洲际导弹基地。《限制进攻性战略核武器的某些措施的临时条约》是对《限制反弹道导弹防御系统条约》的补充，其旨在缓和双方在进攻性战略武器方面的竞争，主要是要冻结两国武器库中的进攻性导弹的数量。《限制反弹道导弹防御系统条约》规定，在陆基洲际导弹数量方面，美国可拥有 1054 枚，苏联可拥有 1618 枚。在潜艇发射的导弹数量方面，美国可拥有 710 枚，苏联可拥有 950 枚。因为美国有分导多弹头，一枚相当于苏联的三枚，因而允许苏联以数量优势抵消美国的质量优势。② 就《限制反弹道导弹防御系统条约》和《限制进攻性战略核武器的某些措施的临时条约》的内容而言，除规定双方在确定时间内可拥有战略武器的最高限额外，对武器质量方面未做任何限制，这样，美苏双方便各自保留了改进核武器系统的充

① 《邓小平年谱（1975—1997）》下，中央文献出版社 2004 年版，第 1275 页。
② 李显荣著：《论核战略》，人民出版社 2014 年版，第 107 页。

足空间。苏联可在限期内集中力量于战略武器技术方面追赶美国，大力改进制导系统、提高命中精度、研制分导式多弹头导弹等；美国则加快研制巡航导弹、MX 导弹、搭载“三叉戟”战略核潜艇等新一代战略核武器。同时，双方都可以在限期内增大弹头的爆炸当量，或增加每枚导弹武器携带的弹头数。因此，苏美这一阶段限制战略武器会谈，只是给军备竞赛制定了一些规则，并未制止军备竞赛。在固定的数量内，双方都可以通过提高核武器质量来夺取战略优势。

1974 年 11 月 24 日，美苏两国领导人在符拉迪沃斯托克（海参崴）会晤时商定，到 1975 年美苏双方的进攻性战略武器运载工具的总额数量限定为 2400 个，其中运载分导多弹头的导弹数量不得超过 1320 枚。这个限定数量远远超过了美苏当时拥有的进攻性战略武器的数量，而且没有限制质量。在双方签署发表的《关于进攻性战略武器问题的联合声明》中，重申愿意签订期限到 1985 年底的关于限制进攻型战略武器的新协定。1975 年 3 月 12 日，在会见圭亚那总理伯纳姆时，邓小平对此进行了全面的评价。邓小平指出：“对两个超级大国裁军的问题，我们曾多次阐明过立场……所谓裁军，美苏两家叫得最凶，事实上掩盖着新的世界大战的危险，掩盖着他们拼命的扩军。人们都注意到，美苏总是拼命宣传所谓裁军，比如去年十一月，他们把海参崴的核武器协定也叫裁军。实际上，福特和勃列日涅夫达成的这个协定本身就是一个扩军协定，而不是什么裁军协定……如果美国和苏联要裁军，那很容易，销毁一些核武器、常规武器就是裁军。不销毁算什么裁军？他们哪一家愿意销毁一些东西？人们总是希望裁军，美苏也拼命讲裁军，其实不过是一句空话。全世界人民倒是应该提高警惕，注意他们假裁军的后果所带来的世界大战的危险。不做这样的准备要吃亏。”①

① 《邓小平军事文集》第 3 卷，军事科学出版社、中央文献出版社 2004 年版，第 14—15 页。

美苏两国的“限制”数量的裁军谈判，始终纠缠于核弹头以及运载工具数量的限制，而回避其效能和杀伤破坏能力，甚至限额数量远远超过核弹头的实际拥有量，使裁军“限制”目标反而成为双方努力争取达到的扩军目标。

2. 裁军意义不大，但毕竟是好事，消除战争危险要做的事情还很多

军备控制与裁军的概念，在历史上，不同的国家、不同的国际组织有不同的理解。联合国、苏联和现在的俄罗斯习惯用“裁军”一词，并以“裁军”涵盖“军备控制”。美国和北约一些国家多使用“军备控制”一词，并以“军备控制”涵盖“裁军”。邓小平也使用了“裁军”的概念。刘华秋主编的《军备控制与裁军手册》认为：军备控制（Arms Control）是指通过双边或多边国际协定对武器系统（包括武器本身机器指挥控制、后勤保障和相关的情报收集系统）的研制、试验、生产、部署、使用及转让或武装力量的规模等进行限制，而裁军（Disarmament）则是通过双边或多边国际协定对武器装备或武装力量进行裁减。这两个概念往往被叠加在一起，被称为“军备控制与裁军”。① 军备控制是对武器装备或者是对武装力量进行限制，可能是对数量和质量上的冻结，也可能是固定一个上限、允许一定程度的发展；裁军则要求削减军备或军队，既可以采取全面彻底消除的方式，也可以是削减至一个下限。从概念的内涵与外延来看，军备控制可以涵盖裁军，但裁军不能包括军备控制。冷战时期军备控制裁军的主题是核军控与核裁军，或者说，核军控与核裁军成为军备控制与裁军的核心。核军控与核裁军也经常被叠加使用，统称“核军控与裁军”。

20 世纪 80 年代，随着世界经济和科技的迅猛发展和“冷战”对两个超级大国的拖累，美苏两国核武器裁军谈判的中心议题转换

① 刘华秋主编：《军备控制与裁军手册》，国防工业出版社 2000 年版，第 1—2 页。转引自李显荣著：《论核战略》，人民出版社 2014 年版，第 374 页。

到进一步削减战略武器的数量、限制质量更新以及限制战区核武器等问题，核军控谈判开始由“限制”阶段进入“削减”阶段。尤其是1985年戈尔巴乔夫上台之后，削减核武器谈判取得实质性进展，核军控进入名副其实的“核裁军”阶段。1985年11月19日—20日的日内瓦谈判，是20世纪80年代以来美苏第一次首脑会晤。尽管戈尔巴乔夫试图劝说里根放弃“星球大战”计划的努力没有成功，但是这次会谈达到了打开最高级别对话的大门并促成某种缓和的气氛的目的。此前一个月，在会见美国副总统乔治·布什谈到美苏首脑会晤和限制军备竞赛问题时，邓小平表示：“第一，所有走向缓和的步骤，我们都是欢迎的。第二，我们不相信这样那样的措施，包括削减百分之五十的核武器，能解决问题。我们不赞成‘星球大战’计划。”① 1986年10月11日—12日，在冰岛的雷克雅未克举行的第二次美苏首脑会谈，尽管依然因为美国不愿意放弃“星球大战”计划最终不欢而散，但是也在许多问题上取得了一致意见：在战略武器方面，双方同意5年内削减进攻性战略武器的50%，在10年内（1996年以前）销毁全部弹道导弹；在中程武器方面，双方同意把在欧洲的中程导弹减至零，苏联在亚洲方面、美国在本土各保留100枚中程导弹，并将就销毁这100枚中程导弹和全部短程导弹进行谈判；在禁止核试验方面，苏联提出，在冰岛会晤之后，两国代表开始就禁止核爆炸进行谈判，并把达成完全彻底禁止核爆炸条约看作是一个可以分阶段进行的过程，美国在此问题上的立场也较接近。1987年4月17日，邓小平在会见英国前首相爱德华·希里谈到国际问题时说：“削减导弹问题应该东西方同步进行。东方的导弹转向西方不行，西方的导弹转向东方也不行，都应消除。如果东西方同步削减百分之五十，其实际意义并不大，但毕竟是好事。美苏两家都有能使地球毁灭几次的导弹，应进

① 《邓小平年谱（1975—1997）》下，中央文献出版社2004年版，第1088页。

一步消除。消除战争的危险要做的事情还很多。”① 1987 年 12 月 8 日—10 日，美苏在华盛顿举行了第三次首脑会晤，签署了《消除两国中程和中短程导弹条约》，即“中导条约”。该条约规定美苏双方在 3 年内全部销毁各自的射程在 500 千米至 5000 千米内的陆基导弹。相对于以往的限制性条约，“中导条约”是美苏核裁军史上第一个裁减核军备的条约，也是第一个裁减整个一类武器的条约，同时在不对称裁减和监督措施方面开了先河。根据“中导条约”，美国将销毁 859 枚单弹头导弹，苏联将销毁 1752 枚，其中 410 枚 SS－20 导弹可携带 3 个分弹头，其余为单弹头，苏联明显作出了巨大让步。在 3 年销毁期内，各方每年可对对方进行 20 次现场检查，即双方互派检查人员常驻生产导弹的工厂和设施进行突击性检查。1988 年 3 月 1 日，在会见赞比亚总统肯尼斯·戴维·卡翁达谈到美苏达成“中程导弹”的协议时，邓小平指出：“这仅仅是缓和的起步。我们欢迎这样的起步。但是美苏裁减核武器问题仍有待进一步解决，在地区问题上美苏也还没有解决他们应该解决的问题。霸权主义仍然威胁着世界和平。世界真正的缓和仍然需要全世界人民为之奋斗若干年。”②

3. 要维护世界和平，裁军只谈核武器这不够，也要谈常规武器

美苏两个超级大国的裁军谈判，只是在战略核武器的数量上讨价还价，而在常规武器方面长期竞争，加快研制新的大规模杀伤武器，燃烧武器、特种碎片武器、燃料空气弹、激光致盲武器等具有过分伤害力或滥杀滥伤作用的常规武器，已经在局部战争和地区冲突中大量使用，引起了国际社会的强烈关注。1982 年 11 月 9 日，在会见日中友协代表团时，邓小平指出：“要维护世界和平，只注意核武器不行，要注意常规武器。现在谈裁军只谈核武器，这不够，也

① 《邓小平年谱（1975—1997）》下，中央文献出版社 2004 年版，第 1179—1180 页。

② 《邓小平年谱（1975—1997）》下，中央文献出版社 2004 年版，第 1225 页。

要谈常规武器。要维护世界和平，就要从各个角度反对霸权主义。”[①] 军控谈判解决不了问题，是因为两个超级大国往往把注意力引导向核武器的控制，暗地里发展不受谈判协定约束的新型常规武器，使所谓常规武器的破坏性和杀伤力达到无以复加的程度。甚至美国媒体都认为，武器控制协议“只是战略均势演进的写照而已，武器协议并不能制止武器竞赛，反而会重新朝着无法控制的武器领域进行竞赛”[②]。他们认为，某些种类的武器会由于武器控制协议签署方难以核查而无法真正实行限制。这种武器很可能变得很小，由于命中率的提高使得用大的弹头来摧毁许多军事目标成为没有必要。也由于这种武器体积较小，且具有机动性，从而难以计算和实施跟踪，因此，这些武器就不容易受到各种各样的武器协定制约，还会使其难以成为以摧毁武器为目标的第一次打击的牺牲品。1990 年 3 月 26 日，据《合众国际社伦敦》援引的英国布拉德福德大学两位研究人员编写的《1990 年核子、生物和化学武器及裁军概况》的报告说：“目前超级大国正在多方研制那些能够造成更大的地区性破坏的武器，而这是不列入它们裁军谈判范围的。它们只讨论削减军队人数，不去讨论反而增加经费来发展大规模破坏武器。”据报告披露，在美苏等发达国家新发展的武器中，美国海军的巡航导弹可以一次性向 4 个目标投放摧毁性集束炸弹。苏联正在加紧发展的先进的大面积破坏性武器，很快就要服役。西德装备的美制齐射火箭系统，能一次消灭一个小市镇或者消灭一座大城市的一部分地区。[③] 这些新型的所谓常规武器，其威力已经超过某些小型核武器，但却规避了武器控制谈判的限制。

① 《邓小平年谱（1975—1997）》下，中央文献出版社 2004 年版，第 866 页。
② 《武器控制协议不能制止武器竞赛》，《参考消息》，1985 年 1 月 20 日。
③ 《裁军并未减少美苏研制新武器》，《参考消息》，1990 年 3 月 29 日。

第三节 军队武器装备的现代化，这个问题也涉及大局

战争的危险始终存在，中国不得不有所准备。但是，中国的战争准备不能沿袭过去的做法，不能就国防建设而搞国防建设，不能就武器装备而搞武器装备，必须从国家发展的整体布局来思考和谋划。现代武器装备是先进科技、先进工艺和先进制造的集成，其特有的复杂性和先进性赋予其高价格的特征，因此，武器装备现代化还考验着一个国家的经济实力。邓小平指出："军队装备的现代化，这个问题也涉及大局……现在就是要硬着头皮把经济搞上去，就这么一个大局，一切都要服从这个大局。"① 在社会主义初级阶段，只有经济发展起来了，中国的武器装备现代化才能实现。立足和平与发展的国际大局和以经济建设为中心的国内大局，实现武器装备建设指导思想的战略性转变，是邓小平新时期武器装备建设理念的重要原则，核心是"富国强兵"。因此，在服从经济建设大局的前提下，武器装备建设要暂时忍耐，发展规模要适度、发展结构要调整、发展质量要提高。

一、国防建设必须明确服从经济建设，不然国防建设就是空的

20 世纪 70 年代末、80 年代初期，中国刚刚走出"文化大革命"的动乱局面，国民经济逐步恢复，开始探索新的发展道路。在这种形势下，树立国防建设服从经济建设的观念，对中国武器装备现代化具有特殊的意义。邓小平指出："国防现代化，基础主要是工业、农业、科学技术现代化。我们资源应用的重点还是在工业、农业、科学技术方面。"② 因此，"国防建设必须明确服从经济

---

① 《邓小平军事文集》第 3 卷，军事科学出版社、中央文献出版社 2004 年版，第 274 页。

② 《邓小平年谱（1975—1997）》上，中央文献出版社 2004 年版，第 468 页。

建设，不然国防建设也是空的”①。邓小平关于国防建设必须服从经济建设的观点并不否定国防建设，而是要求以更加科学的思路、可行的方法推进国防建设。

1. 和与战的问题，实际上是经济建设与军队建设的关系问题

正确处理国防建设和经济建设的关系，是国防建设在服从国家经济建设的原则下武器装备建设面临的重大课题。邓小平指出：“和与战的问题，实际上是经济建设和军队建设的关系问题。”② 早在20世纪50年代中期，毛泽东在《论十大关系》中，曾把降低国防建设费用相应增加经济建设费用作为建设现代国防的中国道路。毛泽东提出，建设现代国防“可靠的办法就是把军政费用降到一个适当的比例，增加经济建设费用”③。“一五”计划期间，由于抗美援朝战争等原因，中国军政费用占到了国家预算全部支出的30%。毛泽东认为这个比例太大，要求在“二五”计划期间，把军政费用降到20%左右，以便抽出更多的资金，多开设工厂，多制造机器。毛泽东预计，按照这样一个国防建设方针，经过一段时间的建设，中国不但会拥有更多的飞机和大炮，而且还可能拥有自己的原子弹。1956年9月，中共八大决定把军费开支占国家财政支出的比例，由“一五”计划时期的24%，降至“二五”计划时期的15%左右。当时，邓小平作为毛泽东的主要助手，积极支持和跟踪落实降低军事费用的重大决策。然而，20世纪60年代，由于中苏关系恶化，“不把国防战略布局搞好，心放不下”④。第三个五年计划以建设大小三线为纲，第四个五年计划还是以国防建设为主要内容的三

① 《邓小平军事文集》第3卷，军事科学出版社、中央文献出版社2004年版，第195页。

② 《邓小平文集（1949—1974）》下卷，人民出版社2014年版，第234页。

③ 《毛泽东文集》第7卷，人民出版社1999年版，第27页。

④ 《邓小平军事文集》第2卷，军事科学出版社、中央文献出版社2004年版，第346页。

线建设这个纲。[①] 以国防建设为主要内容的三线建设的巨大投入，改变了中共八大确立的国防建设支出比例原则，军事费用降低的正确决策未能始终贯彻，以经济建设推动国防建设的思想未能实施。

到20世纪70年代中期，邓小平对世界战争格局有了新的认识，对如何处理国防建设与经济建设的关系问题，再次回到《论十大关系》提出的思路上来。1975年六七月间，作为《毛泽东选集》编辑领导小组负责人，面对当时国民经济的混乱局面，邓小平首选毛泽东在1956年4月所作的《论十大关系》的讲话，作为紧急任务交给胡乔木整理，希望在毛泽东审阅同意后，尽快公开发表让全党学习，以纠正当时思想和经济政策上的错误观点。1975年7月13日，邓小平致信毛泽东说："《论十大关系》稿，已整理好，我看整理得比较成功，现连同原记录两份，以及乔木写的几点说明，一并送上。我们在读改时，一致觉得这篇东西太重要了，对当前和以后，都有很大的针对性和理论指导意义，对国际（特别是第三世界）的作用也大。所以，我们有这样的想法：希望早日定稿，定稿后即予公开发表，并作为全国学理论的重要文献。此点，请考虑。"[②] 根据毛泽东的意见，中共中央政治局会议通读《论十大关系》整理稿后，印发全党讨论。1976年12月26日，《论十大关系》在《人民日报》上发表。《论十大关系》在全党的广泛讨论和在媒体上的公开发表，有利于新时期减少军费增加建设费用。1980年10月15日，在总参谋部召开的防卫作战研究班全体会议上的讲话中，邓小平指出，中国现在是穷国。"翻两番，到本世纪末人均国民生产总值达到八百至一千美元，就进入小康社会。这要求我们的军费维持现在的比例。军费搞得太高不可能，肯

① 《邓小平军事文集》第2卷，军事科学出版社、中央文献出版社2004年版，第346—347页。

② 《邓小平年谱（1975—1997）》上，中央文献出版社2004年版，第68页。

定影响经济建设。”[①] 邓小平认为，苏联就是因为军费比例太高，拖累了经济的发展。1984 年 10 月 22 日，在中央顾问委员会第三次全体会议上的讲话中，邓小平指出：“据说苏联是百分之二十的国民生产总值用于国防，为什么他翻不起身来，就是负担太沉重。”[②]

改革开放以来，中国比较好地处理了军费的适度增长问题，促进了国民经济与国防建设的协调发展。从 1979 年到 1989 年，中国国防费年平均增长 1.23%，与同期全国居民的消费价格总指数年平均上涨 7.49% 相比，实际年平均负增长 5.83%。[③] 从 1985 年起，中国国防建设投入一直保持低水平，到 1990 年，6 年平均占国家财政支出的 8.8%，低于新中国成立后 40 年平均水平 3.92 个百分点，甚至比经济最困难的 1960 年 8.87% 还低 0.07 个百分点。[④] 10 年忍耐为中国经济的飞速快速发展奠定了坚实的基础，同时也缩短了军队现代化建设所需要忍耐的时间。海湾战争以后，邓小平提出，要加强军队装备建设，改善军队武器装备。按照邓小平的指示，“国家根据财力的可能，加大了经费投入”[⑤]，保持了国防费用的逐步增长。从 1990 年到 2005 年，国防费年平均增长为 15.36%，扣除同期全国消费价格总指数年平均上涨 5.22%，实际平均增长 9.64%。国防费占 GDP 的比例从 1995 年的 1.09% 上升为 2004 年的 1.61%。[⑥]

---

① 《邓小平军事文集》第 3 卷，军事科学出版社、中央文献出版社 2004 年版，第 180 页。

② 《邓小平文选》第 3 卷，人民出版社 1993 年版，第 88 页。

③ 张晓天著：《军民融合式发展的探索与实践》，国防大学出版社 2009 年版，第 97 页。

④ 张秦洞主编：《论新时期国防与军队建设》，军事科学出版社 2011 年版，第 243 页。

⑤ 《刘华清军事文选》下卷，解放军出版社 2008 年版，第 295 页。

⑥ 张晓天著：《军民融合式发展的探索与实践》，国防大学出版社 2009 年版，第 97—100 页。

见《广角镜》2013 年 4 月 16 日—2013 年 5 月 15 日载文：

中国国防费增长情况

年度	国内生产总值	国家财政支出	国防费开支	国防费占国内产值比例
1950	462 亿	68 亿	28 亿	6. 5%
1951	497 亿	123 亿	52 亿	10. 4%
1953	824 亿	220 亿	75 亿	9. 1%
1958	1307 亿	409 亿	50 亿	3. 8%
1962	1149 亿	305 亿	56 亿	4. 8%
1966	1868 亿	541 亿	101 亿	5. 2%
1971	2426 亿	732 亿	169 亿	6. 9%
1979	4038 亿	1273 亿	222 亿	5. 4%
1986	10202 亿	2291 亿	201 亿	1. 9%
1996	67884 亿	7408 亿	720 亿	1. 1%
2005	182321 亿	32910 亿	2420 亿	1. 3%
2011	471564 亿	103740 亿	6011 亿	1. 3%

（注：单位为人民币。自 1979 年之后国内物价上涨，按实际购买力计算现在的币值已不足 30 年前的十分之一。）

第二次世界大战德国和日本的情况表明，战争期间国防费支出占 GDP 的比例如果超过 50% 的阈值，国民经济就会陷入崩溃。和平时期，世界上大多数国家的国防费占 GDP 的比例一般保持在 2%—5%，低于或高于这个比例，就会造成国防建设与经济建设的失调。因此，20 世纪 90 年代以来，中国国防支出的增长尚属于弥补国防基础薄弱的补偿性增长，是与国家经济发展相协调的适度增长。国防费占 GDP 的比例，还低于世界的最低点，国防建设经费还有比较大的缺口，可适度提高比例，使国防建设与经济建设更加协调地发展。

2. 减少一点国防开支，不会影响军事力量的准备

以经济建设为中心，国防建设必须服从经济建设大局，国防建设就只能处于低投入和维持性状态。邓小平指出："中国正在发展经济，实在不愿意把钱多花在别的地方，特别是用在军事方面。"① 因此，在国家财政困难时期，邓小平坚决不同意增加武器装备购置经费。1979 年 10 月 12 日，邓小平在总参谋部、总后勤部、国防工业办公室《关于增拨装备购置费的请示》报告上批示："今明两年财政困难，同意少追加或不追加。"② 经济建设多花钱，国防建设必然要少投入。那么，国防建设投入增加较少或不增加，会不会必然影响武器装备的现代化呢？邓小平认为不会。邓小平说："我们没有同美国、苏联进行核竞赛的想法和能力，我们不可能在这方面花更多的钱。不把整个国民经济搞上去，不照顾人民需要不行。今年搞调整，只好减少一点国防开支，但这不会影响军事力量的准备。四个现代化包括国防现代化，这个目标是不会放弃的。"③ 可以看出，邓小平提出减少一点国防开支，不会影响武器装备的发展，是基于中国的军事战略提出来的。中国始终坚持积极防御的军事战略方针，发展防御性国防，研制防御性武器，而不是像超级大国那样奉行扩张战略，发展进攻性国防，研制进攻性武器，因而军费开支相对要少。同时，中国不参与军备竞赛，不需要追求武器装备的庞大数量，不需要追求持续的压倒性优势，也就不需要在武器装备方面进行太大的投入。

在适当减少国防开支的情况下，武器装备建设，不是被动等待，等钱多了再办，而是主动突围，用好已有军费，邓小平提出在"忍耐"条件下加强武器装备建设的两项措施：一是调整武器装备发展规划，收缩战线，突出战略武器和高科技武器研制。1981 年 9

① 《邓小平年谱（1975—1997）》下，中央文献出版社 2004 年版，第 773 页。

② 《邓小平年谱（1975—1997）》上，中央文献出版社 2004 年版，第 567 页。

③ 《邓小平年谱（1975—1997）》下，中央文献出版社 2004 年版，第 772—773 页。

月20日，中国首次用一枚运载火箭成功地把三颗卫星送入轨道。对此路透社报道，尽管中国的经济紧缩计划已导致中止或取消大量引进昂贵的外国技术合同。但是，“这三颗卫星的发射显然表明，中国的经济紧缩计划并没有严重影响它的空间研究”。[①] 二是裁减军队员额，减少供养人员的开支。尽管裁军不是一蹴而就，安置人员本身也需要经费，但是从长期来看，可以减少军费的总支出，特别是调整军费的使用途径。

当然，邓小平也深知，国防经费总额的多少是武器装备发展快慢的重要制约因素。1981年7月18日，在会见香港《明报》社长查良镛时，邓小平指出，在20世纪末达到人均国民生产总值八百美元，国民生产总值就是一万亿美元。有了这样一个基础，“如果再抽出适当的比例来搞国防现代化，国防发展也就快了”[②]。也就是说，国防经费的增加必须建立在国民经济的良好发展的基础之上，必须是以不损害国民经济的发展为前提。然而，由于当时对邓小平关于经济建设与国防建设关系的论述，对于国防建设要服从国家经济建设的论述，对于军队要“忍耐”的低投入论述的错误理解，曾经出现过“先发展经济，再加强国防”“搞两弹（导弹和原子弹）把国家搞穷了”等言论和观点。1982年9月，在中共十二大会议上，分管国防科技和国防工业的中央军委副秘书长张爱萍作了《关于国防建设同国民经济建设的关系》的书面发言，批判了“先发展国民经济，再搞国防建设”的观点，提出“应从我国国情出发，在发展国民经济以基本保证人民生活福利的条件下，同时相应的以可能的力量加强国防建设”。张爱萍的书面发言，对邓小平国防建设与经济建设关系作了比较全面的阐释，有利于完整、准确地理解和执行邓小平关于军队要忍耐的论述和要求。

---

① 《我国首次用一枚火箭发射三颗卫星》，《参考消息》，1981年9月22日。

② 《邓小平年谱（1975—1997）》下，中央文献出版社2004年版，第760页。

3. 翻两番反映到国力上就是较强的国家，就可以拿出比较多的钱来更新装备

军队是一个物质资料的消费团体。国家经济状况决定着军队建设的规模、武器装备的质量和国防科技的发展前景。现代战争消耗巨大，国防对经济的依赖更大，经济实力更加决定和制约着一个国家的国防发展。没有强大的经济实力做基础，任何国防建设都将是“空中楼阁”。当代世界各国军费预算情况，反映了国家经济实力的强弱，反映了国家经济实力对军队武器装备水平的制约。高技术条件下，武器装备的科技含量越来越高，研制、采购、维护费用也越来越昂贵，武器装备现代化对经济的依赖更加突出。美国学者保罗·肯尼迪在《大国的兴衰》一书中，将 20 世纪 80 年代与 20 世纪 40 年代主要武器装备价格进行比较，来说明现代化武器装备研制费用的快速攀升情况。该书指出：“与第二次世界大战时期相比，目前轰炸机的价格是过去的 200 倍，战斗机是 100 倍，航空母舰是 20 倍，主战坦克是 15 倍。”① 发达国家军队高技术武器装备多，频繁更新，发展中国家军队高技术武器装备数量少，难以更新，经济发展程度的差距可以说是根本性的原因。

美苏争霸的历史表明，在和平与发展成为时代主题的当今世界，国家间的竞争已经主要表现为综合国力的较量，没有强大的经济实力做后盾，是无法赢得最后胜利的。1984 年 10 月 22 日，在中央顾问委员会第三次全体会议上的讲话中，邓小平指出：“翻两番的意义很大。这意味着到本世纪末，年国民生产总值达到一万亿美元。从总量说，就居于世界前列了。这一万亿美元，反映到人民生活上，我们就叫小康水平；反映到国力上，就是较强的国家。因为到那时，如果拿国民生产总值的百分之一来搞国防，就是一百

---

① 〔美〕保罗·肯尼迪著：《大国的兴衰》，王保存等译，求实出版社 1988 年版，第 540 页。

亿，要改善一点装备容易得很。”[①] 1985 年 6 月 4 日，在军委扩大会议的讲话中，邓小平对军队装备现代化对经济实力的依赖关系进行了阐述：“四个现代化，其中就有一个国防现代化。如果不搞国防现代化，那岂不是只有三个现代化了？但是，四化总得有先有后。军队装备真正现代化，只有国民经济建立了比较好的基础才有可能。所以，我们要忍耐几年。我看，到本世纪末我们肯定会超过翻两番的目标，到那个时候我们经济力量强了，就可以拿出比较多的钱来更新装备。”[②]

军队忍耐的几年，中国国民收入逐年增加，由 1985 年的 7040 亿元人民币上升到 1990 年的 13650 亿元人民币，增长幅度高达 93.89%。经济总量的强劲增长实现了邓小平“富国强军”的设想。1985 年国防费用支出只占财政支出的 10.4%，绝对值仅为 191.53 亿元人民币；而 1990 年占财政支出 8.7%，绝对值却达到 289.70 亿元人民币，增幅已达 51.25%。[③] 国防经费占国家财政支出比例的下降和绝对值的上升，表明经济建设的发展为国防建设创造了坚实基础。“20 世纪 90 年代，中国为购买俄罗斯武器系统花费了近 70 亿美元”[④]，就是最好的证明。21 世纪，国际市场的新型海军装备费令人咋舌，标准的 6 万吨以上的航空母舰，造价都要在 50 亿美元以上，除了美国还在一艘艘连续建造以保持十艘的规模外，目前只有中国在自主建造，西欧各国和俄罗斯都不敢问津。“如今中国舰艇有了大发展，自然首先是以位居世界第二的国民产

① 《邓小平文选》第 3 卷，人民出版社 1993 年版，第 88 页。

② 《邓小平军事文集》第 3 卷，军事科学出版社、中央文献出版社 2004 年版，第 274 页。

③ 张秦洞主编：《论新时期国防与军队建设》，军事科学出版社 2011 年版，第 243 页。

④ 〔美〕安德鲁·S. 埃里克森、莱尔·J. 戈尔茨坦、威廉·S. 默里、安德鲁·R. 威尔逊主编：《中国未来核潜艇力量》，刘宏伟译，海洋出版社 2015 年版，第 101 页。

值（GDP）和军费开支为保障。”[①] 国防建设有条件有限度的忍耐，是为国家发展经济积蓄力量作出的极大牺牲，同时也是为实现国防建设跨越式发展筑牢物质基础。

二、现有军费更多地用来改进装备，这也是我们考虑的一个战略问题

中国军费主要由人员生活费、训练维持费、购置费和维修费三项构成。发展武器装备的“装备费”又分科研费、购置费和维修费三部分。随着武器装备性能的提升，其采购价格快速上涨，“装备费”在军费开支中所占比重日益增加，成为一项主要的军费开支内容。邓小平指出，在服从国家经济建设大局、军费比例不能增加的前提下，对于军队来说，“怎么把这个钱用好，把钱更多地用来改进我们的装备。这也是我们考虑的一个战略问题”[②]。也即是说，军队要考虑的问题不是要增加经费预算在国家财政总开支中的比重，而是在这个已定比例的范围内，怎样来用好这些钱，用得更加合理，真正用在加强武器装备的战斗力上。邓小平提出，在国家预算不增加军费的情况下，解决怎么花钱这一战略性问题，方法就是裁减军队员额，减少“人头费”支出，增加高新武器研制费。

1. 决心解决军队“臃肿”这个老大难问题，真正把钱用来搞装备

装备费是军费的重要组成部分。总体上看，除装备费外，军费还包括用于军事人员工资福利等的军事人员费，以及用于部队训练及各种军事行动的活动与维持费等。平衡军费内部的构成，是武器装备建设的重大问题。邓小平认为，军队各类人员繁多形成的“臃肿”，导致供养人员的“人头费花得多”，占用军费比例大，是制约中国武器装备发展的一个重要因素。因此，要用“消肿”的办法“减少人头费”，相应地增加装备费比例和总量，加快武器装

① 《海军舰艇建造创纪录》，《广角镜》，2015 年 1 月 16 日—2015 年 2 月 15 日，第 48 页。

② 《邓小平军事文集》第 3 卷，军事科学出版社、中央文献出版社 2004 年版，第 180 页。

备的发展。1975年，全军总人数610万人①，已经接近抗美援朝战争时期的最高兵力627万人（1951年底）②，其中机构重叠，机关、保障部队和非战斗人员多，干部超编等问题严重。1975年1月5日，邓小平担任中央军委副主席兼总参谋长后，深刻剖析了军队“臃肿”的弊端，要求精简整编，减少人头费，增加武器装备研制费。1980年10月15日，在总参谋部举办的防卫作战研究班全体会议上，邓小平提出“国防建设要精打细算”时回忆说：“一九七五年，我们曾决心‘消肿’，每年节省一些钱用来搞装备，但是没有实现。”③ 当时，邓小平提出：“要减少一百五十万人，一百万兵，五十万干部。这样可以减少开支十个亿，这十个亿用来搞装备，军费开支并不要减。”④ 1975年2月8日，在听取总参同志汇报时，邓小平指出，总参工作，第一抓压缩定额问题，第二抓装备问题，第三抓作战问题。“压缩定额问题。总的精神还是军队定额一定要减，节约下来的钱用在装备上。”⑤ 1975年7月14日，在中共中央军委扩大会议上，邓小平提出军队要整顿，会议决定调整体制编制，要求在3年内将军队总人数减少160万人。随后，中共中央军委批准总政治部《关于安排超编干部的方案》、批转总参谋部《压缩军队定额，调整体制编制方案》，由此，精简整编工作在全军展开。但由于邓小平第三次被打倒，这一计划没能付诸实施。全军在3年内编制定额由610万人压缩到450万人的目标没有实现，总人数只减少到529.9万人。⑥

---

① 田越英著：《图解中国国防》，人民出版社2014年版，第138—139页。

② 田越英著：《图解中国国防》，人民出版社2014年版，第138—139页。

③ 《邓小平军事文集》第3卷，军事科学出版社、中央文献出版社2004年版，第180页。

④ 《邓小平军事文集》第3卷，军事科学出版社、中央文献出版社2004年版，第4页。

⑤ 《邓小平军事文集》第3卷，军事科学出版社、中央文献出版社2004年版，第9页。

⑥ 田越英著：《图解中国国防》，人民出版社2014年版，第138页。

粉碎“四人帮”后，中共中央军委继续贯彻精简人员、发展装备的精神，努力解决军队“臃肿”的问题。但是，由于 1979 年对越自卫反击作战，全军按照军委的指示扩编，不仅军队“消肿”的问题没有解决，反而再次增加，达到 602.4 万人。① 1980 年 3 月 12 日，在中共中央军委常委扩大会议上，邓小平发表《精简军队，提高战斗力》的讲话，明确“这次会议主要是研究军队‘消肿’这个老问题”②。1980 年 8 月 15 日，中共中央颁布实施《关于军队精简整编方案》。1980 年 10 月 15 日，在总参谋部举办的防卫作战研究班全体会议上的讲话中，结合军队精简整编方案，邓小平再次强调要“减少人头费，增加装备费”。邓小平指出：“世界各国军队用到人头上的钱并不多，主要是用在装备上。我们有一个很不好的情况，主要是人头上花钱多。我们指挥机构的人太多，战斗部队并不多。干部多了，机关太大了，打仗是不行的。这是我们军队的一种病态，很不好，人越多越不好办事……精简方案，第一步定下来，以后还可以再减少一些，真正把钱用来搞装备。”③ 在人类战争史上，兵力规模始终是军队主要优势所在，是战斗力的核心内涵。20 世纪上半叶的两次世界大战，更是把军队数量规模推向了巅峰。第二次世界大战后期，英军兵力为 510 万人，德军兵力达 1093 万人，苏军达 1136.5 万人，美军达 1212.3 万人。20 世纪下半叶，人类战争制胜模式出现重大拐点，即从大规模重兵集团制胜模式向精兵制胜模式演进。到冷战结束，美军兵力有 210 万人，俄军兵力有 300 多万人，英军 1985 年有 32.6 万人，德军 1991 年有 55 万人。④ 1980 年第四季度开始，中国军队实施精简整编工作，

---

① 田越英著：《图解中国国防》，人民出版社 2014 年版，第 138 页。

② 《邓小平军事文集》第 3 卷，军事科学出版社、中央文献出版社 2004 年版，第 168 页。

③ 《邓小平军事文集》第 3 卷，军事科学出版社、中央文献出版社 2004 年版，第 179 页。

④ 任天佑：《从数量规模制胜走向精兵制胜》，《参考消息》，2017 年 7 月 19 日。

到1981年底军队总人数减到450万人，初步解决了“消肿”问题。1981年5月4日，在听取总后勤部领导同志汇报军队后勤工作时，邓小平指出，国防建设“最重要的一个问题，是如何把军队员额减下来。……如果能减下来，就能用节省的钱多搞点装备”①。1982年9月，中央军委批准下发了《军队体制改革精简整编方案》，至1984年全军总人数减少到400万人。②

2. 节约人头开支，把省下来的钱用于更新装备，这是我们的方针

邓小平把精简军队员额作为国防建设最重要的问题，不单单从军队人员数量的多少角度来思考问题，而且考虑中国军队武器装备发展的方针性问题。“军队人员过多，也妨碍军队装备的现代化。减少军队人员，把省下来的钱用于更新装备，这是我们的方针。”③作为方针，邓小平认为这不是一个临时性的政策或者反复变化的政策，而是贯穿整个和平时期的基本政策。对于400万人这样的军队，邓小平还是认为有些“臃肿”。1984年11月1日，邓小平在中央军委座谈会上的讲话中指出：“抗美援朝以后，我们军队曾经减到二百几十万人。二百几十万人就显得我们国家力量弱了？并不是说人少了就表现中华人民共和国国力弱了，那个时候并不弱嘛，人家也并没有轻视我们。我们有这个历史嘛。我们的军费开支数目不算大，但是对我们也是一个负担。现在减人，是为了更多地节省开支，把人头开支节约下来，改善我们的装备，更重要的是提高军队素质。”④ 由此可以推断，在邓小平看来，200多万人的军队对于中国来说是合适的。因此，1985年6月4日，邓小平《在军委扩大会议上的讲话》中，首先讲了大裁军的问题。邓小平说：“我

① 《邓小平军事文集》第3卷，军事科学出版社、中央文献出版社2004年版，第195页。

② 田越英著：《图解中国国防》，人民出版社2014年版，第138页。

③ 《邓小平军事文集》第3卷，军事科学出版社、中央文献出版社2004年版，第169页。

④ 《邓小平军事文集》第3卷，军事科学出版社、中央文献出版社2004年版，第266页。

们下这样大的决心，把中国人民解放军的员额减少一百万，……实际上并没有削弱军队的战斗力，而是增强了军队的战斗力。即使国际形势恶化，这个裁减也是必要的，而且更加必要。”① 其必要性，就是改善军队的武器装备，解决军队指挥灵活的问题。中共中央军委扩大会议通过了《军队体制改革、精简整编方案》，至 1987 年底，全军总人数由 400.6 万人减至 305 万人。

20 世纪 90 年代，国际形势和战争形态发生了变化，新军事革命、高技术战争使世界军事领域发生深刻变革。减少人员，增加高技术武器装备，显得尤为急迫。1995 年 12 月，中央军委决定在 3 年内将全军员额由 300 万人压缩到 250 万人。1999 年全军完成了裁减员额 50 万人的任务。进入 21 世纪，为适应信息化战争的需要，2003 年 6 月，中央军委提出压缩规模、改革体制、优化结构、调整编组、完善制度的改革任务，决定裁减军队员额 20 万人。至 2005 年底，军队如期裁员 20 万，使总人数下降为 230 万人。

三、军队各方面都和国家建设有关系，都要考虑如何支援和积极参加国家建设

解决武器装备现代化的经费来源问题，通过裁军“减少人头费”增加装备费，只能是一个特殊的措施，而且增加的数量也是有限的。解决武器装备经费的根本性途径，还是要推动经济建设这个大局的好转。在 20 世纪 80 年代，邓小平要求，一方面，国防建设要服从经济建设大局，不能脱离经济建设这个中心、超越国家经济的承受能力；另一方面，军队也要努力支援国家的经济建设，积极推动国家建设的快速发展。对此，邓小平指出：“现在需要的是全国党政军民一心一意地服从国家建设这个大局，照顾这个大局。这个问题，我们军队有自己的责任，不能妨碍这个大局，要紧密地配合这个大局，而且要在这个大局下面行动。军队各个方面都和国

① 《邓小平军事文集》第 3 卷，军事科学出版社、中央文献出版社 2004 年版，第 272 页。

家建设有关系，都要考虑如何支援和积极参加国家建设。”[①] 从长远来看，军队服从大局、支援国家建设，就是加强国防建设，因为“大局好起来了，国力大大增强了，再搞一点原子弹、导弹，更新一些装备，空中的也好，海上的也好，陆上的也好，到那个时候就容易了”[②]。军队服从国家大局，除在忍耐中发展不增加军费外，还要支援和参加国家建设，发挥自身优势为国家经济发展作出贡献，实现经济建设与国防建设的互动发展。

1. 植树造林军队也出了力，而且成绩不小，这个事要坚持几十年

没有农业现代化，就没有国防现代化。森林不仅是生态农业的主要内容，而且在军事上还有隐蔽伪装等特殊作用，也是国防建设的一个方面。邓小平要求军队支援国家农业和林业建设，参加生态环境保护。1982 年 1 月 5 日，邓小平对全军绿化工作提出建议，即军队在植树造林中，要积极地多做些工作，除搞好营区的植树造林外，营区外 10 公里范围内，要与地方共同协商共同搞好植树造林。1982 年 2 月 2 日，邓小平向空军发出指示：“空军要参加支援农业、林业建设的专业飞行任务，至少要搞二十年，为加速农牧业建设、绿化祖国山河做贡献。”[③] 13 日，空军向邓小平报送《关于执行支农飞行的安排情况》。1982 年 11 月，邓小平为全军植树造林总结经验表彰先进大会题词：“植树造林，绿化祖国，造福后代。”[④] 1983 年 1 月 17 日，《人民日报》报道，时任中共中央军委主席的邓小平要求兰州部队制定一个支援地方建设的规划，要下决定拿出 20 年时间，协助地方搞好西北高原的绿化工作，改变西北

① 《邓小平文选》第 3 卷，人民出版社 1993 年版，第 99 页。

② 《邓小平文选》第 3 卷，人民出版社 1993 年版，第 99—100 页。

③ 《邓小平军事文集》第 3 卷，军事科学出版社、中央文献出版社 2004 年版，第 211 页。

④ 《邓小平军事文集》第 3 卷，军事科学出版社、中央文献出版社 2004 年版，第 211 页。

自然面貌，为子孙后代造福。[①] 1983 年 6 月 30 日，在中共中央工作会议的讲话中，邓小平指出："植树造林军队也出了力，而且成绩不小，其中包括空军飞机播种。这个事情要坚持它几十年。"[②]全军部队为改善驻地生态环境，积极参加植树造林、防沙治沙、封山育林、退耕还林还草等工作，截至 1992 年初，全军营区植树共 1.66 亿株，成片造林 8 万多公顷，全军近 70% 的宜林荒山空地得到绿化；同时，支援地方植树 2.18 亿株，空军飞播造林种草 303 万公顷。[③] 测绘、气象、给水、航空等技术部队为西部地区提供了大地勘测、气象预报、水源探测、飞播造林、人工降水服务，改善了农林生产条件。

2. 要注意利用军队的力量，只要能为国家省点钱，都可以用上

邓小平认为，利用军队装备技术和人力优势，参加国家交通、能源、水利、通信等重点工程的建设，是军队支援国家建设的重要方式。1983 年 6 月 25 日至 30 日，中共中央在北京召开工作会议，讨论适当集中财力物力，保证重点建设的问题。邓小平在会议的讲话中指出："要注意调动各方面的积极性，利用各方面的力量，包括军队的力量，只要能为国家省点钱的，都可以用上。比如说修路，就可以考虑用些民力，也用些军队的力量，搞义务劳动。"[④]改革开放以来，军队相继参加修建西北、西南和北部省区 33 条全长 2300 公里的战略公路，担负了北京地铁 2 号线、首都机场等重点工程的施工任务；参加了上海宝山钢铁总厂的建设，唐山钢厂、开滦煤矿的重建和修复以及新唐山的建设；参加深圳经济特区的建设，先后承担 160 多项工程任务；担负了 5 个大型化工建设项目，

① 《邓小平军事文集》第 3 卷，军事科学出版社、中央文献出版社 2004 年版，第 212 页。

② 《邓小平军事文集》第 3 卷，军事科学出版社、中央文献出版社 2004 年版，第 233 页。

③ 《刘华清军事文选》下卷，解放军出版社 2008 年版，第 203 页。

④ 《邓小平军事文集》第 3 卷，军事科学出版社、中央文献出版社 2004 年版，第 233 页。

完成了50多个中小型矿厂的新建、改建和扩建任务；承担贵州盘县矿区等12个煤矿建设任务，担负四川映秀湾等5个水电站的工程建设。1981年、1983年、1994年，军队先后承担了“引滦入京”“引黄入青”（引黄河水入青岛）和三峡水利枢纽工程永久船闸等大型水利项目的建设。1983年6月30日，在中共中央工作会议的讲话中，邓小平指出：“天津的引滦工程建设，军队出了力，多快好省中占了‘快、好、省’三个字。各地区都要学习引滦工程。为国家省了多少钱呐！事情办得多好啊！这还给我们提供了一个经验，就是有些事情只要调动了积极性就好办。”① 引滦工程，即把河北境内的滦河水引入天津。1981年，北京、天津、河北遭到严重干旱，给工业生产和城市人民生活带来很大困难，中央决定，加快引滦入津工程建设。铁道兵某师和驻天津某师承担了引滦入津的重点工程建设，仅用一年零四个月的时间，就完成了预计3年完成的任务。引滦入津过程对天津社会发展产生了极大作用，不仅扭转了工业生产缺水的被动局面，定产企业全部恢复生产，天津港得以重启，而且为新建企业提供了可靠水源，加速了工业发展，改善了投资环境，成为天津经济社会发展赖以生存的“生命线”。1983年7月16日《人民日报》发表了《人民军队打天下又建天下》的社论，赞扬解放军为加快引滦入津过程所做的重大贡献。

3. 无论空军、海军、国防科工委，都应该考虑腾出力量来支援国民经济的发展

邓小平认为，军队支援国家建设，不仅应当发挥军队的人力和设备优势承担国家建设工程，而且还应当利用军队已有的设施服务于经济建设，走军民合用的路子。1978年10月13日，在听取全国人防领导小组负责人汇报第三次全国人防会议筹备情况时，邓小平说，人防工事修好了，重点是要维护好。只有用起来，可以住

① 《邓小平军事文集》第3卷，军事科学出版社、中央文献出版社2004年版，第233页。

人，可以作仓库，维修才好办。因此，“人防工事要平战结合，平战结合才能靠得住……北京要结合地铁搞。地铁修通了，基本问题就解决了”①。1984 年 11 月 1 日，邓小平在中央军委座谈会上的讲话中指出：“无论空军也好，海军也好，国防科工委也好，都应该考虑腾出力量来支援国民经济的发展。如空军，可腾出一些机场，一是搞军民合用，一是搞民用，支援国家发展民航事业。海军的港口，有的可以合用，有的可以腾出来搞民用，以增大国家港口的吞吐能力。”② 在确保军事安全的前提下，军队先后向地方开放了 5 个军用机场、200 多条铁路专用线、30 条输油管线、70 条通信线路和 100 多所后勤仓库。将部分农场、房地产、保障性企业、军马场转让和移交地方使用。③

4. 培养军地两用人才也是顾全大局的问题，对国家建设有利，对军队建设也有利

军队建设服从国家建设大局，既要利用军队的人力物力承担国家建设，又要走国防设施军民结合的道路，还要培养军地两用人才减轻国家负担。邓小平认为，每年有大批干部离开军队、上百万战士复员到地方工作，怎样使他们尽快适应新的工作，办法就是着眼于国家建设的需要，创造到地方工作的条件，使他们到地方工作后能更好地发挥作用。1977 年 12 月 28 日，在中央军委全体会议上，邓小平指出：“我们军队要搞得生动活泼些。只着眼于军队本身建设的需要是不够的，还要着眼于干部、战士转业复员到地方的需要……要学会多种知识。要使我们的干部和战士，经过训练以后，既能打仗，又能搞社会主义建设。”④ 1983 年 6 月，邓小平为学习科

① 《邓小平军事文集》第 3 卷，军事科学出版社、中央文献出版社 2004 年版，第 140 页。

② 《邓小平文选》第 3 卷，人民出版社 1993 年版，第 99 页。

③ 张晓天著：《军民融合式发展的探索与实践》，国防大学出版社 2009 年版，第 131 页。

④ 《邓小平文选》第 2 卷，人民出版社 1994 年版，第 80 页。

学文化知识培养军地两用人才展览题词："大力培养既能打仗又能搞社会主义建设的军地两用人才。"[①] 1984 年 11 月 1 日，在军委座谈会上的讲话中，邓小平指出："培养军队和地方两用人才，也是个顾全大局的问题。现在军队这方面工作做得不错，有成绩，这个很好。军队培养两用人才，地方是欢迎的。这方面工作真正做好了，部队干部战士转业复员到地方就容易了。……我们军队培养了不少有专业技术的人才，把其中一些人才转到地方各行各业去，对地方也是个支援。"[②] 他要求要使战士做到一兵多能。不仅要学政治、学军事、学技术，还要学点数理化，学点工农兵知识，学点外语。总之，给干部战士"创造到地方工作的条件，这对国家建设有利，对军队建设和战备也有利"[③]。

另外，军队还通过抢险救灾、扶贫帮困和对口支援等多种方式，保障和改善人民群众的生活条件，减轻国家的负担。在抢险救灾中，军队主要担负了解救、转移和疏散受困的群众，排除或控制重大的险情、灾情，保护重要目标的安全，紧急抢救和运送重要的物资，抢修道路、桥梁，进行潜水作业、核生化救援、重大疫情的控制和医疗救护、协助地方政府开展赈灾和灾后重建等任务。如西部地区部队帮助驻地修建道路、架电线、打水井，传授实用技术，发展多种经营，帮助当地群众摆脱贫困，使 20 多万贫困群众走上了脱贫致富的道路。西部各部队还帮助新建和扩建了中小学 300 多所，帮助 5 万余名失学儿童重返校园。100 多所部队医院对西部贫困地区的 105 所县医院进行了对口支援，改善了群众的入学就医条件。[④]

---

① 《邓小平军事文集》第 3 卷，军事科学出版社、中央文献出版社 2004 年版，第 234 页。

② 《邓小平军事文集》第 3 卷，军事科学出版社、中央文献出版社 2004 年版，第 261—262 页。

③ 《邓小平军事文集》第 3 卷，军事科学出版社、中央文献出版社 2004 年版，第 82 页。

④ 张晓天著：《军民融合式发展的探索与实践》，国防大学出版社 2009 年版，132 页。

着眼“和平与发展”的世界主题、顺应武器装备现代化的世界潮流、立足社会主义初级阶段的基本国情，邓小平以对 20 世纪 80 年代世界战略格局的科学判断、对超级大国军备竞赛实质的深刻洞悉、对中国国防建设与经济建设关系的高超把握，赋予武器装备现代化理念世界性、前瞻性和可行性特征，从宏观上描绘了武器装备现代化的中国道路。

第二章 发展武器装备的指导思想要明确，就是要解决现代化问题

武器装备现代化是军队现代化不可或缺的物质基础。中国军队武器装备的改善与国家整体发展水平密切相关，是一个长期的复杂的过程，“但指导思想要明确，就是要解决现代化问题”[①]。现代战争的客观需要同军队现代化水平还比较低之间的矛盾，是中国军队建设面临的主要矛盾。要解决这个矛盾，军队建设必须转到以现代化为中心的发展道路上来。[②] 中国军队建设面临的主要矛盾要求武器装备建设也同样必须以现代化为中心。邓小平指出，中国不需要和霸权主义者搞军事竞赛，但要维护中国的主权安全，没有适当的力量不行，而且“这个力量要顶用。我们不需要太多，但要精，要真正是现代化的东西”[③]。结合世情、国情和军情，邓小平认为，搞以“精”为目标的现代化武器装备建设，要以现代科技为支撑，以军事战略需要为前提，以实现武器装备信息化为方向。

---

① 《邓小平军事文集》第 3 卷，军事科学出版社、中央文献出版社 2004 年版，第 105 页。

② 刘继贤主编：《邓小平军事思想教程》，军事科学出版社 2013 年版，第 172 页。

③ 《邓小平军事文集》第 3 卷，军事科学出版社、中央文献出版社 2004 年版，第 161 页。

第一节　加强国防科技研究，加速武器装备现代化进程

现代国防科研是现代武器装备的源泉。邓小平强调：要加强国防科学技术的研究，“加速军队装备现代化的进程”①。邓小平这一论述深刻地揭示了国防科研与武器装备现代化的内在联系。世界各国军事竞争的事实说明，科技是武器装备发展的第一推动力，谁拥有先进的科技，谁就可能拥有先进的武器装备。从科研入手抓中国武器装备现代化，符合武器装备发展的客观规律，是邓小平新时期武器装备建设理念最显著的特征。

一、能否实现国防现代化，决定于科技现代化

武器装备是人类科技物化的直接结果。离开科技基础，武器装备就不可能出现；没有科技进步，武器装备就不可能发展。从20世纪70年代起，世界科技开始经历一场新的伟大革命，以空前的规模和速度应用于军事领域，使武器装备呈现出高技术的特征，科技成为国防现代化尤其是武器装备现代化的决定性因素。1977年10月7日，在会见日本三冈访华团时，邓小平指出：“能否实现国防现代化，决定于工业和科学技术现代化。工业上不去，科学技术上不去，国防现代化就不能实现。”② 国防科技水平决定武器装备的发展水平，武器装备的发展无法超越国家的科技能力，武器装备现代化的前提是科技现代化尤其是国防科技现代化。

1. 武器装备现代化，关键是科技现代化，科研要走在前面

中国国防现代化的迫切任务是武器装备现代化。与发达国家相比较，科技落后是制约中国武器装备现代化的关键因素。武器装备曾经被形象地比喻为科技凝固形成的雕塑。在某种程度上，人类文明的发展史就是一部战争史，就是一部武器装备的角逐史，就是科

---

① 《邓小平年谱（1975—1997）》上，中央文献出版社2004年版，第349页。

② 《邓小平年谱（1975—1997）》上，中央文献出版社2004年版，第217页。

技改进战争技术和战争工具史。科学学创始人、英国著名学者J·D·贝尔纳指出："自古以来，改进战争技术一直比改善和平生活更需要科学。这并不是由于科学家具有好战的特性，而是因为战争的需要比其他更为急迫。"① 由于战争的结局事关一个国家的生死存亡，军事需要的紧迫性大于民用需要的紧迫性，因此，在战争期间拥有技术性能先进优良的新式武器是交战各国的急切期盼。从某种程度上讲，由于科技含量高的精良的新式武器可以决定战争的胜负，世界各国政府都把科技看作是军事的附属物，在某个历史阶段，某些国家科技的唯一职能实际上就是为军事服务。

曾经长期经历战争磨炼的邓小平，对科技与武器装备的优劣、与战争胜负的关联，有极其深刻的亲身体验。早在20世纪70年代中期邓小平就提出"科技关键论"理念以指导国防现代化建设，要求努力提高武器装备的研制能力，以先进科技促进武器装备的现代化。1975年1月13日，由邓小平主持起草的《政府工作报告》，重申三届全国人大一次会议提出的分两步走、在20世纪末实现四个现代化的构想，提出"在本世纪内，全面实现农业、工业、国防和科学技术的现代化，使我国国民经济走在世界的前列"②。1975年3月5日，在中共中央召开的全国省、市、自治区党委主管工业的书记会议上，邓小平强调包括国防现代化在内的四个现代化是全党全国的奋斗目标。邓小平指出："到二十世纪末，把我国建设成为具有现代农业、现代工业、现代国防和现代科学技术的社会主义强国。全党全国都要为实现这个伟大目标而奋斗。"③ 邓小平认为，四个现代化各自的地位是不相同的，农业是基础，工业是

① 〔英〕J·D·贝尔纳著：《科学的社会功能》，陈体芳译，商务印书馆1982年版，第72页。

② 《邓小平科技思想年谱（1975—1994）》，中央文献出版社、科学技术文献出版社2004年版，第1页。

③ 《邓小平科技思想年谱（1975—1994）》，中央文献出版社、科学技术文献出版社2004年版，第1—2页。

主导，国防是保障，科技是关键。要实现现代化，关键是科学技术要能上去。1978 年 3 月 18 日，在全国科学大会开幕式上的讲话中，邓小平向全党全国人民正式提出实现现代化的“科技关键论”，即“四个现代化，关键是科学技术的现代化。没有现代科学技术，就不可能建设现代农业、现代工业、现代国防”①。

邓小平关于中国国防现代化的“科技关键论”，落实到武器装备现代化建设方面，就是改变了生产先行的传统观念，树立了科研先行的现代观念，以国防科技引领国防生产。邓小平顺应世界武器装备发展大势的要求，紧紧抓住影响中国国防科技发展的“瓶颈”因素，科学总结中国武器装备发展的经验教训，把“四个现代化”的“科技关键论”的重要论述，具体化为“科研要走在前面”的政策措施。1975 年 7 月 14 日，在中共中央军委扩大会议上的讲话中，邓小平指出：“科研要走在前面。不单是尖端武器、常规武器有科研问题，就是减轻战士身上带的东西的重量，同样有科研问题。”② 邓小平关于中国发展武器装备“科研要走在前面”的观点，符合武器装备发展的客观规律和中国军队现代化发展的客观实际，是中国武器装备现代化的重要思想指南和工作原则。

2. 科技是军队战斗力的倍增器，我们也要讲究技术，不讲究技术是要吃亏的

武器装备现代化的“科技关键论”是由科技的战斗力属性所决定的。1978 年 4 月下旬，邓小平同时任三机部部长吕东等谈话时指出：“科学技术是巨大生产力，在航空工业上表现得特别明显。”③ 飞机工业是几乎完全科学化的工业。在几乎一切国家中，航空科研都具有直接的军事重要性。同样，当时作为中国航空工业国家主管部门的第三机械部（简称“三机部”），隶属于国防工业

① 《邓小平文选》第 2 卷，人民出版社 1994 年版，第 86 页。

② 《邓小平军事文集》第 3 卷，军事科学出版社、中央文献出版社 2004 年版，第 33 页。

③ 《邓小平年谱（1975—1997）》上，中央文献出版社 2007 年版，第 305 页。

部门，是武器装备现代化的主要工业部门。因此，笔者认为，无论从谈话的对象是主管航空工业的领导同志还是谈话的内容涉及空军或者海军航空兵的装备来说，邓小平此时所讲的“生产力”不仅仅在强调科技在经济领域的生产力含义，重点是在强调科技在国防领域的战斗力含义。各个时代军队的武器装备是由那时代的生产力水平所决定的。对于武器装备建设来说，生产力就是武器装备的研究开发能力，就是武器装备的生产能力。科研作为国防工业企业的生产力，体现为武器装备的杀伤力和威力，即战斗力。刘华清指出：“我军能否打赢高技术条件下的局部战争，国防科研工作至关重要。邓小平同志讲，科学技术是第一生产力。同样，科学技术也是战斗力。”① 国防大学吴国辉教授认为，邓小平提出了“科学技术是第一生产力”的著名论断，在国防领域，“科学技术是第一战斗力”②。

诚然，邓小平没有使用过“科学技术是战斗力”“科学技术是第一战斗力”的提法，但是科技增强战斗力的功能是确凿无疑的。衡量武器装备战斗力最直观的指标是速度、距离、携载弹药数量、杀伤力等，而这些性能都需要有特定的技术支持。可以说，科技是武器装备战斗力的“内在标识”。在新时代，习近平总书记站在“抢占未来军事竞争战略制高点”的高度，强调科技创新对于“培育战斗力新的增长点”的作用，深刻指出：“要着眼于抢占未来军事竞争战略制高点，充分发挥创新驱动发展作用，培育战斗力新的增长点。国防科技发展是具有基础性、引领性的战略工程。必须选准突破口，超前布局，加强前瞻性、先导性、探索性的重大技术研究和新概念研究，积极谋取军事技术竞争优势，提高创新对战斗力增长的贡献率。”③

① 《刘华清军事文选》下卷，解放军出版社 2008 年版，第 434 页。

② 吴国辉著：《科技铸剑——国防科技和武器装备创新发展》，长征出版社 2015 年版，第 26 页。

③ 《习近平谈治国理政》第 2 卷，外文出版社 2017 年版，第 409 页。

军队战斗力系统是一个按照特定的体制编制、指挥控制、战术方法武装起来的，具有职业素养的人员和各种类型的武器组成的复杂系统，其要素可以简单地归结为人、武器以及人与武器的组合方式。其中，人是战斗力诸要素中最活跃、最生动的决定性因素，是最具有主观能动性的力量。但是，我们必须清醒地认识到，人成为战斗力决定性因素的前提是与武器装备的结合，离开现代化的武器装备，人的战斗力就无以展现，因此邓小平提醒"我们也要讲究技术，不讲究技术是要吃亏的"[①]。因为，"科学技术是军队战斗力的倍增器"[②]，科技发展史、武器装备发展史表明，科技的每一个划时代进步，每一次革命性的进展，都会引起武器装备的飞跃性变化，进而导致军队战斗力革命性的改变。武器装备的对抗实质就是军事技术的对抗。以火的控制和使用为标志的古代金属冶炼技术的出现，拉开了人类科技史上的第一次科技革命的序幕，把人类武器装备的发展推进到"冷兵器"时代，以金属兵器为主体的冷兵器制造成为武器装备建设的内容和重点。以炼丹术为主的古代化学的发展和火药制造技术的完善，使人类科技水平达到一个新的阶段，也使武器装备的发展进入"热兵器"的新时代，火器的发展随之成为武器装备建设的内容和重点。近代自然科学的产生和发展，第一次工业革命的兴起，武器装备的发展被推进到"机械化"时代，机械化武器成为武器装备建设的主体。现代科技的发展，特别是相对论和量子理论的成立，不仅揭示了物质的微观世界的奥秘，而且奠定了"核武器"时代的理论基础，核竞赛成为当代世界主要大国武器装备建设的主要内容。以信息技术为特征的新科技革命，在引起人类社会深刻变化的同时，极大地提高了传统武器装备的作战效能，信息化武器装备成为信息时代武器装备现代化的标志。总

① 《邓小平军事文集》第3卷，军事科学出版社、中央文献出版社2004年版，第80页。

② 《刘华清军事文选》下卷，解放军出版社2008年版，第131页。

之，在当代，由于航天、计算机、传感、微电子、光电子等高新技术的发展及其应用，极大地提高了武器装备的战术技术性能，武器装备的存在形态已经超出了飞机、坦克、大炮等传统范畴，基于软件代码的“虚拟化”“非实体”的软武器逐步发挥威力，隐身武器、无人装备相继问世，不断地以铁的事实雄辩地证实着邓小平关于科技是战斗力倍增器的论断。

3. 加强国防科研是总的趋势，不搞科研就根本不可能有武器装备现代化

依靠科技培育战斗力新的增长点的观念表明，加速中国武器装备现代化，核心是加强国防科研，加快高科技武器装备的研制。何谓武器装备的“研制”？中国导弹之父、著名火箭专家钱学森认为，武器装备的研制有别于基础科学研究，“研制是研究、设计、试制的缩写，包括科学研究，但目的是出产品，能到达一定预先制订的目的和性能的产品。所以研制不同于基础科学研究，如果说基础科学研究是为了认识客观世界，那么研制就是直接改造客观世界了。形象地说，基础科学研究是‘文的’，研制是‘武的’。”[①] 国防科技既是武器装备创新的基本前提，又是推动武器装备发展变革的内生力量。1979 年 1 月 18 日，在听取三机部负责人汇报后与王震等军队领导人谈话时，邓小平指出：“加强科学研究，这是总的趋势，不仅是航空工业。不搞科研，我们就根本不可能有现代化。”[②] 结合 20 世纪 70 年代末和 80 年代的实际，邓小平对加强国防科研提出了三大措施。第一，整顿国防科研机构和军工企业。“文化大革命”给国防科研和国防工业造成严重损害，最突出的是“科研停滞”、军工产品不能保证质量。为扭转军工企业的混乱局面，邓小平领导了长达三年的国防工业企业整顿。整顿国防企业，

---

① 《聂荣臻同志和科技工作》，光明日报出版社 1984 年版，第 131 页。

② 《邓小平军事文集》第 3 卷，军事科学出版社、中央文献出版社 2004 年版，第 153 页。

不是简单地建章立制，恢复生产，首先是要加强科研，提升军工产品质量和水平。1978 年 6 月 26 日、27 日，在听取三机部和空军领导汇报航空工业情况时，邓小平明确提出："抓科研。科研要放在整顿工厂的前面，这可是个硬东西。"① 在国防工业企业整顿期间，抓科研的紧迫任务是恢复国防科研机构的科研秩序，同时在国防工业企业建立科研机构。1977 年 10 月 4 日，邓小平召集会议讨论军队装备和国防科研工作，他在讲话中说："生产部门的研究机构，这是最大的方面军。它主要是搞生产中的科学研究，要逐步建立起来。重要的工厂应该开展自己的科学研究工作。"② 第二，搞好国防科技预研工作。从科研工作指导程序上讲，新型号的研制必须以预先研究成果为基础，通过预先研究解决关键技术后才能上型号。国防科技预先研究是国防高科技发展的源泉，是新型号研制的先导，其目的是通过对关键技术的研究，为新型武器装备的研制提供技术储备和基础，增强国防科技工业的发展后劲。可以说今天的预先研究就是为了明天的型号研制。第三，加速引进国防科研手段。邓小平高度重视国防科研手段的更新问题，将其作为抓国防科研的基本建设。1978 年 6 月 26 日、27 日，邓小平还指出："引进科研手段，不仅航空工业，全国也必须加速引进一大批。本来水平不行，也来不及做，而且质量又不好，引进是重要的手段。"③ 空气动力学重点是研究飞行器的飞行原理，它是航空、航天技术的主要基础科学和理论基础之一。科学动力学实验的重大突破和进展，往往会导致新型飞行器的诞生，促进飞行器的更新换代。邓小平非常重视空气动力学研究试验基地的建设。1978 年 9 月 1 日，在讨论

① 《邓小平军事文集》第 3 卷，军事科学出版社、中央文献出版社 2004 年版，第 126 页。

② 《邓小平军事文集》第 3 卷，军事科学出版社、中央文献出版社 2004 年版，第 70 页。

③ 《邓小平军事文集》第 3 卷，军事科学出版社、中央文献出版社 2004 年版，第 126 页。

军队引进先进技术座谈会上的讲话中，邓小平提出：“风洞等试验手段，计委要统盘考虑。”① 风洞是产生人工气流，对飞机、导弹、车辆、建筑物群模型进行空气动力学试验的管道装备，是空气动力学研究的主要手段。喷气推进技术、后掠翼理论的发展和面积律的发现，使飞机实现了在跨声速区域内的稳定飞行；高超声速空气动力学和防热技术的发展，为战略和战术导弹、卫星、飞船和航天飞机（空天飞机）的发展，奠定了基础；涡流控制研究的最新成果，有力地促进了高机动飞行器的发展。同时，现代常规兵器的发展，也在一定程度上有赖于空气动力学的研究实验。新中国成立以来，风洞试验装备在长期建设积累的基础上，根据邓小平加强风洞建设的指示，通过国防科技体制调整，1979 年组建成立了中国空气动力研究与发展中心，当时管理位于四川绵阳的经过 20 多年建立起来的近 30 座性能、尺寸比较配套的风洞，包括全国唯一的或尺寸最大的空气动力研究实验设备，经过不断改进和建设，中国气动研究中心已经成为中国航空、航天技术负责的技术支柱。经过近 40 年的建设尤其是 20 世纪 80 年代的改进和提高，中国形成了一个分层次、有特色、较配套的空气动力学研究试验体系。这个体系包括中国气动研究中心，航空、航天、船舶、兵器等工业部门，以及中国科学院和高等院校的空气动力研究试验机构。这些机构的研究试验设施，在国家层面的“统筹考虑”下，承担各种空气动力研究试验任务，为国防科技事业发挥着主要作用。②

二、军事部门也要吸取外国的技术，条件不足的可以买外国的东西

先进的武器装备是先进科技物化的结果。没有强大的国防科研能力，就不可能生产具有强大战斗力的武器装备。改革开放之初，

① 《邓小平军事文集》第 3 卷，军事科学出版社、中央文献出版社 2004 年版，第 136 页。

② 谢光主编：《当代中国的国防科技事业》下，当代中国出版社 1992 年版，第 362—363 页。

中国科技水平比较落后，要实现武器装备现代化，必须走自主研制与引进消化相结合的道路，在加强国防科研的同时，积极学习外国先进技术，以“节省”的办法推进武器装备发展。对于武器装备自主研制中遇到的技术困难，邓小平主张通过千方百计学习外国先进技术的途径尽快解决。邓小平说：“军事部门也要吸取外国的技术。”“条件不足的可以吸收外国的技术，买外国的东西。”① 20 世纪 80 年代，邓小平领导了与西方国家的军事技术合作，20 世纪 90 年代，邓小平推动了与苏联的军事技术合作，两次大规模的军事技术和军事装备的引进，加快了中国武器装备现代化的进程。

1. 我们并不满足现在的军事装备，国防现代化也要引进外国的先进装备

引进武器装备是世界各国的普遍做法。邓小平极力主张通过引进国外的先进军事技术和武器装备，在某些方面尽快地提高中国军队武器装备的技术水平。1979 年 3 月 19 日，在听取中央军委科技装备委员会关于调整规划的汇报时，邓小平提出：“军工产品我们样样都搞不行。毛主席在世时说过，真正打起来，靠我们自己还不行，还得搞租借法案，像第二次世界大战苏联从美国搞装备那样。”② 邓小平提到的 1973 年 11 月 17 日毛泽东同周恩来谈话时说的“租借法案”，是“指一九四一年三月十一日美国国会通过的一项法案。法案授权美国总统可以将任何物资租借或供给任何国家，只要认为该国的防御对美国的安全有利。据此，美国向国外提供了五百亿美元的租借物资，其中百分之三十二提供给苏联。一九四五年第二次世界大战结束时停止提供。”③ 在当时的政治背景下，邓

① 《邓小平军事文集》第 3 卷，军事科学出版社、中央文献出版社 2004 年版，第 125 页。

② 《邓小平军事文集》第 3 卷，军事科学出版社、中央文献出版社 2004 年版，第 154 页。

③ 《邓小平军事文集》第 3 卷，军事科学出版社、中央文献出版社 2004 年版，第 155 页。

小平借用毛泽东的话，巧妙地表达了引进外国先进武器装备的想法。1979 年 4 月 16 日，在会见美国众议院军事委员会议员团时，邓小平更加明确地表明引进先进武器装备的态度，他说："我们并不满足现在的军事装备，所以四个现代化也有国防现代化。这方面，我们也要引进外国的先进装备。"[①] 中国之所以需要与西方国家进行安全合作，"那是因为它的武装力量亟需现代化。中国军队的装备和战术都已经过时了，特别是缺少现代化的坦克、飞机、防御性武器，而且也缺少一支机动性强的机械化部队"[②]。为落实引进外国先进武器装备的决策，邓小平派出多个军事考察团赴欧洲发达国家考察军事工业，有计划地采购国外的先进武器装备和先进军事技术。对于当时国内对这种做法的不同认识，即认为我们拿钱去买技术，去买一部分装备，不如把钱用来发展自己的技术。[③] 邓小平解释道，"现在要靠自己的能力，靠现有的基础，达到世界现代武器装备的水平，很不容易，一是投资不够，二是时间花得长。我们现在花点钱，是为了尽快拿到技术"。

武器装备的国际合作主要包括军事装备援助、军品贸易、军事技术交流合作、联合研制生产、军备控制等活动。与非军事的商业贸易、文化交流不同，武器装备国际合作暗含着一种或微妙或彰显的国家间的战略联系。对进口国来说，不是有钱就能买到先进的武器装备；对出口国来讲，不是说只要能赚钱，什么先进的武器装备都会卖。20 世纪 80 年代中美关系正常化后，西方国家有条件地解除对中国的"禁运"，中国引进了美国、英国等西方发达国家的某些先进军事技术，改进了中国的某些武器装备。20 世纪 80 年代末中苏关系的正常化，为 90 年代武器装备引进奠定了基础。1989 年 5 月 16 日，邓小平在会见苏联最高苏维埃主席团主席、苏共中央

---

① 《邓小平年谱（1975—1997）》上，中央文献出版社 2004 年版，第 506 页。

② 《西德报纸谈中国在世界上的作用》，《参考消息》，1980 年 2 月 10 日。

③ 《刘华清军事文选》下卷，解放军出版社 2008 年版，第 297 页。

总书记戈尔巴乔夫时指出：“中国人民真诚地希望中苏关系能够得到改善。我建议利用这个机会宣布中苏关系从此实现正常化。”① 由此，中苏军事技术的合作，进入“结束过去，开辟未来”的新时期。1993 年 9 月 28 日，在全国国防科工办主任会议上的讲话中，刘华清指出：“今年初，邓小平同志指示，要加强装备建设，改善我军的武器装备，适时引进一些先进装备和技术，提高军队现代化水平”。② 按照邓小平的指示精神，中国对加快国防科技和武器装备发展作了重要部署，采取了一系列措施。“中央决定要加强技术引进工作，各有关部门都在积极努力，争取最近几年在引进国外技术方面有所进展，同时根据引进的可能，及时调整我们的研制计划，使我们的武器装备水平，过几年有一个新的变化，逐步接近应对高新技术作战的要求。”③ 邓小平掀起的 20 世纪 90 年代的军事技术引进新高潮，为中国打赢高技术条件下的局部战争储备了相应的武器装备基础。

2. 从发达国家取得先进技术不是容易的事情，有些军工项目很难引进

引进国外先进的军工技术是加速中国武器装备现代化的有效途径，“但是，从发达国家取得资金和先进技术不是容易的事情”④，引进先进军事技术更是阻力重重、障碍叠叠。1978 年 11 月 3 日，在审阅中共中央军委科学技术装备委员会《关于一九八五年前引进外国先进技术的请示报告》时，邓小平作出批示：“这些引进项目，曾经议过，拟原则同意。估计有些项目，很难引进。”⑤ 军工技术难以引进，不仅有国家利益和知识产权的法律掣肘，而且还有

---

① 《邓小平文选》第 3 卷，人民出版社 1993 年版，第 291 页。

② 《刘华清军事文选》下卷，解放军出版社 2008 年版，第 295 页。

③ 《刘华清军事文选》下卷，解放军出版社 2008 年版，第 296—297 页。

④ 《邓小平科技思想年谱（1975—1994）》，中央文献出版社、科学技术文献出版社 2004 年版，第 170 页。

⑤ 《邓小平年谱（1975—1997）》上，中央文献出版社 2004 年版，第 418 页。

消化创新异常困难和市场推广竞争激烈的技术屏障，更有意识形态分歧和社会制度不同的政治障碍。

意识形态的对立和社会制度的不同，是中国引进先进军事技术最大的政治阻力。20 世纪 40 年代末，美国等西方发达国家对社会主义国家发动冷战，对社会主义国家实行经济封锁和禁运。为了执行对社会主义国家的禁运，限制其成员国对社会主义国家的贸易出口，1949 年 11 月，在美国的提议下成立了巴黎统筹委员会。（冷战结束后，西方国家认为，世界安全的主要威胁不再来自军事集团和东方社会主义国家，该委员会的宗旨和目的也与现实国际形势不相适应，1994 年 4 月 1 日宣布正式解散。）该委员会总部设在巴黎，成员国有美国、英国、法国和西德等 15 个国家。根据该委员会的规定，属于禁运产品的有军事武器装备、尖端技术产品和稀有物资三类，禁运货单有绝对禁运、数量管制、监视项目和对中国贸易的特别禁单四种。“1949 年，美国制定‘出口管制条例’，防止向社会主义国家出口用于军事的产品和技术，并根据不同国家与美国的关系和实力等因素，按管制的宽严程度分为 7 组——Z 组、S 组、Y 组、W 组、Q 组、T 组和 V 组。中华人民共和国成立后，中国和苏联一样被列为 Y 组。朝鲜战争时中国被列入管制最严的 Z 组。尼克松政府期间，将中国重新划入 Y 组。1980 年 5 月，卡特政府单独为中国建立了一个 P 组，以示与苏联不同。在中国政府特别是邓小平的反复交涉下，1983 年 6 月，里根政府决定将中国的管制等级调至 V 组，即美国技术出口限制中管制最弱、是友好国家但非盟国的一组。”① 对于西方发达国家对中国封锁和禁运情况，邓小平指出：“我们是长期被封锁的国家，实际上从一九七二年才开始打破国际上的封锁，中美上海公报发表、中日建交才开始打破封锁状态。”②

---

① 《邓小平科技思想年谱（1975—1994）》，中央文献出版社、科学技术文献出版社 2004 年版，第 175 页。

② 《邓小平年谱（1975—1997）》上，中央文献出版社 2004 年版，第 511 页。

西方国家的禁运和美国的管制制度，给中国引进武器装备和先进技术设置了许多障碍，造成了许多麻烦。20 世纪 70 年代末，中国准备从日本东京芝浦电气、日立制作所、松下电器等三家公司引进彩色电视机制造设备，但是，巴黎统筹委员会不准向中国出口。当时禁止卖给中国的理由是，集成电路可以用于导弹的轨道控制装置，是军事性的重要电子部件。巴黎统筹委员会确定为禁止出口的项目，不仅集成电路的制造技术，即使是单个的制品的出口也受到严格限制。① 曾经，中国打算从美国引进运算速度平均每秒一千万次的电子计算机，美国的商人、公司都同意卖，而且还很热心，但是美国政府就是不批准。后来，中国向日本引进运算速度平均每秒一百万次电子计算机，其中因为有美国的技术，美国政府不同意，也没有能够达成交易。中国从欧洲引进某种技术的时候也遇到了这些问题。邓小平对此评价道："我们同美国关系中有一些疙瘩，重要的疙瘩之一就是美国不愿意向中国转让技术。十年来，特别是中美关系正常化以来，美国没有给我们一件像样的比较好的东西。美国长期以来把中国划在'Y'类，是倒数第二位。美国名义上给了我们最惠国待遇，实际上只比'Y'类地位提前了一些，但提得不多。"②

3. 中国不打美国牌，也不打苏联牌，也不允许别人打中国牌

以美国为首的西方国家对向中国出口高技术尤其是军工技术的限制，随着世界格局的变化逐步有所放松，先后向中国出售了某些军工技术甚至进攻性武器装备。邓小平认为，西方国家对中国武器装备出口政策的调整，有利于我们武器装备技术的提高，应当抓住难得时机，同时，在战略上要提高警惕，不允许西方国家打中国牌。

20 世纪 80 年代初，西方国家开始解禁向中国出售进攻性武器装

---

① 《不准向中国出口集成电路成套设备》，《参考消息》，1978 年 6 月 28 日。

② 《邓小平科技思想年谱（1975—1994）》，中央文献出版社、科学技术文献出版社 2004 年版，第 175 页。

备是基于这样一种认识，即中国对苏联的牵制符合西方的利益。西方国家认为，中国在遏制苏联的扩张主义方面有贡献：把苏联强大的陆地力量限制在其“内线”，中国是一个不可放弃的因素。在辽阔的北部边界，中国牵制了苏联的54个、部分是十分现代化的机械化师，也就是说牵制了俄国陆军的1/3到半数的兵力。① 美国和其他西方发达国家都希望能有一个强大的中国，它能在自己6000千米长的边界上尽可能多地牵制住俄国部队。1979年10月4日，美国《纽约时报》刊登美国国防部秘密研究报告《敦促美国援助中国军方》。报告表明，在苏联同西方进行的一场战争中，中国可能不由自主地要力图保持中立地位，那是因为“苏联人在可能对中国采取的广泛的行动方面有相当大的取得成功的希望”。在这种情况下，莫斯科也许就能够把它驻在亚洲的军队调去对付美国及其盟国。可是，假如中国的军事能力得到了增强的话，在西方同苏联发生的一场冲突中，苏联驻在亚洲的部队就可能无法调开了。甚至在中苏之间的一场战争中，美国也应当要考虑在军事上支持北京的可能性。“如果西方在一场中苏冲突中一直保持中立的话，就可能发生使中国遭到相当大的削弱的状况。这反过来又可能促使苏联大大减少它需要在亚洲保持的防御力量而在同时加强它针对北约组织部署的力量。因此，推迟（或帮助中国抵御）苏联人发动的大规模常规的进攻或核进攻，将是符合北约组织的利益的。”② 欧洲和美国认为，20世纪70年代末，苏联人用来对付中国的是比较旧式的武器，而往往把他们的现代化装备集中在欧洲，卖给中国较为先进的武器技术，这将迫使苏联在沿中国边界上部署更为先进的坦克和其他装备，这样就会减轻对北大西洋公约组织的压力。③

对于西方国家在向中国出售军工技术和武器装备时的战略意

① 《中国对莫斯科兵力的牵制作用》，《参考消息》，1980年2月4日。

② 《敦促美国援助中国军方》，《参考消息》，1979年10月6日。

③ 《中国加紧重建它的军队：购买外国武器来抵挡苏联人》，《参考消息》，1978年5月16日。

图，邓小平给予明确的回击。邓小平强调："中国不打美国牌，也不打苏联牌，中国也不允许别人打中国牌。"[①] 中国实现国防现代化的目的是维护世界和平，不是霸权主义争霸世界的工具，中国不会以损害国家利益来换取先进武器装备。任何国家不要指望中国做他们的附庸，不要指望中国会吞下损害国家利益的苦果。

三、更新武器装备可以从外国买，更要立足自己搞科学研究

引进国外先进科技和武器装备是中国武器装备现代化"可以走的道路"，也是"省的道路"。但是，必须清醒地认识到，中国发展武器装备的立足点只能是自力更生。邓小平认为，中国的事情要按照中国的情况来办，要依靠中国人自己的力量来办。独立自主，自力更生，无论过去、现在和将来，都是我们的立足点。"更新装备。可以从外国买，更要立足于自己搞科学研究，自己设计出好的飞机、好的海军装备和陆军装备。"[②] 对中国这样的穷国来说，先进的武器装备买不起，只能立足国情搞中国式的武器装备现代化；对中国这样的大国来说，武器装备现代化买不来，只能加强国防科技自己造；对中国这样有相当国防科技工业基础的国家来说，买先进技术要着眼于提高自力更生能力。

1. 买先进的作战飞机，你能买几架？买几架就买穷了

实现武器装备现代化要立足于自己搞科研，那是因为我们国家穷，买不起一支现代化的军队。武器装备包含着先进的科技和复杂的技术，同时，受政治、军事、安全等因素的影响和买卖市场规模数量的限制，其价格快速上涨，世界各国都难以承受。1979 年 7 月，对于副总参谋长杨勇赴英国访问，英国《每日电讯报》作了这样的报道："邓和杨在取得六十亿英镑的国防预算后，将集中力量搞加强中国很容易受到攻击的第一线防御力量所急需的东西……

① 《邓小平军事文集》第 3 卷，军事科学出版社、中央文献出版社 2004 年版，第 239 页。

② 《邓小平军事文集》第 3 卷，军事科学出版社、中央文献出版社 2004 年版，第 274 页。

反坦克炮和导弹以及通讯设备在‘迅速解决问题的办法’清单上居于首位。”① 由于1979年2、3月份中越冲突，导致国防费临时增加，1979年中国国防经费预算大约202.3亿元人民币，大大高于1978年的167.8亿元人民币。② 在常态情况下，从1971年至1982年，中国军费一直维持在170亿元人民币上下（当时折合100亿美元），除去养兵的“人头费”，每年不足60亿元（当时约折合32亿美元）的装备费。③ 即使把32亿美元的装备费全部用于买武器装备也要花费3年的预算。因此，中国有难以克服的财政问题，只想买一些数量有限的武器。④

20世纪80年代末90年代初，对于中国这样一个财力还比较弱小的大国来讲，如果希望通过购买来更新部分武器装备都显得捉襟见肘，那么，希望通过购买先进武器装备实现军队现代化，更是天方夜谭，1980年初，美国国防部对中国军队武器装备现代化的评估认为，中国在许多方面都比美国人和俄国人落后达15年之久。如果中国从美国购买足够的军事物资和劳务使它得到“一种有把握的能力”来抵御苏联的常规部队和常规武器的进攻，那就需要花费410亿美元到630亿美元的资金。美国给中国军队开列的武器装备清单是：3000—8600辆经过改进的中型坦克、8000—10000辆装甲运兵车、16000—24800辆重型卡车、6000枚空对空导弹、720个机动的地对空导弹发射架、200架拥有空中优势的飞机、240架战斗机或战斗轰炸机。有关的系统包括导弹追踪和制导、大口径的炮和弹药、电子干扰、飞机发动机、飞机机架冶金术以及航空电子学。⑤ 按照美国设计的中国军队武器装备现代化方案，中国是买不

① 《中国军事首脑到达伦敦》，《参考消息》，1979年7月6日。

② 《中国公布国防费有极其重要意义》，《参考消息》，1979年7月1日。

③ 《回首中国人的航母梦——徐焰将军访谈录》，《兵器知识》，2012年第11期，第41页。

④ 《对中国在武器方面的需要左右为难》，《参考消息》，1980年10月22日。

⑤ 《五角大楼研究同中国建立军事关系的前景》，《参考消息》，1980年1月6日。

起的，要买也要把国家买穷。邓小平指出："买先进的作战飞机，你能买几架？买几架就买穷了。"[①] 邓小平为什么要提到购买战斗机的问题呢？据文献记载，1978年6月26日听取三机部和空军关于航空工业情况汇报时，邓小平提出改善中国空军的装备问题"解决途径要包括引进外国先进技术"。[②] 鉴于国外武器采购价的疯狂上涨，邓小平果断调整军工技术和武器装备引进思路，要求减少引进项目，立足自力更生。正如邓小平所说："引进问题，总的矛盾是要办的事太大、太多，要求太高。要精选几件必须办的事，先抓起来。各部不能齐头并进，不能各部都搞，不要统统都上，要抓急切的三五件事，抓多了什么都没做成，结果更慢。我们需要的东西多得很，有些待富起来以后再搞。按原来的要求不行，国家的财力办不到。过去的计划，办不到的可以不算数。"[③] 中国式的武器装备现代化只能立足社会主义初级阶段的基本国情，不能与富裕的发达的西方国家攀比，美国也看到了中国的国情，承认在经济力量得以增强之前，中国是无法开始大规模加强防务能力的。[④]

2. 完全依靠外国发展武器装备是不可能的，必须立足自己

中国的武器装备现代化不仅买不起，而且买不来。中国既是一个穷国，又是一个大国，中国的国防需要是多方面的，依靠外部力量无法解决国防科技发展的根本问题。一方面，真正尖端的国防高科技和武器装备，任何国家都将其视为"禁区"而不轻易卖出。另一方面，即使买到一些比较先进的武器装备，也因为出售国对战术技术性能的熟悉、掌握零配件和维修技术的主动权等因素，能够

① 《邓小平军事文集》第3卷，军事科学出版社、中央文献出版社2004年版，第177页。

② 《邓小平军事文集》第3卷，军事科学出版社、中央文献出版社2004年版，第125页。

③ 《邓小平军事文集》第3卷，军事科学出版社、中央文献出版社2004年版，第155页。

④ 《美中央情报局发表关于中国防务的研究报告》，《参考消息》，1980年8月17日。

在关键时候限制其作战效能的发挥，难免受制于人。因此，邓小平指出："中国既然是个大国，完全依靠外国资金来建设我们的国家是不可能的，必须立足于国内，立足于自力更生这个基本原则。"[①]国防科技工业关乎国家安危存亡，对于中国来说，要积极引进国外先进的军事技术和武器装备，但必须牢记任何时候、任何情况下都要依靠自己的力量来搞建设、谋发展，决不能受制于人、依附于人，否则，国家的安全就会掌握在别的国家手里。

邓小平坚持独立自主与引进先进技术相结合的武器装备发展思路，在20世纪80年代期间得以贯彻。20世纪80年代初期，美国国防部部长布朗曾说："即使在从欧洲国家获得战争物资的问题上，中国人一直很注意不要依赖他国。一般说来，他们购买的数量往往只是足以使他们学会如何制造他们自己的装备而已。""中国有一支非常大的军队。他们不希望他们的武器系统或武器完全或者主要由另一国提供，这是可以理解的。"[②]美《新闻周刊》文章《中国在军事上的崛起》指出，中国武器装备落后，"未来改进军事武器，中国人来到西方看货色。但是，他们没有买什么东西。没钱还不是北京看货多于买货的唯一原因。中国人不想变得离开西方的武器供应商就没法办了。北京不是选择大量购买武器这种速效办法，而是设法说服西方公司在中国建厂，或采取仿制复杂武器的办法。"[③]从西方媒体的报道和评价中，我们看到，邓小平更加重视的是武器装备生产技术引进。因为单纯购买武器装备很可能陷入受制于人的危险境地，而引进的先进技术则为发展自主装备提供了诸多参考和启发，能够从根本上提高中国军事科技水平，赢得更大的灵活性和主动权。1986年4月，美国政府向国会报告，准备向中国出售55套航空电子设备，改造中国的歼-8战斗机。国会一位

① 《邓小平科技思想年谱（1975—1994）》，中央文献出版社、科学技术文献出版社2004年版，第153页。

② 《布朗在观看中国战斗机表演后的谈话》，《参考消息》，1980年1月12日。

③ 《中国在军事上的崛起》，《参考消息》，1980年6月5日。

支持政府建议的官员说："这笔交易只是中国现代化计划中很小的一部分。虽然我们的想法是为了帮助中国消除与苏联的差距，但是中国并没有兴趣变成美国的附庸国。"① 1993 年初，邓小平提出要适时引进一批先进装备和技术，来改善中国军队的武器装备，"这次引进的指导思想和政策都很明确，必须坚持自力更生为主，引进国外技术为辅，引进只是手段，引进的基本目的是为了提高国内的科技发展和工业生产的水平，是为了尽快拿出自己的产品来。"②引进技术与国内消化，与发展中国自己的武器装备是一致的、紧密联系的，因此任何阻力都要克服，不能妨碍任务的实施。这样才能与新的军事战略方针紧密结合起来。武器装备和先进国防技术引进的实践证明，邓小平立足于中国自己搞武器装备现代化的理念得到了很好的贯彻执行。

3. 要引进国际上先进技术、先进装备，作为发展现代武器装备的起点

尽管中国的武器装备现代化买不来也买不起，但是，加速武器装备现代化就不得不千方百计引进急需的先进技术，以解决当前或近期难以突破的关键技术问题。从根本上讲，引进外国先进技术目的是增强自力更生的能力。邓小平强调："中国自己关起门来建设也不行，必须充分吸收外国的先进经验，充分利用外国的资金、外国的技术，来加速我们的发展。"③ 邓小平认为，引进外国先进技术以增强自力更生能力、加速武器装备现代化为出发点，在政策上需要把握这样几点：一是保持引进产品与技术的比例平衡。以引进军工技术或制造设备为主、以购买武器装备为辅。邓小平指出："国防工业引进什么，引进多少，占多大比重，要分轻重缓急。有

① 《美国会将批准向中国出售航空电子技术》，《参考消息》，1986 年 4 月 15 日。

② 《刘华清军事文选》下卷，解放军出版社 2008 年版，第 297 页。

③ 《邓小平科技思想年谱（1975—1994）》，中央文献出版社、科学技术文献出版社 2004 年版，第 153 页。

的买产品，有的引进技术，要平衡一下。”[①]“靠买武器解决不了问题。我们需要的是技术，我们有生产能力，有了技术就能生产。”[②]即使购置部分武器装备也是为了更好地学习和掌握技术。二是要采取多种方式引进。邓小平主张，有些大的项目，比如军工项目，求全则拿不到，有的可以买一部分，有的可以买部件，有的买原材料。还有的项目，只买关键材料，花少的钱，弄到好的东西。有些大项目宁可要全，比如改造三个造船厂，设备、技术要引全，包括人员编制，要按人家的办法办。[③]三是引进的技术要先进。军事技术的引进，要特别注意技术的先进性，也就是引进技术的起点要高。技术落后、起点低，在战争中就要陷入被动，就难以取得战争的主动权，甚至赢得战争。邓小平强调“要引进国际上的先进技术、先进装备，作为我们发展的起点”[④]，而不是引进过时的或者是落后的技术。武器装备主要是引进尖端技术，像步枪那些东西就不考虑了。四是引进项目要分轻重缓急。邓小平要求军品项目的引进要慎重安排，办法是对需要引进项目进行轻重缓急和先后顺序排队。1978 年 9 月 1 日，在讨论军队引进先进技术座谈会上，邓小平说：“引进的项目要排两个队，一个是项目的排队，按照轻重缓急；一个是时间的排队，分个先后次序，不要抢在这一两年。”[⑤]军事技术的引进消化是一个长期的过程，分轻重缓急才能抓住重点，带动整体。

① 《邓小平军事文集》第 3 卷，军事科学出版社、中央文献出版社 2004 年版，第 130 页。

② 《邓小平科技思想年谱（1975—1994）》，中央文献出版社、科学技术文献出版社 2004 年版，第 167 页。

③ 《邓小平军事文集》第 3 卷，军事科学出版社、中央文献出版社 2004 年版，第 136—137 页。

④ 《邓小平文选》第 2 卷，人民出版社 1994 年版，第 133 页。

⑤ 《邓小平军事文集》第 3 卷，军事科学出版社、中央文献出版社 2004 年版，第 136 页。

四、要加强所有军事工业生产单位的管理，要建立科研队伍

国防科技和武器装备的竞争，归根到底是人才的竞争。科学和武器发展的历史表明，自伽利略那个时代以来，科学家在战争中起的作用越来越大。邓小平认为，军队有自己的独立性，“要加强所有军事工业生产单位的管理，要建立科研队伍”①。建立规范科研队伍，要有全局观念，要打破国防科技人才与民用科技人才分割使用的弊端，创新人才管理方式，合理使用宝贵的国防科技人才。邓小平指出：“现在科技人员一方面很缺，另一方面又有很大的窝工浪费，用非所学、用非所长的现象很严重。这样的管理形式不行。怎样打破军民界限、部门地方界限，合理使用，把全国的科技人员使用起来，并且使用得当，是个很大的问题。”② 邓小平强调，要认真考虑对科技队伍的组织管理问题，纠正轻视知识分子的错误，正确使用科技人员，调动国防科技人才的积极性。

1. 国防科研队伍要集中，还要发挥科技人员的积极性

现代武器装备的研制项目一般都是大科学工程，需要方方面面的数量庞大的科技人才集体攻关。如何组织科研队伍，发挥科技人员的积极性，是武器装备现代化的关键问题。20 世纪 60 年代，在科技人才极度短缺的情况下，中国“两弹一星”研制成功的重要经验就是积聚全国英才，形成难得的科技攻关队伍。1960 年底，主管核武器研制的二机部科技人员有 3300 人，占同期全国 9 万科技人员的 3.7%。到 1965 年底，二机部的科技人员已经达到 14000 余人。③ 集中科研队伍，进行科技攻关，是中国“两弹一星”研制成功的基本经验。1975 年 4 月，邓小平在中共中央军委常委听取国防工业和军队装备问题汇报时，强调：“科研队伍要集中，还要

① 《邓小平军事文集》第 3 卷，军事科学出版社、中央文献出版社 2004 年版，第 70 页。

② 《邓小平文选》第 3 卷，人民出版社 1993 年版，第 17 页。

③ 刘戟锋、刘艳琼、谢海燕著：《两弹一星工程与大科学》，山东教育出版社 2004 年版，第 100 页。

发挥科研人员的积极性。"[①] 针对"文化大革命"期间，歧视、打击科技人员的种种谬论和错误做法，1975 年 8 月 3 日，在国防工业重点企业会议上的讲话中，邓小平强调："要发挥科技人员的积极性，要搞三结合，科技人员不要灰溜溜的。不是把科技人员叫'老九'吗？毛主席说，'老九不能走'。这就是说，科技人员应当受到重视。他们有缺点，要帮助他们，鼓励他们。要给他们创造比较好的条件，使他们能够专心致志地研究一些东西。这对于我们事业的发展将会是很有意义的。"[②] 邓小平认为，调动科技人员的积极性，就要充分肯定他们的劳动成果，不能在社会舆论方面被"搞得灰溜溜的"。邓小平先后签署中央军委命令，授予中国人民解放军某试验基地副研究员钱绍钧"国防科技工作模范"荣誉称号，表彰他以高度的爱国热情和自我牺牲精神攀登科技高峰，为发展我国的国防科技事业做出的贡献；[③] 给成功研制中国第一台"银河"亿次巨型电子计算机的中国人民解放军国防科技大学电子计算机研究所记集体一等功；[④] 给中国人民解放军负责某种型号导弹增程试验的江绍华、裴景峰记一等功，并给他们各晋升一级。[⑤] 同时，《人民日报》等媒体对优秀国防科技专家的先进事迹给予了充分的宣传，在全社会形成尊重科技专家、学习科技专家的良好风气。

2. 打破常规去发现、选拔和培养杰出人才，形成武器装备现代化的人才支撑

现代高新技术武器装备技术密集、知识密集，系统复杂、综合性强，需要大批能够站在世界科技前沿的学术带头人和尖子人才，带动和促进国防科技水平和创新能力的提高，保证中国武器装备现

① 《邓小平军事文集》第 3 卷，军事科学出版社、中央文献出版社 2004 年版，第 21 页。

② 《邓小平军事文集》第 3 卷，军事科学出版社、中央文献出版社 2004 年版，第 40 页。

③ 《邓小平年谱（1975—1997）》下，中央文献出版社 2004 年版，第 969 页。

④ 《邓小平年谱（1975—1997）》下，中央文献出版社 2004 年版，第 985 页。

⑤ 《邓小平年谱（1975—1997）》下，中央文献出版社 2004 年版，第 1103 页。

代化事业的顺利推进。邓小平指出，科学事业需要大批杰出的科学家。“只有有了成批的杰出人才，才能带动我们整个中华民族科学文化水平的提高。”① “要注意解决好少数高级知识分子的待遇问题。调动他们的积极性，尊重他们，会有一批人做出更多的贡献。我们自己的原子弹、氢弹、卫星、空间技术不也搞起来了吗？”②杰出科技人才对科技事业有巨大促进作用这一科学社会学公认的结论，在中国国防科技实践中反复得到印证。

杰出科技人才是科技研究和创新的组织者和引领者。西方某些关于科学的学说，把杰出科技人才赞誉为“科技天才”“科技精英”“科技领袖”等。美国著名科学社会学学者 R. K. 默顿对“科学天才”命题给出了社会学的解释。默顿的“理论从社会学角度把科学天才看做是这样一个人：他个人在功能上等价于许多不同的在才华上稍逊一筹的科学家们所起的作用；从而，这个理论坚持认为，天才在推动科学发展过程中扮演着一种截然不同的角色，他常常会大量借助他的权威，使科学发展的速度加快，或延缓进一步的发展”③。承认个人才能的差异，是邓小平关于杰出人才理念的前提。“我们在鼓励帮助每个人勤奋努力的同时，仍然不能不承认各个人在成长过程中所表现出来的才能和品德的差异，并且按照这种差异给以区别对待，尽可能使每个人按不同的条件向社会主义和共产主义的总目标前进。”④ 杰出人才来源于普通大众，才能上又高于普通大众，不可否认，杰出人才对社会发展的作用大于普通大众。也正如邓小平所评价的那样，像陈景润“这样一些世界上公认有水平的人，中国有一千个就了不得”⑤。

---

① 《邓小平文选》第 2 卷，人民出版社 1994 年版，第 96 页。

② 《邓小平文选》第 3 卷，人民出版社 1993 年版，第 275 页。

③ 〔美〕R. K. 默顿著：《科学社会学》下册，鲁旭东、林聚任译，商务印书馆 2003 年版，第 510—511 页。

④ 《邓小平文选》第 2 卷，人民出版社 1994 年版，第 106 页。

⑤ 《邓小平文选》第 2 卷，人民出版社 1994 年版，第 32 页。

邓小平强调，实现武器装备现代化，中国必须“把尽快地培养出一批具有世界第一流水平的科学技术专家”[①] 作为紧迫任务，既要从思想上解决对杰出科技人才的认识问题，又要从制度上解决对杰出科技人才的培养问题，也就是说，“我们不仅要从思想上，而且要从工作制度上创造有利于杰出人才涌现和成长的必要条件”[②]，就是“要创造一种环境，使拔尖人才能够脱颖而出”[③]。在邓小平杰出科技人才理念的指导下，中国实施的人才强国战略，把培养杰出科技人才摆到突出的位置，高层次杰出人才的培养成为人才工作的重点，世界级的科技专家成为中国武器装备现代化的领军人物。

3. 技术上要有意识地选拔年轻人，国防工业各部门都要这样做

创新是国防科技发展的不竭动力。青年科技人才是国防高科技创新的主体。青年科技人才朝气蓬勃，勇于进取，锐意创新，敢于向未知世界进军，是国防科技队伍的主力军。1975 年 9 月 26 日，在听取中国科学院负责同志汇报《关于科技工作的几个问题》（汇报提纲）时，邓小平不无遗憾地说：“一九五七年我去苏联，尤金说，苏联的原子弹，是三个三四十岁的年轻人搞出来的。这样的人我们就没有啊？”[④] 邓小平把培养年轻科技人才作为实现武器装备现代化重大的、长远的任务，要求有意识地培养和提拔年轻科技尖子。1978 年 6 月 26 日、27 日，在题为《解决武器装备问题要有近期要求和长远目标》的讲话中，邓小平再次以苏联原子弹由年轻人研制的例子来着重强调要重视培养国防科技年轻人才后，指出：“技术上要选拔年轻人……领导上要有意识地培养，有意识地提拔。国防工业各部门都要这样做。这件事要打破常规，是要得罪一些人的，可能有人不满意，阻力不小。最近有人就贴出大字报，说什么‘不重视工农兵’。对这些奇谈怪论就不要管。该办的还是要

① 《邓小平文选》第 2 卷，人民出版社 1994 年版，第 96 页。
② 《邓小平文选》第 2 卷，人民出版社 1994 年版，第 213 页。
③ 《邓小平文选》第 3 卷，人民出版社 1993 年版，第 109 页。
④ 《邓小平文选》第 2 卷，人民出版社 1994 年版，第 33 页。

办，不要怕人家不满意。"①

邓小平不仅用生动的事例阐释培养年轻科技人才的重要性，而且从科学史的高度解释年轻科技人才的重要作用，进而提出了要形成有利于中国年轻科技人才辈出的机制。邓小平指出："世界科学发展史说明，在科学领域里做出杰出贡献的往往是中年人和青年人。"② "特别是在科学研究中，往往是青年出的成果多，发明创造多。"③ 国防科技工业的发展，希望在年轻科技工作者。要制定一系列制度来鼓励年轻人的成长。提拔优秀年轻科技人才，必须破除"论资排辈"的落后制度。邓小平认为，论资排辈是一种习惯势力，是一种落后的习惯势力。"我们说资本主义社会不好，但它在发现人才、使用人才方面是非常大胆的。它有个特点，不论资排辈，凡是合格的人就使用，并且认为这是理所当然的。从这方面来看，我们选拔干部的制度是落后的。"④ 要形成有利于年轻科技人员成长的机制，中国就要改变论资排辈的现象。我们的科学工作者，只要做出了贡献，符合研究员、教授的标准，哪怕只有30岁，也要把他们提拔到研究员和教授的岗位上，给予应有的学位和技术职称。⑤ 1995年11月30日，国家人事部等部门印发的《"百千万人才工程"实施方案》中对年轻的科技人才的培养提出了具体的规划，建立了青年人才能持续成长、不断涌现的机制。

---

① 《邓小平军事文集》第3卷，军事科学出版社、中央文献出版社2004年版，第126—127页。

② 《邓小平科技思想年谱（1975—1994)》，中央文献出版社、科学技术文献出版社2004年版，第140页。

③ 《邓小平科技思想年谱（1975—1994)》，中央文献出版社、科学技术文献出版社2004年版，第49页。

④ 《邓小平文选》第2卷，人民出版社1994年版，第225页。

⑤ 《邓小平科技思想年谱（1975—1994)》，中央文献出版社、科学技术文献出版社2004年版，第140页。

第二节　要按照积极防御的军事战略要求，指导国防科研和生产

武器装备是国家安全战略和军事战略的一种投射，是实现战略目标的一种强有力工具和手段。武器装备发展由战略决定，反映战略意图。尽管国防科技水平赋予武器装备发展的可能性，然而军事战略最终决定武器装备发展的现实性。因此，邓小平强调，要“按照战略要求指导国防科研和生产”①。这里所讲的战略，主要是军事战略。军事战略是国家运用军事手段的总方略，它是军事活动的主要依据，是支持和配合国家进行政治、经济、外交斗争的有效工具。军事战略体现着对世界战略格局的深刻分析和对国家主要威胁的基本判断，规定了较长时期国家军事斗争准备的基点，是确定武器装备发展的总体方向、基本目标以及重点的根本依据。军事战略承接国家安全战略的要求，指导着武器装备建设的重点和方向，在武器装备发展中具有核心作用。邓小平说：“我们未来的反侵略战争，究竟采取什么方针？我赞成就是‘积极防御’四个字。”②

一、军事方面要有一个规划，从战略着眼提出对武器装备的要求

从积极防御的军事战略要求着眼，提出武器装备的研制和生产任务，就必须克服“走一步看一步”、想起什么就搞什么的“短视”观点和“拍脑袋”做法，以规划为蓝图，增强发展武器装备的目的性、计划性和预见性。邓小平强调：“军事方面要有一个规划，要从战略着眼，提出对装备的要求，提出科研和生产的任务，从而指导我们的科研和生产。”③“规划要研究，分三年、八年、二

① 《邓小平军事文集》第3卷，军事科学出版社、中央文献出版社2004年版，第70页。

② 《邓小平军事文集》第3卷，军事科学出版社、中央文献出版社2004年版，第177页。

③ 《邓小平军事文集》第3卷，军事科学出版社、中央文献出版社2004年版，第70页。

十三年。"① 邓小平把制定和实施武器装备规划，当作贯彻积极防御战略方针的重大措施多次强调，长期抓住不放。

1. 提出武器装备战略要求的目标，科研和生产就有了方向

从战略着眼制定规划，目的是要弄清楚国家战略对各军兵种的战略要求是什么，各军兵种的主要装备应该有哪些重大问题，从而明确国防科研和生产的方向，否则，就有可能研制落后的不顶用的产品。1977 年 10 月 4 日，邓小平召集会议讨论军队装备和国防科研工作，专题研究国防科研的战略指导问题。邓小平在会议讨论中强调："要提出一个装备战略要求的目标，分清先后缓急。这样，科研和生产就有了方向。"② 根据邓小平关于提出武器装备战略要求目标的观点，20 世纪 70 年代后期，中国制定了国防科技"六五"规划和中共中央军委《关于加速我军武器装备现代化的决定》，提出 1981 年至 1985 年的发展计划以及 20 世纪末的战略设想。

1984 年，结合"七五"规划的制定，中央军委要求国防科研重视对战略问题的研究。1984 年 3 月，国防科工委召开迎接世界新技术革命和对策讨论会，要求国防工业部门采取措施，把发展战略研究工作与对策研究紧密结合，并请各军兵种也同步开展研究。1984 年 9 月，国防科工委向中央军委提出请军队有关方面加强对未来反侵略战争作战方式研究的建议，以便指导国防科技发展战略的研究。1985 年 9 月 18 日，《关于制定"七五"计划建议的说明》中指出："着重研究发展战略和方针政策，是计划工作的一个重大转变，是这个文件的特征。"③"七五"计划建议关于着重研究发展战略问题和方针政策的思想，使国防科技发展战略研究出现了热

① 《邓小平军事文集》第 3 卷，军事科学出版社、中央文献出版社 2004 年版，第 72 页。

② 《邓小平军事文集》第 3 卷，军事科学出版社、中央文献出版社 2004 年版，第 72 页。

③ 《十二大以来重要文献选编》中，人民出版社 1986 年版，第 786 页。

潮。各单位组织力量，就战略态势、战略武器、航天技术、航空技术、核技术、船舶技术、兵器技术、军事电子、军队共性软件和光电技术等领域的发展战略分别进行了研究。同时，国防科工委起草了《深入进行国防科技发展战略研究》《关于国防科技应用、基础研究重点选题方案》和《关于增强国防科技工业活力若干问题的意见》等文件，并于1985年11月召开了国防科技发展战略研讨会。会议明确了发展战略研究是一项长期任务，第一步要制订好国防科技和武器装备研制的“七五”计划，尔后研究2000年和21世纪的发展战略。提出要建立一班人马，把发展战略研究长期、持续地进行下去。1986年2月，根据国家部署的《2000年的中国》发展战略研究的总体要求，中央军委指示国防科工委组织开展《2000年的中国国防科学技术》的研究工作。《2000年的中国国防科学技术》发展战略研究，以军事需求牵引、技术进步推动和宏观发展效益三者辩证统一作为指导思想，对影响和确定国防科技发展的军事、经济以及改革与发展诸因素的相互关系进行研究，在相对和平的国际环境和面临世界新技术革命挑战的新形势下，确定国防科技的发展目标和选择保证目标实现的优化策略群，具体提出到2000年中国国防科技发展的战略设想和发展目标，为20世纪末、21世纪初发展高新技术以及新型武器装备，制定符合国情、国力的保证持续稳定协调发展的中长期计划提供了科学的依据，是新时期国防科技和武器装备发展的全景式蓝图。《2000年的中国国防科学技术》是邓小平关于要提出武器装备战略目标理念的全方面展开，是新时期武器装备研制的战略方案。

2. 科研要有个总体规划，把国防科委的一些设想也纳入到整个国家科研设想中

邓小平指出：“战略问题是整个国家的问题。”① 武器装备建设既是国防现代化的任务，更是建设现代化国家的任务，不能就武器

① 《邓小平文集（1949—1974）》下卷，人民出版社2014年版，第234页。

装备论武器装备，必须从整个国家的全局着眼。按照战略要求提出武器装备的发展目标，首先要把国防科研纳入国家科研的整体发展战略，适应科研发展的趋势，使武器装备的研制获得最新科研成果的支撑。1977 年 8 月 1 日，在同方毅等人谈话时，邓小平提出："科研要有个总的规划，把国防科委的一些设想也纳入到整个科研设想中。有些内容不怕重复，可以来一个比赛，不能搞封锁。"①就"不能搞封锁"的要求来看，邓小平强调两个规划的部分合并，是要克服国防科研与民用科研相互隔离的弊端，促进国防科技与国家科技的衔接、与国民经济发展的衔接。根据邓小平的要求，在 1979 年 1 月 19 日召开国防科技发展规划会议的开幕式讲话中，刘华清论述了国防科研规划纳入国家规划的必要性。刘华清指出，国家已经制定了科学技术规划，现在缺我们国防口这部分规划。国民经济各部门要根据我们的规划来配合国防建设。有些武器不是我们一要就能立即拿到手的，需要列入规划，着手预先研究工作。我们现在对规划工作重视不够，特别是近十几年。由于形势的变化，过去搞的规划已缺乏权威性，因此，需要适应新的形势制定新的规划。②

国防科技规划纳入国家科技规划有两个方面的作用，一是成果共享，相互转化。邓小平强调国防科技与民用科技"不能搞封锁""可以来一个比赛"，提倡把一些基础研究项目纳入国家科技战略和发展规划中，实现成果共享，由此推动军用技术和民用技术的相互转化。二是将国防科技的预先研究纳入国家基础研究。加强预先研究，打好国防科研的基础，是武器装备现代化的前提条件。钱学森对武器装备的预先研究的必要性有精彩的阐述，对现代化大规模的科技研制工作来讲，例如研制一个新型号的导弹核武器，因为技术发展的步伐要加快，新型号还必须引用老产品所完全没有用过的

---

① 《邓小平年谱（1975—1997）》上，中央文献出版社 2004 年版，第 169 页。

② 《刘华清军事文选》上卷，解放军出版社 2008 年版，第 119 页。

某些新技术。一方面从科学理论上讲，相信新技术是可以实现的；但另一方面我们对如何实现这项新技术，制造出什么样的部件，什么样的仪器，能最后达到什么样的性能却心中无数。这样，就不能冒冒失失地开始新型号的正式设计工作，那样会欲速反而不达。我们应该对这些新技术进行科学研究——应用科学研究或科学发展性研究，经过试验，从失败到成功，最后搞出性能满意的部件或仪器的式样。这一阶段的工作称为预先研究，比正式全型号或全产品设计要先行的研究工作，是为正式研制打基础的科技研究工作。当然，预先研究不是漫无目的的，而是为了某一具体新型号、新产品而作的。有了它，型号的设计才有把握，尽管新设计比老产品的性能有很大的提高，引用了前所未知的新技术。① 可以看出，将其纳入国家科技发展总体规划是在军民共享中推动武器装备预先研制的好办法。

3. 考虑武器装备规划要从实际出发，看看实现的可能性

规划即计划，两者本质上是一回事，都是主观形态的思想蓝图，要想变成现实，需要具备诸多条件。因此，武器装备规划目标，既要有超前性，要抢时间、争速度，有赶有超，力争缩短差距；又要有可行性，符合国情、军情，经过努力能够达到。1975年1月14日，在听取总参谋部领导同志汇报时，邓小平说："军工生产问题。要搞一个五年规划和十年规划。考虑规划要从实际出发，看看实现的可能性。一是国家能不能拿出那么多钱，二是能不能生产那么多。"② 在可行性方面，邓小平强调的是国家经济的承受能力、国防科技水平和生产制造能力三大因素。曾经，中国在武器装备的战术技术要求上，在武器装备发展规划上，都搞了一些大计划、高指标，有的大大脱离国家经济技术条件，邓小平给予了及

① 《聂荣臻同志和科技工作》，光明日报出版社1984年版，第133—134页。

② 《邓小平军事文集》第3卷，军事科学出版社、中央文献出版社2004年版，第2页。

时纠正。1977 年 10 月，邓小平召集中央军委领导人部署调整国防科研计划工作，决定先用 3 年的时间调整计划，完成原来确定的重点任务，并制定出了国防科技的“六五”计划。1979 年 3 月 19 日，在听取中央军委科学技术装备委员会关于调整规划汇报时，邓小平指出：“军工产品我们样样都搞不行……包括二机部、七机部及其他军工部、军兵种在内，都要缩小规模……总的讲，规模要缩小，要求不要太多，不要项项都搞，要集中搞几项。”① 根据邓小平的意见，在张爱萍的主持下，对 1979 年计划研制的常规武器项目逐个进行研究，确定“六五”期间的重点项目由 25 个减为 20 个。同时，调整尖端武器研制计划，减少型号，集中力量于洲际导弹、潜地导弹和卫星通信的研制和试验。“六五”期间，包括到 1985 年后需要继续完成的国防科技重点研制项目调整为 47 项。国防科研、生产任务的调整，缩短了战线，集中了人力和财力，加快了重点项目的研制速度，较快地拿到了成果，保证了武器装备研制规划的顺利完成。

二、解决武器装备问题要有一个近期要求，也要有一个长远目标

武器装备研制必须遵循自身的规律性，处理好制约其发展的多种关系，才能走上健康的发展路径。邓小平指出：“解决武器问题要有一个近期要求，也要有一个长远的目标。……近期要求和远期目标是什么？……总之是三个问题：你要求什么；有多大本事；解决问题的途径。”② 根据解决中国武器装备的三个基本条件，邓小平把 20 世纪 80 年代中国解决武器装备问题的现实路径，具体化为扩大研制，搞好修理，抓好配套。

1. 减少生产，扩大研制，搞出中国式更好更多的新东西

实现武器装备现代化目标，需要处理好生产与科研的关系。邓

① 《邓小平军事文集》第 3 卷，军事科学出版社、中央文献出版社 2004 年版，第 154 页。

② 《邓小平军事文集》第 3 卷，军事科学出版社、中央文献出版社 2004 年版，第 125 页。

小平主张科研先行，研制新武器新装备。邓小平认为，不重视科研，盲目重复生产必然导致落后，“自甘落后是不行的。生产不少落后的装备不顶用，是一个很大的浪费。”① 面对20世纪80年代的国际战略格局和世界各国武器装备发展的趋势，邓小平提出，中国武器装备发展战略的总原则，就是“减少生产，扩大研制”，也就是要加强武器装备的科研工作。不仅在传统陆军装备方面而且在科技含量很高的空军装备领域，也要减少现有飞机的产量，扩大研制新产品。1979年1月18日，在听取三机部负责人汇报时，邓小平指出：“可以减少一些现在生产的飞机产量，把剩余的钱用来搞科研，搞新产品试制，搞出中国式的更好更新的东西。”② 研制新的武器装备并不意味着军队装备的整体更新换代，事实上也不可能总在换代，总有全新的产品，而是要有重点地改进现有装备。邓小平指出：“原来爱萍同志的设想是对的，现有装备是搞改进，也不是什么都改进，改进也不简单，也需要好多钱。要抓重点，不能太多、太宽。怎么抓法，你们要理出个东西来，不能凭主观下决心。”③ 邓小平肯定张爱萍的设想，即时任副总参谋长、国防科委主任、中共中央军委科学技术装备委员会主任张爱萍提出的装备发展分几步走的设想。该设想提出，20世纪80年代前期主要是现有装备的改进，齐装配套，使主要武器装备技术性能有所提高，80年代中期以后搞出自己新的装备，使主要武器装备更新一代，同时考虑到下一步的发展，开展对下一代武器的预先研制。减少生产，扩大研制，走“改进旧型号——研制新型号——预研未来型号”的科研路子，符合中国武器装备的实际。

---

① 《邓小平军事文集》第3卷，军事科学出版社、中央文献出版社2004年版，第71页。

② 《邓小平军事文集》第3卷，军事科学出版社、中央文献出版社2004年版，第153页。

③ 《邓小平军事文集》第3卷，军事科学出版社、中央文献出版社2004年版，第154页。

2. 现在飞机舰艇大量失修，战斗力是虚假的

武器装备的保养维护是战斗力的重要保障。美国军队高度重视各级各类装备的维修活动，设有在战场所在地的战地级维修和在后方维修工厂或修理基地进行的基地级维修。其中战地级维修又分为较低层次的基层级维修和较高层次的中继级维修。美军的做法启示我们，武器装备维修是中国武器装备现代化必须解决的重大问题。20 世纪 70 年代中期，针对军队舰艇、飞机大量失修的状况，邓小平严肃地批评道："现在那么多东西停放在那里，战斗力是虚假的。"① 对于造成军队装备维修存在严重问题的原因，邓小平进行了深刻的剖析，要求尽快解决武器装备维修问题。1975 年 4 月 2 日，邓小平在听取关于国防工业和军队装备问题汇报时说："重生产不重维修，建国以来就存在这个问题。不光军工生产，其他方面也有这种情况。这个问题的解决不能再拖了，今天这样决定下来。"② 同时，邓小平还从思想认识、规划建设和生产安排等方面，提出了加强武器装备维修的具体措施。第一，思想认识上要宁可少生产一点，也要把维修的问题解决好。邓小平认为，使用部门和生产部门要相互合作，生产部门不仅要重视生产而且也要重视维修。"正常情况下的装备修理，以使用部门为主。现在飞机、舰艇大量失修，不修就要报废，光靠使用部门解决不了。我们的方针是，宁肯少生产些，也要搞修理。"③ 邓小平认为，生产和维修的能力是可以互相转化的。"现在生产部门也可以搞些修理厂，以后再将修理厂改为生产厂。"④ 第二，在生产安排上，要把零部件的生产列

---

① 《邓小平军事文集》第 3 卷，军事科学出版社、中央文献出版社 2004 年版，第 23 页。

② 《邓小平军事文集》第 3 卷，军事科学出版社、中央文献出版社 2004 年版，第 20 页。

③ 《邓小平军事文集》第 3 卷，军事科学出版社、中央文献出版社 2004 年版，第 23 页。

④ 《邓小平军事文集》第 3 卷，军事科学出版社、中央文献出版社 2004 年版，第 23 页。

入生产计划。邓小平要求:“要按一定的比例生产零备件。这个比例占多少,要搞出一个规定,没有零件配套就不能算完成生产计划。”[①]“按常规的办法,产品和零备件要有适当比例。应当宁肯减少飞机生产数,也要把零备件的生产列入计划。现在的状况,飞机、舰船大量失修,一面制造一面又有损坏,超出了常规的百分比,零备件不够用。”[②] 第三,在规划建设上,要通盘考虑维修能力建设。邓小平说:“要搞一个维修保养的计划,海军、空军、装甲兵都要列个单子,统一考虑,统一解决,包括建维修厂,修船坞、码头等一块解决,不要零星解决。”[③] 实践证明,邓小平关于解决武器装备修理的决策是正确的。1990 年头 8 个月,正在成为中国造船业一个很重要组成部分的修理业务,赚取外汇 3200 万美元,比 1989 年同期收入多 25%。[④] 武器装备的维修、制造良性循环,才能形成真正的战斗力。

3. 要很好地解决武器装备建设的体系性问题,否则单凭几件先进武器形不成强大的作战能力

自武器装备生产以来,攻无不克、坚不可摧的武器装备体系一直是战争各方追求的目标,从古代长毛与盔甲的简单组合到现代大型武器系统,在人类科技进步的推动下,装备体系经历了从简单到复杂、从低级到高级、从单一到复合的发展过程。现代武器装备的复杂性、多样性、体系性决定,要使武器装备最终形成战斗力,必须形成有效的系统的体系。“如果作战体系结构不合理、功能不齐全,单凭几件先进武器是形不成强大的作战能力的。”[⑤] 20 世纪七

---

① 《邓小平军事文集》第 3 卷,军事科学出版社、中央文献出版社 2004 年版,第 20—21 页。

② 《邓小平军事文集》第 3 卷,军事科学出版社、中央文献出版社 2004 年版,第 24 页。

③ 《邓小平军事文集》第 3 卷,军事科学出版社、中央文献出版社 2004 年版,第 20 页。

④ 《中国造船效率不断提高》,《参考消息》,1990 年 10 月 16 日。

⑤ 《江泽民文选》第 3 卷,人民出版社 2006 年版,第 164 页。

八十年代，在武器装备的体系建设方面，邓小平要求围绕配套问题抓好三个方面的工作。首先，要解决“三化”问题。所谓“三化”，即武器装备的标准化、系列化、通用化。新中国成立初期，由于中国武器装备来自多个途径，因而有“万国牌”的特点，经过长期的努力有所改变，但始终没有满足军队和作战的要求。1978年7月1日、2日，在听取五机部负责人汇报时，邓小平说：“武器装备要很好地解决‘三化’问题。型号要简化，凡是能通用的就要通用，不要太繁杂，枪、炮的口径不要太复杂了。炮弹要通用，不能型号太多，否则打起仗来不方便。这个方针要定。”① 在邓小平看来，实现“三化”是武器装备建设的方针性问题，是武器装备体系建设的前提。其次，要解决武器和弹药的配套。1975年1月14日，在听取总参谋部领导同志汇报时，邓小平说自己参加军委工作后主要抓两件事，一是抓工事，二是抓弹药。邓小平认为：“现在打仗和过去不一样了，过去是取之于敌，现在没有弹药就不行了，有了弹药就是武器差些，也可以打。”② 现代战争，我们不仅不可能从敌人手里获得弹药，而且，即使获得也无法使用。打起仗来，靠从敌人手里获得弹药是不行的，口径也不一样，我们不能用。邓小平指出：“要使现有的武器能打仗。现在的问题是缺乏弹药，打坦克、打飞机的弹药太少，怎么能打仗？五机部已经抓了一下，有点成绩，但还差得很远。我们的武器比抗美援朝时好多了，但是要解决枪弹、炮弹，才能打仗。”③ 最后，要考虑装备与设施的统筹。正如邓小平指出的“飞机搞多了就有个机场的问题，

---

① 《邓小平军事文集》第3卷，军事科学出版社、中央文献出版社2004年版，第131页。

② 《邓小平军事文集》第3卷，军事科学出版社、中央文献出版社2004年版，第2页。

③ 《邓小平军事文集》第3卷，军事科学出版社、中央文献出版社2004年版，第24—25页。

舰艇搞多了也有个码头问题。要通盘计算一下”[①]，只有飞机没有机场，战机无法升空，无论多么先进也无法成为制敌利器；只有舰艇没有码头停泊，军舰就无法得到补给，装备就无法持续使用。

建设符合中国国情和军情的武器装备体系，是邓小平武器装备现代化的长期目标。尽管从20世纪70年代中期开始，邓小平就从“三化”、武器与弹药的计划安排、装备与设施的统筹等方面着手解决武器装备的体系化建设，特别是新时期军事战略方针确立以来，中国军队现代化作战体系建设有了很大进步，整体作战能力有了明显提高，但是作战体系建设仍然是武器装备现代化建设的薄弱环节。中国军队与西方发达国家军队在现代化方面的差距，不仅体现在武器装备技术水平低上，更主要体现在作战体系远不能适应高技术战争的需要。“武器装备发展不够配套”这一“影响我军的作战体系建设”的“重要问题”[②] 长期没有能够得到解决。在21世纪，中国已经确立了武器装备必须形成一个基本体系的思想，并且有所设计，核心就是解决配套问题。

三、海军装备一定要确定战略要求，确定以后不要动摇

海军装备是集现代武器装备之大成者。20世纪70年代中后期，鉴于中国发展海军装备的战略考量，邓小平特别要求“海军装备……一定要确定战略要求，没有确定的要确定，确定以后就不要动摇”[③]。邓小平关于海军武器装备战略要求的具体内容，是军事战略决定武器装备建设原则的展开。

1. 我们建设海军基本上是防御，面临霸权主义强大的海军，没有适当的力量也不行

历史上早期的海军战略产生于资本主义国家进行海外扩张的时

---

① 《邓小平军事文集》第3卷，军事科学出版社、中央文献出版社2004年版，第22页。

② 《江泽民文选》第3卷，人民出版社2006年版，第164页。

③ 《邓小平军事文集》第3卷，军事科学出版社、中央文献出版社2004年版，第71页。

代。但是作为一个军事战略的范畴，海军战略并不是为哪一种性质的国家所专有的。不同的历史时期、不同的国家，实行着不同的海军战略。尽管对海军战略有不同的解释，但其基本类型可以概括为三类，即远洋进攻型、区域防御型（或区域进攻型）以及沿海防御型。当时世界上，遂行远洋进攻型战略的海军，只有美苏两家。濒海发展中国家，大部分是执行沿海防御型战略。英法德日等发达国家，基本上执行区域防御型战略，其区域防御的大小，根据各自军事战略的需要和海军实力的不同而不同。中国的海军战略是海军贯彻积极防御的军事战略方针指导海军建设和作战的方略，“是军委战略方针指导海军建设和海洋方向作战的具体化和必要的补充”①。积极防御的军事战略方针决定中国海军战略的防御性质。1978 年 6 月，在听取了六机部和海军汇报造船工业问题后，邓小平指出：“我们的战略始终是防御的，20 年后也是战略防御，这包括核潜艇，也是战略防御武器。对海参崴、对马海峡、马六甲海峡也是防御，就是将来现代化了，也还是战略防御。”② 1979 年 5 月 14 日，邓小平在会见西班牙客人时说：“我们的海军不准备发展得太大，主要是用于防御。我们不会到国外去侵占别人的地方，也不需要在世界上建立什么基地，不搞霸权主义，只要有自己的防御力量就够了。当然，也要现代化才行。”③ 1979 年 7 月 29 日，邓小平在接见中共海军委员会常委扩大会议全体同志的会议上说：“我们建设海军基本上是防御，面临霸权主义强大的海军，没有适当的力量也不行。”④ 海军战略的防御性质，要求海军装备具有防御的特点，适应防御作战的要求。海军建设，一切服从这个方针，海军的装备发展和规划都要从这个观点出发。邓小平关于海军建设战略的

---

① 《刘华清军事文选》上卷，解放军出版社 2008 年版，第 459 页。

② 《刘华清军事文选》上卷，解放军出版社 2008 年版，第 465 页。

③ 《邓小平年谱（1975—1997）》上，中央文献出版社 2004 年版，第 514 页。

④ 《邓小平军事文集》第 3 卷，军事科学出版社、中央文献出版社 2004 年版，第 161 页。

理念，从战略上规定了中国要建设一支防御型的海军，而不是全球性的进攻性的海军。同时，积极防御不是消极防御，“积极防御本身就不只是一个防御，防御中有进攻”[①]。海军也要以积极的海上攻击行动，来达成战略防御的目的。因此，以积极防御的战略要求发展海军装备，不能拘泥于防御装备，必须有适当的进攻能力。

2. 我们的战略是近海作战，海军装备建设要适应形势的需要

关于海军战略的内容，邓小平概括为“近海作战”。1978 年 8 月 1 日、2 日，在听取七机部汇报时，邓小平提出“近海作战”的观点。1979 年 7 月 29 日，邓小平在接见中共海军委员会常委扩大会议全体同志时，把近海作战提升到海军战略层面，他指出：“我们的战略是近海作战。我们不像霸权主义那样到处伸手。”[②] 邓小平对海军战略的论述是与霸权主义到处伸手相对照的，突出中国海军战略的防御性质，与此相对应，“近海”也应当从战略上来理解。刘华清将邓小平“近海作战”的海军战略理解为“近海防御”战略[③]，同时，要求从海军战略的角度而不是海洋法律的角度理解“近海”。1986 年 4 月 29 日，时任海军司令的刘华清在国防大学所作《海军战略与未来海上作战》的报告中指出，要按照邓小平同志的指示来统一认识“近海”的概念。海军战略所理解的“近海”，不是 200 海里的概念，而是一个战略上的概念。1989 年 2 月 1 日，在《2000 年的中国国防科学技术》发展战略研究成果汇报交流会上的讲话中，刘华清指出：“过去海军以近海、近岸作战为目标，有几百艘炮艇，几百艘快艇，数量是很大的，但是航程小，而且风浪大一点就不行了。”[④] 这与海军担负的任务不相符合。属

---

① 《邓小平军事文集》第 3 卷，军事科学出版社、中央文献出版社 2004 年版，第 177 页。

② 《邓小平军事文集》第 3 卷，军事科学出版社、中央文献出版社 2004 年版，第 161 页。

③ 《刘华清军事文选》上卷，解放军出版社 2008 年版，第 412 页。

④ 《刘华清军事文选》下卷，解放军出版社 2008 年版，第 21 页。

于中国管辖的海洋区域有 300 万平方公里，等于陆地领土的 1/3。(2023 年 10 月 24 日新华社北京电：十四届全国人大常委会第六次全会 10 月 24 日表决通过新修订的海洋环境保护法，自 2024 年 1 月 1 日起施行。全国人大常委会法工委负责人介绍，我国是海洋大国，主张管辖海域总面积约 300 万平方公里，拥有大陆岸线 1.8 万多公里、海岛岸线 1.4 万多公里。[①]) 和平时期，无论是对外交往，还是发展贸易，海上运输都是很重要的一个方面。至于开发海上资源问题，更是国家建设的历史性任务。因此，“军委明确要注意海军装备建设，以适应今后形势的需要”[②]。实现由“近岸防御”到“近海防御”的转变，就必须发展与近海作战相适应的中型、大型舰艇，不再大量建造小型舰艇。

3. 海军装备的战略要求是什么？主要装备什么？哪些要淘汰？要有专门机构专业人员研究

海军装备的战略要求不是空洞无物的口号，有复杂的科学内容，必须通过科学的研究论证，才能提出系统的切合实际的方案。1977 年 10 月 4 日，邓小平召集会议，讨论军队装备和国防科研问题，邓小平在讲话中提出：“海军装备的战略要求是什么？主要装备是什么？哪些要淘汰？应该还有什么内容？总之，一定要确定战略要求，没有确定的要确定，确定以后就不要动摇。”[③] 确定符合中国国情、军情的现代海军武器装备，是一个大的系统工程，没有专门机构、专门的技术干部队伍进行研究，拿出有充分根据的最佳方案，只凭随便讲一下就拍板定案，是要铸成大错、造成巨大浪费的。对此，邓小平明确指出：“战略研究也要有机构，吸收一些人

① 《新修订的海洋环境保护法将于 2024 年元旦起施行》，中国人大网，2023 年 10 月 25 日。

② 《刘华清军事文选》下卷，解放军出版社 2008 年版，第 22 页。

③ 《邓小平军事文集》第 3 卷，军事科学出版社、中央文献出版社 2004 年版，第 71 页。

专门研究这个问题。”[1] 同时，邓小平提议军委设立战略委员会。[2]根据邓小平的指示，在全军精简整编、海军不少单位要撤销或降级的形势下，海军加强战略研究，成立了海军装备论证研究中心，升为军级单位。1983 年 7 月 9 日，在海军装备论证研究中心工作会议上的讲话中，刘华清全面阐述了装备论证研究的重要性。刘华清说：“我们下决心把这个论证机构建起来，从武器装备系统的发展来说，这是第一道工序，也是很关键的一道工序。把这道工序做好了，我们下面的许多工作就好办了，计划也就好安排了。哪是重点，哪不是重点，发展的途径和步骤如何确定，等等，头脑就比较清醒了。”[3] 刘华清要求，海军装备论证研究中心首先要把现有装备的技术情况进行认真负责的论证，搞清楚前 30 年即第一代海军装备的技术状况。然后搞好下一代装备的论证，包括舰艇、飞机怎么发展，战役战术如何配套，装备体制系列，从单个武器装备到多系统、全系统方面，都要有计划地进行论证。研究这些，要和国家的经济状况联系起来，要和海军的建设规划联系起来，进行综合考虑。海军将来有多少钱？先发展什么？钱多干什么？钱少干什么？要少花钱，办好事，讲求经济效益。还要研究对手，研究怎么以劣势装备对付优势装备？中国海军下一代武器研制怎么搞法？所有这些问题都要过细地研究，提出计划。不然到时候有钱了，各工业部门开始搞，我们连个基本的意见还拿不出来，哪些东西要提前预研，研究好以后，交给工业部门、科研部门去搞预研方案。

---

① 《邓小平军事文集》第 3 卷，军事科学出版社、中央文献出版社 2004 年版，第 66 页。

② 《邓小平军事文集》第 3 卷，军事科学出版社、中央文献出版社 2004 年版，第 68 页。

③ 《刘华清军事文选》上卷，解放军出版社 2008 年版，第 253 页。

第三节　什么是现代化，恐怕首先是电子工业化

20 世纪 70 年代以来，以信息技术为核心的新技术革命，给军事建设以强烈影响。随着信息技术在技术领域的广泛运用，发达国家与发展中国家的军事技术形态上出现了又一轮的“时代差”。历史上西方列强曾以洋枪洋炮对亚非拉国家实施的大刀长矛的军事技术优势，正转变为发达国家以信息化军事对发展中国家的机械化半机械化优势。邓小平敏锐地捕捉到了武器装备发展的信息化特征，深刻指出：“什么叫现代化？恐怕首先是电子工业化吧，没有电子工业化就谈不上现代化。”① 信息化是中国武器装备现代化的时代标志。20 世纪 70 年代后期，中国武器装备还面临机械化的艰巨任务时，邓小平紧随现代化的时代发展新趋势，提出中国武器装备信息化的现代化新目标，为新时期中国武器装备建设的机械化信息化复合发展指明了方向。

一、要逐步实现指挥系统的现代化，这个问题非解决不可

20 世纪 70 年代末，刚刚走出“文化大革命”严重内乱破坏的解放军的指挥机关面临“是非问题”“班子问题”等诸多问题，邓小平认为，解决这些问题都要围绕一个主题，就是指挥现代化问题。1978 年 5 月 13 日，在同总参谋部领导同志谈话时，邓小平指出，各总部、各军兵种的指挥系统的现代化问题“解决好了，才有资格发号施令”②。“要解决这个问题是很费劲的，但思想要统一，要逐步实现指挥系统的现代化，总不要拖得太久吧！”③ 邓小

---

① 《邓小平科技思想年谱（1975—1994）》，中央文献出版社、科学技术文献出版社 2004 年版，第 133 页。

② 《邓小平军事文集》第 3 卷，军事科学出版社、中央文献出版社 2004 年版，第 105 页。

③ 《邓小平军事文集》第 3 卷，军事科学出版社、中央文献出版社 2004 年版，第 104 页。

平强调，指挥系统现代化“这个问题非解决不可”[①]，指挥现代化的核心是要解决指挥手段的现代化问题。

1. 与法国现代化指挥系统比，我们“臃肿”的指挥机构要落后得多，指挥战争肯定是要打败仗的

作战指挥是战争问题的关键。作战指挥虽然从本质上讲是人的智慧和能力的集中体现，但是，现代战争的复杂性使指挥过程越来越离不开各种现代装备和武器的参与和保障。在冷兵器时代，战争双方短兵相接，军事指挥员亲临战场就可以调兵遣将。进入热兵器时代，作战指挥需要借助无线电通信、雷达、导航设施以及各种电子指挥仪等专业保障器材。20 世纪 70 年代后期，中国军队指挥机构已经严重臃肿、庞大，尤其是总参谋部这样的指挥机关严重臃肿，形成指挥不灵的弊端。对此，邓小平指出：“总参的‘肿’是很严重的。我可以肯定，这么庞大的指挥机构，指挥战争是要打败仗的。”[②] 邓小平认为，解决中国军队指挥现代化问题，首先是要从解决指挥机关尤其是总部机关的“肿”的弊端入手。“要解决一个‘肿’。机关臃肿、庞大、重复，不好。人员减少了，指挥才灵便。过去各总部工作都很灵便，也没有现在这么多人，也没有那么多文件，搞得这么繁琐。现在编制是定下了，是不是这样执行了？就是这样也是一个‘肿’的编制。编制定了暂时就不动了，但目标是指挥系统的现代化。”[③] 邓小平深深懂得，从指挥机关的编制入手是开端而不是终端，解决指挥现代化问题，必须在“消肿”之后，建立现代科技支撑的现代指挥体系。

军队指挥机关改革的目标是指挥系统现代化。那么，究竟什么

① 《邓小平军事文集》第 3 卷，军事科学出版社、中央文献出版社 2004 年版，第 104 页。

② 《邓小平军事文集》第 3 卷，军事科学出版社、中央文献出版社 2004 年版，第 104 页。

③ 《邓小平军事文集》第 3 卷，军事科学出版社、中央文献出版社 2004 年版，第 104—105 页。

是军队指挥系统的现代化呢？当时的参照系统是法国。1978 年 5 月 13 日，在同总参谋部领导同志谈话时，邓小平指出："我们搞指挥系统现代化，从自己落后的方面去看看人家的，找一找差距，很有必要。杨成武同志去法国看了，与人家现代化指挥系统比，我们要落后得多。"① 邓小平所强调的军队指挥自动化系统，其主要特征是电子计算机技术更加广泛应用于各类军事电子装备，成为指挥、控制、通信、信息处理的中心环节，也就是所谓的 C^3I 系统，即英语名词 Command（指挥）、Control（控制）、Communications（通信）、Intelligence（情报）的第一个字母组合，是 20 世纪六七十年代指挥自动化系统的代名词。20 世纪 50 年代以来，现代战争和战场的日趋多维化、立体化和信息化，需要利用的各种信息爆炸式的增长，战场信息的获取、处理、传输和利用以及指挥决策空前复杂，以计算机为主体的集指挥、控制、通信和情报于一体的指挥自动化系统应运而生，极大地提高了军事指挥效能和整体作战效能。随着军事装备的现代化、自动化，军事指挥领域引入了Control（控制）的概念，出现了 C^2（指挥和控制）的系统组合。20 世纪六七十年代，通信、情报手段的作用也日益完善，逐步成为指挥自动化不可缺少的因素，其先后与 C^2 系统相结合，形成了 C^3 系统和 C^3I 系统。此后，由于计算机技术的不断更新和掌握战场态势能力的迅速提高，指挥自动化系统的内涵被不断扩大，融入了 Computers（计算机）、Surveillance（监视）、Reconnaissance（侦察）等因素，发展成为 C^4ISR 系统。在军事指挥体系中，用以计算机为核心的技术装备与指挥人员相结合，对部队和武器装备实施指挥与控制的"人—机"关系，可以分为战略、战役和战术 C^4ISR 系统。该系统一般包括了侦察监视分系统、情报处理分系统、通信分系统、战场及武器控制分系统和指挥决策支持分系统。它们是由

① 《邓小平军事文集》第 3 卷，军事科学出版社、中央文献出版社 2004 年版，第 104 页。

部署在太空、空中、地面和海面等众多的技术装备组成，并通过通信分系统构成了通信网络，它不仅把各个分系统联为一体，而且使各级 C^4ISR 系统融为一体。

20 世纪 50 年代末，中国开始研制防空自动化指挥系统，并于 60 年代建立了试验站进行系统试验。20 世纪 70 年代中期，根据实验结果提出了建立一条从雷达连到空军指挥部的情报传递试用线的建议，80 年代中期，相继在河北和广西建立以雷达情报传递处理自动化系统和对航空兵的指挥引导自动化系统，“为以后建设全国规模的现代化作战指挥系统积累了经验，拓宽了道路”①。20 世纪 70 年代后期，中央军委关于加速发展武器装备的决定规定，军事电子装备研制的主要任务就是，全面完成新一代产品的研制和生产，为海陆空三军建立通信、指挥、侦察等各项自动化系统提供先进的电子设备。“六五”计划把“作战指挥系统”列为国家重点项目，要求电子工业部在计算机的应用开发上要支持“军事指挥自动化系统”的研制。到 20 世纪结束的时候，中国军队“指挥自动化建设已取得很大成绩，基本完成了军队信息处理的基础设施建设，军事信息保障条件和重点部队指挥手段已得到明显改善”②。

2. 现代战争非常复杂，连通信联络都不容易，打起仗来和过去一样光靠电话行吗?

军事通信是军事指挥的重要手段。邓小平指出：“现代化战争非常复杂，连通信联络都不容易。”③“一个装甲师就得用无线电通信，用汽车是不行的。”④ 通信现代化是指挥现代化的“硬件”。中

① 谢光主编：《当代中国的国防科技事业》上，当代中国出版社 1992 年版，第 156 页。

② 江泽民著：《论中国信息技术产业发展》，中央文献出版社、上海交通大学出版社 2009 年版，第 268 页。

③ 《邓小平军事文集》第 3 卷，军事科学出版社、中央文献出版社 2004 年版，第 173 页。

④ 《邓小平军事文集》第 3 卷，军事科学出版社、中央文献出版社 2004 年版，第 51 页。

国军队的军事通信分为战略通信和战术通信。战略通信是指最高统帅部至军级以上指挥系统的通信。它是协调陆海空作战系统使之成为有机整体的神经枢纽，具有通信距离远、容量大、质量要求高的特点。中国的战略通信装备完全是在自力更生的基础上发展起来的，到20世纪70年代末，主要有中、大功率短波通信，有线载波通信、无线多路通信。战术通信是指军队师级以下的通信，要求设备轻便、牢固、能耐受恶劣环境。中国陆军战术通信由有线和无线两个并行而相互独立的系统构成，其设备主要是野战有线电话和战术无线电台。海军、空军总部与陆上基地之间的通信设备，基本上与陆军干线通信设备一致。航空、舰艇通信则各有其特点，短波、超短波通信是舰艇通信和航空通信的主要手段。

与世界发达国家相比较，中国武器装备方面最落后的是通信装备。当美国等发达国家已经建立起“第三代国防通信卫星”“海空全球战术卫星通信系统”等以通信卫星为枢纽的军队指挥系统时，中国还在使用第二次世界大战时期的通信装备来指挥战斗。面对中国军队通信指挥系统的落后状况，1978年5月13日，在同总参谋部领导同志谈话时，邓小平质问道：“打起仗来和过去一样光靠电话吗?”① 现代战争的实践证明，通信手段落后是要吃败仗的。为解决通信落后的缺陷，20世纪80年代，中国战略通信着重开展了网络系统技术的研究，统一部署了全军自动电话网、小容量保密电话网和主动数据网的研制任务，取得了重要进展。开展的野战综合通信系统研制，把系列单工电台、师级双工移动网和野战地域网联结起来，大大提高了战术通信的野战综合通信能力。20世纪90年代初期的海湾战争，更加证明了通信的极端重要性。1991年初的海湾战争，“伊拉克为什么垮得那么快？我看，一个重要原因就是

① 《邓小平军事文集》第3卷，军事科学出版社、中央文献出版社2004年版，第104页。

伊拉克的通信系统被打瘫痪了，各种指挥失灵了”。[①] 海湾战争促使中国加速发展军事通信，推动 C^4ISR 基础设施现代化建设。

中国军队指挥系统现代化，邓小平认为突破口是建立卫星通信。随后，邓小平领导调整中国卫星研制计划，取消航天计划项目，集中力量于实用卫星，把通信卫星的研制项目作为国防科研战略武器的“三抓”项目之一，要求限期完成。在邓小平的亲自领导和督促下，20 世纪 80 年代以来，通过自主研制和引进消化，中国军事通信有了很大的发展。到 1988 年，中国自行研制的固定式地球站近 60 座、小型数据站近 100 个，卫星通信步入实用时期。中国军队卫星系统的建立，向指挥系统现代化迈出了重大的步伐。

到 20 世纪末，中国军队通信现代化取得了重要进展。先进的光纤通信设施、卫星、远距离自动交换和计算机控制电话系统，大大加速了中国军队数字化进程和军事信息的传输和处理。战略通信网的快速发展缩短了指挥中心与野战部队、内陆和边境及沿海地区的距离。军事数据交换网已经把驻扎在大中城市和边境、沿海地区的部队都链接在一起。由于采用数据自动交换和传出，军队内部可以实现图像和军事信息共享。

3. 不解决指挥系统的现代化，装备技术现代化是实现不了的

现代战争不是单个或数个作战力量单元之间的对抗，而是一个作战体系与另一个作战体系之间的对抗，单凭几件先进武器是形不成强大的作战能力的。“武器的电子火控系统和作为战场神经中枢的指挥自动化系统”[②]，是将各种复杂的作战要素、作战单元联结成一个紧密结合、协调运行的作战体系的关键。也正是在这个意义上，邓小平指出：“指挥系统的现代化。这个问题一定要研究解决，因为它与军队现代化密切相关，如不解决，装备技术现代化是

① 《江泽民文选》第 1 卷，人民出版社 2006 年版，第 143 页。

② 《江泽民文选》第 3 卷，人民出版社 2006 年版，第 163 页。

实现不了的。”① 邓小平关于指挥系统现代化决定武器装备现代化的观念实现了指挥观念的转变，指挥系统的现代化并不是传统意义上的“信息连通指挥实现部队的快速反应”，而是“信息连通武器装备实现信息装备一体化”。体系对抗是未来战争的最大特点，是信息化战争的基本特征。如何把侦察、情报、通信、指挥等各种信息链路，与武器装备和后勤保障等联为一体，达到所有武器装备能够实现互联、互通，各种指挥层级信息高度共享，指挥决策过程实时高效，是打信息化战争的关键要素。随着军队信息化的进一步发展，C^4ISR 系统与武器平台、弹药等作战系统的融合不断加深。C^4ISR 系统不仅是保障性的指挥控制手段，而且将逐步增加 Kill（杀伤）功能，从而成为具有杀伤进攻作战能力的 C^4KISR 系统。

实现“信息装备一体化”的现代指挥，前提是武器装备的电子化。电子技术应用于武器装备，是以一种较小的代价，换取较大作战效果的“软杀伤”手段。就武器装备的作战能力而言，以飞机为例，电子设备对飞机空战能力的影响是三次方的关系，而飞机本身性能对空战能力的影响是一次方的关系。正是机载电子设备对飞机作战能力的巨大影响，使发达国家都通过大量采用更新机载电子设备的办法来提高飞机的作战性能。20 世纪 80 年代以来，微电子技术在军事领域中的广泛应用，使得武器装备技术产生了具备更高的智能、更快的速度和更高的精度等断代性的变革，指挥控制系统更加灵活、快捷、安全、精确。武器装备的电子化改变了人们对军事装备的认识。电子技术和武器装备的结合，正在改变着现代战争的形式和各国的基础军事战略。信息化战争中夺取制信息权优先于夺取制空权制海权，比夺取制空权制海权更加重要。因此，要实现信息装备体系的一体化，首先要提升单个武器装备和各种作战要素的信息化水平，使武器装备的性能倍增，看得更远更清，打得更

① 《邓小平军事文集》第 3 卷，军事科学出版社、中央文献出版社 2004 年版，第 105 页。

远更准，走得更远更快。

实现“信息装备一体化”，关键是建立以信息化连通为基础的新型指挥关系。实现这种新型指挥关系，远比从机械化协同作战到信息化联合作战都要深远的指挥革命，因为它实现了互动性的作战关系。连通是信息化战争的火力、机动力、感知力、指控力、保障力的支撑，已经成为战斗力最基本的要素。只有走向物联化，打通信息化的“最后一公里”，把所有的官兵、武器及重要零部件全部连通到网络，连通到所有的海陆空机动平台，它们的发动机、火控系统，甚至所有的连长、排长、班长，实现“信息火力一体化”“信息机动一体化”“信息保障一体化”，才能使战场互动起来。一体化是联合作战信息化发展的终极目标。联合作战虽然已经利用网络实现了对跨军种部队的统一指挥，却仍然是按指挥层级把联合作战方案分解细化为各军兵种各级部队的计划，而不是共享“一体化”。一体化不可能在有形有界的实体空间中做到，却有望在无形无界的虚拟网络空间中做成。网络所具有的独特的跨界性质，使虚拟组织可以打破各种军种、战区、部门等实体结构间的不可切割的障碍，使联合作战能以比实体空间组织形态更好的方式来配置、应用兵力和资源，而不受现有兵力资源的编成、地域和组织形态所限制。把兵力、武器和作战数据上网，只能进行联合作战。只有把各军兵种各部门的人才、资源和技术上网共享，形成战争大数据，才能共创新型战争。

二、美军把电子计算机装备到团以下，我们现在还没有想到这个问题

军事指挥现代化，目标是自动化，基础是信息化，前提是计算机化。1978 年 5 月 13 日，在同总参谋部领导同志谈话时，邓小平说：“前不久我看到美国的一个资料，说到使用电子计算机，开始军队不接受、不赞成，说是不懂，掌握不了。后来，美国政府下了很大的决心去搞，现在装备到团以下，陆、海、空军都用上了。我

们现在还没有想到这个问题。”[①] 电子计算机不仅实现了电子技术与单个武器装备的结合，而且实现了各种武器装备之间的结合，形成了武器装备体系的整体对抗。因此，武器装备体系“自动化，……没有电子计算机是自动不了的”[②]。邓小平这个论断，揭示了电子计算机在武器装备现代化中的重要地位和决定性作用，是中国大力发展军用电子计算机的思想前提。

1. 制造计算机要打歼灭战，无论如何要把亿次计算机搞出来

到20世纪80年代，高性能计算机的技术水平已经成为军事技术发展和武器装备现代化程度的主要标志。高性能计算机或超级电脑，是能够执行一般电脑无法处理的大资料量和高速运算的电脑，具有很强的计算和处理数据的能力，主要特点是高速度和大容量。第二次世界大战期间，发明电脑的初衷就是处理弹道火控和密码破译这些当时已经无法用人力完成的计算功能。直到目前，世界上速度最快的超级电脑主要用途都直接或间接与军事用途有关，因而是国防尖端技术、军事系统数据处理最有效的工具，在导弹防御、宇宙飞船、隐身战机、大型舰艇等重要武器装备的数字化设计仿真实验，以及核爆炸模拟实验、战略模拟、战役战场数据处理、密码破译、情报分析等领域都有广泛的用途。超级电脑最著名的军事用途就是在全面禁止核试验条约生效后，模拟核试验爆炸，从而加强核威慑能力。美国近年的“红杉”超级计算机用于模拟核试验，延长老旧核武器的寿命，避免进行地下核试验。有美国学者认为，“红杉”等超级计算机提供的潜在的计算能力大大提升了美国核威慑力量的信心。鉴于高性能计算机在现代武器装备研制中不可替代的作用，西方发达国家对其转让和出售实行严格的控制，20世纪80年代以前，禁止向中国出口运算能力平均每秒百万次千万次级

---

① 《邓小平军事文集》第3卷，军事科学出版社、中央文献出版社2004年版，第104页。

② 《邓小平科技思想年谱（1975—1994）》，中央文献出版社、科学技术文献出版社2004年版，第82页。

别电子计算机。

研制现代化的战略武器必须拥有高性能计算机。为给研究、设计第二代战略核武器和航天飞行器提供高速、大容量计算工具，邓小平要求组织力量对大型计算机进行科技攻关，千方百计研制出百万次、千万次和亿次计算机。1978 年 3 月 4 日，在听取关于计算机发展问题汇报时，邓小平指出："一千万次、两千万次的到底需要多少台，应该调查清楚。制造计算机要打歼灭战。"① 邓小平要求统筹安排亿次计算机研制任务，"决不能分散力量，必须集中力量打歼灭战，大家都搞是不行的"②。邓小平亲自决断，于 1977 年 11 月批准了国防科委提出的力争 1983 年底完成大型计算机研制任务的报告，把中国大型计算机的研制任务交给了国防科技大学的前身长沙工学院的计算机研究所，慈云桂教授被任命为技术总指挥和总设计师。1979 年 5 月 17 日，在听取国防科委、七机部、科学院接待美国宇航局代表团情况汇报时，邓小平明确指示："国防科委无论如何要把亿次计算机搞出来。"③ 经过五年的艰苦奋战，在极其简陋的条件下，1982 年 1 月研制成功"银河 - Ⅰ"巨型计算机，1983 年 12 月通过国家鉴定。银河计算机软硬件齐全，运算速度达每秒 1 亿次以上，存贮容量大，功能强，可靠性高，稳定性好，其主要技术指标达到或优于国家技术鉴定大纲要求，具有国内先进水平，某些方面达到国际先进水平。2010 年 11 月，"天河一号"曾以每秒 4700 万亿次的峰值速度，达到世界领先水平。高性能计算机的研制成功，使中国武器装备研制手段进入世界先进行列，是中国武器装备现代化的强大推动器。

随着中国信息化和国防现代化的加速发展，带动了中国大型计算机的研发和运用。自 20 世纪 80 年代开始，中国自主研发银河大

---

① 《邓小平科技思想年谱（1975—1994）》，中央文献出版社、科学技术文献出版社 2004 年版，第 61 页。

② 《邓小平年谱（1975—1997）》上，中央文献出版社 2004 年版，第 256 页。

③ 《邓小平年谱（1975—1997）》上，中央文献出版社 2004 年版，第 516 页。

型计算机，到20世纪90年代继续研发了银河－Ⅱ、银河－Ⅲ，曙光系列大型计算机，进入到21世纪后又开始建设“天河”以及“神威”系列大型计算机，主机建设和运营商已经进入世界最前列，但是，构建中国超级电脑的高性能集成电路芯片依旧来自美国厂家，受到其技术保密的制约。20世纪80年代，中国的超级计算机用户有一个神秘的“玻璃房”：美国人把一台超级计算机卖给了中国，用不透明的玻璃包裹得严严实实，中国技术人员在没有授权的情况下不得进入。而当时中国只有几位科学家获得了授权，且要在美国人的监视下才能够进入玻璃房，一旦程序运行完，机器立即被锁回玻璃房。当时，中国虽然已逐步迈入独立设计和制造巨型计算机的国家之列，但却因为没有掌握核心处理器等关键部件与技术，只能受制于人，导致中国虽然是外国超级计算机的“大买家”，却无法拥有相应的“议价权”。在邓小平支持的“863计划”的重点支持下，中国超级计算机的发展不断取得突破。在“天河二号”运算速度问鼎世界“六连冠”的同时，全球超级计算机500强的榜单上，中国制造的名单越来越长，引起了美国等超级计算机大国的不安。2015年2月18日，美国政府声称使用两款英特尔微处理器芯片的中国国家超级计算机中心的“天河二号”系统和早先的“天河一号A”系统，“据信被用于核爆炸研究活动”，“对美国的国防安全和外交利益不利”，决定禁止向中国四家国家超级计算机机构出售高性能芯片。此次美国政府禁运中国四家机构的“至强”（XEON）芯片是英特尔研制生产的，中国原准备用于升级现有的高性能计算机系统；“天河二号”上曾经使用了近10万块此类美国生产的芯片。中国国防微电子产业中有两个供应超大规模集成电路的渠道：一个渠道是国防科技大学研制FT－1000（飞腾－1000）高性能通用多核心处理器。由于飞腾－1500是美国SUN芯片的改进版，因而飞腾系列电脑芯片不具备完全自主可控的品质。另一个渠道是与中国军用微电子产业直接相关的“申威”系列处理器。通过使用中国国防科技系统研发具有自主知识产权的

“神威”系列芯片，具备自主知识产权和控制权的新一代中国超级计算机已经出现。2016 年 6 月 20 日，德国法兰克福国际超算大会（ISC）公布了新一期全球超级计算机 TOP500 榜单，中国研制的“神威 · 太湖之光”以超第二名近 3 倍的运算速度夺得了第一名。与“天河二号”使用英特尔芯片不同，“神威 · 太湖之光”是首次完全使用“中国芯”制造的中国最强大的超级计算机，打破了美国等西方国家 30 年的技术封锁。① 尽管中国超级计算机研制还存在着技术储备、系统稳定性方面的差距，同时利用超算系统解决问题的能力长期不足以及在运算速度方面还受到美国的挑战，超级计算机的中国创造已经取得了世界瞩目的成就，进入世界 500 强的超级计算机数量已达 167 台，首次超过美国名列世界第一。装载中国芯片、搭载中国软件的超级电脑，最终实现了邓小平“无论如何要把亿次计算机搞出来”的夙愿，为中国国防现代化走上新台阶，提供了强大的技术支持。

2. 既搞点大型的，搞些终端机，也要搞小型的，搞专用机

计算机与大规模集成电路技术的结合，诞生了微型计算机。中国的军用电子计算机，是随着战略武器和战术武器的研制而发展起来的，以后逐步应用于国防高科技的各个领域。20 世纪 70 年代开始，由于集成电路技术的发展，微型、小型计算机性能已达到或接近一般中型机的性能，广泛应用于经济社会各个领域和各种武器装备，引起了邓小平的高度重视。1978 年 3 月 4 日，邓小平在听取关于计算机发展问题的汇报时明确指出：“一般的小型计算机也要很好搞一下。我们在计划、银行、商业、企业、学校等部门，都应该用计算机。”② 1980 年 7 月 22 日，在视察中国第二汽车制造厂时，邓小平要求注意国外电子计算机小型化的发展新动向，提出中

① 《人民日报》，2016 年 6 月 21 日。

② 《邓小平科技思想年谱（1975—1994）》，中央文献出版社、科学技术文献出版社 2004 年版，第 62 页。

国“要注意发展电子计算机，既要搞点大型的，搞些终端机，也要搞小型的，搞专用机”①。1983 年 9 月，中国提出“计算机发展要以小型、微型机为重点”，1984 年 2 月，中国进一步提出“‘六五’期间后两年，要重点建立微型机工业化生产的技术基础，增强系统配套能力，努力实现国产化，并积极扩大应用范围，以推广应用促进和带动微型机发展”②。根据邓小平发展和应用微型机的要求，20 世纪 80 年代，中国军用微型、小型计算机有了较大的发展。在微型计算机方面，航天工业部、电子工业部、中国船舶工业总公司、第二炮兵先后研制出普通型、通用型、加固型和汉字微机系列。在超小型机系列方面，中国研制出多种型号的小型和超小型微机系列，以及车载、船载微型化超小型机系统。

为发展国防尖端技术，中国军用电子计算机重点研制了战略武器和卫星研制与试验用的计算机、弹（星）载计算机。弹载、星载专用计算机是导弹制导系统和卫星控制系统的重要设备，主要特点是可靠性高、体积小、重量轻、环境适应性强。20 世纪 60 年代中期，中国研制成功洲际导弹弹载专用数字计算机和长征 2 号火箭箭载计算机后，为适应不同类型导弹、火箭发展的需要，20 世纪 60 年代末 70 年代初，中国采用国产小规模集成电路，先后研制成功洲际导弹和潜地导弹弹载计算机，在小型化、可靠性方面达到了较高的水平，并经受了实验考验，为发展弹载小型和微型机迈出了新的一步。20 世纪 70 年代中期，中国研制的标准化、通用化、多用途弹载计算机形成了系列，研制的箭载计算机做到了多功能、高可靠、系列化和微型化。为使中国军用计算机向标准化、系列化、通用化发展，1983 年 4 月，中央军委批准了国防科委提出的《军用计算机系列型谱试行草案》。草案的贯彻实施，对于统一中国军

① 《邓小平科技思想年谱（1975—1994）》，中央文献出版社、科学技术文献出版社 2004 年版，第 159 页。

② 江泽民著：《论中国信息技术产业发展》，中央文献出版社、上海交通大学出版社 2009 年版，第 108 页。

队计算机的机型，提高计算机的可靠性、可维性、可用性、机动性和经济性，开发计算机软件、发展计算机技术，具有重要意义。中国军用电子计算机先后经历了电子管、晶体管、中小规模集成电路三代的发展，20 世纪 80 年代开始迈向第四代发展，走上系列化、网络化、智能化、系统集成化和软件工程化发展方向。

3. 软件占 80%，硬件占 20%，这就要靠脑子，搞软件我们有条件

软件是计算机的灵魂，是计算机发展不可忽视的领域。到 20 世纪 80 年代初，在美国电子工业生产中，软件生产占有越来越大的比重，尤其是应用软件的需求日益旺盛。一些企业从事软件设计的技术人员数量大大超过了从事硬件设计的技术人员数量。1984 年 1 月 25 日，邓小平在参观中国航空技术进出口公司深圳工贸中心，听取关于引进国外先进技术生产电脑设备和软件的汇报后指出："软件占百分之八十，硬件占百分之二十，这就要靠脑子。杨振宁说美国都是十六七岁的娃娃搞软件，好多尖端技术都是娃娃搞出来的。要积极培训青少年。搞软件，我们有条件，中国有一大批好的娃娃。"① 软件产业是知识产业，其生产是知识生产，要"靠脑子"。应当利用中国智力资源相对丰富的优势，重点发展软件产业。1984 年 2 月 21 日，时任电子工业部部长江泽民同志在全国电子工业厅局长工作会议上提出："加速软件开发。两年内……努力实现软件和硬件协调发展。"② 1985 年 6 月 5 日，电子工业部在论述中国工业发展战略问题时，把"软件"作为电子和信息产业发展的重点，提出"重视和加强软件研究开发和推广应用，制定保护软件版权和转让成果的政策办法，促进软件工程化、商品化，推

---

① 《邓小平科技思想年谱（1975—1994）》，中央文献出版社、科学技术文献出版社 2004 年版，第 188 页。

② 江泽民著：《论中国信息技术产业发展》，中央文献出版社、上海交通大学出版社 2009 年版，第 109 页。

动整个软件产业发展”①。

军事应用软件是军用计算机的核心技术之一，能够增强武器装备的效能。自主开发军事应用软件，发挥最佳功能，提高基于信息系统的体系作战能力，是军用计算机应用的关键。随着信息技术的飞速发展和装备信息化建设的深入推进，武器装备中军用软件的作用越来越突出，装备系统中软件含量的高低已经成为信息化程度的重要标准。

军用软件的大规模应用，提高了武器装备的自动控制水平，在现代作战体系中发挥着重要的倍增器作用。1985 年，中国军队设立专门机构，加强统一的军用高级语言、实时操作系统和军用软件标准规范的研究与制定工作，为军用计算机系统系列化、标准化、通用化打下了基础。同时，军用网络软件、数据库软件、支持软件和软件开发工具的研究工作，也全面展开。

三、军用电子要赶快搞上去，电子计算机要普遍使用

20 世纪 70 年代，中国军事电子装备走上了自行研制的新阶段，研制出一批为导弹、人造卫星、各种常规武器配套的电子装备和独立使用的军事电子设备。面对武器装备的信息化发展趋势，邓小平要求减少传统武器装备的生产，增加军事电子产品的研制。1978 年 7 月 1 日、2 日，在听取关于军工生产情况汇报时，邓小平指出：“军工产品数量可以搞得少一些，但要把技术搞上去，把质量搞上去。要搞好技术储备，还要提高技术水平。现在到处叫电子、雷达、指挥仪，四机部要赶快搞上去，电子计算机要普遍应用。”② 根据邓小平武器装备研制和生产要少而精，要重点发展军用电子装备的精神，中国对“加速军事电子装备”的发展作出部署，提出抓紧新一代军事电子装备研制和开发的任务。1984 年 2 月，全

① 江泽民著：《论中国信息技术产业发展》，中央文献出版社、上海交通大学出版社 2009 年版，第 232 页。

② 《邓小平科技思想年谱（1975—1994）》，中央文献出版社、科学技术文献出版社 2004 年版，第 85—86 页。

国电子工业厅局长会议提出，“根据‘缩短战线，突出重点，狠抓科研，加速更新’和‘改造工装，改进工艺，提高质量，降低成本’的方针，近期重点抓好陆军电子装备，积极发展空军、海军电子装备，完善战略武器和卫星电子装备”①。要继续采用新技术，努力改进现有军事电子装备性能，提高其质量；要突出重点，集中兵力打歼灭战，研制出一批新的装备；要加速科研和新技术开发，促进军事电子装备向系统化、集成化、数字化、智能化和高可靠方向发展，为解决航空电子装备低空性能问题和发展快速反应的电子战装备创造条件。同时要狠抓以大规模集成电路和军用元器件为重点的基础产品。② 根据这个规划，20 世纪 80 年代后，电子工业研制出一批采用新型元器件、新体制、新技术的较先进的军事电子装备。

1. 电子计算机要普遍使用，雷达要赶快搞上去

雷达是实现指挥系统现代化的主要载体。新中国的雷达技术是从装配修理、仿制改进到自行研制逐步发展起来的，先后研制出地面防空警戒雷达、特种雷达以及为武器装备配套的各种雷达和雷达敌我识别系统等军事电子装备。1977 年以后，邓小平确定的洲际火箭的发射、潜艇发射导弹和同步卫星发射三大任务，对雷达生产提出了更新更高的要求。配合三项重点尖端任务，突破许多新技术，研制出的新产品，先后在洲际导弹发射试验水下发射导弹和同步卫星发射中完成了测控任务。1982 年至 1984 年，军用电子工业部门完成生产定型、设计定型及技术鉴定的雷达产品有 48 种，雷达侦察干扰设备 9 项，敌我识别设备及专项技术设备等 38 项。③

地面防空警戒雷达是雷达家族中问世最早的一个品种。新中国的雷达技术就是在地面防空警戒雷达的基础上发展起来的。进入

---

① 江泽民著：《论中国信息技术产业发展》，中央文献出版社、上海交通大学出版社 2009 年版，第 106 页。

② 江泽民著：《论中国信息技术产业发展》，中央文献出版社、上海交通大学出版社 2009 年版，第 106 页。

③ 《当代中国的电子工业》，中国社会科学出版社 1987 年版，第 147 页。

20 世纪 80 年代，中国的防空警戒雷达技术已由简单的反干扰米波警戒雷达，发展到从米波到厘米波波段、具有多种功能的警戒雷达，信号处理和数据处理已普遍采用数字技术。1984 年研制成功中国第一部集成化、数字化、自动化的 383 型三坐标引导雷达，首次配有计算机与自动录取设备，该雷达系统测量精度高、作用距离远、情况容量大、抗积极干扰能力强，是新一代的常规雷达，获得国家科技进步一等奖。1984 年，在新中国成立 35 周年阅兵时，尽管当时的能见度很差，但是，383 型雷达出色地完成了空军飞行编队通过天安门上空的引导任务。随后研制的车载可移动式 384 型中远程三坐标警戒引导雷达，可担负目标的拦截引导和空中监视任务。1986 年研制成功的新一代 503 型中高空远程警戒雷达，作用距离远、搜索空域大、抗干扰能力强、可靠性高，可车载移动、操作维护简便，获国家科技进步一等奖。在武器装备配套雷达方面，研制成功体积小、重量轻的 860 甲型炮瞄雷达，能够跟踪低空快速目标的 311 型小高炮炮瞄雷达系列，实现搜索跟踪合一、雷达与数字指挥仪有机结合的 306 新炮瞄雷达。战场侦察校射雷达是对敌方情况和地面活力进行侦察，并对射击效果实施校正的重要装备。研制成功的 375 甲型近程战场侦察雷达和 379 型中程侦察雷达，具有集成化、模块化和数字化特点，用改进设计进行数据处理，当时具有较先进的水平。研制成功的新一代红旗 2 号乙型导弹制导站，采用抗干扰能力强的扫描单脉冲体制、电视跟踪、数字指令编码、微机群控制系统等许多新技术，同期还研制了红旗 61 号和红旗 3 号、红旗 7 号等地空导弹制导站。

2. 电子计算机要普遍应用，指挥仪要赶快搞上去

计算机是信息化武器系统与作战指挥体系的中枢，各种先进作战平台构建了以高性能计算机中心的自动控制系统，各种先进的导弹和灵巧的炸弹，甚至制导炮弹及地雷、水雷、鱼雷等智能弹药上都装备了微型计算机。中国陆、海、空三军常规武器系统的专用计

算机，前期统称为指挥仪。[1] 专用计算机是现代化武器装备系统必不可少的重要设备。20 世纪 80 年代以来，根据邓小平加快研制专用军事计算机的指示，中国成功研制、生产了适应军队抗恶劣环境要求的初级加固和全加固专用计算机系统，以及相应的外部设备、军用系统软件、应用软件和支持软件。在陆军专用计算机方面，研制成功的有 703 型高炮营、连指挥控制系统，GTS 型通用数字高炮指挥仪，H301 型雷达、指挥仪、高炮三位一体的双 37 毫米自行高炮系统，将炮兵侦察、计算、通信三个环节组成有机整体的 DS－2 型地炮射击指挥系统。这些高炮和地炮数字式指挥系统的研制成功，显著地提高了计算精度，减少了体积和重量，提高了武器系统的自动化水平，有力地增强了炮火的威力。特别是具有适应不同种类、口径高炮和地炮的通用性，减少了品种，有利于维护使用。研制成功红箭 73 型、红箭 8 号反坦克的地面控制计算机和模拟训练器，采用微处理机的数字式新型坦克火控系统，分别装备在 88 式坦克、69Ⅱ式等坦克上，使首发命中率显著提高。在海军专用计算机方面，研制成功舰舰导弹机电式通用指挥仪，是中国反舰导弹近程系列型号中较先进的导弹指挥控制设备；研制成功的潜地导弹控制计算机，先后完成 3 次潜艇水下发射潜地导弹的试验任务；研制成功多种的多用途舰炮指挥仪、快艇鱼雷射击指挥仪，提高了指挥仪的可靠性和操作的简便性。这些计算机的研制成功，大大提高了海军武器系统的功能和精度。空军专用计算机方面，研制成功的歼－8 型飞机火控系统电子模拟计算机，歼击机平显火控系统瞄准和攻击微型机、机载雷达数据处理计算机和飞行控制微机系统，导航、飞行状态控制用的微机系统，轰炸机重点领航轰炸系统和设计瞄准系统微型计算机，这些机载微型计算机系统的研制成功对发挥

① 谢光主编：《当代中国的国防科技事业》下，当代中国出版社 1992 年版，第 336 页。

武器装备威力起到了重大作用。①

中国的导弹、卫星测控网，是在导弹测控系统和卫星观测系网的基础上发展起来，包括跟踪测量系统、遥控系统、数据处理系统、监控显示系统和通信系统，是计算机运用最为广泛的军事领域。1977 年 1 月，国防科委确定重点建设北京试验指挥所、洲际地地导弹全程飞行试验测控、通信系统和海上测量船队。北京试验指挥所作为导弹、卫星试验的指挥机构，配有两台 717 型电子计算机，形成了国防科委、试验基地（发射中心、测控中心）和测量船队、团站三级指挥体制，使导弹、卫星试验的指挥体系更加完善。1980 年 5 月，试验指挥所在进行洲际地地导弹全程飞行试验时首次投入使用，圆满完成了统一指挥任务。从 1986 年起进行局部改造北京试验指挥所，灵活性、可靠性和自动化程度都有进一步提高。同年，太原卫星发射中心的指挥中心换配了 NCI－2780 型双工体制中心计算机，大大提高了实时数据的处理能力和处理精度。1987 年 12 月建成投入使用的西安卫星测控中心，配置了 VAX8700 型、NCI－新 780 型等电子计算机，具备与国外测控网联网的条件。1979 年底建成“远望”号测量船安装的中国自主研制的电子计算机以及相应的外部设备，适应了洲际弹道导弹全程飞行试验和发射各类应用卫星的需要。“从西北导弹试验基地发射场到南太平洋海域共设置了 26 个测控站（船、机）、149 台（套）大型测控设备，以电子计算机为节点，由通信、时统、数传和调度指挥等分系统联系起来，组成了一个完整的全程测控系统。”② 在 1980 年 5 月圆满地完成了导弹全程飞行试验中的测控任务。

3. 组建电子对抗雷达工程学院，似可同意

现代战争的电子战特征对中国军队武器装备的发展提出了新的

① 谢光主编：《当代中国的国防科技事业》下，当代中国出版社 1992 年版，第 337—340 页。

② 谢光主编：《当代中国的国防科技事业》上，当代中国出版社 1992 年版，第 483 页。

要求。电子对抗亦即电子战，是敌对双方利用无线电电子设备或器材所进行的电磁斗争，是作战双方利用电子设备在电磁领域所进行的争夺电磁频谱使用权的控制权的斗争。电子战是一种以“软”杀伤为主要特征的新战法，是利用电磁能量削弱、破坏对方电子设备的正常工作，保障己方电子设备正常发挥效能而采取的综合技术措施，主要包括雷达对抗、通信对抗和光电对抗等。早在20世纪初，当无线电技术开始应用于军事领域时，电子战就随之开始了。在第二次世界大战以前，电子战基本上只是限于通信对抗范围之内，以无线电信号的截获、破译和干扰为主要内容。第二次世界大战期间，新发明的雷达被用于防空作战，给对方飞机造成了直接的威胁，由此促进了对雷达的侦察干扰技术的迅速兴起，雷达对抗成为电子战的一项重要内容。20世纪50—70年代，随着导弹、航空、航天技术的迅猛发展，精确制导武器以及与其相配套的各种雷达和通信设备的出现，对飞机、舰船和重要目标构成了新的威胁，促使电子战快速发展，出现了对炮瞄雷达和导弹制导雷达的各种欺骗性干扰技术，使电子战在原有的基础上又增加了制导与反制导的新内容。与此同时，光电对抗也步入电子战的行业，涌现出一些新的综合电子战系统，如反辐射导弹、专用电子战飞机、电子战舰艇和电子侦察卫星，以及投掷式遥控电子战系统等。20世纪80年代以来，随着微电子技术、电子计算机技术的发展和在军事上的广泛应用，国防领域的电子技术含量越来越高，从而为电子战的实施开辟了更加广阔的天地，电子战的地位不断提高，已由作战的辅助手段跃升为主要的作战形式。

20世纪60年代，中国国防科技院校先后设立了电子对抗专业，部分国防电子科研机构组建了电子对抗研究和设备的研究所，国防工业企业组建了生产电子对抗设备的厂，积极开展电子对抗技术的研究和设备的仿制、研制。1975年12月22日，邓小平阅看了毛泽东12月20日对叶剑英关于加强电子对抗工作报告的批示（毛泽东的批示为“很好”），并批送政治局同志传阅后退叶剑英。[①] 当时，邓小平参与并组织落实了中国领导高层对加强电子对抗建设的决策。

雷达对抗是采用专门的电子设备和器材，对敌方雷达进行侦察和干扰的一种战术技术措施。1977 年 10 月 22 日，时任解放军副总参谋长、第四机械工业部部长王铮致信邓小平，建议将清华大学绵阳分校稍加改造，建成一所规模比较齐全的电子对抗雷达工程学院。邓小平将信件批转刘西尧：“此事请教育部党组研究一下，提出意见，再行决定（我意如对清华无大妨碍，似可同意）。”[②] 由此，邓小平亲自决策了加强中国军队电子对抗的基础性工作，在中国刚刚恢复高考制度的时候，就批准新建电子对抗雷达工程学院。在邓小平的高度重视和积极推动下，到 20 世纪 70 年代末，中国先后组建了研制雷达侦察干扰设备、通信对抗设备和广电对抗设备的 3 个研究所，同时增加了电子对抗设备的试制和生产能力。20 世纪 80 年代，中国研制出地对地雷达干扰设备，研制成功的第一代无线电引信干扰机，可同时干扰多个信号；研制成功的机载全向警戒设备，具有同时对多部威胁雷达信号进行分选、识别不同威胁等级的能力；研制的舰（潜）载雷达对抗设备，满足了新型舰艇的配套需要。中国各种雷达对抗设备基本形成了系列，已具有对常规雷达和部分新体制雷达威胁信号截获、识别、告警和实时引导干扰的能力，并开始研制新一代电子对抗设备，使其由单机功能向多功能一体化的综合电子对抗系统发展。

除雷达干扰外，通信干扰是电子干扰的另一重要手段。通信干扰主要是对敌方无线电通信实施侦察和干扰，使其指挥失灵，武器失控，战斗力降低。通信干扰是最早用于战争的电子干扰技术，也是通信、指挥、控制对抗的重要环节。中国的通信干扰技术的发

---

① 《邓小平年谱（1975—1997）》上，中央文献出版社 2004 年版，第 137 页。
② 《邓小平年谱（1975—1997）》上，中央文献出版社 2004 年版，第 228 页。

展，大体经历了基础研究、单机研制和系统工程开发三个阶段。1982 年研制成功的轻型车载短波瞄准式干扰机，与其他通信干扰机合用，在对越自卫还击作战中，以最佳干扰方式破坏了越方通信和作战指挥能力，屡次取得重大战果，被称赞“通信对抗营参战至少起到九个炮兵营的作用”①。1984 年，中国开始研制合成集团军车载通信对抗系统，该系统是集侦察、测向、干扰功能的综合的自动化通信对抗系统，在计算机管理下对作战地域中的敌师、团、营超短波和短波通信能实施快速侦察、分析筛选和跟踪干扰。

经过不懈的努力，中国武器装备信息化取得了显著的成就。1987 年 7 月 29 日，《日本经济新闻》发表《正在推进现代化的中国人民解放军》的文章指出：“以电子计算机技术为中心的装备现代化在迅速取得进展。特别是在军队也大力发展核战力，今年以来空军地对空导弹部队成功地开发了由个人计算机控制的半自动射击系统。它能处理在上空捕捉到的信息，并立即进行射击。另外，空军在去年制造了备有磁带录像摄影机和无线电系统的轻量侦察机‘Z5’，并已在实战中加以配备。海军也在推进潜艇部队的电子化，同时，也设有光纤通信、电子计算机通信和卫星通信等相当先进的通信设备。建立了位于世界上任何一个地区的中国舰艇都能同国内的司令部进行通讯联络的体制。陆军炮兵队也使射击指挥系统和信息系统实现了电子计算机和数字通信化。”② 中国武器装备信息化和指挥系统现代化步伐，受到世界的关注。

邓小平关于国防科技工业“科研要走在前面”的论述、按照战略要求规划武器装备发展的论述和以信息化为核心的武器装备现代化建设论述，成功地解决了中国武器装备现代化的内生动力、实现路径和发展方向等基本问题，构建了具有严密内在逻辑的中国特

---

① 谢光主编：《当代中国的国防科技事业》下，当代中国出版社 1992 年版，第 326—327 页。

② 《中国军队的现代化变革引人注目》，《参考消息》，1987 年 8 月 1 日。

色武器装备建设道路的理论框架，为新时期中国武器装备建设提供了科学的思想指导。

第三章　国防的现代化，只有建立在国家整个工业的基础上才有可能

在现代工业化条件下，武器装备进入机械化时代，强大的工业集成能力和制造能力是形成性能卓越、战斗力强的具体武器装备型号的根本保证。战争已经不再简单的是战场上士兵与士兵之间的单独对抗，而是整个国家工业体系之间的整体对抗，国家工业的规模、水平、结构和效率已经成为战争胜负的决定性因素。面对武器装备水平与工业发展程度的依存关系，邓小平明确指出："国防的现代化，只有建立在国家整个工业……发展的基础上才有可能。"① 新中国成立后，逐步地建立起来的独立的比较完整的工业体系，初步改变了旧中国留下的技术落后、畸形发展的工业状况。20 世纪 70 年代以来，世界工业的信息化趋势日益凸显，作为中国武器装备现代化的工业基础面临着自动化与信息化的双重历史任务，顺应世界工业发展的信息化趋势，邓小平确立用军民结合、技术改造、布局调整三条途径，提高中国工业化的水平，夯实中国武器装备现代化的基础。

第一节　军工企业要走军民结合的道路，这是一个大方针

工业是一个复杂的体系，国家工业的发展需要处理好各个部门

---

① 《邓小平军事文集》第 3 卷，军事科学出版社、中央文献出版社 2004 年版，第 81 页。

的关系，中国的武器装备现代化，关键是要处理好国防工业与民用工业的关系。英国著名学者 J·D·贝尔纳说：“凡是能够加强本国工业、提高其生产方法的效率及其经济效果的一切办法都会增强一个国家的军事力量。就这一点来说，一切国家的工业科研都是潜在的军事科研。”[①] 这就从理论上揭示了军事工业与民用工业、军事科研与民用科研的不可分离性质。在参与领导新中国工业建设的过程中，通过总结经验教训，邓小平深刻地指出，中国“军工企业要走军民结合的道路，在国家的统一计划下，以军为主，搞军民结合。……这是一个大方针”[②]。军民结合是邓小平处理军事工业与民用工业的基本原则和大政方针，是中国国防工业发展理论的飞跃，是 20 世纪 80 年代以来中国国防科技工业改革发展的理论基石。

一、国防工业要做到军民结合、平战结合、军品优先、以民养军

邓小平关于国防工业军民结合方针的内容是逐步发展和完善的。1979 年 4 月 5 日，在中央经济工作会议上的报告中，根据邓小平关于军民结合的观点，李先念代表中共中央提出了军工企业要认真贯彻执行“军民结合、平战结合、以军为主、以民养军”[③] 的方针。这是中共中央第一次公开地正式地提出军民结合的十六字方针，通常称老十六字方针。1982 年 1 月 5 日，邓小平在听取军委领导有关国防工业问题的汇报时将老十六字方针中的“以军为主”改为“军品优先”，提出“军民结合、平战结合、军品优先、以民养军”的新十六字方针[④]。“军民结合”为新时期国防科技工业长

① 〔英〕J·D·贝尔纳著：《科学的社会功能》，陈体芳译，商务印书馆 1982 年版，第 255 页。

② 《邓小平军事文集》第 3 卷，军事科学出版社、中央文献出版社 2004 年版，第 130 页。

③ 《三中全会以来重要文献选编》上，人民出版社 1982 年版，第 128 页。

④ 国防科学技术工业委员会编：《邓小平国防科技工业建设思想研究》，北京航空航天大学出版社 2004 年版，第 32 页。

远发展指明了方向。

1. 国防工业部门要同民用工业部门结合起来，主要承担民用工业的生产，同时搞同国防有关的产品

20 世纪 50 年代以来，随着国家经济建设的逐步恢复，在大规模的经济建设实践中毛泽东提出工业企业要学会“两套本事”的军民结合思想，强调国防工业内的潜力挖掘，目标是把国防工业建设成“亦军亦民”的“两栖型”产业结构。

在新时期，邓小平提出的军民结合，是对中国经济总的战略要求，即在整个国家建设中，实现国防工业和民用工业两大部门的结合，着眼点是把军事工业纳入国民经济的整个体系之中，消除“军民之分”。世界上绝大多数国家都没有什么专门搞军用的工业部门。如美国就没有独立的国防工业部门，也无纯粹的军事工厂。有专家统计，美国航空与空间工业的 80%，原子能工业的 70%，造船工业的 60%，电子工业的 40%，电机工业的 34%，机械工业的 28%，钢铁和石油工业的 10%，都从事军工生产。著名的福特汽车公司，除了生产汽车，还制造坦克、飞机、舰用大炮，以及宇宙飞船等。因此，邓小平坚定地认为，新时期军事工业的发展，必须消除工业部门“军民分割”的状态，走军民结合的道路。1980 年 4 月 2 日，在同胡耀邦等领导同志谈论长期规划时，对国防工业问题，邓小平十分明确地指出：“除二机部、七机部外，其他国防工业部门要和民用工业部门结合起来，主要承担民用工业的生产，同时搞同国防有关的产品。”① 二机部即核工业部、七机部即航天工业部，在中国改革开放初期，尽管当时邓小平还没有要求这两个核心的军事工业部门搞军民结合，但是，随着改革开放的深入，它们也结合自身行业优势寻找军民结合的突破口，核工业成功地进入了核电站等民用行业，航天业实现了国际接轨，成功打入国际商用卫星的发射市场。邓小平要求实现军事工业部门与民用工业部门的

① 《邓小平年谱（1975—1997）》上，中央文献出版社 2004 年版，第 615 页。

结合，消除人为划分的障碍，其目的已经从改革开放以前挖掘潜力"充分利用多余能力转产民用品"的"副业"转变为改革开放初期"主要承担民用工业的生产"的"主业"。

2. 军工企业搞军民结合，重点放在平时，战时可以转产

邓小平对"军民结合"方针的执行进行了"战争时期"和"和平时期"的区分。现代战争的突出特点是武器装备消耗量巨大，仅仅依靠专业军工企业的生产能力远远不能满足需要。战争一旦爆发，就要求迅速改变国家的经济结构，建立适应战时需要的经济结构。因此，平战结合的工业结构是有利于国民经济和国防建设良性发展的模式。在新时期，邓小平对世界格局作出新的判断，要求国防企业为经济建设服务，同时，要有战争观念，建立起平战转换的机制。邓小平说，军工企业"搞军民结合。重点放在平时，至少拿一半转到民用，战时可以转产"①。

"平战结合"强调在和平时期，要集中力量研制国计民生需要的产品，同时要抓紧军品科研，保证国防科技发展势头，保持军工产品生产能力。为战时做好准备，提高国家工业的应变能力，取决于能否建立灵活的平战转换机制，把国家的经济实力由潜在的军事实力快速地转换成为现实的战争实力，因此，平战结合的标准是能否快速转入"战时生产体制"，包括体制转入时间和战略物资的储备两个方面。平战转换能力是一个国家战略能力的重要组成部分。就中国而言，战时生产动员的时间应缩短为 3 个月，有些要争取在 1 个月内就能出成品。② 根据平战结合的原则，邓小平提出了保留军品生产线和储备军品原材料的原则，他指出："军工要储备。生产能力转向民用，但要保留生产线，要储备原材料。原材料储备什么，这件事情要很好议一下。原材料储备多少，要合理，多了也要

---

① 《邓小平军事文集》第 3 卷，军事科学出版社、中央文献出版社 2004 年版，第 130 页。

② 《刘华清军事文选》上卷，解放军出版社 2008 年版，第 169 页。

坏的。生产线不要再扩大了。有了现在的基础，打起仗来临时搞也可以。平时搞民品，战时开足马力生产。”① 由于国家的经济能力有限，不可能把装备储备得太多，同时，现代技术发展很快，有些武器装备储备久了，会成为落后的东西。因此，平时只能按照战争初期作战的需要，储备最必要的装备。同时装备储备的种类也要有所区别和选择，性能落后的装备可不储备，即将有新型号替代的老装备也不要储备，容易生产和战时能动员的装备要尽量少储备。主要储备原材料、元器件、战略物资。

3. 以军为主的口号要取消，改为军品优先

邓小平确定的军民结合新十六字方针，与老十六字方针相比较最重要的改动就是把以军为主改为军品优先。1980 年 5 月 20 日，在同胡乔木等中央领导同志谈编制长期规划问题时，针对军工部门产品严重积压的问题，邓小平指出：“过去说，军民结合、平战结合，以民养军、以军为主；现在看，以军为主的口号要取消。以后，军队需要的装备，由军事部门和机械工业部门签订合同，哪个工厂生产合适，就同哪个工厂订合同，签订合同以后，企业必须优先保证军队的需要。”② 邓小平主张取消“以军为主”的提法，提倡“军品优先”，有两个方面的考虑：一是以什么标准来衡量军工企业姓军的性质。是以生产军品的数量还是优先保证军队需要的“优先权”？“以军为主”和“军品优先”有很大的不同，前者强调数量，后者强调地位。“以军为主”是要求国防工业部门要将主要力量用来搞军品，如果是用一半或者更多的力量来搞民品，那就不是“以军为主”。而“军品优先”则是要求，在力量分配上军品不一定要占主要的份额，但是在重要性上，也就是说，国家的军品任务应给予优先保证。因此，可以说，“军品优先”是处理军品任

① 《邓小平军事文集》第 3 卷，军事科学出版社、中央文献出版社 2004 年版，第 131 页。

② 《邓小平年谱（1975—1997）》上，中央文献出版社 2004 年版，第 636—637 页。

务与民品任务关系的一个原则，它表明了军品生产的地位和任务，明确了军工企业必须始终把军品任务摆在第一位，也就是说军品任务无论多少，都必须坚决地完成。但是，"军品优先"并不是意味着军工企业要把主要力量都投放到军品之中，只是当军品任务和民品任务发生了冲突时，必须优先确保军品任务的完成。二是如何保证和落实"军品优先"，是用行政命令还是用经济手段。邓小平主张采取合同制这种新型的方式，而不是传统的行政计划方式。只有签订了合同的军品才有优先权，军工企业必须按合同优先保证。军工企业生产的、不属于合同内容范围的产品，不能强迫军队接受。军工企业生产的民用产品的积压问题，要通过市场流通来解决，而不能打军队的主意。

4. 国防工业要以民养军，军工厂平时以民用养军用

随着国际形势的变化和党的工作重点转移到经济建设，军品需求的紧迫性减小，军品需求的数量减少，解决国防科技工业投入严重不足，解决军工企业生存困难不能只靠国家，必须另辟蹊径，也就是邓小平提出的"国防工业要以民养军，军民结合"[①]。1978年3月24日，邓小平在听取总后勤部领导同志关于全军后勤工作会议筹备情况的汇报后，强调指出："军工厂平时以民用养军用。"[②]"以民养军"就是讲军工企业通过大力发展民品，取得的技术成果可以用于军品的开发和生产，取得的收益可以用于支持自身企业的发展，加快设备的更新改造，同时锻炼和培养队伍，从而为军品科研和生产提供支撑，最终形成军品民品相互促进的良性循环。邓小平寄予最大希望的中国船舶工业，是以民养军的典范。当中国船舶工业在20世纪80年代和90年代转入民用生产时，中国海军舰艇在质和量两方面都有所提高。中国船舶工业在现代化方面的进展，有助于中国海军设计和制造出更好的海军军舰。从20世纪80年代

① 《邓小平年谱（1975—1997）》上，中央文献出版社2004年版，第351页。
② 《邓小平年谱（1975—1997）》上，中央文献出版社2004年版，第287页。

起，中国的造船厂逐步获得大量的先进生产设备、外国技术以及外资投入，再加上采用外国先进的管理技术和现代的船舶设计方法，与中国船舶工业的研发和生产能力的大幅度提升相互呼应。这不但有助于增强民用船舶，也有助于增强军用船舶的研制生产能力，这些方面的进展，使得中国的造船厂能够造出适航性能更强、可靠性更高的海军舰艇，舰艇上的生活条件、损伤控制的设施、发动机以及电子设备等都比以往更好了。中国造船厂已经变得效率更高，经验更丰富，能够为人民解放军海军设计和建造出更加先进的舰艇，从“以民养军”升华到“以民促军”。到 1989 年，核、航空、电子、兵器工业的民品产值占总值的比重由 1979 年的 8.2% 提高到了 70%。[①] 民用产品的权益和技术，为军工产品的研制和提高提供了强有力的经济支持和技术支撑。

邓小平提出的“军民结合”，对中国武器装备的发展乃至整个国民经济体制的调整和完善，产生了重大的影响，已经发展成为新时期中共中央的重要战略。

二、国防工业要加入到整个国家建设中去，大力发展民用生产

国防建设走军民结合的发展道路，实施军工企业“军转民”战略，是军队服从整个国家建设大局，加入国家建设的具体措施。邓小平指出：“国防工业设备好，技术力量雄厚，要充分利用起来，加入到整个国家建设中去，大力发展民用生产。这样做，有百利而无一害。”[②] 国防工业加入到国家整个建设中去，也就是要打破“军民分割”的格局，形成不分你我的大工业，这是贯彻落实军民结合十六字方针的有效路径。

1. 军工企业不搞民品不行，民用产品搞些什么，要好好研究

军事工业如何加入到整个国家建设，搞民用品的生产，首先要

---

① 参见怀国模主编：《中国军转民实录》，国防工业出版社 2006 年版，第 31 页。转引自于川信、周建平主编：《军民融合式发展理论与实践》，军事科学出版社 2010 年版，第 12 页。

② 《邓小平文选》第 3 卷，人民出版社 1993 年版，第 99 页。

解决生产什么的问题。在20世纪70年代，针对国防企业生产能力过剩、军品订货减少的状况，邓小平说："现在军工企业生产能力这么大，不搞民品是不行的。"① "飞机的生产，要根据生产能力和原材料的水平，在军用飞机达到一定数量后，就要转入生产民用飞机。舰艇、坦克的生产也有这个问题，当生产到一定数量后，就要转入生产民用品和工农业机械产品。"② "总的方针是，至少拿出一半的人搞民用，将来自动化了，可用三分之二的人搞民用。"③

20世纪70年代末80年代初，军工企业为了摆脱生存困境寻找重生出路，开展了较大规模的"军转民"产业调整。最初，由于缺乏统筹规划，民品发展盲目性很大，搞了不少档次低的东西，不仅成本高，缺乏竞争力，而且一些产品上得快，下得也快。为克服"军转民"的盲目性，邓小平要求把国防工业企业的"军转民"纳入国家计划，稳步推进。1978年7月1日、2日，在听取五机部负责人汇报时，邓小平说："民用产品搞些什么，要好好研究。搞什么民品，要提个单子，请计委去平衡。"④ 随后，国务院实施了"军转民专项技术改造计划"，集中安排了三批军转民技术改造的项目；实施了三线军工企业的调整搬迁，凡搬迁的企业均安排了民品的生产计划；制定出了一系列的优惠政策，鼓励军工企业要主动去开发民品，推动民品的发展；同时召开了全国军转民的工作会议，总结推广民品发展的经验。经过这一系列政策的引导和措施的推动，各军工部门从本行业的实际出发，普遍地制定了军民结合的发展计划，在积极开发生产民品的同时，不同程度地探索如何由军工技术向民用领域进行转移，使军转民由无序的发展阶段进入了计

---

① 《邓小平军事文集》第3卷，军事科学出版社、中央文献出版社2004年版，第130页。

② 《邓小平年谱（1975—1997）》上，中央文献出版社2004年版，第32页。

③ 《邓小平军事文集》第3卷，军事科学出版社、中央文献出版社2004年版，第130页。

④ 《邓小平军事文集》第3卷，军事科学出版社、中央文献出版社2004年版，第130页。

划引导、主动开发的阶段。

2. 军工体制怎么改革，现在已提到日程上来了，应该纳入整个国家的规划

实现军工企业加入到整个国家建设中去的战略设想，必须改革军工企业的管理体制，破除军工企业封闭的管理模式。20 世纪 80 年代中期，中国城市改革迅速推进，军工企业的改革也成为摆在面前的重大问题，邓小平提出了明确的思路。1984 年 11 月 1 日，在中央军委座谈会上的讲话中，邓小平指出："军工体制怎么改革，我们还没有最后决定，但这个问题现在已提到日程上来了。比如，几个机械工业部，除了二机部、七机部以外，应该纳入整个国家的规划。"① 1986 年 4 月 12 日，六届全国人大四次会议通过的"七五"规划提出，"充分发挥国防工业的生产能力和技术优势。军工企业和国防科研部门应当继续贯彻执行军民结合的方针，在完成国家规定的武器装备研制和生产任务的前提下，大力开发和生产民用产品，逐步把国防工业建设成为军民结合型的工业，更好地为经济建设和人民生活服务。"② 落实"七五"规划提出的建立"军民结合型"工业的军工企业改革任务，1986 年 7 月，国务院、中央军委调整了军工管理体制，将原来的核工业部、航天工业部、航空工业部、兵器工业部改由国务院直接领导，将军工企业发展民品纳入到了国家的统筹规划和国民经济的发展规划中。为了实现将军转民纳入国民经济发展规划的要求，1989 年 4 月，国家计委、国家科委、国防科工委成立了"三委"军转民联络组，召开全国军民结合工作会议，在总结经验的基础上，提出了进一步推进军民结合工作的措施。国务院、中央军委批转了"三委"《关于进一步推进军民结合工作的请示》，为军民结合的发展进一步指明了方向，使中

---

① 《邓小平军事文集》第 3 卷，军事科学出版社、中央文献出版社 2004 年版，第 267 页。

② 《中华人民共和国国民经济和社会发展第七个五年计划（1986—1990）》，人民出版社 1986 年版，第 67 页。

国军转民工作进入到同国民经济发展相融合的全新阶段。20 世纪 90 年代，军工企业走上了为国防建设和国民经济发展服务的发展轨道，军事技术和军工生产能力储备不断地向民用领域转移，企业的经营管理与运行机制也得到了改善，军转民工作得到了快速的发展。

3. 核能是个好东西，不能抛弃，我们在这方面起步太晚了

随着军民结合的深入发展，作为中国军工企业标志性的核工业，也走上军转民道路。中国核工业主要是因为军事目的而迅速发展起来的，是最早组建的国防科技工业部门，长期执行“以军为主”的方针。随着“军转民”的深入推进，国际关系和战争格局的重大变化，尤其是国家工作重点的转移，核工业也面临从“以军为主”转向“军民结合”历史选择，为此，核工业部结合行业特点提出了“保军转民、以民为主的方针，把核技术更广泛地应用到国民经济各个领域中去，为四化建设做出更大贡献。从重要性讲，核工业要把军品生产放在第一位，但从工作量上来讲，要把主要的力量转移到民用品的生产上来。”① 核工业的军转民主要有三项任务：一是要为核电站提供核燃料，确保核电站燃料立足于国内。二是参加秦山核电站等的设计、设备研制和建设，甚至可以经营几个核电站。三是把核技术应用到医疗、农业等领域。②

邓小平积极支持核工业军转民，明确核工业部为我国核电站建设的牵头部门，为核工业转向为核电服务提供保障。1973 年 3 月 31 日，周恩来批准建造位于浙江省的秦山核电站，但是，由于“文化大革命”的影响，建设工程迟迟未能起步。1978 年 5 月 19 日，邓小平在会见美国合众国际社访华代表团时说：“我们自己在搞核电站，也准备买一点技术和设备。我们能源丰富，有油、有

---

① 李鹏著：《起步到发展：李鹏核电日记》上，新华出版社 1994 年版，第 307 页。

② 李鹏著：《起步到发展：李鹏核电日记》上，新华出版社 1994 年版，第 194—195 页。

煤，水利资源也非常丰富。核电站好是好，但很花钱，我们的重点还是发展水电、火电。”[①] 在邓小平看来，在当时的历史条件下，中国能源建设的重点是水电和火电，核电只能是一个补充，同时，核电站的投资巨大，中国还没有能力全面发展。但是，鉴于核电的优势和前景，中国也要积极探索其发展。因此，邓小平大力支持核工业部在“军民结合”的原则下积极探索如何为经济建设服务路子。1979 年 12 月 30 日，邓小平对国防科委《关于发展核电站问题的请示报告》作出批示，认为核电站建设“由二机部（即核工业部——笔者注）抓总，较为妥当”[②]。后来，国务院重新作出决定，把核电建设任务交给核工业部负责，由其统一经营管理，从体制上保证了核工业的“转民”。1983 年 6 月 1 日，秦山核电站破土动工。位于广东省的大亚湾核电站建设，引起了香港一些人的反对。邓小平认为香港一些人对大亚湾核电站建设的反对具有导向性的错误。1986 年 10 月 9 日，邓小平在会见美国国防部部长温伯格时明确说：“核能是个好东西，不能抛弃。我们在这方面起步太晚了。香港人应该责备我们起步太晚，而不应该责备我们现在积极搞核电站。”[③] 1990 年 12 月，邓小平指出：“核电站我们还是要发展。”[④] 1991 年 12 月中旬，秦山核电站一号机组运行。秦山核电站的国产化率按部件比率计算达到 95%，只从日本、德国和瑞典等国进口了一些零部件和材料。[⑤] 1992 年 4 月 6 日，国际原子能机构

---

① 《邓小平科技思想年谱（1975—1994）》，中央文献出版社、科学技术文献出版社 2004 年版，第 78—79 页。

② 《邓小平科技思想年谱（1975—1994）》，中央文献出版社、科学技术文献出版社 2004 年版，第 144 页。

③ 《邓小平科技思想年谱（1975—1994）》，中央文献出版社、科学技术文献出版社 2004 年版，第 216 页。

④ 国防科学技术工业委员会编：《邓小平国防科技工业建设思想研究》，北京航空航天大学出版社 2004 年版，第 19 页。

⑤ 《努力掌握技术，确保安全运转——日报报道中国秦山核电站在安全方面完全达标》，《参考消息》，1992 年 2 月 12 日。

发表一份有关世界核能使用情况的报告，1991 年世界又有 4 座核电站运行并网发电，世界各国运行的核电站达到420 座。其中，美国达到 111 座。核发电在发电量中接近或超过 50% 的国家有法国，占 72.7%；比利时，占 59.3%；瑞典，占 51.6%；匈牙利，占 48.4%；南朝鲜，占 47.5%。[①] 1994 年 2 月 9 日上午，邓小平请李鹏转达对大亚湾核电站一号机组顺利投产的祝贺，对该电站的建设者、科技人员表示感谢。[②] 对核电的发展，邓小平从“也在搞”到“积极搞”的转变，为中国 20 世纪 90 年代核电的大发展奠定了基础，为核工业的“转民”拓宽了道路。核工业成功实现“军转民”的事实表明邓小平军民结合实现的全面性和彻底性。

三、我们抓国防工业的军民结合，抓得比较早，这一条抓对了

到 20 世纪 90 年代初，中国国防工业的军民结合取得了举世瞩目的成效，显示出了强大的活力。1991 年 2 月 13 日，在视察上海航天局新中华机器厂返回途中，邓小平对陪同的上海航天局负责人说：“我们抓国防工业的军民结合，抓得比较早，这一条抓对了。有的国家就不行，所以搞得很困难。”[③] 国防工业军民结合成果，在军工产品的出口创汇方面表现突出，到 20 世纪 80 年代中期“出口武器已成为中国获得它所短缺的外汇的一种特殊手段”[④]。实际上，中国军工企业探索形成的“以民养军”“以军养军”“以军促民”等多种模式，推动了新时期中国国防工业的健康发展。

1. 造船工业主要搞民用的，赚钱以后再搞军用，以民养军

造船工业是最早探索军民结合的国防工业部门，是邓小平“以民养军”最寄厚望的军事工业。1978 年 6 月 28 日、29 日，邓小平在听取第六机械工业部和海军领导同志汇报造船工业情况时指出：“六机部提出八个字：‘以军为主，以民养军’。以民养军，包

---

① 《世界各国核电站情况一览表》，《参考消息》，1992 年 4 月 17 日。

② 《邓小平年谱（1975—1997）》下，中央文献出版社 2004 年版，第 1368 页。

③ 《邓小平年谱（1975—1997）》下，中央文献出版社 2004 年版，第 1327 页。

④ 《中国生产的武器有竞争力》，《参考消息》，1987 年 2 月 22 日。

括搞出口船，换取外汇。民用船搞多少，搞什么型号，也要规划出来。要大中小，要搞出口的，内河需要的。……以军为主，以民养军，改造造船工业。……我们造的船应当比日本便宜，我们的劳动力便宜，一定可以竞争过他们。中小型船人家不造，我们造。要多造中小型船出口。”[①] 1979 年 3 月 19 日，在听取中央军委科学技术委员会关于调整规划的汇报时，邓小平就国防工业的发展方向问题发表意见，他指出：“造船主要搞民用的，赚钱后再搞军用，以民养军。”[②] 中国从 1980 年开始出口船只，到 1984 年已经得到大约 100 万吨的外国订货，交货已有 60% 左右。1989 年中国船舶工业总公司建造 248 艘商船，总吨位 60. 7 万吨。其中出口 24 艘船只，总吨位 28. 3 万吨，占总产量的 46. 7% 。赚取外汇 2 亿美元以上。当年还签订了 23. 4 万吨的出口船只合同。中国造船工业的主要客户是马来西亚、西德、挪威、新加坡、中国香港和美国。1990 年，日本造船分析家说，在过去的 10 年中，中国不断提高造船技术，建造了各种各样的船只以满足世界市场的需要。这些发展已使中国的造船厂大大缩短了建造新船的时间。中国最先进的造船厂建造一艘 6. 5 万吨的散装船需要 113 天，以前建造同样的船需要 253 天。[③] 事实证明，邓小平船舶工业“以民养军”决策是成功的，具体表现为，中国造船能力的提高和造船技术的现代化，促使 20 世纪 90 年代海军在舰艇建造任务的不断增加和许多新的海军项目的加速出现。最新建造的船只更加经久耐用、受损后的生存力更强、航程更远、隐蔽性更好，而且能够装备各种现代化武器系统。美国海军战争学院中国海洋问题研究所研究员加布里埃尔·柯林斯、美国海军潜艇军官迈克尔·格拉布在《坚强的基础：当代中国的造船技术》

① 《邓小平军事文集》第 3 卷，军事科学出版社、中央文献出版社 2004 年版，第 128 页。

② 《邓小平年谱（1975—1997）》上，中央文献出版社 2004 年版，第 494 页。

③ 《中国造船业发展迅速，日本造船主感到不安》，《参考消息》，1990 年 4 月 16 日。

一文中指出，在中国本土海军建设过程中，民用造船业的产出量和先进性所占比例的增长令人难以置信，这有力地说明民用造船业作为中国经济和军事发展的推动力，发挥着日益重要的作用。从某种程度上讲，与先前的海洋强相比，中国的海洋发展之路有所不同。“中国正沿着一条与众不同的道路前进，其特点是通过重点发展海洋商业来带动海军的发展。……中国当前的海上转型很大程度上是以其极具活力的商业海事部门为主导的，而商业海事部门则对海军发展起到了强有力的协同作用。”① 美国学者关于中国船舶工业“以海洋商业发展带动海军发展”的总结，可以理解为“以民养军”“以民促军”的军民结合模式的西方解读。

2. 中国火箭成功发射美国制造的卫星，打开了进入国际商业卫星发射服务市场的大门

中国航天工业进入国际市场是邓小平“军转民”的重大成功。1983 年，中国政府与美国政府签署了一项和平利用空间技术的协议。按照协议，美国休斯公司同意运用中国的运载火箭发射美国研制的澳大利亚地球静止轨道通信卫星“亚洲一号”。1985 年 10 月，中国政府宣布，中国“长征”系列运载火箭投放国际市场。1986 年 1 月 28 日，美国航天飞机“挑战者”号发射升空后突然爆炸，同年 4 月 18 日，美国泰坦 34D－9KH9－20 火箭发射后又发生爆炸。欧洲宇航局阿里安火箭发射也相继失败，国际航天市场出现了运载危机，为中国运载火箭进入国际航天发射市场提供了极好的机会。但是，西方国家认为“长征火箭发射价格低对西方构成威胁”。美国和欧洲的卫星发射服务公司试图向澳大利亚卫星财团施加压力，要它放弃使用中国火箭发射其下一颗通信卫星的计划，其手段是拒绝作为“长征”火箭的后备替补者。② 国防科工委“从接

① 〔美〕安德鲁·S．埃里克森、莱尔·J．戈尔茨坦、卡恩斯·洛德主编：《中国走向海洋》，董绍峰、姜代超译，海洋出版社 2015 年版，第 314—315 页。

② 《西方公司压澳放弃利用我火箭发射卫星》，《参考消息》，1988 年 6 月 19 日。

触中感到，可能是美国政府的有关部门，出于某种政治目的，从中作梗，企图终止中美两国国防部长签署的对外和平利用空间技术协议”[①]。经时任中国国防部部长张爱萍与美国原国防部部长温伯格沟通后，中美双方就中国进入发射市场进行了一系列的艰苦谈判，最终美方宣布同意中方提出的六年内为外国发射九颗卫星的方案。

对于中国“长征三号”火箭为外国发射卫星，境外媒体一致的解读是国防研制经费紧张所致，认为这是北京为把航天工业变成赚钱企业而采取的一个重大步骤。法国航空与航天专家说，发展航天工业所需要的惊人费用迫使曾经实行高度保密制度的中国人同外国人进行更为密切的合作。[②] 1990 年 4 月 7 日，“长征三号”火箭成功发射“亚洲一号”卫星，美联社评价“这是中国第一次商业性卫星发射，从而为其获得急需的硬通货提供了机会”[③]。4 月 7 日晚，邓小平打电话给西昌卫星发射现场，祝贺用“长征三号”火箭成功地为亚洲卫星公司发射了由美国制造的“亚洲一号”卫星。[④] 自 1985 年 10 月中国政府宣布“长征”系列运载火箭投放国际市场、承揽国际卫星发射服务业务起，至 2000 年 10 月，“长征”系列运载火箭先后为巴基斯坦、澳大利亚、瑞典、美国、菲律宾、巴西等国家及中国用户成功发射了 27 颗国外制造的卫星。“长征”系列运载火箭进入国际卫星发射服务市场，是对国际商业卫星发射服务的有益补充，也为国外用户提供了新的选择。[⑤]

3. 军用飞机也可以搞合股经营，搞出来的飞机，还可以向第三世界出售

---

① 陆其明、范敏若编著：《张爱萍与两弹一星》，解放军出版社 2011 年版，第 553 页。

② 《中国人争取进入太空》，《参考消息》，1988 年 2 月 19 日。

③ 《中国首次打入商业卫星发射市场》，《参考消息》，1990 年 4 月 9 日。

④ 《邓小平科技思想年谱（1975—1994）》，中央文献出版社、科学技术文献出版社 2004 年版，第 231 页。

⑤ 《中国航天白皮书》，转引自李成智编著：《中国航天技术发展史稿》下，山东教育出版社 2006 年版，第 915—916 页。

从20世纪50年代末开始，中国航空工业以无偿援助的方式向国外出口产品，到70年代末的20年间，向17个发展中国家无偿援助了数以千计的飞机。由于飞机制造投资巨大，作为一个发展中国家，中国无偿对外援助难以持续。1979年1月18日，在听取三机部负责同志汇报时，邓小平说："民用飞机可以同别的国家搞合股经营，军用飞机能搞合股经营也可以。我们搞出来以后还可以向第三世界出卖嘛！"[①] 1980年，中国开始大批出口歼－6、歼－7飞机，以后引进先进的电子设备改装成功歼－7M歼击机和强－5型强击机，也成为很有销路的出口飞机。从1979年到1986年，中国共向10余个国家出口飞机数百架、发动机数百台，同时还出口了大量飞机、发动机备品配件和地面设备、随机工具，为用户培训近千名空地勤人员，派出专家组70个进行售后服务。法国《晨报》认为，尽管中国生产工艺落后，但是通过引进西方技术进行改进后，适宜第三世界的军人操纵，被认为优于苏联的米格飞机。同时，中国武器的王牌是价格比西方国家提供的武器便宜。购买一架美国F－16飞机所花的钱可以购买5架中国的F7M飞机，所以中国飞机有竞争力。1985年中国出口了将近20亿美元的武器。仅战斗机一项就占出口军火总额的7%。1986年，中国向众多国家诸如埃及、巴基斯坦和伊拉克出售了300架战斗机。[②]

"枭龙"原来是20世纪80年代中后期中国、巴基斯坦和美国联合开发的"超歼－7"轻型战斗机，后因美国退出而搁浅，1991年中国和巴基斯坦重启该合作计划。中国与巴基斯坦联合开发"枭龙"战斗机，旨在替代中国、巴基斯坦以及其他一些发展中国家和一些非洲国家以及西半球国家的歼－7、米格－21、F－5、"幻影"Ⅲ、歼－6和类似的飞机。2006年4月"枭龙"首飞成

---

① 转引自国防科学技术工业委员会编：《邓小平国防科技工业建设思想研究》，北京航空航天大学出版社2004年版，第38页。

② 《中国生产的武器有竞争力》，《参考消息》，1987年2月22日。

功，具备连续批量生产能力。“枭龙”战斗机联合开发的成功，改变了中国武器生产出口的“卖家”与“买家”的关系，用于贸易的武器不单单是“存量”机型，而且也可以是根据客户需求进行创新研发定制产品。研发经费分担，产品有市场的“枭龙”战斗机，是邓小平“军用飞机能搞合股经营”观点的成功范例。

第二节　工业上不去，国防现代化就不能实现

武器装备既是科技文明的结果，又是同时期工业制造水平的体现。作为经历过长期艰苦战争的军事战略家，作为亲历中国工业落后遭受日本军国主义蹂躏的政治家，邓小平对工业“落后是要挨打”的道理有切身的感受。旧中国经济落后、国防弱小，根源是没有强大的现代工业。邓小平指出：“工业上不去，科学技术上不去，国防现代化就不能实现。”[①] 在新中国经过近30年的努力奠定的现代工业的基础上，20世纪80年代，邓小平领导了中国工业大规模的技术改造，提升国有工业尤其是军工企业的技术改造，缩短与世界先进水平差距，提高现代化武器装备的制造能力。

一、要对全国现有的企业，进行有计划的技术改造

发达国家之所以能够生产出高性能的武器装备，关键是拥有先进的加工制造技术。中国要实现武器装备现代化，首先要对军工企业的技术进行现代化改造，提高企业的精密加工制造能力。自新中国成立到20世纪70年代末，中国初步建成门类比较齐全的现代工业体系。用邓小平的话说，建国30年来，中国工业“还是建立了一个相当的基础。没有这个基础不行。有了这个基础，才可能搞四个现代化。因为有这个基础，人家才看到中国提出的四个现代化并不是随便讲大话。”同时，在“工业方面，我们还比较落后，设备

① 《邓小平年谱（1975—1997）》上，中央文献出版社2004年版，第217页。

利用率很低，没有现代化，没有组织好”①，与发达国家有20多年的差距。因此，邓小平提出，20世纪80年代，中国“要对全国现有的企业，进行有计划的技术改造”②，推动军工企业的技术进步和军工产品的升级换代。

1. 集中资金搞企业技术改造，夯实国防现代化建设的工业基础，这个路子是对的

邓小平认为，基本建设必须包括企业的技术改造。不管基本建设投资多少，不抓现有企业的挖潜改造不行。基本建设资金太分散不利于工业的发展，因此，解决工业发展的资金瓶颈问题，“最重要的是集中。一个是集中资金搞重点建设，一个是集中精力搞技术改造”③。根据邓小平的指示，“六五”期间国家有计划有重点地对企业进行技术改造，完成更新改造投资1477亿元，比“五五”期间增长75%。④ 从1953年到1980年的28年中，国家用于现有企业设备更新和技术改造的投资占整个固定资产投资的20%左右，“六五”计划把这个比例提高到36%，大大加快了中国工业的生产技术进步的进程。⑤ 对集中资金进行技术改造的政策，邓小平给予充分肯定。1983年6月7日，在出席中共中央政治局常委和书记处会议，讨论“七五”计划基本建设规模的初步测算等问题的汇报时，邓小平在发言中指出：“资金，一个用到重点建设，一个用到老企业技术改造，这个路子是对的。”⑥

---

① 《邓小平科技思想年谱（1975—1994）》，中央文献出版社、科学技术文献出版社2004年版，第136页。

② 《邓小平文选》第3卷，人民出版社1993年版，第70页。

③ 《邓小平科技思想年谱（1975—1994）》，中央文献出版社、科学技术文献出版社2004年版，第183页。

④ 《中华人民共和国国民经济和社会发展第七个五年计划（1986—1990）》，人民出版社1986年版，第16页。

⑤ 《十二大以来重要文献选编》上，人民出版社1986年版，第167—168页。

⑥ 《邓小平科技思想年谱（1975—1994）》，中央文献出版社、科学技术文献出版社2004年版，第182页。

“七五”计划全面贯彻邓小平关于集中资金进行技术改造的指示，提出“坚决把建设重点切实转到现有企业的技术改造和改建扩建上来，走内涵型为主的扩大再生产的路子”[①]，作为经济发展的重要原则和方针之一。争取“在运用新技术改造传统产业方面取得显著成就。到1990年，争取40%左右的主要工业产品的质量和性能达到发达国家七十年代末八十年代初的水平”[②]。五年内，国家安排500项重点技术改造项目，主要是改造后能在赶超国际先进水平中起示范带头作用的大中型骨干企业、关系国民经济全局的、技术落后的老企业和承担出口任务较多的工业企业。计划五年内全民所有制单位技术改造和更新措施投资2760亿元，比“六五”期间增长87%。20世纪80年代10年间，基本建设投入更新改造资金5470亿元，完成技术改造项目40.9万项[③]，20世纪最后10年，中国继续坚持对企业的技术改造工业这一发展思路，提出“八五”时期和今后10年，要用先进的技术装备和生产工艺改造现有企业，围绕生产技术和装备现代化问题，组织好科研和生产攻关。要选择一批大中型骨干企业和一批重要产品，作为技术改造的主体和突破口，努力使这些企业和产品接近或达到国际先进水平，夯实国防现代化的工业基础。[④]

2. 中国工业都有点基础，引进先进技术改造企业得益更大

企业技术改造如何进行？在中国改革开放之初的1978年9月18日，邓小平就富有远见地提出引进国外先进技术，改造中国原有企业、带动产业发展的观点。在听取中共鞍山市委负责同志汇报时，邓小平说：“引进技术改造企业，第一要学会，第二要提高创新。……凡是引进的技术设备都应该是现代化的，必须是七十年代的，配套也要是七十年代的。……我们要以世界先进的科学技术成

① 《十二大以来重要文献选编》中，人民出版社1986年版，第802页。
② 《十二大以来重要文献选编》中，人民出版社1986年版，第985页。
③ 《十三大以来重要文献选编》下，人民出版社1993年版，第1480页。
④ 《十三大以来重要文献选编》下，人民出版社1993年版，第1503页。

果作为我们发展的起点。”① 1981 年 10 月 7 日，在会见德意志联邦共和国副总理兼外交部部长汉斯－迪特里希·根舍时，邓小平强调引进先进技术重要的是得到技术而不是设备。邓小平说：“中国的特点是底子薄、面积大、人口多，进口几套设备不能解决我们的问题。我们需要的是得到技术，以便自己能够生产。我们各方面都有点基础。如果引进你们的技术来改造我们的企业，那我们得益更大。”② 因此，引进国外先进技术，要立足于提高中国企业的技术水平，要着眼于带动中国的产业发展。邓小平说：“引进项目必须是能够带动我们自己的。就是说，引进的项目里有好多东西我们能自己干的，都用我们自己的，有些则用它的图纸，用它的规格，由我们来制造。这样，引进一个项目，可以带动一些行业的发展。”③ 邓小平认为，上海大众汽车公司就是引进项目带动产业的典范。如果不是引进德国的先进技术，我们生产的汽车还会像过去一样用锤子敲敲打打，现在大不同了，这是质的变化。质的变化反映在各个领域，不只是汽车这个行业。在改革开放之后的 10 年中，中国累计花费资金 165.8 亿美元，引进 18400 多项技术改造企业项目，涉及 26 个行业，到 1989 年底已有 73% 的项目投产。10 年间总计新增产值约 8742 亿元，新增利税 1035 亿元，全国有 15600 多种产品达到 20 世纪 80 年代的国际水平，使中国许多产品的技术水平由 20 世纪五六十年代提高到 20 世纪 70 年代末 80 年代初期的水平，缩短了约 20 年研制时间。④ 同时，对在技术引进过程存在的许多问题，如缺乏统筹规划，盲目引进、重复引进，硬件引进多、软件引进少，引进多、消化吸收创新少，花钱多、经济效益差等，邓小平要求及时纠正。

---

① 《邓小平文选》第 2 卷，人民出版社 1994 年版，第 129 页。

② 《邓小平科技思想年谱（1975—1994）》，中央文献出版社、科学技术文献出版社 2004 年版，第 166 页。

③ 《邓小平文选》第 2 卷，人民出版社 1994 年版，第 199 页。

④ 参见：《人民日报》海外版，1992 年 7 月 22 日。

3. 要争取多出口一点东西，换点高精尖的技术和设备回来，加速工业技术改造

技术引进是花钱的国际交易，越先进的技术越是昂贵。因此，引进先进技术的前提，就是要有支付能力，也就是要拿得出钱来买。国际贸易中的支付能力，体现为商品和劳务。20 世纪七八十年代，中国的支付能力主要是资源类产品，只能用石油、煤炭和其他贵重金属支付，也就是用资源换技术。1975 年 8 月 18 日，邓小平在国务院讨论国家计委起草的《关于加快工业发展的若干问题》时说："要争取多出口一点东西，换点高、精、尖的技术和设备回来，加速工业技术改造，提高劳动生产率。""这里有一个出口政策问题。出口什么？要大力开采石油，尽可能出口一些。工艺美术品等传统出口产品，要千方百计地增加出口。化工产品要考虑出口。煤炭也要考虑出口，还可以考虑同外国签订长期合同，引进他们的技术装备开采煤矿，用煤炭偿付。"① 总之，引进每一项目都要做到必须具有偿付能力，否则，无法获得先进的技术。

20 世纪 70 年代末到 80 年代初，中国的经济调整使某些国家对中国的支付能力表示担心，邓小平对时任美国财政部部长沃克说："现在国际上对我们搞四个现代化，引进先进设备和技术的偿付能力问题有些担心，美国也有这个担心。这个问题要具体分析。有一些项目不会发生偿付能力的问题，比如我们同你们石油公司签订的开采石油协定，广西平果铝矿的开采，都完全可以用产品补偿。采取补偿贸易形式，本身就有偿付能力。"② 根据邓小平的思路，20 世纪 70 年代末 80 年代初，中国的经济政策调整，没有影响中国大量地引进先进技术和设备。美国研制武器的主要专家、国防部副部长威廉·佩里说，中国 1979 年出现巨额赤字，1980 年的

---

① 《邓小平文选》第 2 卷，人民出版社 1994 年版，第 29 页。

② 《邓小平科技思想年谱（1975—1994）》，中央文献出版社、科学技术文献出版社 2004 年版，第 125—126 页。

国防开支因此减少，但是他没有看到有迹象表明中国对美国军事技术的要求会放慢。恰恰相反，这方面的兴趣会继续越来越大。

二、技术引进应当是全面的，要彻底革命，不要改良主义

在传统的意义上，技术改造是用新技术改造现有生产手段和方法的活动，包括在现有设备和工艺流程中增添新设备，用新设备、新工艺全面或局部更新现有生产设备和工艺，建设新的生产线等。然而，在经济体制改革的背景下，邓小平深刻地认识到，技术改造应当包括人才、管理等要素的引进，才是全面的、彻底的、革命性的改造，才能使先进技术发挥作用，达到提升中国企业技术水平的目的。邓小平指出："技术引进应当是全面的，……要彻底革命，不要改良主义。"①

1. 要利用外国智力，实际上引进人才也引进了技术

技术人才是科学知识和先进技术的主要载体和运用主体，引进外国先进技术不能离开人才的引进。邓小平指出："实际上引进人才也引进了技术。"② 针对引进外国技术人才怕花钱的担忧，邓小平解释说，请外国人最节省，花不了多少钱。1978 年 7 月 10 日，在会见美国科技代表团时，邓小平说，我们还要请更多的科学家、工程技术专家、学者来帮助我们，请你们帮助改造一些企业。③ 在会见新加坡前第一副总理吴庆瑞博士时，邓小平说，我们请你们来，就是请你们提供知识。不仅请你们来，还要广泛地请发达国家退休的专家、技术人员来帮助我们工作，他们来当顾问或到企业里担任实职都可以。④ 对技术引进具有重要意义的是，邓小平把引进

---

① 《邓小平科技思想年谱（1975—1994）》，中央文献出版社、科学技术文献出版社 2004 年版，第 84 页。

② 《邓小平科技思想年谱（1975—1994）》，中央文献出版社、科学技术文献出版社 2004 年版，第 213 页。

③ 《邓小平科技思想年谱（1975—1994）》，中央文献出版社、科学技术文献出版社 2004 年版，第 87 页。

④ 《邓小平科技思想年谱（1975—1994）》，中央文献出版社、科学技术文献出版社 2004 年版，第 201 页。

和利用外国智力作为对外开放战略的主要内容，提升到中国重大政策的层面。1983 年 7 月 8 日，邓小平在同几位中央负责同志谈话时指出："要利用外国智力，请一些外国人来参加我们的重点建设以及各方面的建设。对这个问题，我们认识不足，决心不大。搞现代化建设，我们既缺少经验，又缺少知识。不要怕请外国人多花了几个钱。"[①] 根据邓小平这一谈话精神，1983 年 8 月 24 日，中共中央作出了《关于引进外国智力以利四化建设的决定》，9 月 7 日，中共中央决定成立中央引进外国智力以利四化建设工作领导小组。

外国智力主要是国外的各种人才。引进和利用外国人才，同时也就可以引进国外的先进科技和先进管理方法。引进国外的先进技术和管理经验，同时也引进国外的人才，就能加快企业技术改造或项目建设步伐，按时达标投产，早日获得效益。当今世界各国，尤其是发达国家，无不重视引进人才。美国许多科技能够领先，很大程度是依靠欧洲移民特别是高级人才。在 1969 年到 1979 年的 10 年间，美国就接受了近 50 万名专业技术移民。苏联在建设初期，也大量引进国外掌握先进科技和管理的人才。第二次世界大战后，苏联从德国接收许多高级人才，研制导弹的科研所就接收了教授 13 名、博士工程师 32 名、工程师 85 名、实习工程师 21 名，加快了苏联导弹研制的进度。20 世纪 50 年代，苏联对中国援助 156 项工程，也派来大批专家，不但使这批工程很快建成投产，而且帮助中国培训了大批技术管理人员，大大提升了中国工业企业的技术水平和管理水平。20 世纪 80 年代，在邓小平的推动下，利用外国智力取得重大进展。1991 年，有 50 多个国家和地区的 3 万多名专家学者来华工作，主要是帮助中国兴建一批重点项目，对企业进行技术改造，培养文化教育方面的人才。我国有关方面已同 20 多个国家、100 多个官方和民间组织建立了人才交流的合作关系，并在 8

① 《邓小平文选》第 3 卷，人民出版社 1993 年版，第 32 页。

个国家和地区派有常驻代表。[①]

2. 引进技术改造企业，要在技术上管理上都来个革命，否则就没有资格引进

现代技术与现代管理紧密相连。没有先进的管理，任何先进的技术都不能充分发挥作用。邓小平指出："工业越现代化，越要有严格的管理。"[②] 也就是说，工业技术越先进，越要实行严格的科学管理。然而，长期以来，"我们存在的普遍问题是不会管理。我们要学会管理，善于组织我们的工业。管理好坏，效果大不一样。"[③] 企业技术改造，"我们要在技术上、管理上都来个革命"[④]。"引进技术改造企业，管理要完全照外国的办法，编制人数不能超过。"[⑤] 引进先进技术设备后，一定要按照国际先进的管理方法、先进的经营方法、先进的定额来管理，也就是要按照经济规律来管理经济。一句话，就是要革命，不要改良，不要修修补补。[⑥] 联邦德国的机器是完全自动化的，要引进人家的技术，就要学习人家的管理方法，完全按它的管理方式生产，根据联邦德国的管理办法组织生产。对这样的企业，不要搞改良主义，要彻底革命。所有的引进，必须坚持这一点，否则就没有资格引进，我们就永远落后。[⑦] 邓小平要求在技术引进中树立"管理也是技术""管理也是科学"的观念，对中国企业尤其是军工企业的技术改造具有深层次的重大的意义。

---

① 参见：《人民日报》海外版，1992 年 2 月 13 日。

② 《邓小平科技思想年谱（1975—1994）》，中央文献出版社、科学技术文献出版社 2004 年版，第 43 页。

③ 《邓小平科技思想年谱（1975—1994）》，中央文献出版社、科学技术文献出版社 2004 年版，第 62 页。

④ 《邓小平文选》第 2 卷，人民出版社 1994 年版，第 130 页。

⑤ 《邓小平科技思想年谱（1975—1994）》，中央文献出版社、科学技术文献出版社 2004 年版，第 85 页。

⑥ 《邓小平文选》第 2 卷，人民出版社 1994 年版，第 129—130 页。

⑦ 《邓小平科技思想年谱（1975—1994）》，中央文献出版社、科学技术文献出版社 2004 年版，第 103 页。

3. 掌握新技术，要善于学习，更要善于创新

购买先进科学技术是学习先进科技的初级阶段，对引进的先进科学技术消化创新是学习先进科学技术的高级阶段。1984 年 2 月 15 日，在视察建设中的上海宝山钢铁总厂时，邓小平强调指出："掌握新技术，要善于学习，更要善于创新"，要求把日本的技术都学过来。[①] 1992 年 1 月 24 日，在视察珠海生物化学制药厂时，邓小平指出："在科学技术方面，中国要有一席之地。你们这个厂的科技发展成果就是一席之地的一部分。中国应该每年有新的东西，每一天都有新的东西，这样才能占领阵地。"[②] 创新是学习国外先进科学技术的最高境界，贯穿于学习外国先进科学技术的全过程，是我们全面引进先进技术的落脚点。邓小平说："人类的成果为什么不用？一用，二批，三改，四创嘛！"[③] 引进先进技术的目的是为我所用，但用不是一味地"照搬"和永远地"模仿"，重要的是要用中改进，用中创新。邓小平强调，引进国外先进汽车生产技术后，"还要抓紧创新，搞新产品，变换车型，把车身变一变，像产品换个包装一样"[④]。邓小平认为，产品创新只是初级形态的技术创新，更重要的是要通过引进技术来带动行业创新、产业创新。要像日本那样，引进一项技术后，就集中一批人来进行攻关，不仅是要吸收，而且更是要改进。引进的先进科技的目的是要实现由产品创新来带动整个行业的发展。引进国外先进科技来实现创新，不仅是实现产品的升级换代，更重要的是要实现行业的发展以及对其他行业的带动。

---

① 《邓小平科技思想年谱（1975—1994）》，中央文献出版社、科学技术文献出版社 2004 年版，第 189 页。

② 《邓小平科技思想年谱（1975—1994）》，中央文献出版社、科学技术文献出版社 2004 年版，第 234 页。

③ 《邓小平科技思想年谱（1975—1994）》，中央文献出版社、科学技术文献出版社 2004 年版，第 27 页。

④ 《邓小平科技思想年谱（1975—1994）》，中央文献出版社、科学技术文献出版社 2004 年版，第 232 页。

现代工业的创新，首先是工业设计的创新。工业设计具有孕育武器装备的先天优势。由于武器装备的系统和功能日趋复杂，而且制造链条长，涉及环节多，设计便成为武器装备生产的前置环节和基础工作。当今世界，发达国家在国防工业制造中出现的许多新的设计理念和方法，对提高生产效率、降低成本、创新装备战斗力生成模式产生了重要影响。例如，模块化设计可以把不同功能、不同性能、不同规格的独立单元，通过一定的规则联系起来，从而构成复杂的产品，由此产生的武器系统能够实现快速响应，大大增强装备效能。美国通用动力公司通过模块化设计建造的“独立”级濒海战斗舰，由于布置了不同的集装箱式模块，因此能够根据不同的作战需要重新组合设备和武器。它装备上反水雷系统装置，就可以清理水雷，符合扫雷舰的作用；当它装备上声呐、鱼雷和反潜直升机等武器装备后，就可以反潜并攻击潜艇，在反潜战中发挥作用；当它装备上特种作战模块后，就可以快速靠近敌方海岸线，协助特种部队登陆作战，等等。国外观察人士认为，中国设计创新是技术引进和创新的典范。中国船舶工业现代化的一个主要途径是设计能力的提高。中国造船厂同日本、韩国以及欧洲国家造船厂在技术上的交流与合作，为中国造船厂提供了接触外国研发技术、生产技术和管理方法的机会，有助于提升中国造船厂的设计和生产能力。

三、要随着工业的发展大量使用计算机，工厂要改革工艺，不用行吗？

计算机是20世纪最重要的发明，是人类进入信息化时代的标志性产品。邓小平认为，对中国传统工业企业进行技术改造，迫切的任务是在工业中广泛使用计算机。1978年3月10日，在国务院全体会议上的发言中，邓小平指出：“现在国际上普遍使用电子计算机，我们的银行、商店不用行吗？工厂要改革工艺，不用行吗？我们要随着工业的发展大量使用计算机。”① 20世纪50年代，中国

① 《邓小平年谱（1975—1997）》上，中央文献出版社2004年版，第278页。

提出武器装备现代化的任务，其目标是实现武器装备的机械化。20世纪80年代以来，信息化逐步成为军队现代化的本质性规定。信息化战争取代机械化战争已成为必然趋势，没有信息化能力的机械化军队将会被战争所淘汰。面对世界范围的信息化浪潮，邓小平提出将电子技术逐步应用于国民经济各个部门，既为工业企业技术改造指明了方向，又为武器装备的现代化建设提出了顺应时代发展趋势的新任务。

1. 自动化，包括机械工业自动化，没有电子计算机是自动不了的

以电子计算机为代表的信息技术革命引起生产工具的革命性变化，把智能设备引入生产流程，使传统工业的机械化、自动化水平得到极大提高。20世纪70年代末期，邓小平深刻地认识到，当代中国工业企业的技术改造，必须以计算机的应用为目标，实现制造业的计算机控制，才能夯实现代高科技武器的制造基础。1978年6月23日，在听取清华大学情况汇报时，邓小平说："自动化，包括机械工业自动化，没有电子计算机是自动不了的。"① 鉴于电子计算机引发的人类生产方式、生活方式的革命性变化，邓小平要求加速发展中国电子计算机事业的发展。1978年3月4日，在全国科学大会召开前夕，邓小平专门听取了有关计算机发展问题的汇报。邓小平提出："制造计算机要打歼灭战""搞专业化生产""要搞三化"（即"通用化、系列化、标准化"——笔者注）②。全国科学大会通过的邓小平领导制定的8年科技规划认为，电子计算机技术是现代科技的主要标志之一。电子计算机技术的发展和应用，使机器不仅能够代替人的体力劳动，而且能够代替人的脑力劳动的某些职能，并成为记忆、运算和逻辑推理的辅助工具。电子计算机

① 《邓小平年谱（1975—1997）》上，中央文献出版社2004年版，第330页。

② 《邓小平科技思想年谱（1975—1994）》，中央文献出版社、科学技术文献出版社2004年版，第61—62页。

科技作为20世纪70年代后期中国科学技术规划的重点，明确提出：开展计算机科学和有关学科的基础研究。加强外部设备、软件和应用数学研究。解决大规模集成电路的工业生产的科学技术问题，突破超大规模集成电路的技术关。研制成功每秒千万次大型计算机和亿次巨型计算机。形成计算机系列的生产能力，大力推广应用计算机和微型机。建立全国公用数据传输网络和若干计算机网络、数据。由此，搭建中国计算机科技的发展框架。

电子计算机在生产领域的应用，实现了信息技术与工业生产的结合，标志着自动化水平新高度。邓小平敏锐地洞悉电子计算机的应用给工业带来的革命性变革，要求中国企业密切注意这一新的发展动向。位于湖北省十堰市的中国第二汽车制造厂是20世纪60年代中期开始筹建的三线建设项目，主要生产军用越野车和军用卡车，设计总规模年产10万辆。1980年7月22日，在视察二汽时，邓小平敏锐地指出："国外很多设备、生产线都用电子计算机控制，你们要注意这个新动向。"[①] 随后，二汽专门组团到美国去考察电子计算机、数控机床在生产线上的实际应用，引进和建立了总厂计算中心和各分厂的终端机，改进了生产管理、产品设计、设备制造，提高了自动化、智能化集成能力。[②] 长期以来，中国始终把电子计算机与工业制造的结合，作为信息化带动工业化的实现途径。1986年4月全国人大通过的"七五"计划提出，相应发展"工业控制机"[③]。计算机与工业控制的结合尤其是与精密机床的结合，被提上国家发展的战略层面。1992年3月8日，国务院印发的《国家中长期科学技术发展纲要》指出："我国已初步建成门类比较齐全的工业体系。但从总体上说，工业的技术落后状况尚未得到根

① 《春天长在，丰碑永存——邓小平同志与中国科技事业》，科学技术文献出版社2004年版，第258页。

② 《春天长在，丰碑永存——邓小平同志与中国科技事业》，科学技术文献出版社2004年版，第259页。

③ 《十二大以来重要文献选编》中，人民出版社1986年版，第999页。

本的改变，主要表现在装备、工艺和管理技术落后，设计陈旧，机械化、自动化水平低等方面，导致产品的性能和质量差，能源和材料消耗高，经济效益低，缺乏国际竞争能力。因此，工业科学技术发展的主要任务，是用现代科学技术，特别是微电子技术，对我国各主要工业领域进行技术改造。”①

2. 电子工业要争取时间加快发展，所有部门的现代化离开它寸步难行

信息技术革命对人类生产方式和生活方式的影响不仅是深刻的而且是全面的，渗透到政治、经济、文化、军事等各个社会领域，甚至被赋予信息社会的殊荣。1978 年 9 月 1 日，在主持讨论军队引进先进技术座谈会时，邓小平指出：“电子工业要争取时间加快发展，所有部门的现代化都和它有关系，离开它寸步难行。”② 无论是中国经济全面赶超发达国家还是武器装备全面赶超世界先进水平，关键是电子科技和电子工业跻身世界先进行业。1983 年 9 月 11 日，时任电子工业部部长江泽民同志在《人民日报》发表《振兴我国电子工业》的文章，提出：我们要加快电子工业发展，使电子工业部门成为军事电子技术装备部、国民经济电子技术装备部和人民文化生活电子产品供应部。③

建设国防现代化，实现武器装备现代化，必须加快电子工业的发展。20 世纪 70 年代开启的信息技术革命，逐渐成为新军事变革的核心。人类社会的战争正由机械化的战争转变为信息化的战争。整个工业时代军队的武器装备、组织体制、军事理论、军事训练以及后勤保障方式等，都必须按照信息化战争的要求进行彻底的改造。因此，加快电子工业的发展是建设信息化军队的迫切需要。20

① 《十三大以来重要文献选编》下，人民出版社 1993 年版，第 1950 页。

② 《邓小平军事文集》第 3 卷，军事科学出版社、中央文献出版社 2004 年版，第 137 页。

③ 江泽民著：《论中国信息技术产业发展》，中央文献出版社、上海交通大学出版社 2009 年版，第 88 页。

世纪 80 年代以来，在邓小平的领导下，中国从国家战略的层面作出加快电子工业发展的决定，1982 年国务院决定成立以万里副总理为组长的电子计算机和大规模集成电路领导小组，加强对集成电路和计算机事业的集中统一领导。“七五”计划对电子工业的发展做出了战略规划，提出到 1990 年“使集成电路、电子计算机、通信设备、软件等技术领域达到世界上比较先进的水平”[①]。邓小平认为，1985 年 9 月 23 日召开的中国共产党全国代表会议“通过的制定‘七五’计划的建议，方针政策是正确的，确定的目标是切合实际的，是一个好文件”。[②] 1990 年 12 月 30 日，通过的《中共中央关于制定国民经济和社会发展十年规划和“八五”计划的建议》中提出“电子工业是促进我国产业结构现代化的带头产业”[③]，把电子工业确立为国民经济的支柱产业，为电子工业的迅速发展和推广应用创造了条件。1991 年 3 月 25 日，李鹏在第七届全国人大第四次会议上所作的《关于国民经济和社会发展十年规划和第八个五年计划纲要的报告》指出：“电子工业在整个经济和社会发展中的作用越来越突出，必须把加快它的发展放在重要的战略位置上，并且把它同发展精密机床等机械设备紧密结合起来，推动电子技术在国民经济和社会生活中的广泛应用。”[④] 进入 21 世纪，中国提出以信息化带动工业化、以工业化促进信息化、走新型工业化道路的发展战略，把电子工业提升到中国未来发展道路的高度。

3. 我们需要这样一个中心，没有这样一个中心，电子学的研究也上不去

电子工业是以科研和开发为依托的工业部门。科学技术进步和智力开发是电子工业赖以发展的基础，必须依靠科技进步，加快电子工业自身的技术改造。一是积极采用国内外先进技术，加速电子

① 《十二大以来重要文献选编》中，人民出版社 1986 年版，第 998 页。
② 《邓小平文选》第 3 卷，人民出版社 1993 年版，第 142—143 页。
③ 《十三大以来重要文献选编》中，人民出版社 1991 年版，第 1390 页。
④ 《十三大以来重要文献选编》下，人民出版社 1993 年版，第 1503 页。

工业的技术改造。由于电子产业是完全由西方发达国家以相关知识产权为基础发展起来的，因此，加速发展中国的电子产业首先要想方设法引进和购买西方的电子技术和电子产品。1978 年 9 月 1 日，在讨论军队引进先进技术座谈会上的讲话中，邓小平指出，加速发展中国“计算机关键的问题是怎么样真正把技术弄到手，有些过不了关的可以引进材料，有些元件搞不出来可以买些，我们自己来装配”[①]。改革开放以来，中国通过多种渠道从西方国家引入电子产品和技术，尤其是军用微电子科技和产品元件的引进和购买，使中国各种军用微电子和整机研发生产机构和使用单位逐步熟悉和善于利用国际市场，提高了中国电子技术尤其是军用电子技术的科研能力。二是立足自主研制，改善科研手段。引进先进电子技术不可能建立起中国电子工业的现代化，必须立足于自主研发。以美国为首的西方国家，通过巴黎统筹委员会和《瓦森纳协议》机制，始终对中国引进最先进的微电子产品和技术设置重重障碍。尽管中国可以在国际市场上获得 70%—80% 的相关军用电子科技和产品，但是 20%—30% 的关键军用电子产品和科技则无法通过国际商业渠道取得。因此，邓小平始终强调电子科技和产品的国产化和自主研发，以摆脱受制于人的困境。1977 年 8 月 17 日，当方毅谈到加速器预制研究工程的建设由于被认为对城市有污染，至今尚未开工时，邓小平指出：“我们需要有这样一个研究中心。没有这样一个中心，不仅使高能物理的研究受影响，半导体、电子学的研究也上不去。”[②]

微电子技术是信息技术产业的基础，是军用高技术的核心。微电子技术用于武器装备，可以大大提高其性能，不仅可以减少军用电子系统的体积和重量，降低能耗，而且可以把多种武器装备联为

① 《邓小平军事文集》第 3 卷，军事科学出版社、中央文献出版社 2004 年版，第 136 页。

② 《邓小平年谱（1975—1997）》上，中央文献出版社 2004 年版，第 183—184 页。

一体，增强对信息的处理能力，提高系统的性能和可靠性，延长使用寿命。大规模集成电路的使用，还使一些高技术武器的发展成为可能。例如“战斧”式巡航导弹、“爱国者”导弹、“铺路石”激光制导导弹等，都是由超大规模集成电路把导弹的信息存储、处理、控制等功能部件缩小到能够安装到导弹这个小小的空间后，才成为军事强国的主战武器。

尽管中国在军用微电子科技的国产化和自主研发方面取得了显著的成绩，然而也有值得认真汲取的教训。自20世纪70年代末以来，中国曾经一度在30多年间基本放弃了大规模集成电路的研发和使用，转而大量购买外国晶片。这种趋势逐步发展，最终使中国成为全球最大的晶片进口国，消耗全球生产的一半以上的晶片。这个巨大的市场却没有相应带动国产晶片产业的进步，尤其是涉及军事和高端科研用途的大规模集成电路。① 进入21世纪后，中国已经具备大规模自主研发微电子技术和产品的条件，通过重新组建各种微电子产业，在大规模集成电路的设计、生产和运用等信息化产业的国产化方面取得了巨大进步。但是，中国微电子产业与世界先进国家的巨大差距，仍然严重阻碍着中国武器装备的不断升级发展，加强微电子技术的自主研究能力，实现微电子技术的国产化，是中国武器装备现代化绕不开的堡垒。

第三节 积极引进技术改造工业，不只是民用的改造，军用的也要改造

新中国成立初期，在苏联援助下建立起了中国现代工业的基础，形成了国防工业和民用工业两大系统。随后，在世界大战迫在眉睫的战争观指导下，国防工业快速壮大，技术水平尤其是军用电

---

① 《芯片上的中国军事力量》，《广角镜》，2015年12月16日—2016年1月15日，第32页。

子技术水平与发达国家差距不是很大。然而，随着世界科技的迅猛发展，加上国外发达国家的长期封锁，到20世纪70年代，中国国防工业企业的技术水平已经大大落后于世界先进水平，同样面临技术改造和技术进步的迫切需要。1978年6月28日、29日，在听取六机部和海军领导同志汇报造船企业技术改造问题时，邓小平指出，“工业最大的问题是改造问题，要积极引进技术，不只是民用改造，军用的也要改造”①。邓小平对军工企业技术改造给予了极大的推动，通过引进发达国家的先进技术，经过大规模的、全面的技术改造，军工企业的技术水平有了新的提高，为武器装备现代化建设提供了更加先进的技术基础。

一、国防必须现代化，同样要引进外国先进的技术

中国的国防工业体系是由兵器工业、航空工业、航天工业、船舶工业、核工业、电子工业和军需工业等构成的。1979年8月23日，在会见美国民主党参议员时，邓小平指出：“随着国民经济的发展，国防必须现代化，我们同样要引进外国先进的技术、先进的装备。”② 20世纪80年代起，中国的国防工业各领域积极引进先进技术，迅速地实现了产业技术的更新升级。

1. 造船企业“以民促军”，方法是要大胆地改造现有造船厂

船舶工业的技术改造，邓小平提出得最早，要求得最具体，督促落实得最多，成效也最好。1978年6月28日、29日，在听取第六机械工业部和海军领导汇报造船工业情况时，邓小平赞同六机部提出的“以军为主，以民养军”思路，认为把民用船的水平提高了，也可以促进军用船。其方法是要大胆改造现有的造船厂。邓小平指出：“以军为主，以民养军，改造造船工业。江南厂、大连厂都要彻底改造，就是搞成新厂。……技术引进，点在哪儿？现在两

① 《邓小平军事文集》第3卷，军事科学出版社、中央文献出版社2004年版，第128页。

② 《邓小平年谱（1975—1997）》上，中央文献出版社2004年版，第546页。

个点，一个在上海，一个在大连。第三个点选在哪儿？南海当然最理想了。大连厂在辽宁、天津等地区配套。江南厂在上海、江苏、浙江等地区配套。第三点如果放在武汉，可在湖北、四川等地区配套。如果放在广州，可在广东等地区配套。要规划好，迅速定下来。"① 1978 年 9 月 1 日，在主持军队引进外国先进技术座谈会时，邓小平对上海江南造船厂、大连造船厂和广州造船厂提出"全面引进"的技术改造要求，他指出："有些大项目宁可要全，比如改造三个造船厂，设备、技术要引全，包括人员编制，要按人家的办法办。……三个船厂改造后，可以形成一百万吨的年生产能力，那就了不起！"②

落实邓小平"船舶工业要积极引进外国先进技术"③ 的要求，船舶工业企业重点引进了 50 多项世界名牌关键船用设备制造技术（软件）和船型设计制造技术，先后搜集了世界七大著名船舶社的上万个造船标准和技术规范，翻译出版了约 8900 万字国外标准、规范及有关公约。在消化、吸收的基础上，重新制订或修订了国内造船技术标准，使之向国际标准靠拢。沿海骨干造船厂率先同日本、韩国以及欧洲国家造船企业建立长期的技术合作关系，从工艺技术、操作规范到各种规章制度、现场管理等，全部按国际规范要求实施。中国船舶工业的技术引进，使中国造船能力和技术水平大幅提升，缩小了与发达国家军用船只建造水平的差距。

2. 完全靠自己解决航空技术落后的问题，时间可能要很长，困难会很大，可以引进某些缺门技术

新中国的航空工业是在极其薄弱的基础上建立起来的。20 世

---

① 《邓小平军事文集》第 3 卷，军事科学出版社、中央文献出版社 2004 年版，第 128—129 页。

② 《邓小平军事文集》第 3 卷，军事科学出版社、中央文献出版社 2004 年版，第 137 页。

③ 国防科学技术工业委员会编：《邓小平国防科技工业建设思想研究》，北京航空航天大学出版社 2004 年版，第 51 页。

纪五六十年代，大规模地引进苏联先进技术，加快了航空工业掌握先进技术的进程，中国的航空产品迅速进入世界先进行列。然而，随着世界航空技术的飞速发展，20 世纪 70 年代中国航空工业与发达国家的差距再次扩大。1979 年 5 月 22 日，在同余秋里等商议引进国外航空工业技术等事宜时，邓小平指出："我们航空方面的技术力量差，……这些东西要完全靠自己解决，时间可能要很长，困难会很大，可以引进某些技术，特别要引进那些缺门技术。"① 航空技术的积累和进步是一个漫长的过程，按部就班地推进难以赶上世界先进水平，引进先进技术和缺门技术，是节省时间的好办法。

20 世纪 70 年代中期以来，引进国外先进技术，改造航空企业，对中国航空工业的发展起到了显著作用。第一，填补了缺门，获得了技术。按照邓小平航空工业"特别要引进那些缺门技术"的要求，1975 年，从英国罗尔斯·罗伊斯公司获得"斯贝"发动机生产许可权，1980 年试制成功，填补了中国航空发动机专业中涡轮风扇发动机的缺门，获得了相应的发动机制造技术。"70 年代，中国从英国引进'斯贝'发动机，自行设计自造'斯贝'发动机试车台，并安装调试成功。经中英双方共同鉴定，认为这是高水平的试车台，可以满足'斯贝'发动机试车需要。"② 1980 年，中航技公司同法国航空航天公司、透博梅卡公司分别签订了"海豚"直升机及其"阿赫耶"发动机的生产技术转让和购买其飞机、发动机部件、原材料的合同。随后，同法国的其他公司签订了直升机所需用的自动驾驶仪、液压助力器和总压传感器等配套产品的供货和技术转让合同。③ 这项引进从接收整机开始，先进行总装调试，然后生产部分零组件，逐步扩大自制件，直到全部零组件国产

① 《邓小平年谱（1975—1997）》上，中央文献出版社 2004 年版，第 517 页。

② 谢光主编：《当代中国的国防科技事业》下，当代中国出版社 1992 年版，第 221 页。

③ 转引自谢光主编：《当代中国的国防科技事业》下，当代中国出版社 1992 年版，第 217 页。

化，使中国直升机的制造技术水平有了很大提高。第二，改进了飞机性能，扩大了飞机用途。改革开放以后，中国航空工业在立足自力更生的基础上，同时采用国外先进部件配套的灵活政策，针对某些局部薄弱环节，引进国外技术，对飞机进行改装，以提高性能、扩大用途，取得了好的效果。1985 年至 1987 年，先后引进电子技术和设备，在机载雷达和导弹遥测设备等方面进行了应用开发，初步取得了小型化、高可靠的技术效果。① 第三，加速了研究手段现代化，加强了试验手段建设。航空技术的发展有赖于科学研究与试验。国际上先进科学研究实验设备、仪器的发展日新月异，成为推动航空技术发展的重要因素。20 世纪 80 年代以后，中国航空工业引进的研究试验设备，对科研、设计单位进行了装备和改造，增强了研究试验的能力。一批大型计算机和微机可以为飞机、发动机、机载设备设计、研究、试验进行计算工作，并为企业和科研管理提供现代化手段等。第四，开辟了同国外合作生产航空产品的途径。1979 年 1 月 18 日，在听取航空工业部负责人汇报时，邓小平指出："三机部要军民结合，要搞民航机。自己能生产民航机，可以少用外汇去国外买飞机。"② "民用飞机可以同别的国家搞合股经营。"③ 1981 年，在中共中央政治局扩大会议上，邓小平指出："国内航线使用国产民用飞机要作为国策定下来。"④ 1985 年 3 月，上海航空工业公司、中国航空器材公司和美国麦克唐纳·道格拉斯公司签订了合作生产飞机的协议。协议要求上海航空工业公司在麦克唐纳·道格拉斯公司的帮助下，用后者提供的零部件和装配技术，于 1991 年以前生产 25 架 MD－82 型客机，销售给中国民航。

---

① 《邓小平年谱（1975—1997）》上，中央文献出版社 2004 年版，第 473 页。

② 转引自国防科学技术工业委员会编：《邓小平国防科技工业建设思想研究》，北京航空航天大学出版社 2004 年版，第 38 页。

③ 转引自国防科学技术工业委员会编：《邓小平国防科技工业建设思想研究》，北京航空航天大学出版社 2004 年版，第 38 页。

④ 转引自国防科学技术工业委员会编：《邓小平国防科技工业建设思想研究》，北京航空航天大学出版社 2004 年版，第 38 页。

1986年，中国航空工业同美国普拉斯·惠特尼公司签订了合作发展FT8燃气轮机协议，同联邦德国梅塞斯米特·贝尔科夫·布洛姆（MBB）公司签订了75座桨扇旅客机可行性研究的协议。第五，提高了对航空工业进行技术改造的能力。为了采用先进技术，经济有效地改造航空企业的某些落后工艺，中国航空工业引进了数控机床的制造技术。1980年，由中国航空工艺研究所同法国福莱斯特·赖恩公司签订引进数控铣床生产许可权合同。航空企业采用此机床后，改变了传统的设计和生产流程，使飞机框架由原来的多种零件组成改为一个整体，提高了强度，节省了准备工时和加工工时，减少了工艺设备，缩短了装配周期。

3. 中国电子工业太薄弱，企业电子化改造正在同好多国家合作

中国军工体制改革前，电子工业归属于军事工业或国防工业。改革开放后，尽管信息产业没有被正式纳入国防工业体系，但却是中国最具创新性、最具活力的军品供应商。争取引进外国的先进技术和人才的政策，是提高中国电子工业技术起点、加速发展的重大举措。1979年7月10日，在同缅甸总理吴貌貌卡谈话时，邓小平说："我们的许多工厂要进行改革。电子工业太薄弱，现在在同好多国家合作。"① 1984年2月21日，时任电子工业部部长江泽民同志在全国电子工业厅局长工作会议上的报告中指出，迎接新技术革命的挑战，中国已经明确提出重视和提高电子工业的战略地位。江泽民说："电子工业要在推进我国新技术革命中发挥作用，关键是加快自身革命，不但要有'量'的增长，更要在电子工业领域率先应用微电子技术改造现有各类产品，使其有一个新的'质'的转变。"② 引进先进技术改造电子工业，实现电子工业的自身革命，

① 《邓小平科技思想年谱（1975—1994）》，中央文献出版社、科学技术文献出版社2004年版，第133页。

② 江泽民著：《论中国信息技术产业发展》，中央文献出版社、上海交通大学出版社2009年版，第102页。

是走中国式电子工业发展的目标和方针。

电子工业是军民融合度最大的工业部门，20 世纪 70 年代以来民用信息技术的飞速发展，迫使中国军用电子工业的发展必须走军民结合的改革之路，以民用电子工业的壮大来增强军用电子工业的基础。1977 年 12 月 6 日，在听取三机部等国防工业部主要负责人汇报时，邓小平指出："要以民养军，电子工业也应如此。"[①] 20 世纪 80 年代，采取引进技术、人才交流、在国内合资企业举办、在国外开办公司等方式，中国与美国、加拿大、日本等国家开展了广泛的合作。作为传统军事工业的电子工业，与世界先进国家开展技术合作，走军事技术研究"民用化"的道路，是中国电子工业成功改造，迅速跻身行业世界先进水平的重要原因。就世界各国电子技术发展的趋势而言，军用电子技术更新的平均周期是 5 年到 7 年，而民用电子科技和电子产品的更新周期是 1.5 年到 2 年，因此，民用电子科技和电子产品的技术水准远远高于军用产品，其更新换代的速度远远快于军用产品。各种民用和商用电子设备的整机性能和部件水平远远高于军用产品数代，与民用电子科技研发的产业规模远远超过军用产业规模密不可分。由于规模越大的民用电子市场越能够支撑更大的企业和基础研发投资，从而产生更高水平的电子科技和更先进的电子产品，进而提高军用电子科技水平，因此，军民两用以及民用科技主导发展趋势并拉动军用产品的提高，是电子科技发展普遍的事实。由于中国拥有全世界最大的电子产业和微电子元器件市场，因此中国的国防电子科技和军用信息化，已经具备优越的发展条件。

可以说，电子信息技术领域的成功，为国防工业生产建立了新模式。或许可以说，中国电子工业创建了国防工业"以民促军"的军民结合新模式。

---

① 《邓小平年谱（1975—1997）》上，中央文献出版社 2004 年版，第 245 页。

二、国防工业的技术改造，苏联也可以出力嘛

学习苏联经验建立起来的新中国的国防工业体系，采用的是苏联的技术、标准和管理方式。20 世纪 80 年代，中苏关系正常化前，中国国防工业的技术引进主要是从美国和欧洲国家。随着中苏关系的改善，邓小平强调与苏联的技术合作。1984 年 11 月 1 日，在中央军委座谈会上的讲话中，邓小平说："对苏联和东欧国家的开放，这也是一个方面。国家关系即使不能够正常化，但是可以交往，如做生意呀，搞技术合作呀，甚至于合资经营呀，技术改造呀，一百五十六个项目的技术改造，他们可以出力嘛。"① 20 世纪 50 年代苏联向中国援建的工业项目大多数是军工项目，在新的历史时期引进苏联技术改造军工企业具有技术连续性优势。

1989 年政治风波后，西方国家对中国进行"制裁"，军事合作全面停止或者推迟。1989 年 5 月 16 日，在会见苏联最高苏维埃主席团主席、苏共中央总书记米哈伊尔·戈尔巴乔夫时，邓小平"宣布中苏关系从此实现正常化"②，中苏武器装备的合作，进入"结束过去，开辟未来"的新时期。1993 年初，"邓小平同志指示，要加强装备建设，改善我军的武器装备，适时引进一些先进装备和技术，提高军队现代化水平"③。按照邓小平的指示精神，中国对加快国防科技和武器装备发展作了重要部署，采取了一系列措施，开启了全面引进俄罗斯装备和技术的新局面。

苏联技术帮助中国导弹工业提升了研发与生产能力。20 世纪 50 年代至 60 年代，中国导弹在一定程度上以苏联导弹为基础。自中苏关系恶化到正常化期间，中国已开始设计自己的导弹系统。从 20 世纪 90 年代初开始，中国陆续引进了俄罗斯的多种导弹系统。1991 年，中国开始引进苏联 80 年代研制的 S－300 防空导弹以及

① 《邓小平文选》第 3 卷，人民出版社 1993 年版，第 99 页。
② 《邓小平文选》第 3 卷，人民出版社 1993 年版，第 291 页。
③ 《刘华清军事文选》下卷，解放军出版社 2008 年版，第 295 页。

改进的S-300各种型号。为保障陆军部队的野战防空，90年代中国引进了俄罗斯的道尔-M1防空导弹系统。

中国陆军装备原有水平相对较高，因此没有批量购买俄罗斯的装备，主要是引进了一些技术，如引进BMP-3武器系统、火控设备和生产技术，从而生产出中国的新一代步战车。

中国海军装备在三军中曾是最为落后的，在自主研发能力有限的情况下，1993年中国开始与俄商谈购买“现代”级驱逐舰，于1997年以8亿美元购进两艘，2002年又以14亿美元采购第二批两艘改进型“现代”级驱逐舰。①

三、三线的基础是有了，问题是如何改造，怎么发挥作用

三线建设是中国国防建设的重大战略。改革开放以来，由于国际战略格局的变化、党和国家工作重点的转移，三线国防企业的发展面临巨大的困难，邓小平要求走军民结合的路子、引进先进技术改造三线企业，实现国防企业的转型升级。1978年7月1日、2日，在听取五机部负责人汇报时，邓小平说：“小三线的基础是有了，问题是如何改造，怎么发挥作用。”② 20世纪80年代，中国对三线企业进行了近10年的调整、改造，20世纪90年代中期开始，三线企业进入了新的发展时期。邓小平对三线建设的酝酿与决策、部署与实施、调整与改造的各个阶段都作出了重要贡献，这一时期的观点构成邓小平关于武器装备建设论述的重要内容。

1. 要从立足国防战略布局抓好三线建设，不把国防战略布局搞好，心放不下

20世纪60年代初，中国面临十分严峻的国际形势。当时，中国经济发展及结构布局不够合理，特别是近代工业多集中于沿海大城市，不符合备战和未来战争的要求。1964年5月，中央政治局常委

---

① 《中俄合作武器研发内幕》，《广角镜》，2014年6月16日—2014年7月15日，第18—32页。

② 《邓小平军事文集》第3卷，军事科学出版社、中央文献出版社2004年版，第131页。

会会议作出“搞好战略布局，加强三线建设”的战略决策，在长城以南、京广线以西的广大纵深地区建立巩固的大后方，要求国防科技工业新建项目都要放在内地。1965 年 10 月召开的中央工作会议，确定“三五”计划的基本方针为“以国防建设第一，加强‘三线’建设，逐步改变工业布局。”1966 年 2 月 26 日，在全国工业交通工作会议和工业交通政治工作会议上的讲话中，邓小平指出：“要从立足国防战略布局抓三线建设。不把国防战略布局搞好，心放不下。”①

以钢铁为基础的材料工业，是国防工业的物质基础，直接决定武器装备的结构和性能。大规模钢铁生产首先是战争需要所促成的。因此，三线钢铁工业建设必须立足战争准备。邓小平提出，国防工业布局要吸取斯大林的教训，首先把钢铁工业布局搞好。苏联卫国战争初期，仗开始没有打好，并不完全是斯大林犯了准备不足的错误，而是与苏联的经济实力尤其是工业实力有关。那时苏联的钢年产量 1800 万吨，有 600 万吨在后方乌拉尔地区生产。而我们现在三线的钢 70 万吨还不到，三线加上二线，也只有 200 万吨，连当时苏联的 1/3 都不到。不是毛主席抓，一旦打起仗来，犯的错误不比斯大林小。② 基于苏联的教训和中国的实际，邓小平高度重视钢铁产业的布局：“看来，工业的代表还是钢。钢是工业的主要‘粮食’，当然，还联系到煤、电、路等等。没有‘粮’，工业怎么能上去！设想第三个五年计划全国搞到二千万吨钢，三线搞到三百五十万吨到四百万吨，加上二线一共达到一千万吨，或者九百万吨也好，打起仗来，我们就比较放心了。不然，三线都是搞一些张开嘴巴吃的机械工业，一打起仗来，一线运不去，没有‘粮’吃怎

---

① 《邓小平军事文集》第 2 卷，军事科学出版社、中央文献出版社 2004 年版，第 346 页。

② 《邓小平军事文集》第 2 卷，军事科学出版社、中央文献出版社 2004 年版，第 346 页。

么办？不要到那时再检讨，现在努力搞嘛！”[①] 邓小平认为，要力争用两个五年计划也就是10年时间，把一、二、三线的钢产量各搞到1000万吨，我们就立于不败之地了，国防安全问题就有了保障。

三线，指的是20世纪60年代初期，中共中央和毛泽东从战备需要出发，根据战略位置的不同，提出将中国各地区分为一线、二线、三线。一线指的是处在战略前方的一些省区，三线指的是全国的战略大后方，二线指的是处于一线和三线之间的省区。中部及沿海省区的腹地又称为小三线。三线建设大体上分为两个阶段。1965年和“三五”时期（1966—1970年）为第一阶段。1964年和1965年，从上海、北京、天津、辽宁等工业基础较好的省、市向三线地区搬迁了148个工厂，其中1964年搬迁了29个工厂，10918人；1965年搬迁了145个项目，79538人。1970年和“四五”时期（1971—1975年）为第二阶段，安排的第二批建设项目主要是国防军工企业。全国大中型建设项目1113个，其中三线建设项目663个，占59.56%。[②] 三线建设“国家共投入2052亿元的资金和几百万人力，历时15年之久，在三线地区和一二线地区腹地，建起了以国防工业、基础工业为主的近2000个大中型工厂、铁路、水电站、科研院所等基础设施”[③]。

2. 三线企业如何提高，生产能力怎么搞大，要搞自动化

20世纪70年代以来，随着国际战略格局的改变，爆发世界大战的可能性的降低，国家工作重点的转移，三线国防建设面临调整改造的新局面。1978年7月1日、2日，在听取五机部负责人汇报

① 《邓小平军事文集》第2卷，军事科学出版社、中央文献出版社2004年版，第347页。

② 于川信、周建平主编：《军民融合式发展理论与实践》，军事科学出版社2010年版，第84页。

③ 陈东林：《三线建设的决策与价值：50年后的回眸》，《新华文摘》，2014年第24期，第101页。

时，邓小平对三线军工企业的调整和改造提出意见，指出："小三线的问题要专门研究。小三线能力不小，今后是如何提高的问题。要研究生产能力怎么搞大，要搞自动化。……小三线有两个问题：一是搞好技术改造，二是平时搞什么。"[①] 邓小平认为，小三线企业在一个地区，设备都比较好，比较精密，调整、改造抓好了，至少可以起地方工业的作用，因此，要制定包括管理权限、质量、军民结合小三线为内容的技术改造方案。

邓小平把小三线、大三线的调整改造问题，纳入国家整个军事工业的布局调整和升级提高来思考，提出以"搬迁""建新点""分撤"等方式，实现国防科研的配套。1977 年 10 月 4 日，在讨论军队装备和国防科研工作会议上，邓小平指出："抓科研也要集中力量打歼灭战，要配成套。现在科研、生产配套的安排，有的距离很远，有的还在第一线。要研究，有的要搬，有的要建立第二个点，有的要分，一步一步地分。"[②] 1981 年 10 月 24 日，邓小平将四川省委主要领导同志谭启龙、鲁大东"建议在制定长远规划时要考虑四川三线建设如何发挥作用"的来信，批送国务院主要领导参酌。[③] 经过长期的调研酝酿，邓小平关于三线企业调整改造的理念转化为国家政策，具体化为"七五"计划的相关内容，即"'七五'和稍长一点时间，要对三线地区的企业逐步调整和改造"[④]，要求"有关部门和地区要对三线地区企业的调整和改造作出合理规划，有步骤地加以实施"[⑤]。三线建设的调整和改造的原

---

① 《邓小平军事文集》第 3 卷，军事科学出版社、中央文献出版社 2004 年版，第 131 页。

② 《邓小平军事文集》第 3 卷，军事科学出版社、中央文献出版社 2004 年版，第 71 页。

③ 《邓小平年谱（1975—1997）》下，中央文献出版社 2004 年版，第 780 页。

④ 《中华人民共和国国民经济和社会发展第七个五年计划（1986—1990）》，人民出版社 1986 年版，第 107 页。

⑤ 《中华人民共和国国民经济和社会发展第七个五年计划（1986—1990）》，人民出版社 1986 年版，第 108 页。

则是：“（一）对于布局合理、产品方向明确、经济效益好的企业，进一步充实完善，提高技术水平，改进经营管理。（二）对于建设基本成功，但因受能源、交通、信息等条件的制约，能力没有充分发挥的企业，加强技术改造，补充完善生产能力。（三）对于少数厂址存在问题，产品没有明确方向，无法维持下去的企业，通过关、停、并、转、迁等办法，进行必要的调整。”① 1983 年 12 月，三线布局调整改造规划方案正式实施，先后经历了“七五”期间的综合治理改造，“八五”“九五”期间的以脱险搬迁为主要内容的布局调整。据统计，实施整体搬迁、部分搬迁和就地改造的三线军工单位，约占三线国防军工企业和科研院所总量的 2/3，迁出的三线职工约占国防单位职工总数的 1/2。调整的企业调整改造前后相比，调整的企业产值和销售收入普遍翻了二至三番，实现利润和上缴税金大幅增加。② 三线企业的调整改造，改善了三线企业的生产经营环境，加快了军转民发展步伐，带动了中西部地区经济发展，从国家战略层面上进一步夯实了国防工业的基础。

3. 三线建设，不仅国防上意义大，建设意义也是很大的

三线建设是“备战”时期的产物。尽管三线建设的出发点是国防建设，但是，邓小平认为，三线建设是“整个全民的备战，整个建设的备战”③，具有国防建设和经济建设的双重意义。1966 年 1 月 17 日，在全军政治工作会议上的报告中，邓小平指出：我们大小三线一抓，不仅国防上意义大，建设意义也是很大的。“抓三线，抓备战，这是个最大的指导思想，不但对战备有益处，而且对改变全国的建设布局意义非常大。过去是在一二线搞，主要是在沿海搞，现在搞三线，一线、二线、三线将来都是我们的工业基

---

① 《十二大以来重要文献选编》中，人民出版社 1986 年版，第 1010 页。

② 国防科学技术工业委员会编：《邓小平国防科技工业建设思想研究》，北京航空航天大学出版社 2004 年版，第 182 页。

③ 《邓小平文集（1949—1974）》下卷，人民出版社 2014 年版，第 258 页。

地。"[①] 同时，邓小平认为，三线建设有利于缩小"三大差别"，推动社会进步。1966 年 2 月 26 日，在全国工业交通工作会议和工业交通政治工作会议上的讲话中，邓小平指出："就全国的战略布局说，第三个五年计划要以建设大小三线为纲。各省把自己的小三线搞起来，也很重要。从长远来说，对工农结合、城乡结合，消灭三个差别都有好处。小三线，比如，赣西、湘西、闽西、皖西，等等，这些地方搞起来，会使工业布局更加合理。到处都有点底子了，空白点少了，发展就会更快。"[②] 在"以经济建设为中心"的新时期，尽管对三线建设决策的反思，引发了许多争论。但是，邓小平对"七五"计划仍然给予了充分肯定："我国西部和中部的一些地区，经过长期的建设，已经形成了一个门类比较多、技术比较先进的战略后方基地。对提高国防实力，改善工业布局，开发内地资源起了重要作用。"[③] 香港《华侨日报》发表《中国三线企业战略的再转移》的文章指出：三线建设是中共从国防战略出发，在 60 年代中期开始的生产力布局的一次重大战略转移，集中力量形成了一个后方基地。经过 20 多年的建设，从军事角度看，这个基地对中共军队的现代化、国防力量的加强，都起到了重大作用。中国导弹的发射台、卫星腾空的地点，都与三线建设有关。同时，由于三线建设的发展，中国工业布局的偏重现象也有所改善。对过去单是依靠沿海地带，把工业过多地集中在东部的传统，有了初步的突破。[④]

4. 三线地区有的工厂布局不合理，要重新规划，把调整意见统一起来

改革开放初期，社会各界在肯定三线建设成绩的同时，也提出

---

① 《邓小平文集（1949—1974）》下卷，人民出版社 2014 年版，第 258 页。

② 《邓小平军事文集》第 2 卷，军事科学出版社、中央文献出版社 2004 年版，第 347 页。

③ 《中华人民共和国国民经济和社会发展第七个五年计划（1986—1990）》，人民出版社 1986 年版，第 107 页。

④ 《中国三线企业战略的再转移》，《参考消息》，1987 年 7 月 29 日。

了许多引起争论的观点，尤其是军工企业经营困难时期“三线企业是大包袱”的评说，一直没有断过。其原因是，三线建设的提出和实施当年来得太快，缺乏总规划和综合平衡，生产布局过于分散，一些企业以战略观点放在荒山野岭而没有城市依托，缺乏现代工业生产所必需的供销、协调条件。[①] “在建设中，还遗留不少问题。主要是许多重要企业和生产基地不配套，布局不合理，生产能力不能充分发挥。”[②] 20 世纪 80 年代初，经过半年多的调查，掌握到的情况是：三线地区共有大中型企业和科研设计院所 1945 个。符合战略要求，产品方向正确，有发展前途，经济效益好，对国家贡献大，建设是成功的，占 48%；建设基本是成功的，但由于受交通、能源、设备、管理水平等条件的限制，生产能力没有充分发挥，特别是产品方向变化后，经济效益不够好的，占 45%；选址有严重问题，生产科研无法继续进行下去的，有的至今产品方向不明，没有发展前途的，占 7%。也就是说，三线建设从经济效益上来讲，基本上是发挥了作用的。[③] 有严重问题的小部分三线企业，包括三种情况：（1）企业所在地自然灾害频发、生活条件恶劣，危及生产和职工生命安全。（2）选址过于分散或是远离原料产地，不适合行业特点。（3）因国家改变战略或资金困难，长期停建缓建，靠国家补贴度日。[④]

为解决三线建设中的历史遗留问题，按照邓小平“调整改造，发挥作用”的思路进行了分门别类的调整改造。1978 年 7 月 1 日、2 日，在听取五机部负责人汇报时，针对三线企业军民结合问题，邓小平指出：“有的工厂布局不合理，要重新规划，把调整的意见

① 《中国三线企业战略的再转移》，《参考消息》，1987 年 7 月 29 日。

② 《中华人民共和国国民经济和社会发展第七个五年计划（1986—1990）》，人民出版社 1986 年版，第 107 页。

③ 陈东林：《三线建设的决策与价值：50 年后的回眸》，《新华文摘》，2014 年第 24 期，第 103 页。

④ 陈东林：《三线建设的决策与价值：50 年后的回眸》，《新华文摘》，2014 年第 24 期，第 103 页。

统一起来。没有争议的可先动，有争议的要好好议论，把规划搞好。”[①] 1978 年 10 月 17 日，邓小平批准国防科委《关于解决二机部九院九所问题的请示》报告，同意将由于没有大型电子计算机难以开展科研工作的九所部分工作人员及家属的户口从四川梓潼暂迁北京。同时，要求继续抓紧解决国内计算机研制、设法从国外购买一台百万次计算机，积极筹建三线计算中心，改善国防科研条件。[②] 邓小平的批示，实际上拉开了三线企业和科研院所布局调整、改造的序幕。1983 年底，党中央、国务院作出了对三线建设进行“调整改造、发挥作用”的重大决策，并成立国务院三线建设调整改造规划办公室，经过艰苦卓绝的努力到 2003 年 12 月正式结束。20 年间共规划安排三线调整项目 274 个，按调整方式分，撤销建制 12 个，就地转产改造 17 个，整体或部分搬迁 245 个；按隶属关系分，中央直属军工单位 160 个，电子工业部直属单位 47 个，地区军事企业 27 个，中央及地方其他工业部的所属企业 40 个；规划只给政策的“单给”三线调整项目 169 个。截至 2006 年年底，累计完成基本建设投资 223.13 亿元，共迁出三线职工 37.64 万人，并使一大批如长虹、九院、二汽、电子 29 所、攀钢等企业重新焕发青春。[③]

在人类迈入信息时代的 20 世纪 80 年代，邓小平从国家发展的战略高度，坚持走军民结合的国防工业发展道路，坚持走以电子技术改造传统工业的新型工业化道路，坚持走“三线”国防工业的布局调整的改革道路，初步完成了传统工业的转型升级和国防工业的布局调整，使“国防现代化只有建立在国家整个工业的基础上才有可能”的命题，变成支撑中国武器装备现代化的有活力的现代中国工业体系。

---

① 《邓小平军事文集》第 3 卷，军事科学出版社、中央文献出版社 2004 年版，第 131 页。

② 《邓小平年谱（1975—1997）》上，中央文献出版社 2004 年版，第 403 页。

③ 袁诗敏：《揭开中国三线建设的神秘面纱》，《纵横》，2014 年第 1 期。

第四章　有能力的时候，要搞高科技国防尖端武器

现代战争的强劲需求是高技术革命兴起的重要因素，军事高技术的迅猛发展引发了武器装备的革命性变革。军事高技术是对建立在现代科学成就基础上，处于当代科技前沿，对武器装备发展起着巨大推动作用的那部分高技术的总称，主要包括军用微电子技术、军用光电子技术、军用计算机技术、精确制导技术、军用新材料技术、军用航天技术和军用信息技术等。这些军事高技术使武器装备呈现出电子化、精确化、隐形化、智能化的突出特征。邓小平把高技术武器称为“尖端武器”，他指出：“有能力的时候，要搞高科技国防尖端武器。”① 20世纪80年代，邓小平果断调整武器装备规划，确立以洲际导弹、潜地导弹、通信卫星为重点的尖端武器的“三抓”任务，亲自决策“军民结合”高科技发展规划，并迅速实施，使20世纪90年代乃至21世纪中国武器装备建设走上了以高科技为引领的“跟踪追赶”道路。

第一节　中国搞点核武器，是为了达到消灭核武器这个目标

核武器是高技术的集中体现。核武器超越了武器本身的性质，拉开了人类新科技革命的序幕，使世界各国的竞争开始聚焦于高技

① 《邓小平年谱（1975—1997）》下，中央文献出版社2004年版，第1346页。

术领域。作为20世纪40年代科技巅峰的核武器，已经不再是传统意义上的武器，而成为“绝对武器”“政治武器”“哲学武器”①，引发世界各国对核武器的功能和作用的深度思考。1975年3月12日，在会见圭亚那总理伯纳姆时，从“研制与销毁”的辩证哲学高度，邓小平阐述了中国发展核武器的目的。邓小平说：“我们发展一点核武器，是为了达到消灭核武器这个目标。”②“目前，我们也搞点核武器。……我们的目的就是说，让我们都销毁吧！”③ 中国发展核武器的目的，不是中国相信核武器的万能，要使用核武器。恰恰相反，中国发展核武器的目的，正是为了要打破核大国的核垄断，是要消灭核武器。

一、核武器毁灭人类的看法靠不住，最终人类要消灭核武器，而不是核武器毁灭人类

正是从人类生存的哲学高度，邓小平认为，尽管核武器具有毁灭地球的能力，但是从发动战争的最终目的来看，谁都不会用核武器来毁灭包括自己在内的整个人类的。邓小平指出：“核武器毁灭人类这种看法靠不住，最终人类要消灭核武器，而不是核武器毁灭人类。如果超级大国动用核武器，就与全世界人民处于对立地位。它们发动战争，无非要控制世界。如果人类都被毁灭了，还如何去控制？”④ 超级大国制定的核战略，无非是对无核国家实施核讹诈，搞核恐吓。

1. 中国靠自己的力量搞出了原子弹、氢弹，体现了我们科技水平一个质的变化

核武器的问世，是理论物理、实验技术、计算数学、辐射化

① 李显荣著：《论核战略》，人民出版社2014年版，第59页。

② 《邓小平军事文集》第3卷，军事科学出版社、中央文献出版社2004年版，第16页。

③ 《邓小平军事文集》第3卷，军事科学出版社、中央文献出版社2004年版，第15页。

④ 《邓小平年谱（1975—1997）》上，中央文献出版社2004年版，第34页。

学、采矿冶炼、爆炸工程、精密测量、辐射医学等科技成果的集大成者，是人类武器的划时代发展，使战争武器的发展进入到恐怖的核时代。无论是煤、石油等矿物燃料燃烧时释放能量，还是化学炸药如梯恩梯（TNT）爆炸时释放能量，都是原子核没有变化的化学反应，其变化只是各个原子之间的组合状态。然而，在核裂变或者核聚变反应的过程中，原子本身也发生了变化，参与反应的原子核都转变成了其他的原子核。因此，人们习惯上把这类武器称为原子武器，但实质上是原子核的反应与转变，所以称核武器更为确切。

核武器是利用能自持进行的核裂变或核聚变反应释放出能量，使其发挥大规模杀伤破坏作用的武器。核武器的发明和研制是军事科技史上一场空前伟大的革命。1956 年 1 月 14 日，周恩来在《关于知识分子问题的报告》中指出："科学技术新发展中的最高峰是原子能的利用。原子能给人类提供了无比强大的新的动力泉源，给科学的各个部门开辟了革新的远大前途。"① 20 世纪 50 年代中期，中国制定的《1956—1967 年科学技术发展远景规划纲要》确定的 12 项重点任务中，原子能的和平利用排在首位。邓小平将原子能的和平利用和原子弹的研制，作为带动中国现代科技的战略性驱动力，作为提升中国现代科技发展水平的关键性途径，作为中国追赶世界先进科技的长期性目标。1977 年 9 月 29 日，在会见英籍华人作家韩素音谈到科研问题时，邓小平说："六十年代我国的科学技术水平同世界水平差距不大，一九六四年我国爆炸了原子弹，这是科研水平的集中表现。"② 原子弹的研制成功是中国现代科技新水平的显著标志。

原子弹的研制开辟了人类科技发展的大科学时代。大科学是 20 世纪 40 年代世界科技发展的重要特征。一般来说，科技发展不外乎"技术先行"和"理论先行"两种模式，当科技理论有所突

① 《周恩来选集》下卷，人民出版社 1984 年版，第 181 页。

② 《邓小平年谱（1975—1997）》上，中央文献出版社 2004 年版，第 210 页。

破后，通过一系列的基础性应用研究，使之能够进行规模的应用，或者再进行工业化的大生产，这就是理论先行模式。理论探索是小科学研究的主要内容，而后的应用探索以及技术实现则可能属于大科学的范畴。之所以说是“可能”，是因为并非所有的应用探索以及技术实现都具备了大科学的特征。大科学最初之所以为世人特别注意，其中的规模大是主要的因素之一，然而如果不具备工程性大规模的特点，那就不应该视为大科学。而且，大科学也不同于大工程。大科学是对核心理论应用的首次探索和技术实现，而大工程则是探索成功后进行的批量复制（如果要进行复制所需要的规模也很大）。大科学之所以被冠以“大”，一个重要的因素是其规模巨大，需要多学科的联合攻关。20 世纪五六十年代的原子弹研制开创了中国科技发展的大科学时代。中国首颗原子弹自 1962 年开始实施两年规划起，据统计，有来自 26 个部（院）和 20 个省市区的 900 多家工厂、科研机构、大专院校的各学科的专家、技术人员参加了攻关会战。[①] 同时，大科学的宏大规模主要是指工程性的，而不是科研性的。原子弹的研制，最关键的不是理论问题，而是如何使理论转化为实际的基础性应用问题，因此，原子弹的制造具有较强的工程性性质。原子弹研制的工程性，带动了中国国防科技工业的快速发展。中国的首颗原子弹研制过程中虽然或多或少地参照了已有的成果，但其核心技术是自己独立摸索的，因而仍属于大科学，或可叫重复创新的大科学。[②] 1979 年 9 月 29 日，在出席国务院办公室为前来参加国庆 30 周年活动的华侨、华人、港澳台同胞和知名人士举行的招待会时，邓小平在讲话中指出：“虽然我们在科学技术方面取得的成绩不大，但毕竟靠我们自己的力量搞出了原

---

① 刘戟锋、刘艳琼、谢海燕著：《两弹一星工程与大科学》，山东教育出版社 2004 年版，第 183 页。

② 刘戟锋、刘艳琼、谢海燕著：《两弹一星工程与大科学》，山东教育出版社 2004 年版，第 181 页。

子弹、氢弹。它体现了一个质的变化，显示了我们的科学技术水平。”① 当时，美国、苏联、英国和法国等有核国家都是发达国家，引领着世界科技发展的方向，代表着世界科技发展的水平。中国作为发展中国家，核武器的成功研制带动了贫弱的东方古国在现代科技水平方面“质的变化”，标志着中国国防高科技进入了世界先进水平。

2. 现在有核武器，一旦发生战争，核武器就会给人类带来巨大的损失

第二次世界大战期间，美国研制核武器的初衷似乎是想要尽快结束战争，保护人类免受战乱之害。但是，由于核武器绝对强大的威力不仅不能使人类得到真正的保护，而且还面临生存还是灭亡的抉择。核武器具有巨大的破坏力，“一旦发生战争，核武器就会给人类带来巨大的损失”②。核武器的巨大破坏力集中体现为：（1）杀伤破坏能量巨大。核武器爆炸时释放的能量，远远大于只装化学炸药的常规武器。例如，1 千克铀全部裂变后释放出的能量，比 1 千克 TNT 炸药爆炸后释放出的能量约大 2000 万倍。1945 年美国投在日本广岛的原子弹，仅 60 千克的铀释放出来的能量就相当于 2 万吨 TNT。（2）杀伤破坏途径多元。核武器爆炸不仅释放出的能量巨大，而且会产生特有的强冲击波、光辐射、早期核辐射、放射性沾染和核电磁脉冲等杀伤力的破坏物质。更可怕的是，核武器爆炸后产生的放射性污染对人体造成的危害具有隐蔽性，一些症状要经过 20 年后才会表现出来，尤其是放射性损伤遗传物质会引起基因突变和染色体畸变，使一代人甚至几代人受害，对人类的生存和延续构成严重的威胁。（3）杀伤破坏威力空前。1945 年 8 月 6 日和 9 日，美国空军先后在日本广岛和长崎投掷两颗原子

① 《邓小平年谱（1975—1997）》上，中央文献出版社 2004 年版，第 561 页。

② 《邓小平军事文集》第 3 卷，军事科学出版社、中央文献出版社 2004 年版，第 239 页。

弹，其后果是造成了10万余日本平民死亡和8万多人受伤，日本广岛市中心11.4平方公里范围内的建筑物瞬间被夷为平地。世界上最大的一次核爆炸是苏联于1961年10月30日在新地岛进行的热核氢弹爆炸试验，其爆炸威力的半径达700公里，总覆盖面积达8.26万平方公里。核爆炸后，4000公里范围内的飞机、导弹、雷达、通信等设备全部都遭受到了不同程度的影响。一枚中等威力的氢弹可以在瞬间将一座城市从地球上抹掉，因而一场全面的核战争必然是人类的毁灭。到20世纪80年代中期，尽管美苏两国表示要裁减核武器的数量，但是，它们仍然保持着能毁灭世界的核力量，威胁着人类的和平和世界的安全。1985年8月1日，在会见时任日本公明党委员长竹入义胜率领的访华团时，邓小平说："我们注意到美苏双方都表示要减少核武器。我们的基本看法是，减少一点总是好的，但没有什么实际意义。美苏两家拥有的核武器可以把世界毁灭几次。如果核武器只减少百分之二十五或百分之五十，它们还是拥有毁灭世界的核力量。"① 核武器显示出的巨大的瞬间杀伤力将人类文明存亡绝续的终极问题骤然放大，冷酷无情地推到世人面前。在核时代，人类不得不正视的现实是：战争尤其是有核国家之间的战争极有可能升级为核大战，核大战则有可能不费吹灰之力地将人类数千年建立起来的文明彻底毁灭。核武器的出现向人类提出了一个终极性的哲学命题：生存还是毁灭?!

3. 美苏两家原子弹多，都有毁灭对手的力量，谁也不敢先动手使用

核武器的巨大破坏力不仅对拥有相当核力量的敌对双方构成毁灭性的威胁，而且对人类的生存构成毁灭性的威胁，因此，谁也不敢将其转化成实际的战斗力量。1974年11月13日，在会见也门民主共和国总统委员会主席鲁巴伊时，邓小平对毛泽东关于原子弹是"纸老虎"的论断进行了生动的诠释。邓小平说，毛泽东主席

① 《邓小平年谱（1975—1997）》下，中央文献出版社2004年版，第1064页。

早就说过，核武器是纸老虎，原子弹是纸老虎。特别是今天美苏都有那么多原子弹，所以打起仗来，谁要动手扔原子弹，下这个决心都是不容易的。因为他们要打仗，总是要占领人家的地方、土地和资源，以奴役那个地方的人民。把人和工厂都打光了，占领有什么意义！第二次世界大战末期，美国在日本扔了两颗原子弹，为什么它只打广岛和长崎两个小城市，不打东京、大阪呢？除了政治上的考虑以外，就是它战败日本以后，还要得到东西。所以，将来的世界大战不一定打核战争。[①] 1985 年 6 月 4 日，在军委扩大会议上的讲话中，邓小平再次分析了美苏两个超级大国的“核恐怖平衡”对核战争的制约。邓小平指出，经过对国际形势的长期仔细观察，就世界大战来说，只有两个超级大国有资格打，一个是苏联，一个是美国，而这两家都还不敢打。首要的原因是“苏美两家原子弹多，常规武器也多，都有毁灭对手的力量，……因此谁也不敢先动手”[②]。冷战结束之前，美苏双方核弹头的总数达到 5 万余枚，总威力超过 130 亿吨 TNT 当量，足以将整个人类毁灭若干次。[③]

既然核武器不能使用，核大战不一定爆发，那么，世界各国尤其是弱小国家为什么还要想方设法拥有核武器呢？其实质就是核武器是战略威慑力量，能够发挥“核恐怖平衡”的威慑作用。1978 年 8 月 1 日、2 日，在听取七机部负责人汇报时，邓小平指出：“威慑力量，你有我也要有，也不能搞多了，但我有了就可以起作用。”[④] 邓小平把核武器尤其是实战化的核武器看作是“可以起作用”的“威慑力量”。核武器的出现，第一次为现代威慑理论提供各类最有效的物质基础。威慑理论是随着核武器的诞生最先在美国

---

① 《邓小平军事文集》第 2 卷，军事科学出版社、中央文献出版社 2004 年版，第 363 页。

② 《邓小平军事文集》第 3 卷，军事科学出版社、中央文献出版社 2004 年版，第 273 页。

③ 王仲春著：《核战解码——关于核武器与核战争的那些人和事》，海洋出版社 2014 年版，第 181 页。

④ 《邓小平年谱（1975—1997）》上，中央文献出版社 2004 年版，第 351 页。

形成和发展起来的，并逐步成为美国制定军事战略尤其是核战略的基本理论依据，被纳入国家政策。威慑理论的基本前提是将核武器视为一种拥有巨大威力的实战武器，其主要特征在于将首先使用核武器作为一种可选择的手段。基辛格曾对威慑起作用所必须具备的要素做过经典的概括："威慑需要兼具以下的因素：有力量、有使用力量的意志和潜在的侵略者估计到这两点。而且，威慑是这些因素的产物，而不是它们的综合。如果有一种因素不存在，威慑就不起作用。"① 无论是对美国威慑理论有何种批评，但是，核威慑是现实存在的。"核武器的出现与发展及其军事作用进一步证实了'威慑'是现实的、可行的，而且是当时条件下的最优选择。"② 1950 年 4 月，美国国家安全委员会第 68 号文件对军事力量强调的是以核威慑为核心。文件指出："力量对立的两极各自都拥有原子武器，任何一方都不会（出于不同原因）信任另一方，这就鼓励克里姆林宫对我们的突然袭击"，"我们向克里姆林宫唯一施加的威慑就是：如果我们守不住任何一个关键性的地方，我们会不惜发动一场毁灭性的全球战争。"③ 因此，文件建议美国尽快生产和储备核武器，获得占绝对优势的核力量和核控制权，对苏联施加更大的压力，遏制苏联无法使用核武器。无论核威慑理论的对错如何，核武器的威慑力量现实存在。在有核国家参与的所有战争里，核武器自身所蕴含的恐怖威力反作用于政治，借助政治的力量遏制了核战争的爆发。

---

① 〔美〕亨利·基辛格著：《选择的必要》，商务印书馆 1972 年版，第 18—19 页。转引自李显荣著：《论核战略》，人民出版社 2014 年版，第 347—348 页。

② 张曙光：《威慑理论：美国国际战略学的一个重要领域》，《美国研究》1990 年第 4 期，第 34 页。

③ 《美国国家安全战略解密文献选编》（1945—1972）第 1 册，第 78、80—81 页。转引自李显荣著：《论核战略》，人民出版社 2014 年版，第 214—215 页。

二、尖端的搞到什么程度要研究，战略武器要更新，方针是少而精

尖端武器尤其是战略武器主要是指核武器及其作为运载工具的火箭。研制和更新战略武器耗资巨大，中国作为发展中国家，尤其是在国防建设服从国家建设、“军队要忍耐”的形势下，发展武器装备必须“精打细算”。1978 年 8 月 1 日、2 日，在听取七机部负责人汇报时，邓小平指出：“军事上如何精打细算，尖精的搞到什么程度，要研究。……战略武器要更新，方针是少而精。”[①] 核武器要加强研制，不断更新换代，提高质量，才能保持威慑能力，但是，研制必须符合中国的基本国情，必须遵循中国军事战略要求，不能多搞，只能是少而精，能管用。

1. 中国不会像苏联美国那样花那么多钱搞核武器，我们花不起那么多钱

核武器研制耗资巨大。20 世纪 40 年代，美国研制原子弹的曼哈顿工程直接参与者达 20 余万人、耗资 20 余亿美元[②]，而 1959 年美国的国民生产总值为 4951 亿美元。有国外学者推算，1965 年中国核武器研制费用可能高达 22 亿元人民币。[③] 尽管这个估算包含了基本建设费用，但是，直接用于研制的费用也是庞大的。1965 年中国国防部科研预算经费仅仅 10 亿元人民币。[④] 1966 年，中国国内生产总值为 1868 亿元人民币，财政支出 541 亿元人民币，国防开支为 101 亿元人民币。到 1979 年，中国国内生产总值为 4038 亿元人民币，财政支出 1273 亿元人民币，国防开支为 222 亿元人

① 《邓小平年谱（1975—1997）》上，中央文献出版社 2004 年版，第 351 页。

② 刘戟锋、刘艳琼、谢海燕著：《两弹一星工程与大科学》，山东教育出版社 2004 年版，第 13 页。

③ 〔美〕理查德・P・萨特米尔著：《科研与革命——中国科技政策与社会变革》，袁南生等译，国防科技大学出版社 1989 年版，第 274 页。

④ 〔美〕理查德・P・萨特米尔著：《科研与革命——中国科技政策与社会变革》，袁南生等译，国防科技大学出版社 1989 年版，第 273 页。

民币，而中国的国民生产值只有美国的1/14。①

核武器的研制和更新耗资巨大，需要与之相当的国家经济实力作为支撑。因此，必须适度发展，否则就要拖累甚至拖垮整个国民经济。1975年3月12日，在会见圭亚那总理伯纳姆时，邓小平生动而深刻地阐述了中国不搞核竞赛的经济原因。邓小平说："我们告诉美国人，我们不跟你们赛跑，我们还是搞小米加步枪。除非中国人练出这样一个本领，就是每天不吃饭，这样才能和他们赛跑。"② 1979年5月5日，邓小平在会见法国国防高等研究院代表团时，指出："我们赞成法国拥有自己的核力量，拥有自己强大的军事力量，包括常规力量。我们中国也要拥有这方面的力量，但我们不同美国和苏联竞赛，我们没有那个能力，我们花不起那么多钱。"③

中国没有力量、也没有必要花很多钱同美搞苏核竞赛，同时，中国也不能同其他国家搞核合作来解决经费问题，那样会导致严重的后果。1982年10月28日，在会见利比亚领导人穆阿迈尔·卡扎菲上校时，邓小平说："核武器方面的合作是干不得的。我们可以在别的方面同超级大国进行斗争、较量，在核武器方面不能同他们较量。在这方面，中国如果采取不恰当的政策，同其他国家进行核合作，就会带来很大的灾难性后果。第三世界国家不值得把钱花在这方面。第三世界国家在这方面进行战略合作，有百害而无一利。"④ 与中国不搞核合作相应，"我们不搞核扩散"⑤。

2. 搞原子弹确实很花钱，但不搞一点也不行

尽管核武器研制耗资巨大，但是，面对超级大国的核威胁、核

---

① 《中国国防费增长揭秘》，《广角镜》，2013年4月16日—2013年5月15日，第35页。

② 《邓小平军事文集》第3卷，军事科学出版社、中央文献出版社2004年版，第15—16页。

③ 《邓小平年谱（1975—1997）》上，中央文献出版社2004年版，第512页。

④ 《邓小平年谱（1975—1997）》下，中央文献出版社2004年版，第865页。

⑤ 《邓小平年谱（1975—1997）》下，中央文献出版社2004年版，第946页。

讹诈，拥有代表国家科技水平和军事实力的核武器是国家安全和主权独立的重要保障。所以，尽管“我们不会像苏联、美国那样花那么多钱搞核武器，但我们也要有准备”①。正如邓小平所指出的那样：“如果六十年代以来中国没有原子弹、氢弹，没有发射卫星，中国就不能叫有重要影响的大国，就没有现在这样的国际地位。”② 在和平与发展成为世界主题的相对和平时期，中国对外政策的基本点是争取一个国际和平环境来建设自己的国家。“尽管我们判断可以争取较长时期的和平，但对战争不能不有所准备。目前我们很穷，但也得加强国防建设。比如搞原子弹，确实很花钱，但不搞一点也不行。”③ 1982 年 3 月 1 日，邓小平同意国防科委《关于一九八二年国防尖端技术科研、试验、生产计划的报告》，批准核武器系统相关研制。

中国研制核武器不是与核大国搞核竞赛，而是坚持“少而精”的方针“搞一点”，拥有威慑力量。核武器具有“不对称恐怖威胁”的特征，即是说由于敌对双方投向对方 1000 枚与 10 枚产生的恐怖影响几乎是一样的，中国以较小的投入搞出一点核武器，就能震慑对手不敢对中国使用核武器。因此，“不对称恐怖威胁”是“少而精”方针的重要基础。坚持核武器研制的“少而精”的方针，就是要在少生产的情况下多研究，保持技术的先进性。20 世纪 80 年代以来，随着电子计算机技术在核武器研制领域的广泛运用，核大国已经用实验室模拟代替了实际的核爆炸实验，同时，超级大国核武器的设计水平已经接近理论极限，不需要再进行更多的发展，他们出于政治上的需要，企图用禁止别国进行核试验的办法，来保持自己的核大国地位。在中国核工业发展面临严峻考验的时刻，1985 年 10 月，身患重病的邓稼先同于敏等核科学家，向党

① 《邓小平年谱（1975—1997）》上，中央文献出版社 2004 年版，第 205 页。

② 《邓小平文选》第 3 卷，人民出版社 1993 年版，第 279 页。

③ 《邓小平年谱（1975—1997）》下，中央文献出版社 2004 年版，第 736 页。

中央提出一个发展核武器10年规划的建议，获得以邓小平为主席的中共中央军委的批准。中央军委“确定的新的军事战略，武器装备的发展仍是以常规武器为重点，同时也不放弃尖端武器、战略武器的发展，但不能搞得很多很大，只要保持一定的力量、一定的技术水平就可以了”①。后来的实践证明，邓稼先和战友们提出的中国10年核武器方面规划的建议书，是一份争取时机、加快步伐的战略建议书，是一份主攻目标明确、措施详细具体的建议书，又是一份非常客观、十分科学的建议书。正是这份建议书，使中国的核武器发展继续辉煌了10年（1986—1996）。1996年7月29日，在邓稼先逝世10周年的日子，中国进行了第42次也是最后一次核爆试验。同时，中国政府发表声明，从1996年7月30日起，中国开始停止核试验。②

3. 我们也要搞一点核武器，但不准备多搞，到有还击力量的时候就不再发展

尽管中国不搞核竞争，不与苏联和美国比赛核武器的数量，但是，保持威慑力量是有基本的数量要求的。1978年10月19日，在会见智利外交部部长埃尔南·库维略斯·萨利亚托谈到核武器问题时，邓小平指出：“我们也要搞一点核武器，但不准备多搞，到有还击力量的时候就不再发展了。”③ 必须清醒地认识到，随着反导科技的发展，要保持核武器的威慑作用，既要有质量的提高还要有数量的提升。“核反击能力发展”是随着对手的核攻击和核防御能力的变化而变化的，因此，在不同的历史阶段，“有一点”核武器的具体数目是不同的。

20世纪80年代中期，美国已经拥有强大的战略进攻力量，却试图实施“星球大战”计划建立战略防御系统，构筑一个“攻防

① 《刘华清军事文选》下卷，解放军出版社2008年版，第17页。

② 陆其明、范敏若编著：《张爱萍与两弹一星》，解放军出版社2011年版，第539—546页。

③ 《邓小平年谱（1975—1997）》上，中央文献出版社2004年版，第404页。

兼备”的核战略威慑力量体系。进攻，可以摧毁对方的核力量；防御，则可以使对方来袭的导弹失去效力；形成“你打不到我，我可以随意打你”的战略优势。因此，有专家认为，“星球大战”计划是核武器的终结，能使核武器无法发挥作用。面对世界核战略的新形势，中国“有一点”的核政策的具体内容应该相应改变。如果中国拥有的核武器太少，在对方精确制导打击时可能被打掉一部分，剩下的有限数量又会遭反导系统拦截，其结果很可能无法有效实施核反击，没有“还手之力”。[①] 因此，核力量的规模要具体包括核武器的数量、质量、种类，侦察预警系统的现代化程度，战略防御力量以及核战备水平等。确定核力量的规模和水平应当综合考虑多种因素：一是要能够达成特定的战略目的。笼统地讲，就是我们的核力量要能够迫使敌人不敢对我国首先使用核武器。具体地讲，就是要保证在对手首先发起攻击的情况下，中国后发制人的核打击能够摧毁敌方重要战略目标的20%—30%。二是要从地缘关系出发，针对现实或潜在的不同对手对中国形成威胁的大小，考虑陆地和海洋的受威胁状况，决定导弹型号的选择、发射阵位的分布以及不同型号导弹的发展数量。三是要根据中国核力量的整体技术水平，确定发展数量，技术水平提高后，可以适当地降低发展数量；否则，就要增加数量，弥补质量上的不足。四是要从中国现实经济承受力出发，确定核力量的发展规模，不参加军备竞赛。

有中国学者认为，不参加核军备竞赛，同时保障最基本的核反击能力，不过对核弹头数目的意见不统一。有专家提出，面对世界形势出现的现实威胁中国不能再减少自己本来就不多的核力量，还应该有所增强。[②]

---

① 《中国战略核力量揭秘》，《广角镜》，2015年1月16日—2015年2月15日，第44—47页。

② 《中国战略核力量揭秘》，《广角镜》，2015年1月16日—2015年2月15日，第44—47页。

三、就中国来说，现在掌握的核技术也还是初步的，还要发展

邓小平清醒地认识到，尽管早在20世纪60年代中期中国就研制成功了核武器，但是，中国掌握的核技术是不能与科技先进的美苏等核大国相提并论的，才刚刚入门，必须不断提高技术水平才能打破核垄断。1974年6月10日，在会见巴基斯坦外交部秘书阿迦·夏希时，邓小平说："就我们来说，现在掌握的核技术也还是初步阶段。"① 1981年10月22日，在会见丹麦首相安高·约恩森谈到中国是否继续发展核武器时，邓小平说："还要发展一点，没有，会遭受欺负。"② 邓小平强调，20世纪80年代，中国核武器发展的方向是实现武器化和实战化。

1. 发展核武器的小型化、微型化方向

核武器的轻量化和小型化是实战化的前提。自20世纪60年代以来，核武器发展的重点是核战斗部的重量、尺寸都大幅度地减小了，但威力更大，因而比威力（威力与重量的比值）显著地提高了。例如20世纪40年代，美国在日本长崎投下的原子弹，重量约4.5吨，威力约2万吨TNT当量；20世纪70年代后期，美国装备部队的"三叉戟" Ⅰ潜地导弹，总重量只约1.32吨，共有8个分导式子弹头，而每个子弹头威力为10万吨TNT当量，同在日本长崎投下的原子弹相比，其比威力提高了135倍左右。20世纪80年代，在核武器小型化和微型化趋势的推动下，美苏等国装备的各种核武器的TNT当量，小型核武器仅1000吨当量，微型核武器仅几十吨当量。对美苏等国的核技术发展状况，中国著名的核科学家邓稼先分析认为，20世纪60年代以来，美、英、苏等大国的核武器设计技术发展很快，从战略核武器到战术核武器都已经做到了小型化多弹头，实现了多种不同性能、不同型号。这些大国已经把大

① 《邓小平文集（1949—1974）》下卷，人民出版社2014年版，第364页。

② 《邓小平年谱（1975—1997）》下，中央文献出版社2004年版，第780页。

的、小的、远的、近的、天上的、地下的都做出来了。[①] 核武器的小型化、微型化是实行分导式发射即多弹头发射的前提。美国国家军事科学院国际事务教授保罗·H. B. 戈德温认为，由于中国核力量有限，中国的核战略只是“最低限度威慑”，或者一种“小型战略威慑型”。弹道导弹防御系统投入实战运用后，这种小型威慑的可信度还会遭受进一步的侵蚀。“小型战略威慑的可信度可以通过使用多弹头得到提高，既可以是简单的集束式多弹头（MRV），也可以是更具技术挑战性的分导式多弹头（MIRV）。增加单一运载工具携带的武器数量可以提高小型战略力量的能力水平。如果中国能够研发出集束式和分导式多弹头再入飞行器（MRV）要求的小型化弹头，就可能借助诱饵规划突破弹道导弹防御。还可以考虑发展机动再入弹头（MaRV）应对导弹防御。”[②]

但是，直到20世纪70年代后期，中国核弹头在小型化、微型化方面仍是进展缓慢。1977年7月25日，日本《产经新闻》刊登《邓先生复职的中国：现代化的“重点”是军备》的文章说，由于邓小平先生的复职，中国将积极地推进四个现代化，特别是克服严重的粮食和经济危机，同时大力推进军队的现代化。邓小平主张解放军要实现少而精和装备现代化。从中国人民解放军建军50周年这一天开始加紧制定军队现代化的蓝图。“在所有方面，同美苏相比，中国军队的落后明显得无法相比。综合各种情况看，单拿原子弹来说，中国还没有实现轻量和小型化，而且，导弹、飞机、潜水艇等运载工具也大大落后，甚至不能用于实战。……以邓小平复职和建军五十周年为杠杆，开始积极地搞现代化。但是，为此必须更

① 陆其明、范敏若编著：《张爱萍与两弹一星》，解放军出版社2011年版，第539页。

② 〔美〕安德鲁·S. 埃里克森、莱尔·J. 戈尔茨坦、威廉·S. 默里、安德鲁·R. 威尔逊主编：《中国未来核潜艇力量》，刘宏伟译，海洋出版社2015年版，第51页。

新现在的一切军事装备。”① 邓小平关于新时期核武器研制的小型化、微型化要求，在随后的潜地导弹研制过程中得以贯彻。20 世纪 80 年代，小型化成为中国核武器的发展方向。“这一时期，中国核武器研制工作有了新的发展和突破。在完成各种战略导弹核弹头研制定型工作的同时，根据小型、机动、突防、安全、可靠的发展方向，进行了新的设计理念和制造工艺的探索研究并取得了丰硕的成果。”② 根据潜地导弹小型化的特点，要求安装在导弹上面的弹头更要小型化甚至微型化。根据“巨浪一号”弹头的特殊要求，“研制成功中国第一个轻小型弹头，在导弹弹头设计技术方面达到了新的水平。”③ 如果以 1988 年 9 月中国导弹核潜艇潜地导弹即“巨浪一号”定型试验结束为标志，那么，似乎可以说，这也是中国核武器小型化、微型化成功的时点，是中国核武器实战化的重要标志。

2. 合金钢不坚，中子弹何难，群英攻科技，敢破世上关

中子弹是一种特殊类型的小型氢弹，是能够在实战中使用的核武器，被称为第二代核武器。中子弹的特点是中子能量高、数量多、当量小，能穿透装甲和工事，杀伤敌方有生力量而不摧毁其装备、建筑，不会造成大面积污染，是一种对付坦克集群进攻的有效武器。中子弹以贯穿辐射为主，主要是破坏人体的各种细胞，特别是破坏人体的中枢神经系统细胞，使人员当即死亡或者失去正常活动的能力。1 枚 1000 吨 TNT 当量的中子弹，在 800 米高度爆炸时，中子贯穿能力最强，可穿透 30 厘米厚的坦克装甲和钢筋混凝土掩体工事内部，从而杀伤人员，而且 1 分钟内能扩及 4 平方千米暗地

① 《邓先生复职的中国：现代化的“重点”是军备》，《参考消息》，1977 年 7 月 29 日。

② 谢光主编：《当代中国的国防科技事业》上，当代中国出版社 1992 年版，第 188 页。

③ 谢光主编：《当代中国的国防科技事业》上，当代中国出版社 1992 年版，第 371 页。

广阔地域，处于爆心 200 米以内的一切人员立即致死，350 米以内的人员两天内致死，1350 米以内的人员几周后致死，1450 米以外的人员可致伤。1977 年美国研制成功中子弹后，对其部署产生了广泛的争论。1977 年 7 月 4 日，美国《新闻周刊》发表《在中子弹方面的争论》的报道说：中子弹是一种特别吓人的武器，它的主要目的是在不摧毁建筑物或者其他无生命物体的情况下来杀伤人。美国正在准备部署各种中子弹的消息引起了激烈的争论。“死光：实际上，这种拟议中的武器是一种小型的‘干净’的氢弹头。自从五十年代以来，科学家们就知道，在聚变时刻，氢弹散发出大量高速度的中子，这种中子在它所能达到的范围内，对任何人来说都像死光一样。”[①] 1977 年 7 月 12 日，合众国际社华盛顿报道，“今天据说卡特总统已经决定着手生产中子死光炸弹”[②]（早在 20 世纪 70 年代，毛泽东就引用过“死光”这个概念。所有的注释都把“死光”解释为“激光”。中国媒体把“中子弹”形象地翻译成“死光”，或许是针对“中子束”的杀伤威力来说的），同年 7 月 13 日，美国参议院授权卡特总统着手生产中子武器。

1977 年 9 月 21 日，张爱萍将军在《人民日报》上发表了一首诗：合金钢不坚，中子弹何难，群英攻科技，敢破世上关。[③] 作为中国主管国防科技工业的领导人发表诗歌专门谈到中子弹，就中国的领导体制而言，必须经过邓小平等领导人的同意，应当说是以另一种官方形式表明中国对中子武器的态度，释放出中国研制中子武器的进展等信息。2008 年解放军出版社出版的《刘华清军事文选》下卷披露，中国于“1985 年爆炸了中子弹”[④]。

3. 粒子束等高科技领域，要做到人家有的我们也有

定向能武器是新一代核武器，由于不产生剩余核辐射，因此可

---

① 《在中子弹方面的争论》，《参考消息》，1977 年 7 月 10 日。

② 《卡特说他支持生产中子弹》，《参考消息》，1977 年 7 月 14 日。

③ 《人民日报》，1977 年 9 月 21 日。

④ 《刘华清军事文选》下卷，解放军出版社 2008 年版，第 9 页。

作为“常规武器”使用，主要有反物质弹、粒子束武器、激光引爆核炸弹、干净的聚变弹、同质异能素武器等。1986 年 4 月 19 日，在会见香港知名人士包玉刚等时，对于中国的高科技发展，邓小平说：“在高科技领域里要投点资，投资不能太少，起码要做到在若干领域里，人家有的我们也有，不一定比人家更好，但要有，如激光、生物工程、粒子束、计算机等。”① 邓小平特意提到的“粒子束”，在军事上有着广泛的应用前景，是一种新概念的定向能武器。

粒子束武器，是一种通过特定的方法将质子、电子或离子加速到接近光速，聚集成密集的束流，毁伤、破坏目标的定向能武器。按粒子流武器系统所处的位置划分，可分为陆基、舰基和天基粒子束武器。按束流射程远近划分，可分为近程、中程、远程和超远程粒子束武器。美苏两国是世界上从事粒子束武器技术研究的主要国家。早在 20 世纪 60 年代，苏联就已经开始研究利用粒子束武器来作为反卫星和反导弹武器的技术可行性，特别是在离子源和加速器等关键技术方面进行了大量研究，并取得了一定的成果。从 20 世纪 70 年代末开始，苏联成功地进行了多次利用粒子束破坏铝合金和高能炸药的试验，以及进行核聚变的试验。同时，在外层空间至少进行了近 10 次粒子束（电子束）传输试验。美国自 20 世纪 60 年代开始研究粒子束武器技术，在 80 年代初将其作为一个重要研究项目列入“星球大战”计划中，在技术上取得了一些重要的进展。1989 年，美国利用小型的中性粒子束装置进行了空间试验，演示了中性粒子束设备在空间工作的能力。20 世纪 90 年代以来，美国已经开始把大气层中的带电粒子束的研究转到了探索破坏机理方面。虽然粒子束武器是一种技术非常复杂的武器，与其他定向能武器相比，技术方面进展相对缓慢，距离实战还有漫长的路要走，

① 《邓小平军事文集》第 3 卷，军事科学出版社、中央文献出版社 2004 年版，第 279 页。

但是，世界上各军事强国对其普遍看好，认为有可能成为下一代战略武器的主要组成部分。

粒子束武器是由粒子加速器、能源、目标识别与跟踪、粒子束瞄准定位和指挥与控制等组成的复杂系统，其中，用于产生高能粒子束的粒子加速器是核心。邓小平认识到加速器建设“这个益处是很大的”①。自 1975 年 3 月和周恩来批准了国家计委《关于高能加速器预制研究和建造问题的报告》②，到 1988 年北京正负电子对撞机建成，产生第一束高能粒子，13 年间，邓小平作出了许多明确的、高要求的批示，要求落实加速器的立项、选址、经费和技术引进等具体事项。1988 年 10 月 20 日，《人民日报》报道，北京正负电子对撞机建造成功，“这是我国继原子弹、氢弹爆炸成功，人造卫星上天之后，在高科技领域又一重大突破性成就”。同年 10 月 24 日，邓小平视察了北京正负电子对撞机国家实验室，发表了《中国必须在高科技领域占有一席之地》的著名讲话。同时，邓小平还支持建设了其他重要加速器工程。1978 年 10 月中旬，邓小平审阅教育部《考察“串列静电加速器”的使用和性能》的报告。“串列静电加速器”是一种用于加速离子的、串列形式的低能加速器。该加速器是开展低能核物理基础研究、配合核能开发进行核数据的精确测量和将核技术应用于其他领域的重要设备。中国科技大学国家同步辐射实验室，即合肥的同步辐射加速器工程，和北京的正负电子对撞机具有同等重要的地位，是“七五”期间国家重中之重的科学工程。1988 年 12 月 12 日，中国科学院兰州近代物理研究所研制的兰州重离子加速器建成并引出碳离子束。兰州重离子加速器系统，是中国能量最高、加速离子种类最多、规模最大的重离子加速器。虽然没有资料显示邓小平所说的“加速器益处很大”

① 《邓小平科技思想年谱（1975—1994）》，中央文献出版社、科学技术文献出版社 2004 年版，第 167 页。

② 《邓小平科技思想年谱（1975—1994）》，中央文献出版社、科学技术文献出版社 2004 年版，第 2 页。

是否包含粒子束武器的预先研究，但是就粒子束武器研制的科技原理来说，加速器试验或许是其基础。

第二节　洲际导弹研制、生产规划都可以同意，问题是要保证实现

洲际导弹是核武器的主要载体，是实现核武器实战化的重要途径。中国虽然于20世纪60年代就掌握了原子弹、氢弹技术，但是由于没有远程运载火箭，还没能形成核反击力量，研制洲际导弹造就“镇国之宝”是维护国家安全的迫切需要。20世纪70年代中期，邓小平赞同研制洲际导弹的规划方案，强调要加强科研、保证质量、珍惜时间、如期完成。1975年5月19日，在中共中央军委常委会会议听取国防科委和七机部负责人汇报时，邓小平指出，洲际导弹“研制、生产规划都可以同意，还要报政治局批准。问题是国防科委、七机部、二机部要保证实现，不要到那个时候，东来一个报废，西来一个失败”①。20世纪80年代，“东风”五号洲际导弹、多弹头导弹和固体潜地导弹发射成功，使中国的核武器不仅在实战化方面迈出了新步伐，而且提高了第二次核打击能力，具备了对全球有威慑力的核反击能力。

一、洲际导弹研制计划很好，到时候一定要拿出东西来

根据中国的军事战略需要，中国提出了20世纪80年代前期要完成洲际导弹等研制任务，来解决远射程、大当量、广机动、高轨道的问题，使中国的战略武器形成配套体系。1975年5月19日，中共中央军委常委会会议听取汇报，讨论关于战略导弹研制工作的安排，对于1977年前研制出射程8000千米的远程导弹计划，邓小

① 《邓小平军事文集》第3卷，军事科学出版社、中央文献出版社2004年版，第26页。

平说："你们的计划很好，但到时候一定要拿出东西来。"[①] 为确保洲际导弹研制任务的如期完成，在军工企业队伍整顿、国防科研制度恢复、武器装备科学实验探索等方面，邓小平提出了具体的工作要求。

1. 妨碍洲际导弹研制的人要坚决调开，部委调不动，军委调

整顿科研生产秩序是研制洲际导弹的当务之急。20 世纪 70 年代中期，受"文化大革命"的破坏，军工企业尤其是研制生产运载火箭的七机部派性猖獗、管理混乱，严重妨碍洲际导弹的研制。1975 年 5 月 19 日，在听取国防科委和七机部关于洲际导弹研制生产规划时，邓小平说："不准再打派仗，凡是打派仗的，坚决按中央九号文件办。不能让他们损害国家利益，不能容忍他们这样闹下去！现在应该这样提出问题。凡继续闹派性的坚决调开，你们调不动，军委调。对那些还搞派性的人，就是照这个章程办，不管什么老虎屁股都要摸。"[②] 邓小平要求在 1975 年 7 月 1 日前，按照中央 9 号文件即《关于加强铁路工作的决定》，对搞派性的人坚决进行调离，切实整顿科研和生产秩序。遗憾的是，"反击右倾翻案风"后，搞派性的人变本加厉迫害航天科技工业战线的专家、干部和职工，致使刚刚步入正常轨道、恢复研制和生产秩序的航天工业再次陷入了困境。粉碎"四人帮"后，为了确保洲际导弹的研制成功，邓小平让张爱萍集中精力抓好洲际导弹等研制工作。1977 年 7 月中旬，邓小平对时任国防科委主任张爱萍说："由你亲自抓三大任务，我是放心的。"[③] 为迅速改变七机部的面貌，挽回"文化大革命"给洲际导弹研制造成的损失，经中央批准由地方和军队 600 多

① 《邓小平军事文集》第 3 卷，军事科学出版社、中央文献出版社 2004 年版，第 26 页。

② 《邓小平军事文集》第 3 卷，军事科学出版社、中央文献出版社 2004 年版，第 26 页。

③ 陆其明、范敏若编著：《张爱萍与两弹一星》，解放军出版社 2011 年版，第 370 页。

人组成的中央工作队进驻七机部，进行第二次整顿。在新任部长宋任穷和中央工作队的领导下，七机部大刀阔步地进行了整顿，收审了派性头目，调整了各级领导班子，释放了被非法关押的干部职工，恢复了科研、生产体制，健全了规章制度，洲际导弹研制逐步走上了正常轨道。

2. 要抓关键科研机构和生产单位，新建洲际导弹研制基地一定要搞好

要弥补洲际导弹研制被“文化大革命”耽误的时间和造成的损失，关键是组建科研队伍、改革科研机构、新建生产基地。邓小平说：“要注意抓关键的科研机构、生产单位，把人员搞精干，要真正得力，其他人员编外处理。不要搞得臃肿不堪，互相妨碍。建新点一定要搞好，打派仗的不要去。”① 邓小平的具体措施是：第一，调整航天科研领导体制。1977 年 5 月，中共中央、国务院批准七机部在京单位实行北京市和七机部双重领导。科研生产的组织实施，由北京市委领导，科研任务下达和跨省协作，由七机部负责。1982 年 11 月 1 日起，七机部第一研究院的各项工作，由北京市为主的双重领导改为由航天部直接领导，同时，空气动力研究所划归一院建制。机构的设置和改革，更适应科研生产的需要。第二，大搞科学实验。洲际导弹是高科技武器系统，邓小平极其重视遵循研制规律，强调加强科学实验。即使花钱再多，也不能不搞科学实验。邓小平指出，洲际导弹研制，“过去试验都是成功的嘛。打一发弹多少钱呐！钱是小事，耽误时间是大事。即使一个弹损失一亿元，我们国家虽穷，还可以拿得起，但时间失去了，是回不来的，再不能损失了”②。洲际导弹试发射前，围绕国内靶场 6 次不同弹道的飞行试验，1000 多家工厂、研究所及数万名工程技术人

---

① 《邓小平军事文集》第 3 卷，军事科学出版社、中央文献出版社 2004 年版，第 26 页。

② 《邓小平军事文集》第 3 卷，军事科学出版社、中央文献出版社 2004 年版，第 26—27 页。

员、工人、干部和部队指战员，开展了空前规模的科学实验活动。第三，提高电子元器件的可靠性。洲际导弹由数万个零件组成，多次飞行试验故障分析表明，电子元器件的质量是制约整箭质量的瓶颈。提高电子元器件的可靠性是保证洲际导弹控制设备可靠性的基础，在当时中国电子工业相对薄弱的情况下，决定建立一条电子元器件研制生产专线，确保在七个环节上做到“专”：即专批，专门申报审批；专人，一律由熟练职工生产；专料，统一使用同一种优质材料；专机，统一使用同一型号的先进设备生产；专检，专门进行检查、检验；专筛，对产品进行筛选，不合格者淘汰；专卡，把每个产品登记入库。仅 1978 年与“七专”定点厂签订了 31 万支“七专电子产品”订货合同，件件都是高质量，确保了洲际导弹的试验和飞行。按照邓小平的要求，建立科学的领导体制、开展广泛的科学实验和使用可靠的原材料元器件，构成了洲际导弹研制成功的重要保障。

3. 洲际导弹全程试验要力争一次成功，但搞不成没有关系，试验哪有百分之百成功

研制、发射洲际导弹是极其复杂的尖端科技探索，具有失败的风险。邓小平以科学的态度对待洲际导弹试验，鼓励科技人员放下思想包袱，大胆探索，不要顾虑失败，并且相信经过充分准备能够取得成功。1980 年 1 月 27 日，在出席中共中央专门会议，听取国防科委、海军关于“东风”五号洲际导弹全程试验准备工作情况及实施计划的汇报时，邓小平指出：“‘东风’五号洲际导弹全程试验要力争一次成功，但搞不成没有关系，试验哪有百分之百成功。弦不要拉得太紧，要从容一些。我们过去多次试验，失败的较少，还是有成功把握的。这次要准备充分些。”[①] 邓小平先后批准了国防科委、外交部等部门关于“东风”五号洲际导弹全程试验的请示、进展情况报告、试验公告发布、发布新闻公报和贺电以及

① 《邓小平年谱（1975—1997）》上，中央文献出版社 2004 年版，第 597 页。

总结评功等工作安排。1980 年 5 月 18 日，邓小平与中央领导同志，在国防科委通过电视系统观看了“东风”五号洲际导弹发射实况，6 月 10 日晚，出席了洲际导弹试验庆功大会。

“东风”五号导弹试验是中国第一次战略核武器的定型试验，试验成功后就可以进行批量生产，装备部队，实现核武器的实战化。20 世纪 60 年代，“两弹一星”研制成功，中国跻身世界五个核大国之列，由于当时导弹射程的限制，严格而论只解决了核武器的“有无”问题，还没有能力对搞霸权主义的超级大国形成有效威慑。“东风”五号洲际导弹 1. 3 万千米的射程可以覆盖美国全境和整个欧洲，从此形成了对全球有威慑力的核反击能力。南斯拉夫《政治报》报道：中国第一枚洲际导弹“相当于美国‘大力神’式，它的射程 1 万千米以上，可以把苏联全境包括在射程之内，并能达到美国的西海岸”。因此，中国研究具备了“能把苏联全境纳入之内的洲际弹道导弹的实战配置体制”。这也打破了“美苏两个超级大国对洲际导弹的垄断，无论谁进攻中国，就必须估计到中国核导弹打击给自己力量造成重大削弱”。中国洲际导弹试验成功“具有推迟和消弭新的世界战争的作用”。西方有军事人士认为，中国运载火箭正好溅落在预定海域，从而明确证实了 1 万千米级的中国洲际导弹具有超高的精确度，在完善制导系统和火箭推力方面取得了巨大进步，并且研究了尚未被某些国家所完全掌握的混合技术。也有西方媒体明确指出，中国的运载火箭和美国、苏联比是“老式的”，某些方面技术还有相当大的差距。但是，无论如何，洲际导弹对中国的意义巨大。正如当时法国总参谋长形容，“这是保障一个国家独立自由的无价之宝”①。

二、向多弹头发展，要搞能够有机动的武器

拥有第二次打击能力是有效核威慑的保障。远程洲际导弹的致

① 《中国战略核力量揭秘》，《广角镜》，2015 年 1 月 16 日—2015 年 2 月 15 日，第 44—47 页。

命弱点是发射的初始阶段容易遭到反导系统的拦截，因此，确保核武器的有效打击有两个途径，一个是多弹头，另一个是机动发射。1978 年 8 月 1 日、2 日，在听取七机部汇报时，邓小平指出：要搞多弹头发展，要搞能够有机动能力的武器。[①] 多弹头是核武器防止敌方拦截、确保核打击的有效方式，核机动是保存核力量、拥有第二次核打击力量的有效措施。

1. 一箭三星发射成功表明，中国有能力给洲际导弹装上多弹头

多弹头技术使导弹在重返大气层后敌方的反导系统难以全面拦截。中国的多弹头导弹风暴一号（代号“F－1”）是以洲际导弹为原型研制的运载火箭。1978 年 8 月，邓小平提出“向多弹头发展”的任务后，风暴一号发射第一组三颗科学实验卫星被列入当年国家计划。因发动机故障，1979 年 7 月 28 日风暴一号火箭首次发射失败。1981 年 9 月 20 日，第二颗风暴一号运载火箭携带着三颗卫星发射成功。[②]

一箭三星发射成功，使中国成为继苏联、美国和欧洲航天局之后，第四个独立掌握一枚火箭发射多颗卫星的国家，在国际上引起了很大反响。西方媒体普遍认为，这次卫星发射成功具有重大的军事意义。日本报纸称：“中国发射复数卫星可能是多目标导弹试验。”美国的帕克斯在 9 月 21 日的《洛杉矶时报》上发表文章，指出“昨天的卫星发射还表明中国有能力给它刚刚研制成的洲际导弹装上多弹头”。[③] 日本荒井在 9 月 21 日的《读卖新闻》上发表文章《中国同时发射三颗卫星，表明核导弹的进步》说：“北京的西方军事人士认为，这次成功表明，分导多核弹头的研制技术相当

① 转引自吴国辉著：《科技铸剑——国防科技和武器装备创新发展》，长征出版社 2015 年版，第 132 页。

② 李成智编著：《中国航天技术发展史稿》中，山东教育出版社 2006 年版，第 469—470 页。

③ 转引自李成智编著：《中国航天技术发展史稿》中，山东教育出版社 2006 年版，第 470 页。

的先进，因而予以注意。……该西方军事人士指出，和去年洲际导弹成功发射合起来，中国已经在研制分导多核弹头方面越过了一个里程碑。”[①] 1981 年 12 月 24 日，日本《读卖新闻》说：今年 9 月发射的一箭三星火箭，证明中国已经熟练地掌握了制造多弹头重返大气层运载工具的技术，并着手研制更高阶段的多弹头分导重返大气层运载工具。但是，西方一致的看法是，中国技术比美苏技术至少要落后 10 年。一般认为，其引擎的推力是没有问题的，但其命中精确度与美苏的洲际弹道导弹（误差二百米至三百米）相比，其误差至少要大一位数，而且固体燃料的研制落后，火箭缺乏稳定性，等等。其原因除由于电子设备和电算机系统的落后给制导、控制技术带来困难外，还有一点是由于综合性系统工学不发达所致。但是，从核研制的速度发展之快来看，有人认为中国有足够的能力在将来成为“第三个核大国”[②]。有了分导技术并不意味着就拥有多弹头核武器，因为核弹头的分导技术比卫星分导技术更为复杂。随着中国经济、技术水平的迅速提高，克服了 20 世纪 80 年代初期分导技术存在的缺陷，研制出了更为先进、更为稳定、威力更大的多弹头核武器。2014 年 12 月 31 日，中国发射的“东风”-41 洲际导弹装配了多弹头，其弹头数有 3 个、6 个和 10 个多种说法。按照美国军事观察家的评论，北京采用的是与俄罗斯“白杨”导弹相似的陆基机动发射装置。公路机动发射与多弹头的结合可使中国的远程核打击力量增强几倍，战略核实力超过法国、英国而居全球第三位，仅次于美国和俄罗斯。[③] “东风”-41 洲际导弹核分导技术，如果应用到其他型号的洲际导弹上，就能使中国的战略核打击力量增强几倍。

---

① 《日报评论中国发射卫星成功》，《参考消息》，1981 年 9 月 23 日。

② 《中国核武器研制工作不断取得进展》，《参考消息》，1981 年 12 月 31 日。

③ 《中国战略核力量揭秘》，《广角镜》，2015 年 1 月 16 日—2015 年 2 月 15 日，第 44—47 页。

2. 陆上机动发射核导弹，就是用最现代化的武器打游击战争

积极防御的军事战略方针，要求核打击采取后发制人的方式实施，因而首要的问题是要解决核力量的生存问题。中国早期的导弹发射方式，相继采用了地下井贮存和井下热发射，地下井贮存和地面发射。1978 年 8 月 1 日、2 日，在听取七机部汇报时，邓小平提出“要搞能够有机动能力的武器”，将陆上机动发射战略导弹形象地比喻成用最现代化的武器打游击战争。邓小平关于核武器陆上机动发射的要求，使变“固定发射为机动发射”成为中国导弹研制的重要课题。经过对火车机动发射、轮船机动发射和汽车机动发射的充分论证，最后决定把陆上机动发射方式作为主攻方向。陆上机动发射战略导弹主要在公路或无路或泥泞、松软土壤及沙漠等地区活动，在预定或非预定地点发射。陆上机动发射具有诸多优点：一是发射车的灵活性大、操纵性强、反应时间短。二是相对铁路发射车，公路发射车车体的外形尺寸小，便于隐蔽待机。三是交通状况限制小，训练、隐蔽、待机较容易。四是生存能力较强。敌方的侦察卫星难以探测到，精确制导的打击不能消灭或者只能消灭一部分，其生存能力更强。

根据邓小平关于陆上机动发射洲际导弹的要求，中国研制了运输、起竖和发射等多种功能合一的导弹发射设备，简称“三用车”。这种由牵引车、半挂拖车、发射装置和电液控制系统组成的公路运输发射车，除了具备运输、起竖和发射导弹的功能，还具备保温、调温、发射筒调直与方向回转、水平装填以及贮存导弹等多种功能。1983 年 6 月，第一台“三用车”及其配套设备，经过模型弹弹射和全武器系统试验，证明了其设计方案优越、技术先进、质量可靠，是中国导弹地面设备的一项新成果。为了提高地地战略导弹系统的作战性能和生存能力，中国在提高车辆的机动性和通用性、减少地面设备数和装备集成化、缩短发射准备时间与保证可靠发射、压制新型瞄准设备和抗核减震等方面，做了大量的工作，取得了可喜的成绩，推动了导弹武器系统机动发射的现代化进程。

1985年5月，用“运输、起竖、发射”三用车发射固体地地战略导弹连续获得了成功，它标志着中国机动发射的固体地地战略导弹的诞生，并为这种导弹武器系统的定型奠定了良好基础。[①] 机动发射的导弹能够在公路运载车上随时流动，外形可以做得如同集装箱车，采用固体燃料不需要提前加注，竖起来就可以发射，事先很难发现，由此在很大程度上解决了核力量的生存问题。1999年能在公路上机动发射的“东风”-31战略导弹在天安门广场参加检阅，国际媒体公认中国就此具有了真正意义上的“第二次打击能力。”

3. 固体战略导弹陆上机动发射，要抓好“巨浪一号”直接上岸

要实现战略导弹的陆上机动发射，核心是要攻克火箭燃料“液体变固体”的技术难题。早在20世纪60年代中期，中国在进行潜地固体导弹方案论证时，曾经设想过在该导弹研制成功后，稍加改造就可成为陆上机动型号。随着“巨浪一号”研制工作的展开，在方案设计和试验设计中研制人员明确提出了要采用“台、筒、艇”三阶段的试验方案。在“台”和“筒”两个阶段都要进行陆地发射的试验。在进行陆上发射筒设计和试制时，研制人员提出了把发射筒装在公路车上开着跑、变成陆上机动式固体战略导弹的大胆设想，得到了国防科工委和二炮领导的支持。1978年8月，国防科委规划会议明确提出，“巨浪一号”属于“一弹两用”的武器系统，应探索导弹陆上机动发射技术，为中国固体导弹的进一步发展打下更加坚实的基础。邓小平在听取七机部领导汇报战略核武器规划时提出，要实现洲际导弹陆上机动发射，措施是“要抓好‘巨浪一号’直接上岸”[②]，也就是要把最初的研制用于潜艇发射的固体洲际导弹改进成陆上机动发射。1980年6月7日，中央专委

① 谢光主编：《当代中国的国防科技事业》上，当代中国出版社1992年版，第340页。

② 李成智编著：《中国航天技术发展史稿》中，山东教育出版社2006年版，第390页。

批准将潜艇发射的“巨浪一号”直接搬上岸（陆地）这一固体地地战略导弹研制任务。1984 年 4—5 月，固体地地导弹和地面设备进行了全武器系统合练，全面检验了各种车辆、设备的设计性能。1985 年 3 月，固体地地导弹试验队开赴发射基地执行首次飞行试验任务，5 月 20 日，成功地进行了发射试验，5 月 30 日，第二枚固体地地导弹又成功地进行了发射试验。1987 年 5 月，用改进后的地面设备进行的发射试验，获得成功。

20 世纪 80 年代中期，中国开始了第二代固体战略导弹研制。采用了许多先进技术的第二代固体战略导弹在 10 多年的研制过程中，经过 20 多次地面试验和 6 次飞行试验定型批量生产并装备部队，进一步增强了中国的国防实力。

三、核潜艇研制生产花钱很多，必须保证技术确实过关

20 世纪 70 年代，美国、苏联就建成了地面发射井、战略轰炸机空投、潜艇水下发射“三位一体”的战略核打击力量。从理论上看，中国也具备了“三位一体”的能力，但是因轰炸机航程限制和突防能力差，不能形成有效威慑，固定的地面发射井生存能力也差，因此，正确的选择是发展核潜艇和地面机动战略导弹。相对陆基洲际导弹来说，在深海中游动不定的核潜艇具有更好的突然攻击性、打击威力和生存能力，是最理想的战略导弹发射工具。1978 年 10 月 20 日，邓小平批准了海军关于核潜艇研制生产的建议向中央军委的请示报告：“拟原则同意，但这种东西花钱很多，必须保证技术确实过关，才能搞批量生产。请海军党委和有关部门郑重研究，而后行动。”①

1. 我们的战略始终是防御，这包括核潜艇也是战略防御武器

核潜艇具备高度隐蔽性和强大的突防能力，是符合积极防御军事战略方针的利器，在中国武器装备体系中具有重要地位。刘华清认为，弹道导弹核潜艇的出现和运用，扩大了海军的作战范围，可

① 《邓小平年谱（1975—1997）》上，中央文献出版社 2004 年版，第 405 页。

以对敌方陆地的纵深战略目标实施导弹核突击，影响战争的进程和结局，成为战略突击力量，提高了海军的战略地位。尤其是科学技术的发展，进一步提高了弹道导弹的命中精度和破坏威力，使岸基导弹发射井的安全日益受到威胁。据外国资料报道，在一次大规模的核突击下，岸基导弹发射井的生存力不超过 10%，而弹道导弹核潜艇的隐蔽性好，机动性大，生存力强，可以免遭对方首次核突击的完全打击，从而保存了核报复的反击力量，使对方不敢贸然发动核战争，起到了威慑的作用。所以，世界上拥有战略核武器的国家，都开始把战略突击力量的重点转移到核潜艇上，使潜射弹道导弹的数量比重逐年增加。①

早在 1958 年，中国就开始研制核潜艇，后因国家经济暂时困难和科研力量不足而转入对关键项目的研究。1963 年中央专委会批准重新上马，决定分两步走，先研制反潜鱼雷核潜艇，再研制导弹核潜艇。1970 年反潜鱼雷核潜艇研制成功，1971 年联合实验，1974 年正式交海军服役。反潜鱼雷核潜艇研制成功后，还要不要继续制造导弹核潜艇，出现了意见分歧，引起了激烈争论。支持的观点认为，导弹核潜艇隐蔽性好，可以几个月不露出水面；航程远，可以绕地球几圈而不靠码头补给；机动性大，活动海域广阔；攻击突然性大，可以在任何海域攻击世界上任何一个战略目标；突防能力强，被拦截的机会少；研制费用低，按平均每发导弹所占研制费用计算，比陆上发射井、陆上机动导弹实际使用的经费少。反对的观点认为，中国已经有了陆基洲际导弹，没有必要再搞潜地导弹；公路机动发射已经提高了洲际导弹的机动性，射程与潜地导弹相同的陆基机动导弹，可以打击的目标比潜地导弹多得多；导弹核潜艇技术比原子弹和导弹还复杂，搞出来不如人家的好，也不一定能顶用；要在海上机动发射导弹，不一定非要搞导弹核潜艇，可以把导弹装在常规动力潜艇或水面舰艇上；随着科技的发展尤其是水

① 《刘华清军事文选》上卷，解放军出版社 2008 年版，第 307—308 页。

下潜艇探测能力的提高，潜艇的隐蔽性将会降低，其隐蔽性不一定比陆上机动导弹好。

关于核潜艇的攻击与防御的关系，争论双方有不同的理解。反对的观点认为，中国采取的战略方针是积极防御，海军是近海作战，不去远洋活动，没有必要搞导弹核潜艇。支持的观点认为，中国采取积极防御的战略方针，绝不首先使用核武器，只实施核反击。因此，核武器的生存是核心问题。由于核潜艇的隐蔽性好，潜地导弹生存概率比任何陆基导弹高，所以导弹核潜艇是进行核反击的最好战略武器。邓小平把核潜艇定性为战略防御武器，肯定了核潜艇在中国武器装备体系中的地位，结束了是否继续建造导弹核潜艇的争论，推进了导弹核潜艇的研制进程。1981 年 2 月，中国导弹核潜艇建成，同年 4 月 30 日举行下水典礼，命名为“长征二号”（西方国家将其称为“夏”级潜艇，中国编号 091）。美国海军专家评论说，中国仅有的一艘“夏”级潜艇 1983 年入役，尽管很少出海，但仍在使用，不过从未执行过一次可信的威慑巡逻。①1987 年，中央军委常委会特别指出：“从长远考虑，为了提高战略核力量的机动性和生存能力，有必要继续研制和发展海上战略武器系统。”②

2. 要真正把第二代潜地导弹搞出来，那才是了不起

战略核潜艇的威力，在于其装配的战略导弹。“巨浪一号”潜地导弹研制成功，标志着中国掌握了固体火箭发动机的制造技术。固体火箭发动机与液体火箭发动机相比，其突出的优点是结构简单和使用操作方便。固体推进剂装药后能够长期储存，总是处于待发状态，对于战术和战略导弹来说是非常宝贵的。同时，固体火箭发动机具有结构紧凑、可靠性高、使用安全、维护操作简便、辅助设

---

① 〔美〕安德鲁·S．埃里克森、莱尔·J．戈尔茨坦、威廉·S．默里、安德鲁·R．威尔逊主编：《中国未来核潜艇力量》，刘宏伟译，海洋出版社 2015 年版，第 63 页。

② 杨连新著：《见证中国核潜艇》，海潮出版社 2013 年版，第 190 页。

备少、密度比冲高等特点，可以做到作战反应迅速、机动隐蔽、生存力强，有利于导弹小型化、机动化。由于其在军事上的巨大价值，固体火箭发展异常迅速。20 世纪 80 年代，世界各国现役的各种战术、战略导弹中，采用固体火箭发动机的占到 90% 以上。因此，研制固体火箭发动机是中国导弹发展的方向。1978 年 8 月 1 日、2 日，在听取七机部汇报时，邓小平说：要真正把第二代潜地导弹搞出来，那才是了不起。[①] 邓小平所说的“潜地导弹”也就是通常说的“巨浪”固体导弹。中国火箭专家钱学森说，采用固体火箭发动机的“巨浪一号技术难度很大，是集科学技术之大成”[②]。因此，邓小平将研制“巨浪”固体导弹称为是了不起的事情。

中国在固体火箭发动机领域的长期技术储备，为“巨浪一号”固体导弹的研制奠定了技术基础。在发达国家 20 世纪 50 年代后期竞相发展固体导弹的形势下，20 世纪 60 年代中期，中国也开始固体导弹的研制。1965 年 8 月，中央专委会议提出“争取提前研制出固体导弹”的要求后，固体火箭研究院着手制订中国固体战略导弹发展规划，决定研制一个单级近程地地固体导弹。1967 年 1 月，国防科委决定取消原定的研制任务，研制作为导弹核潜艇武器系统的“巨龙一号”（1972 年正式定名为“巨浪一号”），这就要越过单级近程，直接研制两级中程水下发射的潜地导弹。因此，“巨浪一号”的研制面临起点高、研制周期短、技术储备不足等难题。1977 年 9 月 18 日，国务院、中央军委批准了国防科委关于战略导弹和人造卫星研制安排的请示，将潜地导弹列为国家重点任务，历时 15 年，经过 100 多次地面试验，1981 年 6 月 17 日，“巨浪一号”陆上发射遥测弹试验成功，射程和精度达到了预定要求。1982 年 10 月 12 日，“巨浪一号”进行首次常规潜艇水下发射取得

---

① 转引自吴国辉著：《科技铸剑——国防科技和武器装备创新发展》，长征出版社 2015 年版，第 132 页。

② 转引自李成智编著：《中国航天技术发展史稿》上，山东教育出版社 2006 年版，第 197 页。

成功，表明中国掌握了大型固体火箭发动机的研制、生产和试验技术。20世纪90年代研制的体积小、能陆地机动发射的“东风”-31洲际导弹，是改造成潜射型“巨浪”-2的重要基础。经历长时间的艰苦的测试，伴随着很多次失败和延期，最终研制成功的“巨浪”-2导弹，射程可达7400—8000千米。俄罗斯军事专家认为，为发展海军战略的核力量，中国需要更大型的、射程可达11000—13000千米的导弹，最好是分导式多弹头。据2017年8月18日俄罗斯外星网报道：外界猜测“中国或将试射‘巨浪’-3型导弹”。有专家表示，不排除“巨浪”-3利用“东风”-41型洲际弹道导弹部分技术的可能，其射程估计超过11000千米。[①]

3. 导弹核潜艇必须是个武器，应该包括导弹，没有导弹光搞艇不行

高科技武器装备都是由多个部分构成的极其复杂的系统，所以一般都称武器系统。导弹核潜艇作为尖端武器，至少是由作为航空高科技代表的导弹系统和作为舰船高科技代表的潜艇系统组成，其实际战斗力是由弹和艇两大子系统有机构成的。邓小平说：“像核潜艇那么现代化的东西，出不得事故。……有的潜艇我是没有看过，听说很漂亮。只看表面不行，要看实战能力。”[②] 具有实战能力的导弹核潜艇，必须是核潜艇与潜地导弹的结合，构成一个完整的导弹核潜艇武器系统。仅有漂亮的潜艇，没有管用的导弹，形成不了实战能力；仅有威力强大的导弹，没有现代化的潜艇，构不成第二次打击能力，也难以谈得上实战能力。中国核潜艇研制在艇弹结合方面有深刻的教训。中国首艘核潜艇于1974年8月被海军正式编入现役（编号091），但是作为攻击型核潜艇，其武器系统的研发大大落后，虽能出海却无法用于战斗，没有形成实战能力。从

① 《中国或将试射“巨浪”-3型导弹》，《参考消息》，2017年8月21日。

② 《邓小平军事文集》第3卷，军事科学出版社、中央文献出版社2004年版，第161页。

20世纪60年代初期起，各种鱼雷被中国轮番研究了个遍，但是直到1989年“鱼”-3型的出现，才使中国确信自己终于掌握了一种可与西方相提并论的鱼雷。鱼雷是攻击型核潜艇的必备要素，研发工作如此毫无章法的结果是，直到1989年“汉”级服役15年后才有了可用的鱼雷。[①] 美国海军专家的分析，因为针对鱼雷核潜艇研制中偏重艇的设计建造，对鱼雷抓得不紧，造成武器缺装的教训。邓小平也提出过批评，他强调：“导弹核潜艇必须是个武器，应该包括导弹，没有导弹光搞艇不行。”[②] 因此，在常规潜艇发射潜地导弹成功之后，还必须进行弹艇结合的核潜艇水下发射导弹试验，以考验武器系统的综合性能，鉴定武器系统的战术技术指标，使其具备实战能力。

1984年3月8日至4月28日，中国进行的核潜艇水下发射“巨浪一号”潜地模型导弹试验取得成功，在渤海海域成功发射了4枚模型弹。但是，随后真正的弹箭结合试验还是充满了曲折。1985年9月28日，“夏”级导弹核潜艇首次实施了水下发射，“巨浪一号”导弹出水后飞行爬高，但不久便在空中翻滚自毁，随后进行的两枚导弹的发射试验，均未能取得成功。这次弹箭结合试验虽未能取得成功，但它证明了核潜艇总体和发射动力系统工作正常，并获得了比较完整的数据和资料，对于进一步研究导弹的水下力学环境，具有极其重要的价值。[③] 在总结经验、分析原因、提出措施、反复测试的基础上，1988年9月15日14点，“巨浪一号”导弹从发射筒腾起，准确地落在预定海域，试验获得了圆满成功。9月27日，第二次发射又获得了成功。导弹核潜艇潜地导弹飞行

---

① 〔美〕安德鲁·S．埃里克森、莱尔·J．戈尔茨坦、威廉·S．默里、安德鲁·R．威尔逊主编：《中国未来核潜艇力量》，刘宏伟译，海洋出版社2015年版，第82页。

② 谢光主编：《当代中国的国防科技事业》上，当代中国出版社1992年版，第148页。

③ 谢光主编：《当代中国的国防科技事业》上，当代中国出版社1992年版，第380—381页。

试验获得成功，使中国成为世界上第五个拥有导弹核潜艇的国家，实现了邓小平“必须是个武器”的要求。

不应回避的是，导弹核潜艇研制过程中同样存在着导弹研制落后于潜艇研制的情况。有西方专家认为，中国1988年成功实施“夏”级（中国编号092）潜艇水下发射“巨浪”-1导弹试验，此时距中国决定建造第一艘弹道导弹核潜艇的1958年已过去整整30年，距“夏”级艇最初设计下水时间也过去了15年。即便“巨浪一号”核潜艇试验成功，西方仍然对其实战能力怀疑。“中国究竟是否能够有效使用这种复杂的机器，特别是在面对先进反潜兵力的情况下，仍然是个问题。据信‘夏’级很少出海，其战备程度也大可质疑。看来，中国在为拥有更可靠的核打击能力而奋斗了数十载之后，最终得到的只是一艘没有多大价值的潜艇，一艘因形不成什么威胁而备受冷遇的弹道导弹核潜艇。”①

20世纪90年代末中国建造新型核潜艇，向俄罗斯购买了12艘达到国际先进水平的常规潜艇，直到21世纪后才发展新一代核潜艇。西方专家认为，中国“夏”级导弹核潜艇的建造，为新一代核潜艇的研制奠定物质、技术和人才基础，并且远比建造核潜艇这一武器平台更为重要。西方专家称为“晋”级的093型攻击型核潜艇，前2艘已分别于2002年和2003年下水，被称为“商”级的094型弹道导弹核潜艇于2005年成功进行了水下发射试验，该艇装备的“巨浪”-2型潜射弹道导弹射程可到8000—10000千米。② 这体现出中国核潜艇技术水平的巨大进步。美国国防部2003年提交国会的年度报告指出：中国将继续购买外国技术用以改善降

① 〔美〕安德鲁·S.埃里克森、莱尔·J.戈尔茨坦、威廉·S.默里、安德鲁·R.威尔逊主编：《中国未来核潜艇力量》，刘宏伟译，海洋出版社2015年版，第84页。

② 〔美〕安德鲁·S.埃里克森、莱尔·J.戈尔茨坦、威廉·S.默里、安德鲁·R.威尔逊主编：《中国未来核潜艇力量》，刘宏伟译，海洋出版社2015年版，第63页。

噪、推进系统以及潜艇设计。随着国内潜艇研发基础设施的成熟，中国将拥有自行设计建造现代化潜艇的能力。进入 21 世纪后，中国建造了 4 艘 094 型战略导弹核潜艇。以每艘潜艇装配 12 枚导弹、每枚导弹最低有 3 颗弹头计算，便能有 36 枚核弹头对敌国的 36 个要害目标构成威胁。假如在发生核战争时能有一艘战略导弹核潜艇幸存下来，并能实施有效反击，所造成的损失是任何大国都难以承受的。① 中国新型核潜艇包括新型攻击型核潜艇和新型潜地战略导弹核潜艇，在战术技术性能上比第一代核潜艇大为提高，是更加强大的海基战略盾牌。

第三节　我国是一个发展中国家，要把力量集中到急用的应用卫星上来

随着航天科技的发展，到 20 世纪 80 年代，世界各国普遍认为，航天高技术将对未来战争产生重大影响。但是，航天技术领域宽阔，投资巨大，必须调整贪多求全的思路和规划，根据中国的国家安全战略和军事战略需要，确定中国航天技术的发展方向和重点。邓小平指出："我国是一个发展中国家，在空间技术方面，我国不参加太空竞赛。现在也不必上月球，要把力量集中到急用的应用卫星上来。"② 随后，中国及时纠正战线太长、力量分散、实用工程进展缓慢等现象，对航天科研任务进行调整，停止载人飞船和导航卫星的研制，延缓一些长期项目的研制，加速试验通信卫星的研制，做到不贪多求全，搞一个算一个，真正有用。到 1988 年 10 月，中国"成功发射了科学试验、侦察、通信、气象等各类卫星

---

① 《中国战略核力量揭秘》，《广角镜》，2015 年 1 月 16 日—2015 年 2 月 15 日，第 44—47 页。

② 国防科学技术工业委员会编：《邓小平国防科技工业建设思想研究》，北京航空航天大学出版社 2004 年版，第 26 页。

27 颗，为军事侦察、通信和国民经济建设作出了贡献”①。如果说“两弹一星”是一杆枪，导弹就是枪杆，核弹就是子弹，卫星就是瞄准器。“两弹一星”整体构成国家的战略核力量。因此，卫星是必不可少的尖端装备。

一、研制科学卫星，开展空间科学研究工作，我看是需要的

1957 年 10 月，苏联发射了第一颗人造地球卫星后，中国许多科学家积极倡导开展自己的航天技术研究。1958 年 5 月 17 日，毛泽东在中共八大二次会议上提出，我们也要搞人造卫星。遵照这一指示，中国科学院随即拟订了人造卫星发展规划并开展了相关的研究工作。由于受“大跃进”影响，规划提出过一些人造卫星研究的不切实际的设想。1959 年 1 月，邓小平提出“关于现在发射人造卫星与国力不相称、要调整空间技术研究任务的意见”②，中国科学院调整了发展计划、研制任务和机构，提出了新的发展方案。“文化大革命”结束后，邓小平再度关注和支持人造卫星的发展。1977 年 11 月 24 日，对中国科学院《关于研制科学卫星、开展空间研究工作的请示报告》，邓小平批示“我看是需要的”③。邓小平批准的中国卫星发展规划，使 20 世纪 80 年代中国航天事业获得快速的发展。

1. 发射卫星反映民族的能力，也是一个民族一个国家兴旺发达的标志

人造卫星的研制和发射，体现国家的科技水平、国防实力。邓小平指出：“如果六十年代以来中国……没有发射卫星，中国就不能叫有重要影响的大国，就没有现在这样的国际地位。这些东西反映一个民族的能力，也是一个民族、一个国家兴旺发达的标志。”④

---

① 《刘华清军事文选》下卷，解放军出版社 2008 年版，第 9 页。

② 谢光主编：《当代中国的国防科技事业》上，当代中国出版社 1992 年版，第 387 页。

③ 《邓小平年谱（1975—1997）》上，中央文献出版社 2004 年版，第 242 页。

④ 《邓小平文选》第 3 卷，人民出版社 1993 年版，第 279 页。

1979年2月上旬，邓小平批准了国防科委《关于派人赴日考察卫星发射和跟踪系统的请示》，积极支持学习和引进卫星技术。

早期发射卫星的运载工具，都是在导弹的基础上发展起来的，发射卫星实际上是在展示一个国家的军事实力。20世纪60年代中期，中国的国民经济状况有了好转，中近程地地导弹发射成功，已经具备了研制和发射人造卫星的经济基础和技术条件。1965年元旦前后，中国的卫星专家赵九章、火箭专家钱学森等先后向中央提出了研制人造卫星的建议。赵九章致信周恩来总理，特别强调了人造卫星的军事价值。赵九章在信中指出："从苏联和美国已经发射的卫星的情况来看，人造卫星是直接用于国防或服务于国防的。苏联发射的人造卫星，在1962年以前，似乎对在国防上的应用注意不够。1962年以后，就大力发展人造卫星在国防上的应用，自宇宙卫星系列起，他们就没有发射探测的项目，但从这些人造卫星的轨道情况看来，大部分是适合于侦查地面情况的。"① 因此，赵九章强调："由此可以说，所有的人造卫星，几乎都是与国防有关的。"② 1965年7月1日，中国科学院在向中共中央报送的《关于发展我国人造卫星工作规划方案建议》中，也强调了卫星的军事应用。中央专委在原则批准规划建议时，明确指出：中国发展人造卫星以应用卫星为主、应用卫星又以照相卫星为主。③ 根据中央专委指示精神，中国科学院提出的卫星规划设想主要为："以科学实验卫星作为开始和打基础，以测地卫星，特别是返回式卫星为重

① 宋健主编：《"两弹一星"元勋传》下，清华大学出版社2001年版，第21页。转引自李成智编著：《中国航天技术发展史稿》下，山东教育出版社2006年版，第611页。

② 宋健主编：《"两弹一星"元勋传》下，清华大学出版社2001年版，第21页。转引自李成智编著：《中国航天技术发展史稿》下，山东教育出版社2006年版，第611页。

③ 吴开林：《遥感卫星返回大地》，载《中国航天腾飞之路》，中国文史出版社1999年版，第344页。转引自李成智编著：《中国航天技术发展史稿》下，山东教育出版社2006年版，第611页。

点，全面开展包括通信、气象、核爆炸、导弹预警、导航等卫星，配成应用卫星的完整体系，进一步在返回式卫星的基础上发展载人飞船。”① 1970 年 4 月 24 日，中国成功发射第一颗人造地球卫星后，世界各国报刊纷纷发表评论，指出中国第一颗人造卫星发射成功，表明中国的科学技术已经突飞猛进达到了新的高度，是中国在科学技术和工艺方面取得的突出成就，是中国 20 年来在科学技术上前进的新高峰和里程碑。

2. 空间现在已经军事化了，将来是空中战争

数量繁多的应用卫星，表面上有军用和民用之分，实际上在很多情况下是无法分开的，因此，自人类第一颗人造地球卫星发射以来，空间利用就被赋予军事化的特征。1981 年 9 月 4 日，苏丹的《天天报》在谈及美国间谍卫星的情况时，说美国自 1958 年以来已发射了 1000 多颗卫星，其中近三分之二是专门用于军事目的。②20 世纪 80 年代初期，美国认为：“苏联的卫星至少有百分之七十五是完全用于军事方面的，还有百分之十五既是军用也是民用的。”“苏联的非军事卫星计划完全同军事计划相结合，并且服从于军事计划。官员们说，直接或间接用于军事方面的卫星占百分之九十，其中包括摄影和电子侦察卫星，同时也有‘军用空间站’和一种可供使用的反卫星武器系统。”③

1981 年 8 月 16 日，美国《华盛顿邮报》发表题为《空间战争》的报道提出：世界正在很快进入令人困惑的空间战时代，其速度比大多数美国人认识到的更快。已经有几十个无人卫星在地球上空的轨道运行，作为对立双方的军事领导人的耳目。在未来的冲突中，苏联将从这种卫星中指挥它的许多军事部队。美国军方多年前就已经看到这种威胁的来临，着手制订一个绝密计划，以在一场

① 陆授观著：《中国第一颗人造地球卫星的诞生·请历史记住他们》，暨南大学出版社 1999 年版，第 352 页。

② 《苏丹〈天天报〉谈美间谍卫星活动情况》，《参考消息》，1981 年 9 月 4 日。

③ 《苏联把航天技术用于军事目的》，《参考消息》，1981 年 6 月 28 日。

战争的最初几个小时或几天消除苏联的卫星。1974 年，航空空间防卫司令部建议，到 1982 年，美国应有能力在 24 小时内摧毁 40 个特定的苏联卫星。秘密计划认为，到 1985 年，最多会有 45 个苏联卫星，它们将对美国构成威胁，因此，在发生战争时，必须迅速加以摧毁。首先，要摧毁的最重要的目标是“电子海洋侦察卫星”。这种卫星用来侦查和追踪公海和沿海水域的海军舰只。这些尖端的空间间谍卫星能够向瞄准美国舰只的苏联导弹提供确定目标的情报，误差不超过一英里。其次，要摧毁的是礼炮空间站。礼炮空间站能够侦查出发射导弹的情况，使苏联人得到他们的导弹所需要的关键性目标数据。最后，要摧毁的是气象卫星。这些卫星是提供重要气候情况的九个气象卫星和两个监视卫星，这种监视卫星能够随时掌握美国发射卫星和导弹的情况。这两种卫星都要在 48 小时的时限内摧毁这些卫星。这份报道具体阐述了各种卫星的军事价值，描述了空间战争的初步画面。① 由此可以看出，苏联和美国都已经制订了进行空间战争的应对方案，“空间战”已经不是未来战争的形式，而是未来战争的样式。

3. 以研制通信卫星为重点，通信卫星和侦察卫星一起上

20 世纪 70 年代中期，邓小平主持中央军委工作后，确定中国的卫星研制规划，要把重点放到实用卫星的研制方面。实用卫星的种类很多，落实规划的主要问题是究竟先研制哪种卫星。尽管邓小平已经确定先搞通信卫星，但是，在技术领域这个争论并没有解决，以致影响了研制进程。1975 年 6 月 2 日，第五研究院有关领导和运载火箭专家以及卫星技术专家孙家栋，就卫星的研制规划向张爱萍汇报，提出了“侦察”“导航”和“通信”三个方案。侦察即侦察卫星，是用照相手段照出相应地区的所需目标；导航即导航卫星，具体引导导弹的发射方向及目标的功能；通信卫星则解决

① 《美已制定在战时摧毁苏间谍卫星的绝密计划》，《参考消息》，1981 年 8 月 18 日。

电话电视的清楚、清晰和准确等问题。孙家栋还汇报了预警卫星。顾名思义，它是预先警示的卫星，即当敌人向我发方射导弹时，预警卫星可迅速传递回信息，同时进行反导弹射击。这种卫星研制的难度较大。在听取汇报后，张爱萍指出，我们研究考虑问题，特别要从国际形势、时局、备战的需要去考虑。要有实用价值，特别是尖端的东西，国家要耗费很大的人力、物力、财力，才能搞出一个，应该是很有用的。首先搞什么，重点搞什么，你们提了三个方案，我赞成第三个方案，即以研制通信卫星为重点。这倒不是因为中央已经批准了，而是需要、实用，也容易搞成。我很关心预警卫星。我们的战略方针是积极防御，预警是第一，反导弹的东西要努力搞。这是最有用的，但技术比较困难。大家要集中力量攻这个东西。根据张爱萍的意见，第五研究院随即制定了“以研制通信卫星为重点，通信卫星和侦察卫星一起上的规划”[①]。自此，邓小平关于重点发展应用卫星，首先发展通信卫星的要求，落实到了科技规划层面上，形成了型号研制的路线图。

二、天上的通信卫星这些东西，可不要小看

通信卫星的出现使全球通信方式发生了革命性的变化。对于中国，民用通信、军用通信、海事通信、外交通信等方面都需要大力发展卫星通信，改变通信落后状态。1978 年 5 月 13 日，在同总参谋部领导同志谈话时，邓小平说：“天上的通信卫星这些东西，可不要小看。”[②] 军事通信卫星从应用层面上分为战略通信卫星和战术通信卫星。战略通信卫星通常是在地球同步轨道上运行，它是为远程直至全球的战略通信服务的；战术通信卫星一般是在 12 小时的大椭圆轨道上运行，主要是用于战术通信，为飞机包括反潜战斗机和海面舰艇的机动通信服务。邓小平将中国航天技术发展规划的重点放在

---

① 陆其明、范敏若编著：《张爱萍与两弹一星》，解放军出版社 2011 年版，第 321—323 页。

② 《邓小平军事文集》第 3 卷，军事科学出版社、中央文献出版社 2004 年版，第 104 页。

应用卫星尤其是通信卫星方面，是中国武器装备现代化的迫切需要。

1. 先买一个占住轨道位置，搞点先进技术，以后用自己的卫星来接替

通信卫星的研制是极其复杂的科学工程，邓小平主张采取引进技术与自主研制相结合的办法，提高技术起点，缩短与先进国家的差距。经过邓小平的亲自推动，从美国引进卫星技术工作取得进展。1978 年 10 月 12 日，美国卡特政府准许向中国出售一个通信卫星，并由美国发射这颗卫星。出售卫星尽管从法律上说，并不违反美国长期奉行的不准向中国出售军事物资的政策，但是美国承认这可能会使中国的军事通信得到改善。美国强调，购买通信卫星，同时还必须购买数目不定的收发信号的地面接收站，才能实际使用。因此，总费用可能达到上亿美元。[①] 同年 11 月，中国电信代表团赴美商谈购买通信卫星事宜，准备购买 200 个到 300 个地面接收站，价值至少 6000 万美元，整个通信卫星系统设备的总价值约 1.5 亿美元甚至更高。当时中国正在使用的地面站有三个，只供国际通信用途，国内卫星通信系统建立后，将处理声音、录像和数据的播送工作，这一计划将推动中国进入现代通信世界的进程。

1979 年 2 月，邓小平访问美国期间，中美就电视卫星计划达成了原则协议。中国打算运用美国的技术在一次跃进中便使中国的广大人民几乎全能看到彩色电视，办法是利用一个卫星向 3800 个地区的小天线传播电视。这个卫星还要被用来传送城市之间的通信，从而不必付出为改进中国的地面线路能力所需要的代价和时间。[②] 邓小平主张用“买”的办法，先占领卫星通信高点。1979 年 5 月 17 日，在听取接待美国宇航局代表团情况汇报时，邓小平说：“要尽可能多搞点技术，即使多花点钱也可以干。必须学会先

① 《美准许卖给我一颗通讯卫星并代为发射》，《参考消息》，1978 年 10 月 14 日。

② 《美中就电视卫星计划达成协议》，《参考消息》，1979 年 2 月 11 日。

进的技术，加上我们自己的创造，做到我们自己可以搞。”① 1979年11月25日，邓小平同意了国防科委、七机部《关于从美国引进广播通信卫星工作的请示》，1979年12月16日，就邮电部有的干部反映有关单位提出的从美国引进通信卫星的方案的不同意见，邓小平作出批示要求认真研究。1980年3月22日，在审阅第四机械工业部《关于贯彻中央专委（79）专办字第三十一号文件的报告》（31号文件即中共中央专门委员会批准并转发的《关于从美国引进广播通信卫星工作的请示》）时，邓小平批示：“请方毅同志召集有关同志一议，作出明确的决定。”② 后来，从美国引进通信卫星的计划没能实施，有国外媒体将原因归结到中国的财政困难。“几年前，中国曾考虑花二亿美元向美国购买一个卫星通信系统，后来由于北京存在财政方面的困难而取消了这笔交易。”③

2. 批准研制通信卫星，协调解决通信卫星发射难题

邓小平主张先买通信卫星，学习先进技术，同时也不放弃自主研制，目的是节省研发时间，抢占战略先机。实际上，自主研制通信卫星的工作从来没有停止。20世纪70年代初，中国第一颗卫星发射成功后，随即开展了通信卫星研制。中国运载火箭研究院和空间技术研究院在经过反复论证后，1970年6月，分别提出了试验通信卫星总体方案的初步设想，然而由于种种因素的影响，直到1975年以前，中国的通信卫星研制工作始终还是停留在方案的探索阶段。1975年2月17日，国家计委和国防科委联合向中央提出了《关于发展我国卫星通信问题的报告》，中央军委研究同意后专报中共中央。经毛泽东、周恩来圈阅同意，1975年4月1日，中共中央批准了这份报告。从此，卫星通信工程包括通信卫星、运载火箭、发射场、测控系统和通信地面站五大系统，便正式列入国家

① 《邓小平年谱（1975—1997）》上，中央文献出版社2004年版，第515—516页。

② 《邓小平年谱（1975—1997）》上，中央文献出版社2004年版，第612页。

③ 《美科学家评论我国通信卫星发射成功确实是一个里程碑》，《参考消息》，1984年4月21日。

计划，由国防科委负责组织实施。

对于中国通信卫星的发展，邓小平强调引进技术与自主研制两条腿走路，尤其是通信卫星引进项目取消后，更是要求集中力量攻克技术难关，于1980年10月1日批准了国家计委《关于一九八二年发射我国研制通讯卫星的意见的报告》。[①] 1983年3月30日，邓小平批准了张爱萍报送的国家计委《关于确定卫星广播方案的请示》的报告。张爱萍在报告中提出：如我国自行研制的同步通信卫星能如期于明年初发射成功，则改进的第二颗同步通信卫星，将与引进卫星并行研制。[②] 1983年8月，中国通信卫星工程的五大系统经过建设和改进，已具备了发射试验的条件。同年9月，中共中央、国务院、中央军委批准了国防科工委组织有关部门制定的通信卫星飞行试验大纲，并决定于1984年初进行通信卫星的发射试验。[③] 1983年9月10日，邓小平等中央领导人批准了国防科工委向国务院、中央军委呈送的关于发射我国第一颗通信卫星的报告。[④] 10月，对通信卫星发射准备工作需要解决的十几个问题，"有几件重大问题，张爱萍还亲自写报告、打电话请邓小平、叶剑英和聂荣臻出面解决"[⑤]。1984年4月8日晚，"长征三号"火箭发射通信卫星获得圆满成功。对卫星运行过程中出现的电池、外壳和其他部分仪器温度超标的险情化险为夷的情况，"邓小平听到这一报告，作了肯定的评价"[⑥]。

---

① 《邓小平年谱（1975—1997）》上，中央文献出版社2004年版，第678页。

② 《邓小平年谱（1975—1997）》下，中央文献出版社2004年版，第898页。

③ 谢光主编：《当代中国的国防科技事业》上，当代中国出版社1992年版，第448页。

④ 陆其明、范敏若编著：《张爱萍与两弹一星》，解放军出版社2011年版，第509—510页。

⑤ 陆其明、范敏若编著：《张爱萍与两弹一星》，解放军出版社2011年版，第510页。

⑥ 陆其明、范敏若编著：《张爱萍与两弹一星》，解放军出版社2011年版，第520页。

3. 国防卫星通信网初具规模，大大增强了导弹、卫星监测网的通信能力

早在1978年5月，邓小平就提出，现代化军事指挥不能仅仅依靠电话通信，要高度重视卫星通信的军事价值，加快发展军用卫星通信，改变军队指挥落后的状况。20世纪80年代，中国先后成功发射试验通信卫星、实用通信广播卫星和实用通信卫星等共4颗地球静止轨道通信卫星，构成了中国的卫星通信系统。1984年4月，试验通信卫星成功发射后，完成了各种不同的地球站的通信试验，“尤其是进行了核潜艇的报务通信”①。试验通信卫星投入试验使用后不到两年，中国又于1986年2月发射成功实用通信广播卫星，其通信量比试验通信卫星提高了4—5倍，其传输质量已经超过了租用的国际通信卫星。实用通信广播卫星投入使用后，中国加快了实用通信卫星的研制，并于1988年3月和12月，成功发射了两颗实用通信卫星。实用通信卫星是中国第二代通信卫星，它采用了新的方案和新的设计，其性能比实用通信广播卫星有较大的提高，电话传输能力已由1000条话路增至3000条话路，电视转播能量已由2个频道增到4个频道，设计寿命已由3年增为4.5年，对地面的辐射功率增加了25%，实用通信卫星的成功发射，使中国的卫星通信和电视转播跨入到一个新阶段。中国卫星通信系统的建成和使用，使中国通信、广播和电视传输的落后状态得到明显改变，扩大了信息交流的手段和渠道，促进了国防建设和经济文化事业的发展。

中国卫星通信系统的建立，为改善国防通信提供了现代技术支撑。自中国研制和发射成功通信卫星开始，西方媒体就大肆渲染其军事价值。1984年1月30日中国宣布发射了一颗试验卫星，合众国际社从民用价值和军事价值两方面作出评价，“这种通讯卫星将

① 李成智编著：《中国航天技术发展史稿》下，山东教育出版社2006年版，第666页。

是在改善民用通讯，也可能是在同中国的边远内陆地区和漫长边界建立军事联络方面的一项重大的技术突破”。“发射一颗通讯卫星也能改造中国的军事通讯，这是这支世界上最大的常备军面临的一项重大问题，它现在依靠的是两个过时的，不完善的电话系统。”[①] 4月8日，中国成功发射通信卫星，合众国际社评论：“这颗通信卫星在改善民用电信事业方面是一个重大突破，还可能为中国落后的军事通信系统提供联络手段。”[②] 他们认为新华社的报道暗示“这颗卫星可能从事同国防有关的工作，因为它的成功部分归于中央军委”[③]。从1984年起，中国开始对军事通信系统进行重试和改造，重点是建设卫星通信网。到1988年底，已建成酒泉、西安、西昌、北京、洛阳等卫星通信固定地球站，4个活动站，1个可搬运站和2个船载站，大大增强了导弹、卫星测控网的通信能力。[④] “军事通信部门使用国产通信卫星组建的国防通信网初具规模，已建立的数十个大小不等的地球站，沟通了总部和各大军区以及重要边防地区的卫星通信联络，对中国人民解放军的作战指挥起到了重要作用。”[⑤]

三、对遥感卫星感兴趣，使卫星侦察成为可能

遥感卫星具有宏观性、综合性、直观性等优越性，使得科学家能够及时监视地面各种现象的动态变化，在军事和经济各领域有着广泛的应用价值。遥感返回式卫星是中国发射数量最多的卫星种类，也是中国各类应用卫星中最早发展，率先进入实用阶段和达到世界先进水平的一类卫星，到1989年中国共计发射成功11颗返回

---

① 《外电评述我国发射一颗试验卫星》，《参考消息》，1984年2月1日。

② 《外国记者评我成功发射通信卫星》，《参考消息》，1984年4月12日。

③ 《观察家说试验通信卫星成功定点，大大有助于提高中国的通信水平》，《参考消息》，1984年4月20日。

④ 谢光主编：《当代中国的国防科技事业》上，当代中国出版社1992年版，第495页。

⑤ 谢光主编：《当代中国的国防科技事业》上，当代中国出版社1992年版，第420页。

式遥感卫星。中国在研制返回式遥感卫星方面取得重大成就，特别是回收成功率保持100%，这是中国航天技术跻身于世界先进行列的显著标志之一。

1. 遥感卫星地面站设备可以买，不必谈了

遥感卫星地面站的任务就是跟踪资源卫星，接收其发回的信息，经过信息处理将其转化成图像、数据。位于北京密云区境内由邓小平题写的“中国科学院遥感卫星地面站”，是中国空间遥感技术发展进入新阶段的重要标志。邓小平高度重视卫星遥感技术，亲自批示并促成进口相关遥感卫星科技设备。1978 年 7 月中旬，邓小平听取了方毅关于同美国科技代表团会谈情况的汇报，并明确表示“地面站设备可以买”。随后，国家科委向邓小平报送关于引进卫星地面站的报告，同意中国科学院从美国引进资源卫星地面站，并提出应注意同时引进必要的遥感及判读技术。同年 11 月，邓小平在这个报告上批示：“建议同意报告，不必谈了。”[①] 1979 年 1 月，邓小平在访问美国期间同美国政府签订了《中美科技合作协议》。同时，方毅与美国总统科技顾问普雷斯就有关“空间技术合作谅解”进行换文，双方同意“在合适的条件下，中国购买一个地面站，能接收美国陆地资源遥感卫星包括现正在发展的陆地资源卫星发来的地球资源信息”[②]。当时中美科技合作还处于初始阶段，美国对华出口许可的政策十分严格，向中国开放高科技的商务实施条例尚未形成。通过多种渠道，中美两国政府为中国引进地面站在积极寻找合理解决的途径。1980 年，中国科学院与美国国家宇航局在北京签署了谅解备忘录，为地面站的引进工作铺平了道路。1982 年 12 月，与美国 STX 公司签订商务合同，委托该公司承担该

① 《邓小平科技思想年谱（1975—1994）》，中央文献出版社、科学技术文献出版社 2004 年版，第 90 页。

② 《方毅传》，人民出版社 2008 年版，第 605 页。

系统的主要研制工作。整个系统在1985年底从美国陆续运抵北京。[①] 1986年底，经过中美两国专家的通力合作，遥感卫星地面站安装完毕并投入了试运行。同年12月20日，地面站正式投入运行。1987年5月，大兴安岭发生森林大火，遥感卫星地面站给出了火头的准确位置，它弥补了气象卫星和航空遥感定位不准、飞机又因为火区烟雾大而难以侦查的不足。遥感卫星地面站提供的卫星遥感资料有力地保证了“全国资源环境动态监测系统”“三北防护林现状调查”“黄土高原综合治理方案”“西藏土地资源”“长江三峡水文、土壤、植被资源及土地承载能力调查”“全国荒漠化普查”等重大地球资源研究项目的完成。该站制作的南水北调工程规划卫星影像图，为南水北调线路论证提供了最直观的依据。从1991年起，地面站对每年出现的洪水灾害，向有关部门提供了及时捕捉灾情的资料，为抢险救灾提供了可靠的第一手资料。地面站还在发现金矿、开采石油、修建青藏铁路、城市规划等国民经济的重要领域发挥了重要作用。

2. 返回式遥感卫星对国防现代化建设发挥了重要作用

用卫星作为遥感平台的遥感技术称为卫星遥感。遥感卫星作为外层空间遥感平台的人造卫星，能够在规定时间内覆盖整个地球或者任何指定区域，当沿地球同步轨道运行时，它能够连续地对地球表面某个指定地域进行遥感。遥感卫星主要有气象卫星、陆地卫星和海洋卫星三种类型。遥感卫星应用极其广泛，除了传统意义上的地球资源、农作物调查等以外，还可用于环境监测、地质勘测甚至军事侦察等各个领域，其军事价值格外受到世界各国的高度重视。1977年5月25日，邓小平批准中国科学院著名科学家组成的代表团赴英国考察现代卫星侦察技术，考察远距离测向摄影术、多光谱和紫外线扫描及其应用、侧视雷达和微波显像技术以及电子计算机

① 樊洪业主编：《中国科学院编年史（1949—1999）》，上海科技教育出版社1999年版，第305页。

数据处理。中国“科学家们是使卫星侦察成为可能的电子、无线电、光学和电子计算机等课题的广泛领域里的专家。调查的广度显然表明，中国人对所谓的地球资源技术卫星感兴趣，这种卫星是用于绘图和矿物勘探以及天气预报和农业技术的”①。20 世纪 80 年代，中国重点研制和发射成功的对地观测卫星是返回式遥感卫星和气象卫星。1978 年 1 月 26 日，中国发射了第三颗回收式人造地球卫星。法新社评论：“这是邓小平副总理复职后发射的第一颗卫星，邓是热情支持科学研究和发展先进技术工业的。观察家们说，这次发射表明，中国比过去任何时候都更决心‘弥补损失的时间’，实施一项空间计划，以使中国的导弹现代化，同时加强其国防力量。”② 卫星成功返回地面“这证明中国的导弹制导技术的‘准确程度和稳定程度’提高了”。“到七十年代末中国就将拥有中程导弹战力。”③ 中国也不回避遥感卫星的军事价值，有学者指出，“返回式遥感卫星为战略导弹部队和海、空军部队提供了作战需要的信息资料，对国防现代化建设发挥了重要作用。军队有关部门为使用遥感信息，组建了专门的机构，取得了许多重要成果”④。

3. 中国和巴西应该加强合作，共同研制资源卫星

地球资源卫星属于遥感卫星。早在第二次世界大战期间，各国军事部门都非常关心的一个问题就是如何透过伪装弄清楚里面藏着的军事装备。例如，在丛林中，坦克和大炮等武器装备被用绿色伪装掩盖着，如何利用空中侦察把这些装备识别出来呢？科学家们通过红外感光片对健康农作物和染病农作物进行有效区分，进而区分出健康植物、染病植物和无机物。这个重大发现为军事部门进行空中侦察、揭露伪装提供了可能。利用红外假彩色片，可以将隐藏在

① 《卫星技术吸引着著名的中国科学家》，《参考消息》，1977 年 6 月 14 日。

② 《我又成功发射一颗人造地球卫星》，《参考消息》，1978 年 1 月 31 日。

③ 《中国回收卫星又一次获得成功》，《参考消息》，1978 年 2 月 1 日。

④ 谢光主编：《当代中国的国防科技事业》上，当代中国出版社 1992 年版，第 417—418 页。

丛林中的武器装备轻易识别出来，因为这些装备在假彩色片上是蓝色，而森林植物是鲜艳的红色。越南战争时期，美国利用这项技术发现了许多隐蔽在丛林中的道路、重武器和暗堡。红外探测于是成为军事侦察中非常重要的技术手段，日益得到广泛应用。① 随着不同资源的光谱特征的掌握，即大自然“指纹库”的建立，使资源卫星成为可能。1972 年 7 月 23 日，美国发射了世界上第一颗地球资源卫星。20 世纪 70 年代，苏联曾经研制和发射了几颗实验性地球资源卫星，1979 年 5 月 17 日发射了新一代地球资源卫星。随后法国、欧洲空间局、日本、印度都先后发射了地球资源卫星。

20 世纪 70 年代末期，中国已经开展了资源卫星的可行性论证工作。1984 年 12 月，国务院科技领导小组将资源卫星的研制任务交给航天工业部。资源一号卫星研制设想提出后，由于没有足够的经费支持，研制工作停滞不前，直到 1986 年 3 月 31 日，国务院批转了航天工业部关于加速发展航天技术的报告，决定对包括资源一号卫星在内的三种应用卫星和一种大型运载火箭的研制给予必要的支持，资源一号计划才正式启动。根据当时的国内外形势，考虑到资源一号卫星研制经费“自筹解决”数量巨大，开始寻求国际合作研制的可能性。经过几年的交流和了解，中国与巴西达成了合作研制资源卫星的协议。1988 年 2 月 22 日，中国空间技术研究院和巴西空间研究院两院在北京签署的协议规定，双方在平等互利的基础上，以和平利用外层空间为目的，联合研制两颗地球资源卫星，总投资为卫星 1 亿美元、运载和发射服务 5000 万美元，中方承担 70%，巴方承担 30%，至此，确立了地球资源卫星的国际合作研制模式。1988 年 7 月 5 日，在会见巴西总统若泽·萨尔内时，邓小平说：“发展中国家有落后点，但并不是一切都落后。中国和巴西有共同之处，两国加强合作有很好的政治基础，应该互相补充，

① 李成智编著：《中国航天技术发展史稿》下，山东教育出版社 2006 年版，第 725—726 页。

取长补短。”[①] 邓小平会见萨尔内总统的第二天，两国政府在北京签署了《关于核准研制地球资源卫星的协议书》，指定中国空间技术研究院和巴西空间研究院为两国联合研制地球资源卫星的执行单位。中国与巴西合作研制的资源卫星，分别于1999年和2000年发射成功资源一号和资源二号。中国和巴西联合研制地球资源卫星的成功，被誉为南南高技术领域合作的典范。[②]

4. 军民结合的气象卫星，要为国民经济和国防建设服务

无论是冷兵器、热兵器、核武器，还是其他高技术武器装备，其作战性能无不受到天气和气候的影响。气象卫星携带气象遥感仪器，能对地球及其大气层进行气象探测，以获得大气变化的各种信息，从而为天气预报和气象学研究提供基础资料。尤其是气象卫星能够昼夜观测战区天气变化，在战争中起到举足轻重的作用。美国军方对卫星用于气象观测进行了较长时间的研究。1956年4月，美军将研究工作和已取得的成果移交给美国宇航局。宇航局在此基础上研制出了第一颗气象卫星“泰罗斯”（英文“电视与红外观测卫星”的缩写）1号，并于1960年4月1日发射成功。从1962年4月15日起，美国正式利用云图分析进行天气预报。从1962年开始，苏联利用一些卫星进行气象观测试验工作，于1969年3月26日开始发射实用气象卫星，到1981年共发射了31颗。由于气象卫星的价值，世界各主要国家都极其重视其发展。有中国学者分析，气象卫星在社会各领域“乃至军事的重要作用还将日益显著”[③]。

20世纪60年代初，中国开始对气象卫星技术和大气遥感问题进行初步探索。1970年2月，中共中央、国务院和中央军委下达

---

① 《邓小平年谱（1975—1997）》下，中央文献出版社2004年版，第1240页。

② 陈宜元：《资源一号发射成功标志着我国空间技术实现了新的飞跃》，《中国航天》，2000年第3期。转引自李成智编著：《中国航天技术发展史稿》下，山东教育出版社2006年版，第734页。

③ 李成志编著：《中国航天技术发展史稿》下，山东教育出版社2002年版，第689页。

了气象卫星研制任务。由此，中国开始接收外国气象卫星发出的资料，对云图分析、红外和微波遥感以及天气预报进行了大量研究工作。1985 年 10 月，国防科工委将代号“711”工程的风云一号气象卫星列为“七五”计划的重点型号。1986 年 8 月 18 日，国务院、中央军委批准风云一号卫星研制任务书，指出：风云一号是国内第一代军民结合的气象卫星，主要任务是获取全球的气象云图和海洋资料，用于天气预报、气象和海洋科学研究，为国民经济和国防建设服务，并要求于1988 年6 月实施首次飞行试验。[①] 1988 年9 月7 日和1990 年9 月3 日，中国先后发射成功两颗风云一号极轨气象卫星。在这两颗卫星正常工作期间，中国气象预报工作采用了自己的高质量卫星云图。除使用风云一号的卫星云图外，中国通常都是接收和使用美国的诺阿极轨气象卫星和日本葵花静止气象卫星的资料。1997 年6 月10 日，中国成功发射了一颗风云二号静止气象卫星。第二组风云一号也相继发射成功。至此，中国的卫星云图已实现了自给。

第四节　发展高科技要急起直追，我们不能不搞

如果说中国洲际导弹、导弹核潜艇和通信卫星研制成功，是邓小平积极支持发展高技术武器装备的标志，那么，跟踪国外高科技武器发展的决策，则表明邓小平发展高技术武器的战略眼光。20 世纪 80 年代中期以来，邓小平深刻认识到高技术条件下的局部战争已经成为主要战争形态，敏锐地洞悉到发达国家武器装备的高技术趋势，明确指出中国武器装备现代化的方向是在高科技领域急起直追。邓小平说，同发达国家比较，我们落后很远，但不是一切都落后。我们有原子弹、导弹、氢弹，同步卫星上天，通信卫星也可

① 《上海航天志》，上海社会科学院出版社 1997 年版，第 231 页。转引自李成智编著：《中国航天技术发展史稿》下，山东教育出版社 2002 年版，第 691 页。

以出口。但是，在许多领域还是落后，要急起直追。邓小平认为，美国的“星球大战”计划、欧洲的“尤里卡”等高科技计划，不仅可以带动整个社会的工业，而且军事价值巨大。“看到这一点，我们不能不搞。”① 20 世纪 80 年代中期，邓小平强力推进实施“军民结合”的中国高科技计划（即“863”计划），既立足于“两弹一星”等战略武器的技术进步，又关注常规武器的高科技化，更紧随高科技引发的新概念武器装备发展趋势。

一、发展高科技，我赞成“军民结合，以民为主”的方针

发展高科技是以发展国民经济为主，还是以增强军事实力为主，是一个重大的方针问题。邓小平说：“我赞成‘军民结合，以民为主’的方针。”② 根据这个方针，高科技发展计划确立到 20 世纪末 21 世纪初的基本目标是“军民兼顾”，即在几个重要的高技术领域，跟踪世界水平、缩小同国外的差距，力争在中国有优势的领域有所突破，为 20 世纪末 21 世纪初的经济发展和国防安全创造条件，并为高技术本身的发展创造良好的条件。

1.“星球大战”计划、“尤里卡”计划，它代表了科学知识的飞跃前进

美国搞“星球大战”计划，旨在研究和发展以太空为基地，对来袭的弹道导弹和重返大气层飞行器进行多层拦截并加以摧毁的系统，使敌方核武器丧失威力，在军事上取得高技术竞争的优势。“尤里卡”计划，是 1985 年 4 月 17 日法国总统密特朗提出的一项科技发展计划。该计划旨在加强欧洲国家在尖端技术领域的合作，缩小欧洲国家在高技术领域与美国、日本的差距。这个计划得到了欧洲各国的支持。邓小平指出：“现在世界上科学技术发展得很快，美国搞‘星球大战’，欧洲搞‘尤里卡’计划。不管成功的可

---

① 《邓小平军事文集》第 3 卷，军事科学出版社、中央文献出版社 2004 年版，第 279 页。

② 《邓小平军事文集》第 3 卷，军事科学出版社、中央文献出版社 2004 年版，第 277 页。

能性多大，它代表了科学知识的飞跃前进。”① 20 世纪 80 年代中期，中国对美国“星球大战”计划进行分析研究后，专家学者们普遍认为，从表面上看，“星球大战”只是一个重点针对苏联军事威胁的战略防御计划，然而就此计划囊括了大批新兴的尖端科技来看，除有军事目的外，还有深远的政治、经济目的。美国试图通过国防科技的发展来带动高新技术和国民经济的全面振兴，以确保美国在世界军事、经济、政治格局中的优势地位；同时利用“星球大战”计划的实施，在科技领域独占鳌头，最终达到抢占 21 世纪战略制高点的目的。② 因此，发展高科技不只是在军事方面的作用，还可以带动整个社会工业和其他各个方面的发展。

世界各国都认识到，尽管美国的“星球大战”带有强烈的军事色彩，但是，就其对科技的带动作用而言，与其说是军备竞赛，不如说是高科技竞赛。早在 20 世纪 70 年代，苏联政府就认识到：“现在应当看到，世界两个对抗制度之间竞争的重心，恰恰是在科学技术领域里。”③ 当“星球大战”计划提出之后，世界各国都积极采取应对措施，大力发展高技术，以期在未来的竞争中立于不败之地。欧洲共同体提出了《欧洲信息技术研究与发展战略计划》——“埃斯普里”；日本提出了《振兴科技的政策大纲》，确定“科技立国”的基本国策；法国政府提出投资高达 2300 亿法郎的《高技术合作宪章》，提出与欧共体建立“工业技术欧洲”的主张，随后“尤里卡”计划即《欧洲高技术发展规划》在巴黎出台；苏联同经互会 10 国审议通过了《经互会成员国至 2000 年科技进步综合纲要》。同时，英国提出了“阿尔维”高技术发展计划，日本公布了《人类新领域研究计划》，还有一些国家和地区提出了各自

① 《邓小平军事文集》第 3 卷，军事科学出版社、中央文献出版社 2004 年版，第 279 页。

② 胡维佳主编：《中国科技规划、计划与政策研究》，山东教育出版社 2007 年版，第 139 页。

③ 杨立忠等著：《高技术战略》，军事科学出版社 1991 年版，第 58 页。

的以发展高技术为核心的战略方针实施计划。新加坡制订了所谓“世界上对投资者最有吸引力的政策”；印度发表了“新技术政策声明”；南斯拉夫提出了“联邦科技发展战略”；欧共体制订了《1987—1991 年共同体研究高技术发展纲要》，计划把用于高技术研究的资金，由原来占全部研究经费的 28%，提高到 60%；墨西哥为赢得竞争地位，提出了加强科技领域发展的 15 条具体措施。在短短的的几年时间内，不同社会制度，不同经济、军事实力的国家、地区和国家集团相继作出内容相似的战略决策，推动高技术的发展，表明世界各国都卷入了这场人类社会进程中声势浩大的空前的高技术竞争。这是因为，越来越多的事实证明，科技水平的高低和研究开发潜力的强弱，已经成为衡量一个国家军事和经济实力的主要标志。

2. 高科技发展计划纲要，可以这样定下来并立即组织实施

世界历史表明，哪个国家掌握并运用先进的科技成果，哪个国家的经济社会发展就快，物质生活水平就高，国家就富强，军事实力就雄厚。以高科技为特征的新一轮科技革命，必将改变社会的生产方式和生产结构，导致社会生产力的又一次巨大飞跃，引发新一轮的军事革命。因此，“世界上一些国家都在制订高科技发展计划，中国也制订了高科技发展计划”①。

中国高科技发展计划是由邓小平果断决策和强力推动的国家发展计划。1984 年中国制订的《迎接新技术革命挑战和机遇的对策》表明，中国更为重视高技术研究。1986 年初，在国防科工委、中国科学院组织的专家讨论会上，电子学专家陈芳允发言说，在科技飞速发展的今天，谁把握住了高科技领域的发展方向，谁就有可能在国际竞争中占据优势。光学专家王大珩在发言中呼吁要加强对高技术研究的重视。会后，陈芳允和王大珩就发展中国高技术问题进一步交换意见时认为，虽然中国的经济力量目前还不允许全面发展

① 《邓小平文选》第 3 卷，人民出版社 1993 年版，第 279 页。

高科技，但争取在一些优势领域首先实现突破则是有可能的。在搞“两弹一星”的时候，中国的国力还不如现在雄厚，但经过十几年的艰苦努力，还是研制出了“两弹一星”，使世界对中国另眼相看。因此，要提高中国的国际地位，提高国际竞争力，就不能不在高科技领域占有一席之地。两人经过商讨认为，应当给中央写信，把跟踪高科技的想法向上反映，以为中央的决策提供建议。于是由王大珩起草，王淦昌、陈芳允、杨嘉墀，共同修改审定，形成了《关于跟踪研究外国战略性高技术发展的建议》。《建议》中所说的美国“战略防御倡议”即“星球大战”计划。1986 年 3 月 3 日，这份建议书送到了邓小平的手上。建议书前面附有一封王大珩亲笔写的信，信中说：

我们四位科学院学部委员（王淦昌、陈芳允、杨嘉墀、王大珩）关心到美国“战略防御倡议”对世界各国引起的反应和采取的对策，认为我国也应采取适当的对策，对此，提出了“关于跟踪研究外国战略高技术发展的建议”。现经我们签名呈上。敬恳察阅裁夺。

我们四人的现任职务分别是：

王淦昌　核工业部科技委副主任

陈芳允　国防科工委科技委专职委员

杨嘉墀　航天部空间技术研究院科技委副主任

王大珩　科学院技术科学部主任

王大珩敬上

一九八六年三月三日①

1986 年 3 月 5 日，邓小平在王大珩、王淦昌、陈芳允、杨嘉墀四位科学家《关于跟踪研究外国战略性高技术发展的建议》的来信上作出批示：“这个建议十分重要，请紫阳同志主持，找些专家和有

① 李颖编著：《共和国历史的细节》，人民出版社 2009 年版，第 272 页。

关负责同志讨论，提出意见，以凭决策。此事宜速作决断，不可拖延。”① 根据邓小平的这一批示，国家科委成立了“八六三”计划编制小组，经组织论证，并在广泛征求专家的意见后，提出了《高技术研究发展计划纲要》的草案。1986 年 10 月 6 日，邓小平在《高技术研究发展计划纲要》报告上批示：“我建议，可以这样定下来，并立即组织实施。如有缺点或不足，在实施中可以修改和补充。耀邦、先念、陈云同志审核后，提政治局讨论，批准。”② 1986 年 11 月，中共中央、国务院批准了《高技术研究发展计划纲要》，简称“863”计划。

3. 中国必须发展自己的高科技，在世界高科技领域占有一席之地

面对世界高科技发展的迅猛趋势，邓小平提出了“下一个世纪是高科技发展的世纪”的论断和“中国必须发展自己的高科技，在世界高科技领域占有一席之地”③ 的任务。高科技发展需要巨大的投入、长期的科学研究和充分的技术要素储备，20 世纪 80 年代的中国，无论经济实力还是科技水平，都不可能全面发展高科技。那么，在当时的国情条件下，如何发展中国的高科技呢？王大珩等 4 位科学家在建议中提出，对国外的高技术竞争浪潮绝对不能置之不理，应当根据国情选择有限的目标，积极跟踪研究，并尽可能在某些方面得到领先成果，只有这样才能与国外科学界进行对等的交流。④ 1988 年 10 月 24 日，在视察北京正负电子对撞机工程时，邓小平指出，不仅北京正负电子对撞机“这个工程，还有其他高科技领域，都不要失掉时机，都要开始接触，这个线不能断了，要不然我们很

① 《邓小平军事文集》第 3 卷，军事科学出版社、中央文献出版社 2004 年版，第 277 页。

② 《邓小平军事文集》第 3 卷，军事科学出版社、中央文献出版社 2004 年版，第 277 页。

③ 《邓小平文选》第 3 卷，人民出版社 1993 年版，第 279 页。

④ 樊洪业主编：《中国科学院编年史（1949—1999）》，上海科技教育出版社 1999 年版，第 302 页。

难赶上世界的发展"①。《高技术研究发展计划纲要》确定：从世界高技术发展趋势和中国的需要与实际可能出发，"选择对中国未来经济和社会发展有重大影响的生物技术、航天技术、信息技术、先进防御技术、自动化技术、能源技术和新材料技术的一些领域作为突破重点，在几个重要的高技术领域跟踪世界水平。"② 也就是说，中国高科技战略选择了"全面接触""有限跟踪""线不能断"的发展模式，争取在有优势的领域占领制高点。

1987 年 3 月，中国高科技发展计划开始组织实施，到 2000 年总投资 100 亿元人民币。③ 在此期间，"863"计划以相对较少的投入，取得了令人瞩目的成就，使中国在高科技领域由跟踪起步进入一个蓬勃发展的阶段。"据不完全统计，'863'计划实施 15 年来，在民用 6 个领域的 230 多个专题研究方向，共资助项目 5200 余项，获得国内外专利 2000 多项，发表论文 47000 多篇。共累计创造新增产值 560 多亿元，产生间接经济效益达 2000 多亿元（科技部 863 计划联合办公室网）。'863'计划取得了一批具有世界水平的研究成果，突破并掌握了一批关键技术，缩小了同世界先进水平的差距，培育了一批高技术产业生长点，极大地带动了中国高科技及其产业的发展，并为传统产业的改造提供了高技术支撑。重点支持的高技术领域的研究开发水平与世界先进水平的整体差距明显缩小，经专家抽样分析表明，局部已形成优势，开始在世界高技术领域占有一席之地；60% 以上的技术从无到有，如今已进入或接近国际先进水平；另有 25% 仍然落后于国际先进水平，但在原来基础上也有很大进步。'863'计划突破的关键技术在与产业界的密切合作下，使中国在生物医药、通信设备、高性能计算机、中文信息处理平台、人工晶体、

① 《邓小平文选》第 3 卷，人民出版社 1993 年版，第 280 页。

② 《邓小平军事文集》第 3 卷，军事科学出版社、中央文献出版社 2004 年版，第 277 页。

③ 胡维佳主编：《中国科技规划、计划与政策研究》，山东教育出版社 2007 年版，第 139 页。

光电子材料与器件等国家高技术竞争的热点领域，具有了中国自主知识产权的产品。这些产品开始形成能与发达国家竞争的实力，成为中国高新技术产业的生长点和源头，同时也为高技术武器装备的发展奠定了科技基础。”①

二、加强对航天技术的研究开发，逐步形成新兴产业

航天技术是当代科技成就的最大集大成，是衡量一个国家科技与经济整体实力的主要标志，是太空战争不可或缺的技术支撑。“七五”计划在“科技发展战略”中提出，积极开拓新技术和高技术领域，加强对航天技术的研究和开发，逐步形成若干新兴产业。② 对于航天技术的研究开发，航天专家建议，要实行有限跟踪，适度发展，发挥优势。重点是大型运载火箭、为和平目的使用的载人航天飞机和空间站的应用等空间科技研究与开发。③

1. 中国不参加太空竞赛，现在也不必上月球

载人航天是人类驾驶和乘坐载人航天器在太空从事各种探测、试验、研究、军事和生产的往返飞行活动。发展载人航天可以完成无人航天器不能完成或不能很好完成的多种工作，具有极其重要的社会意义和潜在的巨大经济价值。就社会价值而言，载人航天的一个重要作用是可以提高军事威慑力。未来战争将是地、空、海、天四位一体的战争，天基系统又将成为国防和战争体系的核心。在未来战争中的总趋势是，谁控制了太空，谁就会在未来战争中占有决定性的优势。只有在天基军事系统有人控制的时候，才会有真正意义上的“天军”。这样的“天军”可以不受任何领土权、领海权和领空权的限制，而自由地运行在任何国家的疆域之上，其构成的空

① 李成志编著：《中国航天技术发展史稿》下，山东教育出版社 2002 年版，第 802 页。

② 《中华人民共和国国民经济和社会发展第七个五年计划（1986—1990）》，人民出版社 1986 年版，第 118 页。

③ 李成志编著：《中国航天技术发展史稿》下，山东教育出版社 2002 年版，第 801 页。

前威慑力，是任何地面军事系统都无法比拟的。美国“星球大战”计划的基础就是载人航天技术。国外载人航天技术大致经历了三个阶段，1961年苏联发射成功第一艘载人飞船，开创了载人飞船阶段；1971年苏联发射成功第一座空间站，把航天技术带入了空间站阶段；1981年美国第一架航天飞机“哥伦比亚”号发射升空，开创了航天飞机阶段。

20世纪60年代中期，中国对载人航天问题进行了初步探讨。1965年8月9日至10日，周恩来主持中央专委会议，研究有关部门关于开始探讨中国载人宇宙飞船的建议，曾原则同意在1979年发射第一艘载人飞船的规划设想。当时，中国科学家提出的初步设想是，以科学实验卫星作为开始和基础，以测地卫星特别是返回式卫星为重点，全面开展包括通信、气象、核爆炸、预警、导弹等卫星在内，配成应用卫星的完整体系，进一步在返回式卫星的基础上，发展载人飞船。① 1970年4月24日，东方红一号卫星发射成功后，11月27日国防科委向周恩来、中央军委提出了《关于研制载人飞船、通信卫星、导弹卫星的请示报告（草案)》，提出争取1973年发射无人飞船，成功后再于1974年发射载人飞船。② 后来，由于形势的变化，1974年周恩来同意国防科委的报告，停止了载人飞船的研制。尽管中国暂时停止了载人航天计划，但是，当中国多次发射并回收返回式遥感卫星之后，中国载人航天计划受到国际关注。1975年末到1978年初，印度、泰国、法国、英国、美国等国家的媒体先后预测中国的载人航天计划。鉴于“文化大革命”刚刚结束时国家的经济状况，考虑到国防战略武器发展的实际，邓小平明确表示当时不宜实施载人航天工程。载人航天计划暂停执行，航天技术的研制重点转移到了应用卫星方面。

---

① 陆授观著:《中国第一颗人造地球卫星的诞生·请历史记住他们》，暨南大学出版社1999年版，第352页。

② 成发韧等:《中国载人飞船的进展简况》，《国际太空》，2002年第12期，第1—3页。

2. 跟踪国外先进航天技术，探索载人航天工程

尽管中国暂停实施载人航天工程，但是，载人航天技术的科技探索始终没有中断。尤其是随着“863”计划的实施，载人航天的可行性讨论和技术跟踪研究列入国家高科技发展计划，规划性和概念性研究被提上议事日程。专家学者围绕着中国载人航天如何起步，对飞船和航天飞机两个方案，展开了长达3年之久的学术争论。航天飞机方案强调技术的先进性，认为如果不注意难度，把20年前的“飞船加空间站”作为中国今后10年甚至20年的目标，所取得的效果与所费的资源相比较，是得不偿失的。最初，绝大多数专家主张中国应以航天飞机作为载人航天的起步。载人飞船方案认为，航天飞机虽然研制成功，但是并没有达到原来的目标，尤其是美国“挑战者”号航天飞机的爆炸，暴露了航天飞机很多重大缺点。特别值得重视的是，美国航天飞机不仅没有大大减少发射费用，反而增加了发射费用。美国在设计航天飞机时，希望将运送1千克有效载荷到地球低轨道的费用降到350美元，但事实上一直卡在1万美元这个瓶颈，未能达到降低运输费用的目标。[①] 重复使用的并不都是经济的，只有在硬件有效寿命期间达到了相当的使用次数后，才能获得重复使用的经济效益。中国航天器的年使用率绝不可能超过美国，指望以耗资巨大的航天飞机达到“廉价航天”的目的，是不可能如愿的。经过长期反复的论证，1989年10月，“863”计划载航天领域专家组成员初步达成共识，认为发展多用途飞船是中国突破载人航天、形成空间站的第一代天地往返运输系统和作为轨道救生艇的适合国情的最佳选择。

“863”计划航天领域专家组进行的载人航天规划性和概念性的研究，为中国载人航天发展提出了一个总体蓝图。国家有关部门进行的立项论证，则是载人航天工程能否实施以及如何实施的关键。1991年6月，中央专委听取了航天领域专家委员会《关于发展中国

① 黄志澄：《“追梦者”：美国新一代航天飞机》，《文汇报》，2016年1月24日。

载人航天的意见》和国防科工委《关于发展中国载人航天及其应用的意见》的汇报。会议倾向于同意专家委员会关于发展中国载人航天的目标设想，要求对中国发展载人航天的目的性作出进一步的详细说明。1992 年 1 月 8 日，中央专委再次听取航天领域专家委员会《关于发展中国载人航天的意义与作用的意见》和国防科工委《关于组织载人航天工程可行性论证的意见》的汇报。会议认为，从中国的政治、经济、科技、军事等多方面考虑，发展中国的载人航天是必要的。会议决定由国防科工委负责，具体组织进行载人飞船工程的技术、经济可行性的论证。4 月 28 日，邓小平同身边人员谈中国的发展问题，指出："有能力的时候，要搞高科技国防尖端武器"①。9 月 21 日，中共中央政治局扩大会议听取了论证报告和技术方案、计费估算和组织实施办法的汇报后，同意中央专委的意见，批准中国载人航天工程开始实施。

3. 从技术上讲，中国完全有能力进行载人航天飞行

中国正式实施载人航天工程简称"921"工程，以 1992 年 9 月 21 日中央政治局扩大会议批准中国载人航天工程开始实施的时间为代号。"2001 年 1 月 10 日国务院发布的《中国航天白皮书》指出，中国于 1992 年开始实施的载人飞船航天工程，研制了载人飞船和高可靠运载火箭，开展了航天医学和空间生命科学的工程研究，选拔了预备航天员，研制了一批空间遥感和空间科学试验装置。1999 年 11 月 20 日至 21 日，中国成功地发射并回收第一艘'神舟'号无人试验飞船，标志着中国已突破了载人飞船的基本技术，在载人航天领域迈出了重要的步伐。"②

国外有媒体认为，中国对载人航天的研究从来就没有停止过。1981 年 4 月，美国"哥伦比亚"号航天飞机试飞成功，在世界各国

① 《邓小平年谱（1975—1997）》下，中央文献出版社 2004 年版，第 1346 页。

② 李成志编著：《中国航天技术发展史稿》下，山东教育出版社 2002 年版，第 909 页。

引起强烈反响。法国、英国、德国、日本、印度等国都在积极探讨研制航天飞机甚至太空飞机问题。在当时航天飞机热潮的触动下，中国航空航天界也在研究、规划新时期航天发展问题。围绕航天飞机、空间站、载人飞船，专家学者开展了大量先驱性研究。"863"计划出台后，世界各国对中国的航天计划产生了强烈的反响。1987年2月，英国《空间飞行》杂志发表《中国的航天活动》的文章，指出：在70年代曾有消息报道说，中国正在制订载人航天计划，并公布了训练宇航员的照片。1986年9月，中国人说他们又开始了载人航天计划。中国已经制造了航天飞机模拟舱，并正在选拔第一批宇航员。中国官员透露，由于理论和关键技术方面有重大突破，中国的载人航天在不远的将来就可成为现实，生命保障系统都已完成，宇航员食品、饮水和衣着等问题也已解决。中国现在已建成能进行一系列试验的航天研究中心，它将成为中国宇航员的训练基地。1987年6月29日，《航空与航天周刊》发表《中国正在发展未来载人航天技术》的文章说，中国为在90年代建立载人航天计划，已经开始发展技术和制定管理规划。中国的一些实验室和研究所专门研究载人航天技术，而其空间官员正在研究制定具体计划，工程技术人员已经开始就该领域可以得到所需要的技术帮助试探美国公司代表。中国宇航员的最好的飞行将在90年代作为美国航天飞机的有效载荷专家参加飞行。中国在三年前就开始研制航天服了。北京航天医学研究所还负责研制飞船环境控制技术。训练宇航员的载人航天飞行部已经成立。1988年秋天，法国宇航员帕特里克·博德里访问中国后说，如果中国政府拿出更多的钱投入航天计划，那么中国到2000年就可以把人送上太空，甚至在21世纪初发射航天飞机。从技术上讲，他们完全有能力进行载人的航天飞行。① 1990年7月16日，中国成功发射了长征二号大推力运载火箭。第二天，美国《基督教

① 转引自李成智编著：《中国航天技术发展史稿》下，山东教育出版社2006年版，第802—803页。

科学箴言报》以《中国初步进入天空》为题报道："航天专家说，长征2－E火箭可能使中国跻身于从事载人太空探索的先进国家行列。"[①] 1992年3月27日，德国《世界报》评价中国的航天技术说"北京宇航业有相当长的成功历史"，尽管长征二号火箭发射失败，但是"中国火箭的推力也早已足够把人送上太空。1978年发射的'中国7'号卫星有两吨重，同60年代初美国第一批宇航员进入太空时乘坐的那种单座'水星座舱'的重量相当"。[②] 1997年中国载人航天计划转入工程研制，1999年进行了首次不载人飞行试验。

三、高科技领域的激光，我们不能不搞

20世纪80年代前期，以洲际导弹、导弹核潜艇和通信卫星三大任务为龙头，邓小平把以高科技为代表的中国武器装备现代化推到一个新的高度。然而，这些高科技武器仍然是传统意义上的武器，与美国"星球大战"计划研制的激光等新概念武器有本质的不同。激光武器依靠自身产生的强激光束，在目标表面上产生极高的功率密度，使其受热、燃烧、熔融、雾化或汽化，并产生爆震波，从而导致人员伤亡，目标毁坏。同时，激光还是研制新型核武器的基础。1986年4月19日，在会见香港知名人士包玉刚等人谈到美国"星球大战"、欧洲"尤里卡"计划的新概念武器时，邓小平列举中国高科技的若干追赶领域，位列首位的是激光。邓小平指出，"激光"等领域"人家有的我们也有，不一定比人家更好，但要有"[③]。激光武器的研制，由此成为适应未来战争形态的国家战略规划的内容。

1. 美国用激光打卫星试验的成功，拉开"星球大战"的空间激光序幕

随着美国"星球大战"计划的启动，激光武器爆发式出现。20世纪60年代起，美国、苏联、以色列和其他一些发达国家都投入了

---

① 《中国将跻身载人太空飞行先进行列》，《参考消息》，1990年7月20日。

② 《北京宇航业有相当长的成功历史》，《参考消息》，1992年4月1日。

③ 《邓小平军事文集》第3卷，军事科学出版社、中央文献出版社2004年版，第279页。

巨额资金，制定了宏大计划，组织了庞大的科技队伍，开发激光武器，取得了相当多的成果。1979 年 3 月 26 日，在出席中共中央专门委员会会议时，邓小平就战略武器的研制问题发表了意见。1981 年 6 月 1 日、3 日，美国空军进行了两次空中激光武器试验，激光束两次都击中了海军海盗式飞机发射的导弹，媒体作了公开报道。“激光束不仅击中了响尾蛇 AIM－9 导弹，而且能够在较长一段时间里自动跟踪它。”① 激光武器研制和试验的重点是反卫星，可分为三类：一是地面激光反卫星武器。通常的做法是将激光器置于高山上，以减少大气层对激光能量的衰减。然而一个激光器的能量还无法将高空的轨道卫星摧毁，因此需要将几个激光器同时对准卫星进行攻击，使得卫星“致盲”。二是空中激光反卫星武器。即将激光器装在大型飞机里，用以攻击敌方卫星。把激光器装在飞机上，可以克服地面发射激光的诸多缺点，大幅度减少激光能量的衰减。三是空间激光反卫星武器。就是将激光器安装在卫星或其他航天器上，用以攻击敌方卫星。由于航天器比飞机更为平衡，而且没有气流和飞机震动的干扰，激光器的能量可以得到充分的发挥，因此这是一种理想的反卫星途径。

2. 激光武器研究工作，以国防科委抓总为好

科技和工业是武器装备的基础。1960 年 7 月，世界上第一台激光器在美国问世，由此开启了人类激光利用的工业时代。毛泽东敏锐地认识到激光武器在战略防御中的重大价值，启动了中国激光技术的研究。1963 年 12 月 16 日，在听取国务院副总理兼国家科委主任聂荣臻汇报十年科技发展规划时，毛泽东强调指出：“死光，要组织一批人专门去研究它。要有一小批人吃了饭不做别的事，专门研究它。没有成绩不要紧。军事上除进攻武器外，要注意防御问题的研究，也许我们将来在作战中主要是防御。进攻武器，比原子弹的数量我们比不赢人家。战争历来都需要攻防两手，筑城、挖山洞都

① 《美空军试验激光束取得较好效果》，《参考消息》，1981 年 6 月 28 日。

是防嘛。"[①]（由于激光这种与传统武器截然不同的仅仅靠光就能起杀伤、破坏作用的全新概念的武器系统，具有置敌方于死地的巨大威力，所以也被称为死光武器。）1964 年初，毛泽东就强激光武器一事询问聂荣臻元帅，探讨中国是否要进行研制激光新技术问题，聂荣臻当即表示："一定要做，即便就像把钱投进大海也得做。"经过讨论，国防科委决定将强激光武器列为重点的攻关武器，正式命名为 6403 工程（1964 年 3 月成立之意）。当时中国领导人之所以高度关注激光武器的研制，主要是着眼于高空防御。1965 年 1 月 9 日，同美国记者斯诺谈到核战争可能毁灭人类时，毛泽东说："赫鲁晓夫说，他手里有一种弹，一种什么死光，可把整个人类、动物、植物统统消灭光，后来又说没有讲过，几次否认。"[②] 由此推断，20 世纪 60 年中期，包括邓小平在内的中共高层领导人已经认识到激光武器的重大军事价值。

20 世纪 60 年代，激光科研机构的建立，证实了中国发展激光技术的决策。1964 年中国科学院组建了激光专业研究所——上海光机所，主攻高功率、大能量的强激光武器研究。据王大珩回忆，上海光机所成立以后，因为王淦昌等专家预测强激光聚焦可能产生核聚变，所以研究所又兵分两路，一路进行激光核聚变研究，一路发展激光武器。1974 年王大珩率团出访美国，向美国同行介绍了中国研制强激光装置已打出了中子，美国专家表示两国已处于同一水平。"文化大革命"结束后，邓小平再度启动了曾经搁浅的中国激光技术的研究。邓小平倡导制定的《1978 年至 1985 年八年科学规划纲要》，要求集中力量，在激光等八个影响全局的综合性科学技术领域、重大新兴技术领域和带头学科，做出突出成绩，要求"迅速提高常用激光器的水平。开展激光基础研究，在探索新型激光器、开拓激光

① 《建国以来毛泽东军事文稿》下卷，军事科学出版社、中央文献出版社 2010 年版，第 211 页。

② 《毛泽东文集》第 8 卷，人民出版社 1990 年版，第 402 页。

新波段、利用激光研究物质结构等方面做出显著成绩。建成光通信实验线路。在激光分离同位素、激光核聚变等重大应用研究上取得大的进展。建立先进的激光工业，使激光技术在国民经济和国防各个部门得到广泛应用”。规划特别提出，要“研究大能量、大功率的强激光技术”。① 为确保激光技术研究规划的落实，邓小平同意由军队统一领导该工作。1982 年 6 月 13 日，在审阅中国科学院上海光学精密机械研究所副所长王之江、邓锡铭等请求尽快明确激光武器研究工作抓总单位的来信时，邓小平作出批示：“我看以国防科委抓总为好。”② 国外研究人士认为，科技规划将激光纳入重点项目，邓小平要求国防科工委统一管理激光武器的研制，是中国激光武器重新上马的标志。

3. 将激光核聚变研究列入高新技术跟踪发展计划，建议是可行的

激光核聚变是以高功率激光作为驱动器的惯性约束性核聚变。在探索实现受控热核聚变反应的过程中，随着激光技术的发展，苏联科学家 N. 巴索夫、中国科学家王淦昌分别于 1963 年和 1964 年先后独立提出用激光照射在聚变燃料靶上实现受控热核聚变反应的构想，开辟了实现受控热核聚变反应的新途径——激光核聚变。激光核聚变主要用途是：可以为人类找到一种取之不尽用之不竭的清洁能源；可以研制真正的“干净”核武器；可以部分代替核试验。激光核聚变在军事上的主要用途之一是发展新型核武器，特别是安置新型氢弹。用激光作为点火装置的氢弹爆炸后不会产生放射性物质，因而被称为“干净的氢弹”。传统的氢弹属于第二代核武器，而“干净的氢弹”属于第四代核武器，其发展不受《全面禁止核试验条约》的限制。同时，由于不会产生剩余核辐射，“干净的氢弹”可以作为“常规武器”使用。20 世纪 70 年代以来，美国、法

① 《1978 年至 1985 年八年科学规划纲要》，www. most. gov. cn，2013 年 11 月 18 日。

② 《邓小平年谱（1975—1997）》下，中央文献出版社 2004 年版，第 827 页。

国、日本等国家投入巨资研制激光核聚变。由于中国在激光核聚变领域的持续研究，始终走在世界各国的前列。1978 年初，上海光机所建立了高功率激光装置。在国内首先观察到核聚变反应的向心压缩效应。1982 年初，上海光机所研制成功输出功率为兆兆瓦的固体高功率激光装置。1986 年 6 月，上海光机所“研制成功输出功率为 10 兆兆瓦的固体高功率装置，并通过国家级鉴定。这标志着中国高功率激光技术已跃上国际先进水平，为高功率激光促成核聚变的研究，提供了条件”①。1988 年 12 月 22 日，王淦昌、王大珩、于敏等科学家致信邓小平“建议将激光核聚变研究列入高新技术跟踪发展计划”，12 月 27 日，邓小平指示：“我看建议是可行的。”② 由此表明，邓小平已经把激光技术的跟踪研究，提升到国家高科技发展战略高度。

激光技术、原子能技术和信息技术，三者同为 20 世纪的伟大发明。由于原子能和信息技术的飞速发展和在军事领域的广泛应用，极大地影响了现代战争的方式乃至改变了战争的形态，而激光技术的悄然竞争则鲜为人知。事实上，激光武器具有“秒杀”的速度、低廉的成本、精确的打击、无放射污染等特征，使其具有改变战争形态的潜能。经过长达 50 年的酝酿和积累，进入 21 世纪后，激光技术以超出人们想象的速度井喷式地运用于军事领域，人类武器装备呈现出新的变革趋势。有学者预测，最迟 21 世纪中叶，“光武器必将成为主战武器”③。激光武器一旦完成实战部署与应用，很可能就会彻底改变战场环境和作战方式，使未来战争形态发生革命性的变革，成为“光战争 ”或者信息化条件下的“光战

① 谢光主编：《当代中国的国防科技事业》下，当代中国出版社 1992 年版，第 450—451 页。

② 《邓小平科技思想年谱（1975—1994）》，中央文献出版社、科学技术出版社 2004 年版，第 227 页。

③ 胡延宁、李炳彦、王圣良著：《光战争——世界军事革命新趋势》，解放军出版社 2015 年版，第 4—5 页。

争”，迎来20世纪70年代末期邓小平预测的“空间”激光战争时代。目前，一些国家发展陆地、海洋、天空与太空四位一体的激光武器，就其对抗领域来说，无疑都是围绕“太空制空权”的争夺。激光武器井喷态势显示，光武器正由概念武器变为装备武器，正由配属武器变为主战武器，正由单一武器变为集成武器，正由辅助武器变为主导武器，正由影响战局的武器变为改变战局的武器，正由单一性武器变为多样性武器，正由奇缺资源变为普遍资源，正由时代端倪变为时代标志，总之，激光战争时代正在临近，激光武器或将取代核武器成为超级大国的象征。

发展高科技武器是邓小平关于武器装备建设重要论述的精髓。在新的历史发展阶段，中国的国防建设要服从国家建设的大局，国防建设“忍耐”发展，不是消极等待，不是无所作为，而是要在国民经济不断发展的基础上谋求尽可能快的发展。果断摒弃全国开花的大而全的思路，坚持少而精的战略武器发展方针，坚决摒弃单靠投入求发展的老思路，树立以高科技引领武器装备现代化的新思路，坚持在以经济建设为中心的大局下走发展高科技武器装备的中国道路，提高了国防实力，维护了国家安全，扩大了中国的世界影响，提升了中国的国际地位。

第五章 未来战争主要还是常规武器的战争，我们主要还是发展常规武器

20 世纪 70 年代中期以来，通过对世界战略格局的全面分析，对未来战争形态的准确把握，对美国苏联军备竞赛本质特征的深刻揭示，邓小平作出未来世界战争很可能是常规战争的判断，强调中国武器装备现代化的重点是发展常规武器。邓小平指出："将来的世界大战不一定打核战争。这不仅是我们的看法，就是苏联、美国也认为，将来很可能是打常规战争。当然，也不排除打核战争。如果只注意到核战争，不注意常规战争，我们是要吃亏的。"① "未来战争主要还是常规武器的战争，而不是原子战争。……我们主要还是发展常规武器。"② 随着冷战的结束和世界格局的变化，世界各国军事战略开始由侧重打全面核战争转变到侧重进行核威慑下的常规战争，使用高技术常规武器进行目的有限的低强度战争成为战争新样式。为适应世界新军事变革趋势，落实邓小平关于发展常规武器的要求，1977 年 12 月，国务院、中央军委作出了武器装备发展要"以常规为主"的决策，要求在抓紧完成战略武器研制任务的同时，逐步把重点转向解决常规武器装备的齐装配套问题，在发展陆军武器装备的同时，加快研制科技含量更高的空军装备和海军装备。

---

① 《邓小平军事文集》第 2 卷，军事科学出版社、中央文献出版社 2004 年版，第 363 页。

② 《邓小平年谱（1975—1997）》上，中央文献出版社 2004 年版，第 308 页。

第一节　今后作战，空军第一，重点发展空军

总结20世纪60年代以来的世界局部战争和地区冲突特点，邓小平强调要突出空军的地位，大力发展空军。1979年1月18日，在听取三机部负责人汇报时，邓小平提出："不管如何，今后作战，空军第一。"① 邓小平的这一论断，力图改变长期形成的重点发展陆军武器装备的思路，要求加大航空工业投入，加快空军武器装备的研制，把空军武器装备发展放到三军之首，建设未来战争中具有首要地位的现代空军。

一、将来打起仗来，没有空军是不行的，没有制空权是不行的

制空权概念，最早是1893年英军少校富勒尔顿提出的，他认为，未来战争可能由空中开始，制空权将可能是陆上和空中作战的重要前提。通过对第一次世界大战空中作战经验的总结，1921年意大利将军朱利奥·杜黑出版的《制空权》一书，专门论述了空军的性质、使命任务、地位作用与建设运用，系统地阐述了制空权理论。1979年1月18日，邓小平系统、简洁、精确地论述了"中国化"制空权理论，他指出："将来打起仗来，没有空军是不行的，没有制空权是不行的。"② 邓小平提出的必须要有制空权的观念，是优先加强空军建设，加快研制空军武器装备的思想基础。

1. 陆军、海军和空军，首先要有强大的空军，要取得制空权，否则什么仗都打不下来

现代战争对制空权的争夺，决定了空军在各军兵种中的地位。1979年1月18日，在听取三机部负责人汇报时，邓小平指出："陆军、海军、空军，首先要有强大的空军，要取得制空权。否

① 《邓小平军事文集》第3卷，军事科学出版社、中央文献出版社2004年版，第153页。

② 《邓小平军事文集》第3卷，军事科学出版社、中央文献出版社2004年版，第153页。

则，什么仗都打不下来。”[①] 没有制空权“什么仗都打不下来”的“什么仗”，不仅仅指空战，而且包括陆、海、空所有战场的仗，包括所有战场的所有类型、所有样式的仗。“打不下来”就是打不赢，不能取得最后的彻底的胜利。然而邓小平关于制空权的要求，因为保密原因，学习宣传和贯彻执行不够。2004 年 7 月，军事科学出版社、中央文献出版社联合出版的《邓小平军事文集》第 3 卷，才首次公开邓小平关于制空权的谈话，距邓小平的讲话已经时隔 25 年。

对于制空权理论，中国军队学术界曾经有不同的认识，有些学者认为，倡导独立空军和制空权的意大利将军朱里奥·杜黑，片面地夸大了空军的作用，贬低了陆军和海军的作用。1987 年 12 月版《战略学》称，杜黑“过分夸大空军的作用，而贬低陆军和海军的作用”。1989 年 5 月版《中国大百科全书·军事》称：杜黑“夸大空军的作用”；2002 年版《中国大百科全书》称，杜黑“夸大空军的作用，认为单靠空军轰炸能赢得战争胜利，则是错误的”。从 1992 年开始，中国的部分学者、部分论著，对杜黑的观点开始有了客观的评价。如《空军学术思想史》认为，长期以来，杜黑的“空军制胜论”被许多人误读为空军可以单独赢得战争胜利而备受责难。许多人在批判杜黑“空军制胜论”的过程中曾反复强调，现代战争中，没有陆海军，空军不能单独赢得战争的胜利。这种看法，是对杜黑“空军制胜论”观点的误解。事实上，杜黑并没有说过空军能够单独赢得战争，相反，杜黑是关于陆海空三个军种是“一件三刃战争兵器”的各军种平等定位和相互关系概念的发明者，是世界上第一位倡导三军联合作战的学者。20 世纪 90 年代初的海湾战争之后，特别是世纪之交，中国国内大批军事著作对

---

① 《邓小平军事文集》第 3 卷，军事科学出版社、中央文献出版社 2004 年版，第 153 页。

杜黑理论的评价更加客观。[①] 邓小平的制空权理念，提出“空军第一”而不是“空军唯一”，强调的也是要三军联合作战。邓小平指出：“陆军需要空军掩护和支援，海军没有空军的掩护也不行，我们主要的是近海作战。没有制空权，敌人的飞机可以横行无阻。”[②] 邓小平提出未来战争中空军的首要作用，本身就是从陆海空三军联合作战出发，强调三军的协同作战。

国内有学者认为，邓小平关于“空军第一”的观点，是对特定历史条件下形成的根深蒂固的“陆军主体论”的巨大冲击。在当时的条件下，如果是普通军官发表此言论，有可能被视为无视中国军队的优良传统、战争经验。因为，即使是邓小平讲了，包括空军在内的军队许多干部都知道了，但由于“空军第一”本质上否定了长期存在的“陆军主体论”，在较长时期内引用这次谈话内容时，都回避了“空军第一”这句话。2004 年 7 月，军事科学出版社、中央文献出版社联合出版的《邓小平军事文选》第 3 卷，首次公开了邓小平关于“空军第一”的内容。[③] 虽然邓小平提出了关于空军和制空权问题的论断，但是由于中国军队受“陆战型理论”所影响，军队的条令、战略学、军制学等，长期把陆军描绘成“我军主要组成部分”“主要军种”“主体”“骨干”，而把空军和海军描绘成“重要组成部分”“重要力量”，“空军第一”的观念没有能得到体现。如 1987 年 9 月版的《国家军制学》指出：“各军种发展加强的重点，应该是陆军。……未来反侵略战争的主要战场在陆地，陆军仍然是我军的基本作战力量，是协同作战的主要军种；贯彻积极防御的战略方针，进行人民战争，也必须以陆军为骨干。而且我军有限的财力、物力重点加强陆军建设，能够取得最快

---

① 董文先著：《再论现代空军》，蓝天出版社 2009 年版，第 237—239 页。

② 《邓小平军事文集》第 3 卷，军事科学出版社、中央文献出版社 2004 年版，第 153 页。

③ 董文先著：《再论现代空军》，蓝天出版社 2009 年版，第 247 页。

最大的军事效益。”① 又如军事科学出版社 1987 年版《战略学》指出：“在未来反侵略战争中，陆战场军事行动的规模将是很大的，陆地作战仍将占据主要地位，战争的结局仍须依靠陆军的地面决战。”“就我国战场准备的总体来说，陆战场是重点和主体。”②

从世界军事理论的发展来看，20 世纪 60 年代，受“核导弹制胜论”的影响，“制空权理论”遭到严重挑战，空军在战争中的地位受到质疑，多国空军装备的研制受到影响。苏联空军的远程轰炸机被洲际弹道导弹和中程弹道导弹所代替，前线航空兵所担负的相当大一部分任务也转交给陆军的战役战术导弹，作战飞机被大量退役销毁，新飞机发展受限。英军决定将核打击任务交给海军后，空军轰炸机停止发展。20 世纪 70 年代后，随着高技术装备的迅速发展，经过一系列局部战争的实践，制空权理论受到肯定，尤其是 1987 年美国、苏联《关于销毁两国中程导弹条约》的签订，核武器和远程导弹的使用受到限制，空军的作用更加突出。苏军对制空权有了新的认识，他们认为在未来战争中，夺取战略主动权将不再是以战略火箭军进行首次核突击，而是以航空兵进行战略突袭。③ 马岛战争后，英国军队认识到“制空权是作战行动自由的前提”，并对制空权的新情况和新特点有了更加深刻的认识。④ 总之，世界各主要国家的军队都认识到，航空航天优势是陆军和海军取得战斗胜利的先决条件。

2. 发展武器装备，重点放在哪里，恐怕还是空军

受“陆战主体论”认识局限，空军武器装备的发展长期没有受到重视。现代局部战争中空军的大规模运用及其对战争结局所起的重要作用，尤其是两伊战争的空战特点，使邓小平坚定了加快发展空军武器装备的决心。1980 年 7 月 15 日，在全军装备规划座谈

---

① 董文先著：《再论现代空军》，蓝天出版社 2009 年版，第 247—248 页。

② 董文先著：《再论现代空军》，蓝天出版社 2009 年版，第 248 页。

③ 陈婧主编：《强国空军之路》，解放军出版社 2014 年版，第 130 页。

④ 陈婧主编：《强国空军之路》，解放军出版社 2014 年版，第 137 页。

会开幕时的讲话中，根据 1977 年 12 月国务院、中央军委制定的《关于加速我军武器装备现代化的决定》的基本精神，在邓小平“空军第一”观点的指导下，刘华清阐述了编制武器发展规划的原则，即在优先发展陆军装备的前提下，相对于海军装备优先发展空军装备。刘华清指出：“根据国务院、中央军委《决定》的精神，我军装备的发展要以反坦克和防空武器为重点来进行全面规划、统筹安排。这个重点解决好了，在技术上它可以带动其他各种武器的发展。在本世纪内，三军装备优先发展陆军，海、空装备优先发展空军。这两个提法，在原则上是一致的，不是矛盾的。”① 也就是说，武器装备发展落实到规划上，虽然仍然是陆军第一，然而邓小平富有远见卓识的观点，提出的“空军第一”也得到了体现，这就是把空军装备放在海军装备之前来发展。

20 世纪 90 年代，邓小平反复强调的“空军第一”的观点逐步在中国军队形成共识、得到落实。

3. 投资重点应放在发展空军，重点是航空工业和装备

军费投入重点是武器装备发展重点的直接体现。受“陆军主体论”认识的影响，发展武器装备的重点是陆军装备，投入的重点是陆军装备。1987 年 9 月版的《国家军制学》认为，各军种发展加强的重点，应该是陆军。我军有限的财力、物力重点加强陆军建设，能够取得最快最大的军事效益。② 然而，从 20 世纪 70 年代末期开始，邓小平就反复强调武器装备发展的重点要转向空军，军费投入的重点要放在航空工业领域。1979 年 1 月 18 日，在听取三机部负责人汇报时，邓小平指出：“我看今后重点放在发展空军。投资的重点应放在航空工业和发展空军。军用外汇的分配、使用，重点是航空工业和装备。”③

---

① 《刘华清军事文选》上卷，解放军出版社 2008 年版，第 160—161 页。

② 董文先著：《再论现代空军》，蓝天出版社 2009 年版，第 248 页。

③ 《邓小平军事文集》第 3 卷，军事科学出版社、中央文献出版社 2004 年版，第 153 页。

20 世纪 50 年代，苏联援助中国生产战斗机、轻型轰炸机和运输机的全套技术和生产线，形成了年产数百架的能力。60 年代初，中苏关系破裂外援终止后，国产军机水平长期徘徊不前，与世界先进水平的差距日益拉大，只好采取以数量弥补品质差的办法使中国军用飞机长期保持在 5000 架左右，数量虽仅次美苏居世界第三位，品质却落后很多。英国、法国、日本的军用飞机都保持在 1000 架左右，国际上却公认其战斗力都要高于中国。中国也承认这个事实。1989 年 2 月 1 日，在《重视武器装备发展的战略研究》一文中，刘华清指出："我们空军，飞机数量不少，居世界第三位，但水平比较低，机种不配套。"① 如何解决中国空军武器装备数量多质量差的问题呢？邓小平提出了基本的思路，即加强航空工业科学研究，减少生产，加强科研，搞出新机型。邓小平指出："可以减少一些现在生产的飞机产量，把剩余的钱用来搞科研，搞新产品试制，搞出中国式的更好更新的东西。如果我们能有一定数量的更高级的飞机，那形势就不一样了。"② 自 20 世纪 80 年代起，中国开始加大对航空工业的投入，加快先进战机的研制，空军主力装备实现了从一代向三代的跨越，同先进的美制战机的差距有所缩小。

二、要研究提出对飞机的战略要求，提出用什么飞机来装备中国的军队

邓小平认为，发展中国空军武器装备要明确战略目标，科研和生产都要服从空军的战略要求。1977 年 10 月 4 日，邓小平召集会议讨论军队装备和国防科研工作时，明确提出："要研究提出对飞机的战略要求，提出在三五年内主要用什么飞机装备我们的军队。"③ 军用飞机的研制，规模要缩小，要求不要太多，不要样样都搞，要集

① 《刘华清军事文选》下卷，解放军出版社 2008 年版，第 21 页。

② 《邓小平军事文集》第 3 卷，军事科学出版社、中央文献出版社 2004 年版，第 153 页。

③ 《邓小平军事文集》第 3 卷，军事科学出版社、中央文献出版社 2004 年版，第 71 页。

中研制急需的机种。

1. 歼击机的换代更新，要搞综合平衡，什么时候搞什么东西，要得当

歼击机俗称战斗机，主要任务是与敌方的歼击机进行空战，夺取制空权，拦截敌方的轰炸机、强击机、侦察机、巡航导弹，它可以携带一定数量的对地攻击武器，执行对地攻击的任务。歼击机是世界各国空军争夺制空权最主要的武器，也是各国最精尖的装备，其性能水平标志着空军力量的强弱。尽管中国是世界上少数几个能生产战斗机的国家，但是，由于长期仿制导致自主研发能力不足，与世界先进水平的差距相当大。到 20 世纪 70 年代，因航空工业科研落后，导致产品更新换代缓慢，空军主力航空装备“青黄不接”，直到 1976 年，已经生产了 13 年的歼 –6 歼击机，还得不到歼 –7 歼击机的替换。1977 年 7 月 4 日，在讨论装备和科研问题时，邓小平指出，航空工业“自甘落后是不行的。生产不少落后的装备不顶用，是一个很大的浪费”①。1978 年 3 月 2 日，在参加五届全国人大一次会议解放军代表团小组会讨论的讲话中，邓小平指出：社会主义不是比资本主义优越吗？不优越叫什么社会主义。社会主义优越在哪里？“空军停留在歼六的水平叫优越吗？”② 歼 –6 是 1952 年首飞的苏联米格 –19（MIG –19）飞机的许可生产型，到 1978 年已经生产了 26 年之久，同期发达国家已经出现了第四代战斗机，而中国的歼 –6 按国际惯例划分尚属于第二代战斗机，有两代的差距。为改变战斗机技术水平低、战斗力不强的落后状况，邓小平要求对战斗机的研制和生产要有近期要求和长远目标。1978 年 6 月 26 日、27 日，在听取航空工业情况汇报时，邓小平果断作出决定：“第一，确定战略目标。今天有些问题可以定，有些问题

① 《邓小平军事文集》第 3 卷，军事科学出版社、中央文献出版社 2004 年版，第 71 页。

② 《邓小平军事文集》第 3 卷，军事科学出版社、中央文献出版社 2004 年版，第 88 页。

暂不定。现在歼六确定为第一代，歼七大改后确定为第二代，同时搞歼八，技术过了关算第三代。第四代应当是什么？计委要搞综合平衡，什么时候搞什么东西，要得当。”① 由此确立了中国歼击机更新换代的战略要求和研制模式。

世界各国军队的武器装备，无论是发达国家还是发展中国家，都存在着不同年代、不同制式的武器装备并存的情况，存在着新式武器装备与旧式武器装备同时服役的情况，其实质就是多代武器装备并存。在武器装备领域，代的划分是对武器装备技术、战术性能的一种反映。专家学者可能由于起点选择、认定标准等方面的不同，对武器装备代的界定仁者见仁、智者见智，不仅没有形成统一的国际标准或军队标准，也没有正式文件明确划代的标准，再加上武器装备的复杂性，对武器装备的划代往往众说纷纭，难以形成统一的认识。从划代的依据上看，武器装备的划代往往以技术发展脉络为主线，综合考虑其时代背景、战争背景、技术水平、性能水平等，如战略导弹、战斗机等的划代都是以战技性能和技术特点为主要依据。邓小平关于中国战斗机的划代采用了以“技术过关”为主要标准。从技术发展的脉络看，一般将世界范围的喷气式战斗机的发展划分为五代。第一代战斗机主要是20世纪40年代中后期第二次世界大战结束前后开始服役的喷气式战斗机，包括德国的Me－262、英国的“流星”和美国的F－80等典型机型。第二代战斗机于20世纪50年代初期在抗美援朝战争中出现，其中最著名的是美国的F－86战斗机和苏联的米格－15战斗机。这一代战斗机通过优化机身设计，充分发挥了喷气式发动机的能力，大大提高了技术性能。第三代战斗机出现于20世纪50年代末至60年代初，包括美国的F－100系列战斗机、苏联的米格－17战斗机和法国的“幻影”Ⅲ等，其中第三代末期的美国F－4“鬼怪”战斗机是三

① 《邓小平军事文集》第3卷，军事科学出版社、中央文献出版社2004年版，第125—126页。

代机的典型。第三代战斗机装备了先进的导弹、采用更为成熟的发动机，具备超声速飞行能力，升限接近20千米。第四代战斗机出现于20世纪70年代中期，包括美国的F－15和F－16战斗机，苏联的苏－27和米格－29战斗机，法国的“幻影”－2000等。第四代战斗机配备的武器、发动机和航电系统远远强于前面几代战斗机。经历30多年的不断改进，战斗机升级为“四代半”战斗机，具有更好的战术技术性能，目前仍然服役世界各国。第五代战斗机的代表机型是美国的F－22、F－35战斗机和俄罗斯的T－50战斗机。第五代战斗机具备全方位隐身能力、高机动性、综合航电系统一体化、超视距打击、支持电子设备即插即用。第五代战斗机20世纪80年代开始研制，2010年前后开始服役。近年来，围绕第六代战斗机发展的各种可能性，各国进行了广泛的探索，更快的飞行速度、更宽的隐身范围、更多的传感器融合，更好的自主飞行控制能力，主要集中于无人飞行；更强的机载武器系统，激光武器、动能武器等新概念武器的实用化；更高的飞行高度范围，近似天空一体飞行器。按照预想，美国第六代战斗机将于2030年左右形成初始战斗力；日本于2016年启动F－3第六代战斗机的研制，计划2030—2035年服役；2011年3月，俄罗斯展示了其第六代战斗机——“电鳐”无人攻击机；欧洲也在加紧其第六代战斗机“神经元”研制的前期准备工作。①

根据邓小平关于空军武器装备发展的“代际”观点，空军提出了“更新一代、研制一代、预研一代”的发展规划，由过去的新机型研制型号过多、齐头并进的“横排队”发展，改变为三个“一代”的梯次发展。第一梯次，即更新一代，主要是歼－7、歼－8，运－7、运－8和强－5等几种飞机。这几个机种已经经过了长期的研制，只因某些关键性的技术问题和配套问题还没有解决，如果集

① 赵超阳、魏俊峰、韩力著：《武器装备多维透视》，国防工业出版社2014年版，第59—69页。

中优势力量攻克这些问题后，定型投产，就可以比较快地装备部队。歼－7改进机型1979年达到了设计定型，投入生产后，成为优良实用的机种。歼－8白天型飞机，经过了长达13年的研制，突破了长期没有能够解决的发动机空中停车和后机身温度高等重大技术的关键，是我国自行设计的第一种性能优良的高空高速歼击机，1979年达到了设计定型。进入20世纪80年代，歼－7和歼－8开始了大批量的生产，成为空军和海军航空兵更换新装备的主力机种。强－5强击机及其改进的三个型号，分别在1983年、1985年定型。强－5系列飞机和歼－8白天型、全天候型飞机，因其技术难关被攻克，自行设计成功，以及对提高部队战斗力具有重大作用，于1985年双双获得国家科技进步奖特等奖。第二梯次，即研制一代，主要是研制性能更加先进的歼8－Ⅱ歼击机等。歼8－Ⅱ是我们为20世纪80年代后期和90年代初期更新部队装备而自行研制的一个新机种，比更新一代的机种技术难度更大。1984年6月12日首飞上天。从方案论证到首飞上天，只用了3年零1个月，其中飞机在工厂的试制装配期仅17个月，比歼－7和歼－8原型机的试制装配周期缩短了很多。全机采用的115项新设计或改进改型的机载设备成品做到了按期配套，标志着中国在自行研制先进飞机的技术水平和管理水平上有了很大的提高。第三梯次，即预研一代，主要是为20世纪90年代至2000年给空军提供实用精良的飞机装备，展开的预先研究和型号研制。按照邓小平关于军用飞机要打基础、上水平的要求，跟踪和研究世界先进防御手段，加强课题研究，增加技术储备，我们有选择有重点地发展了新型飞机。①

2. 歼－7大改后确定为第二代，同时搞歼－8，技术过了关算第三代

改型改进是提高航空产品技术水平和战斗性能的主要途径。通过改型改进，把新技术、新设备运用到现有的飞机上，不仅是提高

① 《当代中国的航空工业》，中国社会科学出版社1988年版，第100—105页。

飞机性能、扩大用途、延长服役期限的一种有效办法，而且通过这种“渐进”的发展，小步快走，“积小胜为大胜”，成为发展新飞机的有效途径之一。邓小平赞成张爱萍关于武器装备“研制与改进”并举的安排，也就是20世纪80年代前五年，中国武器装备要有重点地搞好现有装备的改进、改型。1978年6月26日、27日，在听取航空工业情况汇报时，邓小平明确提出：“歼七大改后确定为第二代，同时搞歼八，技术过了关算第三代。”① 由此确定战斗机通过改型来实现升级换代的发展路径。

中国第二代战机歼－7，是从苏联引进两倍音速的米格－21夫13型歼击机的设计图纸和部分技术资料，1964年开始仿制，1967年6月正式生产定型。针对歼－7飞机搜索距离短、近距离火力不足、载油量少、增速时间长等缺陷，根据中国军事战略要求和作战需求进行了一系列的改进改型。1969年至1975年，经过加强近距火力、改善超音速加速度、增加起飞推力的改进，命名为歼－7Ⅰ型飞机。1977年以后，对歼－7飞机进行了救生装置、换装发动机、增加载油量和改善飞机着陆性能等4项重大技术改进，命名为歼－7Ⅱ型飞机，于1979年9月设计定型。在歼－7飞机历次改进的基础上，我国新增了从国外引进的7项电子设备，采用了国内的8项技术改进，使飞机具有了平视显示、高精度快速射击和对地攻击等性能，雷达探测距离大，能抗多种干扰，通信设备先进，可挂装近距格斗导弹，1984年11月通过技术鉴定，命名为歼－7M型，1985年出口巴基斯坦等国。1988年2月，改型研制成功的歼－7Ⅲ型飞机是集中了高空、高速、全天候优点的歼击机，能够在昼间、夜间和复杂气象的条件下作战，填补了歼－7飞机系列中全天候歼击机的空白。尽管经过系列的改型，歼－7的发动机、航空电子设备、燃油系统和武器系统已经有了很大的改进，具备高度的灵敏

① 《邓小平军事文集》第3卷，军事科学出版社、中央文献出版社2004年版，第126页。

性，但是机身几乎没有改变，还不能携带空对地或超视距空对空武器，武器载荷能力也不大。

邓小平寄予厚望的第三代战机歼－8歼击机，在设计方案上突出了高空、高速、增大航程、提高爬升率和加强火力等五个特点，各项性能与歼－7飞机相比均有所提高，从1969年至1979年经过10年时间的试飞，于1980年3月正式设计定型。歼－8飞机是白天型飞机，还不具备在复杂气象条件下的作战能力。为满足全天候作战的需要，我国从1976年开始研制歼－8Ⅰ型飞机，经过9年的努力，于1985年7月设计定型。歼－8Ⅰ型飞机在歼－8飞机的基础上增加安装了全天候的雷达等11项电子设备，改装了新型航炮，可以携带4枚空空导弹和4组火箭。同年10月，歼－8和歼－8Ⅰ型飞机同获国家科技进步特等奖。根据中国国土防空的需要，1980年9月批准研制的并于1988年10月设计定型的歼－8Ⅱ型飞机，主要是着眼于改进飞机的中、低空跨音速的机动性，完善电子设备，改进武器和火力的控制系统，使之能够在中低空、跨音速时进行目视距离以外的作战。歼－8Ⅱ型飞机从方案的论证到设计的定型，历时8年。由于飞机的方案论证比较充分，原理性的试验工作扎实，仅用了17个月，飞机就试制成功。与歼－7相比，歼－8是前者起飞重量的2倍，大得多的机身使它能携带更多的武器，安装更先进的航空电子设备以及携带超视距空对空导弹。

1978年6月，邓小平提出中国战斗机的“代际”发展设想时，没有提到中国第四代机型的具体型号。美国把歼－10划为中国的第四代战机，但中国航空工业部门仍然将其作为第三代战机。中国航空工业从1953年启动到1983年的30年中，由于国家工业化底子薄，航空工业创新还比较乏力，一直走着“复制”的道路。所以，在三代战机的竞争中，当时内定的方案还是一个没有电传飞控、没有静不稳定布局、没有综合化航电、没有超视距作战能力的保守的二代半方案。因此，1982年2月，由总参谋部主持的中国新一代战机研制方案评审论证会，否定了601所的歼－13方案和

650 所强 –6 衍生方案，而 611 所提出的鸭式布局方案给人留下了深刻印象。1984 年，经过三次新一代歼击机选型会和发动机选型会的反复研究，611 所的鸭式布局被选为最终方案进行发展。“1986 年，邓小平批准新歼研制，列入国家重大工程，代号 10 号工程。随后，国防科工委正式任命宋文骢担任总设计师。”① 歼 –10 在气动外形、机体结构、飞控系统等各个方面都是全新的设计，新技术的应用超过了 60%。而按照国际上的一般原则，这一比例不应该超过 30%。同时，歼 –10 方案还针对国内发动机水平欠佳、处理工艺落后、电子设备体积重量大的情况，扬长避短，尽可能利用能量机动理论和飞机敏捷性来设计，并将视距内空战与超视距空战紧密地结合起来，获得了肯定。

3. 空军装备的战略目标，还要包括轰炸机、强击机，要搞运输机出口

军用飞机是用于参加战斗、保障战斗和军事训练飞机的总称，是航空兵主要武器装备。20 世纪 80 年代，中国的军用飞机是由歼击机、强击机、轰炸机、直升机、侦察机、运输机、教练机、无人机等构成的装备体系。当时，中国空军装备存在“多轻少重”、配套不足、高性能飞机的比例太小等不足。而世界空军强国注重空军装备的全面综合发展，用于作战的飞机一般占少数，而教练机、运输机、电子战机、直升机以及其他特种飞机占多数。邓小平提出空军装备综合发展的任务，即确定空军装备“这个战略目标，还要包括轰炸机、强击机，要定一个规划来”②。“教练机不够是一个大的问题，飞行时间又太短，要先造教练机。”③

（1）轰炸机应以什么型号为主？要从战略的要求出发提出来。

---

① 《送别“歼 –10 之父”》，《瞭望》，2016 年第 14 期，第 38 页。

② 《邓小平军事文集》第 3 卷，军事科学出版社、中央文献出版社 2004 年版，第 126 页。

③ 《邓小平军事文集》第 3 卷，军事科学出版社、中央文献出版社 2004 年版，第 12 页。

轰炸机是从空中对敌方的前线阵地、战略后方、海上目标进行轰炸的飞机。按照飞机的重量、载量及航程可分为轻型或近程、中型或中程、重型或远程轰炸机三种。按作战使用，分为战略、战术轰炸机。中国坚持积极防御战略方针，长期立足建设“国土防空”型空军，因此，重点研制用于空战御敌的战斗机，同时适度发展轻型和中型轰炸机。20 世纪 50 年代开始，在苏联的援助下，中国先后试制生产了轻型轰炸机轰 -5、中型轰炸机轰 -6 及其改进型。1968 年 12 月，中国仿制成功的苏联图 -16 中型轰炸机轰 -6，最大起飞的重量为 75.8 吨，载弹量为 3—9 吨，最大飞行的速度为 1014 千米/小时，实用升限 13.1 千米，最大航程 5760 千米，续航时间 8 小时 02 分。1977 年 10 月 4 日，在讨论装备和科研问题时，邓小平指出：“轰炸机应以什么型号为主？哪一年达到什么要求？都要从战略的要求出发提出来，科研和生产要服从这个战略要求。”[①] 20 世纪 80 年代，中国对轰 -6 飞机进行了改进，生产了两种型号，同时研制了两种轰炸机。1981 年交付部队使用的加装第二代自动领航轰炸系统，通过加装导航计算机等 9 项第二代领航轰炸设备，轰 -6 型飞机具有自动轰炸、半自动轰炸、自动导航人工轰炸和原有的雷达、光学瞄准具及两者交联的轰炸方式等功能。1985 年通过设计鉴定的中国第一代携带空舰导弹的轰 -6 丁型飞机，1984 年 12 月交付海军使用的水轰 -5 飞机，1987 年获国家科技进步一等奖。水轰 -5 飞机是中国自行设计的亚音速、全天候反潜飞机，最大起飞重量 45 吨，可载炸弹 6 吨，可携带鱼雷、深水炸弹和空舰导弹，最大平飞速度 555 千米/小时，主要用于搜索和攻击敌潜艇、兼顾搜索和攻击水面舰艇。1984 年 1 月 11 日，在海军装备技术工作会议上的讲话中，刘华清指出，发展海军航空兵的方向是适当加大歼击机、轰炸机的作战半径，并“逐步把歼击机

① 《邓小平军事文集》第 3 卷，军事科学出版社、中央文献出版社 2004 年版，第 71 页。

与轰炸机结合起来”[①]。1989 年 1 月 24 日，刘华清到某飞机制造公司去参加新型歼击轰炸机“飞豹”和运 -7 改进型的首飞试验，当看到“飞豹”首飞上天时感到很高兴。他认为，“飞豹”是解放军特别是海军航空兵最需要的装备，作战半径、攻击威力、突防能力等方面，都比当时我军装备的轰炸机要优越。刘华清特别强调：“‘飞豹’的研制，一开始就得到邓主席的支持。”[②]“飞豹”是第一架没有外援、全部自己设计和生产的作战飞机，在能力上比得上美国的 F -5 和俄罗斯的苏 -24 这些第三代战斗轰炸机。尽管歼轰 -7 代表了中国在设计和生产战斗轰炸机能力方面的重大进步，它仍然比最先进的美国和苏联的设计落后了整整一代。

（2）确定空军装备发展规划要包括强击机。强击机亦称攻击机或近距离空中支援机。强击机的主要任务是从低空、超低空对地面或水上的战术和战役纵深的有生力量以及对地面或水上的军事目标进行强击活动，直接支援地面部队作战。中国强击机于 1958 年底开始研制，1969 年底批量生产。1978 年 6 月 26 日、27 日，在听取三机部和空军领导同志汇报航空工业时，邓小平提出，确定空军装备发展规划要包括“强击机”[③]。20 世纪七八十年代，根据部队和国外用户的不同需要，中国对强 -5 型飞机进行了多次改进改型，并形成了系列。20 世纪 70 年代改型成功的有强 -5 甲核弹运载机和强 -5 乙鱼雷攻击机。1983 年 12 月通过设计定型的强 -5I 型飞机，克服了强 -5 飞机航程较短、作战范围受到限制的缺陷，装备部队后受到好评。在强 -5I 型飞机基础上进行 4 项改进的强 -5IA 型飞机，也于 1985 年 1 月通过技术鉴定。1981 年 4 月，中国与国外签订强 -5 飞机的出口合同后，根据订货国的具体要求，对强 -5I 型飞机进行 32 项换装改进，于 1983 年 1 月通过技术鉴

① 《刘华清军事文选》上卷，解放军出版社 2008 年版，第 269 页。

② 刘华清著：《刘华清回忆录》，解放军出版社 2004 年版，第 567 页。

③ 《邓小平军事文集》第 3 卷，军事科学出版社、中央文献出版社 2004 年版，第 126 页。

定，命名为强－5Ⅲ型飞机，同年3月交付使用，受到订货国较高的评价。强－5D型飞机是中国与意大利的合作项目，1986年7月正式签订合同，同年8月开始改装，经过两年，于1988年8月完成了总装，8月30日强－5D型样机首飞成功。强－5D型飞机不仅保持了强－5飞机所具有的优良的低空性能，而且还有效地提高了飞机的导航精度以及攻击的突防能力。1988年9月，强－5D型飞机模型在英国范堡罗航空博览会上展出后，国外报刊称其是20世纪90年代世界重要的强击机机种之一。强－5系列飞机是中国自行研制并取得重大成功的机种，1985年获得了国家科技进步特等奖。

（3）航空工业要真正具有偿付能力，就要搞运输机出口，或者少买运输机。运输机是为执行各种任务的飞机提供基本平台，除了作为货机和用作部队运送外，还是加油机、预警机和电子战飞机的基础。运输机的数量和吨位是一国空军远程投放能力的标志。在远程投送能力方面，中国同美国、苏联还有不小差距。1978年9月1日，在讨论军队引进先进技术座谈会上，邓小平说："航空工业要真正具有偿付能力，就要搞运输机出口，或者少买运输机。"①由此可看出邓小平赞成研制、生产运输机的坚决态度。随后，1966年10月开始研制的运－7运输机加快了研制速度，于1982年7月经国务院、中央军委批准设计定型，1984年1月交付使用，到1989年底已有53架在中国70多条航线飞行，成为中国空中支线运输的最大机群。1968年12月开始试制的运－8运输机，是参照国外样机设计的中程、中型多用途军用运输机，1980年2月经国务院、中央军委批准设计定型。运－8运输机，可以空运武装士兵96人或空降伞兵82人，可以同时运送担架重伤员60人、轻伤员20人和医护人员3人。根据空降和海军部队的特殊使用要求，运

① 《邓小平军事文集》第3卷，军事科学出版社、中央文献出版社2004年版，第136页。

-8 飞机改装的载机型飞机完成了运送黑鹰直升机往返高原和边远地区的任务，改装的巡逻型飞机具有海上巡逻侦察、救援等能力。

鉴于中国的航空技术水平，邓小平主张走与国外合作生产及总装大型飞机的道路，来加快运输机和民用客机的研制步伐。1980 年 4 月 8 日，在会见美国麦克唐纳·道格拉斯公司总裁桑福德·诺伊斯·麦克唐纳时，邓小平详细地询问了三机部同道格拉斯公司的合作事宜，并明确指出："我们双方在航空工业方面的合作，要从战略上加以考虑，而不仅仅是做生意。"[①] 当会谈结束后，邓小平又对陪同会见的三机部副部长段子俊强调说："民用飞机总得在国内自己生产，不能一直向外国买。上海原来搞的大型客机受'四人帮'干扰破坏，花钱很多，把握不大，办法不对，要停下来。"[②] 查阅相关资料可知，邓小平要求停止的这个飞机项目应当是 1980 年 9 月 26 日首飞成功的大型远程喷气客机运 -10。邓小平要求停止运 -10 的研制并不表示他不支持客机研制，相反，他多次指示要搞民用客机的研制。1981 年 10 月 13 日，邓小平在中共中央政治局扩大的会议上指出："国内航线飞机，要考虑自己制造。"同年 12 月，邓小平又指出："今后国内民航飞机统统用国产飞机。"[③] 随后，国务院作出了研制国内干线大飞机的决策，希望走与国外合作生产的道路，落实到中美合作生产 MD -80 飞机和 MD -90 飞机，总共生产了 37 架，其中有 5 架出口到了美国。虽然该项目提高了中国民用飞机工业的制造能力、技术水平和管理水平，但是由于没有产品的知识产权，在合作中只能在"亚产品"层面进行"国产化"型的技术学习，而不能在产品层面上进行自主型的学习，技术学习的效果受到极大的局限。1986 年 8 月，西北工业大学原校长季文美、北京航空学院原副院长沈元、南京航空学院原副

① 《邓小平年谱（1975—1997）》上，中央文献出版社 2004 年版，第 616 页。

② 《邓小平年谱（1975—1997）》上，中央文献出版社 2004 年版，第 616 页。

③ 转引自：《从 ARJ21 到 C919——中国民用客机的自主创新历程》，《百年潮》，2016 年第 4 期，第 4—11 页。

院长张阿舟和航空工业部飞机局原局长胡溪涛等四人联名上书邓小平，建议立即着手研制中国的150座大型干线客机。邓小平接信后随即批转时任的党和国家主要领导人。1986年12月，国务院作出了通过国际合作走与国外合作生产的道路，消化吸收国外技术发展中国150座干线飞机的决定。[①] 1991年1月31日，邓小平在视察上海航空工业公司时指出："飞机制造业也是国民经济的带头工业，是很有发展前途的。闭关自守不行。"[②] 1993年11月29日，国务院下发纪要明确要求，要下决心、不失时机地研制我国自己的、掌握知识产权和总体设计技术的150座级以上的干线飞机，并要求力争在2000年前后搞出样机并取得国内适航证。自1993年底起，国务院批准了中国航空工业上报的、寻求通过国际合作来研制100中型客机的项目，这一项目曾与韩国、波音、新加坡、空客等合作对象进行了商谈。然而由于各种原因波音、韩国、新加坡先后退出，1998年因空客无意合作，中国决定终止该项目。直到21世纪，中国启动了研制大型客机的重大科技专项，开启了自主研制大型客机的新局面，2017年C919实现首飞。

（4）直升机可以作攻击机，成为海上的主要攻击力量。直升机可用于通信联络、侦察巡逻、后勤支援、反潜扫雷、空降登陆、对地攻击等。自20世纪50年代后期以来，中国先后研制了轻型、中型和大型直升机共7个型号，同时也有4种直升机未能投产。其重要原因是长期没有一个稳定可行的直升机发展规划；缺乏对直升机发展方向及国内外市场进行系统研究；未能充分掌握直升机自身的特殊规律。[③] 随着邓小平提出制空权观点，中国海军深刻认识到没有制空权就没有制海权，迫切要求把岸基飞机发展到海上，以制

---

① 转引自：《从ARJ21到C919——中国民用客机的自主创新历程》，《百年潮》，2016年第4期，第4—11页。

② 《邓小平年谱（1975—1997）》下，中央文献出版社2004年版，第1325页。

③ 谢光主编：《当代中国的国防科技事业》下，当代中国出版社1992年版，第218页。

空权提高制海权。刘华清特别提出："直升机可以作攻击机，作为海上的重要攻击力量，可以载导弹、载鱼雷，它比水面舰艇机动得多，威力大，作战半径比快艇还要远一点。现在条件是有的，要认真研究，积极发展。直升机上舰艇，担任反潜、救护、通讯、引导等，用途很多，这些工作都要列入重要的日程上来。……在海军发展的问题上，要注意海上特点，搞了直升机后，要用来配合海上轻型兵力作战。"① 从 20 世纪 70 年代后期开始，中国强调要改变过去不重视发展直升机的状态，以保障军队高速机动，采取"技贸结合"的办法，引进法国"海豚"直升机及其发动机制造技术，在国内生产直－9 直升机。1980 年 10 月 10 日，经中法两国政府批准，法国转让了"海豚"直升机及其发动机的制造权，中国装配 50 架直升机，获得发动机 100 台。中方先用法方的零部件装配整机，然后再部分地进行自行制造，通过六阶段的分期作业，最后达到全部立足于国内生产，掌握先进的直升机制造技术。"海豚"直升机是法国 20 世纪 70 年代末研制的新型多用途直升机，具有结构重量轻、有效载荷大、性能比较先进等特点。截至 1986 年底，我们共生产了直－9 直升机 31 架，分别交付空军、海军、民航和中国海洋直升机公司使用。直－9 的生产，使中国直升机制造技术实现了从 20 世纪 50 年代水平向 80 年代水平的质的飞跃。② 20 世纪 90 年代，中国还生产了法国宇航公司"超级黄蜂"多用途直升机，即直－8，与欧洲直升机公司和新加坡科技宇航公司生产 EC－120B"蜂鸟"直升机。同时还在自主研发中型多用途直升机直－10（Z－10）。通过与国外直升机制造厂合作，中国飞机设计能力有所提高，正在形成自主研发设计能力。

2013 年世界航空专业杂志《国际飞行》公布的数字显示，美国拥有的作战飞机（战斗机、攻击机、轰炸机和战斗轰炸机）的

---

① 《刘华清军事文选》上卷，解放军出版社 2008 年版，第 270 页。

② 《当代中国的航空工业》，中国社会科学出版社 1988 年版，第 210、218 页。

总数为2740架，只占其全部军用飞机数的1/5左右，俄罗斯有1400多架，中国拥有作战飞机达1400多架，略高于俄罗斯。[①] 从国际上公布的中国军用飞机的数量看，21世纪前10年，战斗机的比例仍然是最大的，“国土防空”的印记还很深。另外，在战斗机中，第二代的歼－7还有460架，新的第三代机数量刚到600架，换代还未完成。只装备了少量近程轰炸机和运输机，大型飞机包括空中加油机、预警机都是缺门，直升机数量也比较少。随着现代空中远程攻击能力的发展，加上中国海外利益的增多，如果只注重防御型的建军思路已经不适应需要，20世纪90年代末期，中国正式提出建立“攻防兼备”型空军。空军这一战略的改变，要求航空兵的内在结构和装备的飞机种类有所改变，必须由只注重防御型的建军战略转变到“攻防兼备”，增加预警机、电子战飞机和反潜机等特种作战飞机的数量和种类，适应“攻防兼备”的战略需求。

三、中国航空主要是电子技术和发动机落后，可以引进某些技术

中国空军装备的短板是发动机研制生产落后。研制先进的空军装备，首先要破解发动机落后的技术难题。针对此情况，邓小平指出：“我们航空方面的技术力量差，主要是电子技术、软件、发动机落后。这些东西要完全靠自己解决，时间可能要很长，困难会很大，可以引进某些技术，特别要引进那些缺门技术。”[②] 邓小平要求通过引进先进技术和缺门技术的办法，争取时间，克服困难，研制先进发动机，尽快解决制约中国空军装备发展的瓶颈问题。

1. 现在美国飞机发动机还不是用英国的？所谓搞自己的，实际上也包括别人的东西在里边

航空发动机被誉为飞机制造业“皇冠上的明珠”，建设现代化

① 《中国战机总量世界第二》，《广角镜》，2014年11月16日—2014年12月15日，第46页。

② 《邓小平年谱（1975—1997）》上，中央文献出版社2004年版，第517页。

空军必须要有现代化的飞机发动机制造工业。但是，航空发动机研制是始终制约着中国航空工业发展的“短板”，核心技术长期没有过关，严重依赖国外技术和产品进口。中国的航空工业是20世纪50年代由苏联以成本价售予设备、无偿提供技术而建立起来的。在苏联全面配套的供应中，也包括发动机的制造设备和工艺，因而当时中国仿制米格－17生产歼－5、歼－6、歼－7，只需要按照苏联的图纸和当初专家的指导仿制便可，并未感到发动机的重要。中国虽然在沈阳建立了航空工业最早的发动机设计研究所，但因缺乏经验和必要的技术储备，长期只能在仿制基础上做些小修改。20世纪60年代初，中苏关系的破裂导致中国航空工业外援中断以后，自行研制歼－8、歼－9、歼－13等战斗机都因发动机和航电设备不过关而难以定型。1975年4月2日，在中共中央军委常委听取关于国防工业和军队装备问题汇报时，邓小平说：“要有自己的创造，但别人有好的东西也可以用，现在美国飞机发动机还不是用英国的？所谓搞自己的，实际上也包括别人的东西在里边。”①按照邓小平的要求，中国利用同西欧关系的改善于1975年12月13日与英国签订合同，引进“斯贝”涡扇发动机在国内生产组装。“斯贝”MK202型是英国20世纪60年代中期研制的较为先进的涡扇发动机，中国引进后由西安航空发动机厂负责试制生产并定名为涡扇－9发动机。经历20多年的摸索，20世纪90年代“斯贝”涡扇发动机实现国产化，命名为“秦岭”发动机，用于装配中国研制出的战斗轰炸机“飞豹”，即歼轰－7飞机。歼轰－7大量装备海军和空军，总体性能属于第二代战机，发动机还是英国40多年前的水准。

2. 加速航空发动机研制的建议很重要，近期花钱也不算多，似可同意

航空工业发展史表明，航空发动机的研制难度比飞机整机研制

① 《邓小平军事文集》第3卷，军事科学出版社、中央文献出版社2004年版，第21页。

难度更大、研制周期更长，而飞机的更新换代是以发动机的更新换代为基础的。中国的航空发动机研制长期没有取得突破性进展，从思想认识上来讲，至少有这样的原因：（1）认识未到位。没有认识到航空发动机工业是国家总体工业体系发展水平的反映。战略指导上没有像发展“两弹一星”那样将其作为一个战略产业，而是只视作航空产业的一个分支部门，即将发动机当成飞机的一个附属，没有认识到航空发动机与飞机各自的研制规律，因而重视不够、投入更少。（2）目标不明确。航空发动机的研制需要长期的工程积累，而中国以仿制和授权生产为主，严重缺乏工程经验积累。目标不明确，主要表现为没有专门的航空发动机发展规划。（3）没有遵循技术发展规律。研制发动机要走在前头是航空工业发展的普遍规律。航空发动机研制难度大、周期长、风险高，如果说研制一款成熟的发动机需要 20 年的话，那么研制一款成熟的飞机外壳则只需要 10 年左右。为满足飞机的研制进度，发动机必须先行立项研制，技术上不断升级换代，规格型号上形成系列，给飞机设计师提供更多的选择。

国产发动机研制迟迟不能取得令人满意的成果，引起了邓小平的高度关注，他要求组织科技攻关。1984 年起，中国开始独立研制航空发动机，即沈阳航空发动机研究所研制涡喷 -14 发动机，以满足歼 -7 和歼 -8 系列战机改进型号的动力需求。1986 年 1 月 8 日，邓小平在航空工业部所属有关厂、所、院校几位科研技术干部和教授《关于加速航空发动机发展的建议书》上批示：“我认为所提建议很重要，近期花钱也不算多，似可同意。”[①] 由于邓小平的高度重视和大力支持，我国加快了航空发动机的研制。1990 年 8 月 4 日，在军队建设“八五”计划和十年规划领导小组会议上，在听取国防科工委领导汇报后，刘华清说：“现在看来，作战急需的装备中，问题最大的还是飞机。要集中力量，把飞机和发动机的

① 《邓小平年谱（1975—1997）》下，中央文献出版社 2004 年版，第 1101 页。

研制搞上去。”① 经过18年的努力，代号“昆仑”的涡喷－14发动机于2002年定型。“昆仑”发动机的研制成功，实现了中国航空动力工业的跨越，让中国成为世界上发动机生产的五大国之一。尽管由于其研制时间过于漫长，正式推出时已落后于世界先进水准至少30年，已不适应新机型的需要，“昆仑”发动机还是用于装配空军仍然留用的第二代战斗机，同时，研制过程所积累的经验和锻炼的科研队伍成为中国发动机研制最为宝贵的财富。20世纪90年代，鉴于第三代战斗机发动机总是依赖国外的情况，1996年中国启动了第三代航空发动机的研制，然而，2005年投产的涡扇－10“太行”发动机有许多技术难题还未完全过关。2012年中国开始酝酿发动机重大专项，2015年政府工作报告首次将航空发动机和燃气发动机制造列入报告，开启了发动机研制的国家战略。

3. 要组织共同攻关，解决航空发动机的原材料和技术问题

高性能航空发动机的研发具有设计难、加工组装难、材料难的“三难”特征。航空发动机的零部件需要在高温、高压、高转速条件下，安全运行几千小时，因此，对设计、加工以及材料的要求非常高。与世界先进水平相比，中国发动机材料工业尤其落后。尽管20世纪70年代中国就已经把卫星送上天，运载火箭的可靠性和运载能力在世界上仅次于美国和苏联，但是，迟迟研制不出高性能的航空发动机，关键性的因素是航空发动机比研制导弹所用的火箭发动机对材料的要求更高。火箭发动机的结构通常比涡轮风扇发动机更为简单，而且是一次性使用，累计寿命仅有几分钟，最多几十分钟，对材料质量要求并不高。航空发动机需要反复使用，时间最少也要几百小时才能大修或更换，对材料的要求比火箭发动机高得多。

航空发动机所用材料达数千种之多，而且工艺非常复杂。以高温合金为例，其生产就需要经过定向凝固等复杂的多道工艺处理。

① 《刘华清军事文选》下卷，解放军出版社2008年版，第106页。

由于中国材料工业基础薄弱，钢产量虽然世界第一，可特种合金材料，特别是航空发动机需要的钛合金、陶瓷、单晶高温合金等关键材料没有真正过关，严重制约着发动机整体性能的提升。1978 年 6 月 26 日、27 日，在听取第三机械工业部和空军领导汇报航空工业情况时，邓小平强调要解决航空发动机的材料问题："凡是航空用的原材料，无非是冶金部、四机部、化工部、一机部供应。你们提出要求，他们应负责办到。你们要组织共同攻关，共同努力，解决原材料和技术问题。条件不足的可以吸收外国的技术，买外国的东西。几个部门共同负责攻关，不准扯皮。如果扯皮，就把事耽误了。"① 材料工业需要长期的技术积累，绝非能一蹴而就，必须制定系统的近期和长期发展规划，只有从提升材料工业的整体性入手，在航空关键材料的研制上取得突破，才能为发动机的升级换代打下牢固的基础。

4. 航空电子设备完全靠自己解决，时间可能要很长，困难会很大，可以引进某些技术

随着电子技术的发展，航空电子装备的水平已经成为衡量现代飞机性能水平高低的重要标志。航空电子技术是电子技术在航空工程中的应用。它通常包括通信技术、导航、雷达和识别技术，电子对抗技术、计算机技术、自动飞行控制和飞机仪表系统、电气系统、火力控制技术、飞行数据记录、训练模拟技术和系统，以及空中交通光子技术和系统等。20 世纪 70 年代以后，大规模集成电路和超大规模集成电路的广泛应用，进一步促进了机电设备的小型化、电子化、综合化和数字化，更有利于军用飞机发展高机动性和低空突防技术，使飞机具有快速射击、下视射击、全景显示以及主动控制、自适应电子对抗能力。邓小平认为，要改变中国航空电子设备的落后状况，就要走研制与引进相结合的道路，缩短研制时

① 《邓小平军事文集》第 3 卷，军事科学出版社、中央文献出版社 2004 年版，第 125 页。

间。1979 年 5 月 22 日，在同余秋里、姚依林等商议引进国外航空工业技术等事宜时，邓小平说："我们航空方面的技术力量差，主要是电子技术、软件、发动机落后。这些东西要完全靠自己解决，时间可能要很长，困难会很大，可以引进某些技术，特别要引进那些缺门技术。"① 随后，中国在系统开展航空电子系统综合化、数字化研究和新型格斗、拦射武器系统关键技术预先研究的同时，按照邓小平"要特别引进航空电子技术"的缺门技术的要求，积极寻求与先进国家的技术合作。20 世纪 80 年代初，中国航空技术进出口公司和英国的两家航空公司签订了购买英国飞机机载电子设备改装中国歼－7 歼击机的合同；航空工业部门从美国的飞机设备公司引进机载无线电及导航设备，改进了海上巡逻机和小型运输机；与意大利航空公司合作，改装了强击机。1986 年 4 月 8 日，美国政府通知美国国会，美国准备出售"五十五套航空电子技术综合系统，支持设备，训练和系统设施……估计价值为五亿五千万美元"②。

进入世纪之交，中国已经开始重视发动机的预先研制和技术储备，推出了军用"太行"发动机、大飞机发动机。特别是中国北重集团公司 3.6 万吨黑色金属垂直挤压机的研制成功，打破了外国的封锁，填补了生产先进发动机的又一个空白。2012 年底，中国航空工业公布了国产航空公司发动机追赶世界先进水平的"三步走"发展战略：其近期目标是在 2015 年左右达到西方先进国家 20 世纪 80 年代的水平，这样距离世界最先进的水平还有 20 多年的差距，最终目标是确保与发达国家"并驾齐驱"。然而中国要研制第四代战斗机，必须解决新的航空动力装置的跨代发展，这需要更多的时间。而动力部门是资金密集、技术密集和知识密集产业，只有这一个领域实现突破性进展，取得成功，才能真正标志着中国由

① 《邓小平年谱（1975—1997）》上，中央文献出版社 2004 年版，第 517 页。
② 《增强中国的防御能力》，《参考消息》1986 年 4 月 11 日。

“工业大国”变为“工业强国”。

第二节　建立一支强大的具有现代战斗力的海军

随着世界经济的飞速发展，海洋的战略地位日益凸显，世界各国对海洋权益、海洋资源越来越重视，海洋已经成为一个国家综合国力竞争的制高点。中国是屹立在太平洋西岸的濒海大国，由于人口众多，比世界其他国家更加需要海洋。为确保海洋安全，维护海洋权益，保障中华民族和平发展，中国必须“建立一支强大的具有现代战斗能力的海军”①。现代化的海军，用物质标准来衡量，就是要具有现代化的武器装备。海军兵种较多、装备复杂、专业性强，以知识密集、技术密集为特点。第二次世界大战后，特别是20 世纪 70 年代以来，海军武器装备已成为现代技术的综合体，应用了核技术、电子技术、制导技术、航天和遥感技术，以及红外、激光等多种科技。可以说，现代的海军武器装备，实质上就是物化了的现代科技。因此，建设强大的有现代作战力的海军，必须依靠科技创新，充分挖掘科技潜力，不断改进和更新武器装备。

一、社会主义优越在哪里？海军就那么一点大叫优越吗？

中国海岸线长，海域辽阔，需要与之相匹配的海军。邓小平说，社会主义不是比资本主义优越吗？不优越叫什么社会主义。“社会主义优越在哪里？……海军就那么一点大叫优越吗？”② 邓小平把海军的强大与社会主义制度的优越性联系起来，这与海军舰艇的建造体现国家工业制造能力和科技创新能力不无关联。

1. 现在中国的海军太弱、太小，要承认自己不行

1977 年 8 月 23 日，在中共中央军委座谈会上的讲话中，邓小

① 《邓小平军事文集》第 3 卷，军事科学出版社、中央文献出版社 2004 年版，第 163 页。

② 《邓小平军事文集》第 3 卷，军事科学出版社、中央文献出版社 2004 年版，第 88 页。

平指出："现在我们一定要承认我们的科学技术水平与世界先进水平相比，还差很长的一截。要承认我们军队打现代化战争的能力不够。"① 海军装备是现代科技的集成，科技落后最突出的表现就是海军装备落后。早在 1970 年 7 月 29 日，在会见朝鲜人民军总参谋长吴振宇率领的朝鲜军事代表团时，毛泽东就曾说："我们的海军不像样子，大概要一百年才能赶上某些国家。别的我就不清楚了，刚才讲的这个造船厂（指江南造船厂——笔者注）也不行。同样的规模和日本比较，就是不能造那么些船。这是一个什么原因呢？要研究一下，找出原因来。"② 1970 年 9 月 25 日，在会见巴基斯坦海军司令穆扎法尔·哈桑时，毛泽东又说，中国的海军是从陆军抽出来的人去组建的，因此不内行。敌人打进来，海上也是用打游击战争的办法，就是军港不行，军港没法子跑，要想另外的办法，总之，准备一下比较好。也就要加强海军建设。"现在一些大国欺负我们，比如在海军、空军方面。什么印度洋、太平洋都被他们霸占着，所以我们也得搞一点海军。"③ 根据毛泽东的谈话精神，1970 年 12 月，海军提出并上报了海军装备建设方案，后因各种原因未能实施。1974 年 5 月，海军根据要求编报了 10 年装备发展规划。1975 年 5 月 3 日，毛泽东对时任海军政委的苏振华说："海军要搞好，使敌人怕。我们海军只有这样大。"④ 同年 5 月 23 日，毛泽东对时任海军政委的苏振华提出的关于海军发展的报告作出批示：

---

① 《邓小平军事文集》第 3 卷，军事科学出版社、中央文献出版社 2004 年版，第 57 页。

② 《建国以来毛泽东军事文稿》下卷，军事科学出版社、中央文献出版社 2010 年版，第 369 页。

③ 《建国以来毛泽东军事文稿》下卷，军事科学出版社、中央文献出版社 2010 年版，第 370 页。

④ 《建国以来毛泽东军事文稿》下卷，军事科学出版社、中央文献出版社 2010 年版，第 399 页。

“同意。努力奋斗，十年达到目标。”[①] 毛泽东的批示加快了海军10年规划的编报步伐，同年6月16日，海军党委和六机部党委联合上报了《关于海军舰艇十年发展规划的请示报告》。1975年9月1日，时任海军副参谋长刘华清给毛泽东、邓小平和海军领导报送了《关于海军装备问题的汇报》，对海军10年规划提出了直率的批评，同时提出了富有远见的切实可行的建议。同年9月4日，邓小平在给海军领导的批示中指出，刘华清“有些意见值得重视”[②]。

现代的军舰不仅是现代大工业的产物，而且还是现代大工业的缩影。从新中国现代工业的艰难奠基，到20世纪70年代我们都还不具备生产大型军舰的能力。1979年5月14日，邓小平在会见西班牙客人时说：“现在我们的海军太弱、太小。”[③] 中国海军的弱小，首先是军舰吨位太小。1891—1922年仅31年时间，日本海军舰艇即由6万吨发展到100万吨，跃居为世界三大海军国家之一，仅次于当时的英美两国。1937年，日本、美国和英国三国的舰艇吨位是，日本约70万吨，美国约80万吨，英国约100万吨。日本经过大力追赶，到太平洋战争前夕作战舰艇吨位达到147万余吨，超过了当时美国、英国、荷兰三国在太平洋地区海军实力的总和。[④] 那么，新中国海军的规模如何呢？1979年3月19日，在听取国防工业规划调整方案汇报时，邓小平指出：“军工产品我们样样都搞不行。现有装备是搞改进，也不是什么都改进，要抓重点，不能太多、太宽。”[⑤] 1975年海军党委《关于海军舰艇十年发展规划的请示报告》提出的发展目标是海军舰艇达70万吨。按照毛泽

① 《建国以来毛泽东军事文稿》下卷，军事科学出版社、中央文献出版社2010年版，第399页。

② 《刘华清军事文选》上卷，解放军出版社2008年版，第103页。

③ 《邓小平年谱（1975—1997）》上，中央文献出版社2004年版，第514页。

④ 赵超阳、魏俊峰、韩力著：《武器装备多维透视》，国防工业出版社2014年版，第143页。

⑤ 《邓小平年谱（1975—1997）》上，中央文献出版社2004年版，第494页。

东所说1975年中国造船业只“可年产5万吨左右军用船只”[①]，如果生产能力不变，10年生产50万吨，参照1985年完成海军舰艇10年规划70万吨的目标，1975年中国海军舰艇的排水量只有20万吨左右不会超过30万吨，远远赶不上几十年前日、美、英三国海军吨位。

如果海军舰艇的排水量能够说明中国海军“太小”的话，那么，海军舰艇的技术水平、配套状况和作战能力则是表明海军“强弱”的指标。1941年至1945年，日本共生产了航母17艘、战列舰2艘、巡洋舰9艘、驱逐舰63艘、潜艇147艘；美国生产了航母（包括护航航母在内）131艘、战列舰10艘、巡洋舰48艘、驱逐舰355艘、护卫舰498艘、潜艇203艘。其中的航空母舰都是2万吨级以上的排水量。但是，20世纪70年代中期，中国开始规划发展海军装备时，作战舰艇虽然数量不少，但多数是排水量100—200吨的小艇，在中等风浪条件下难以安全航行和正常使用武器。1975年海军舰艇十年发展规划提出的发展目标最大的舰艇仅仅是研制8000吨大型导弹驱逐舰和2000吨左右的护卫舰。西方海军专家评论，与西方国家相比较，中国海军装备战术技术十分落后。在整个20世纪80年代，中国主要建造了“旅大”级驱逐舰、“江湖”级护卫舰和“明”级柴油发动机潜艇。按西方标准来说，当这些舰艇刚刚入役中国海军时，西方国家就已经开始逐步废弃了。[②]

2. 面临霸权主义强大的海军，没有适当的力量也不行

20世纪70年代，根据毛泽东关于加强海军建设的重要指示，“海军做了一些工作，但是并不理想”[③]。到70年代后期，海军装

---

① 《建国以来毛泽东军事文稿》下卷，军事科学出版社、中央文献出版社2010年版，第399页。

② 〔美〕安德鲁·S．埃里克森、莱尔·J．戈尔茨坦、卡恩斯·洛德主编：《中国走向海洋》，董绍峰、姜代超译，海洋出版社2015年版，第326页。

③ 《邓小平军事文集》第3卷，军事科学出版社、中央文献出版社2004年版，第160页。

备的主要问题是作战舰艇数量不少，但多数吨位小，作战半径小；同时，抗浪性差，在六七级风浪下难以安全航行，在四五级风浪下难以正常使用武器；加之维修工作跟不上，在航率比较低。能到中海、远海去执行作战任务的舰船寥寥无几，即使在近海作战，也存在很多的问题。当时海军的水面舰船和潜艇还未到过离岸300—500海里的海区去搞过训练。针对海军装备的状况，1979年7月29日，邓小平在接见中共海军委员会常委扩大会议的全体同志时指出："我们建设海军基本上是防御，面临霸权主义强大的海军，没有适当的力量也不行。"①

衡量海军力量的标准，首先是数量，没有一定的数量就谈不上战斗力。因此，扩大和改进造船基础设施，是中国发展现代化和远距离海军能力的必备条件。在改革开放初期，中国仅仅制造了少数几艘民用船只，1978—1980年年产量大约只有3万吨至10万吨。20世纪70年代后期开始，中国船舶工业按照邓小平的要求，积极引进外国先进技术，对主要的几个造船厂进行彻底改造，提高了舰船的建造能力。到1996年，中国一跃成为仅次于日本和韩国的世界第三大商船制造国。据中国船舶工业总公司的统计，到2003年，中国造船的年产量突破600万吨，达到了605万吨，是改革开放初期的1982年造船产量的15倍，占世界造船总产量的份额和名次，已经由1982年的0.8%、居世界第17位，上升到2003年的10.3%，连续8年居世界第三位。②

民用船只的建造能力和军舰的建造能力在很大程度上是相辅相成的，中国民用船舶建造能力的提高给海军舰船建造带来益处，加快了中国海军现代化进程。

海军舰艇建造在各种武器装备中最为复杂，技术含量最高，其

① 《邓小平军事文集》第3卷，军事科学出版社、中央文献出版社2004年版，161页。

② 国防科学技术工业委员会编：《邓小平国防科技工业建设思想研究》，北京航空航天大学出版社2004年版，第53页。

装备建造时间比陆军和空军要长得多。20 世纪八九十年代造船工业的持续发展，为 21 世纪中国海军舰艇的跨越式发展奠定了坚实的基础。海外诸多军事评论都认为，自 2005 年以来的 10 年间，中国海军走过了美国至少需要 30 年才能走完的路，舰艇建造的数量和质量在创纪录的短时间内超越了俄罗斯和欧洲，只是在数量和品质上还落后于美国。中国海军和其他军种一样，进入 21 世纪后几乎实现了彻底换装，而且比其他军种变化更大。据资料统计，到 2014 年底，中国海军的主力战舰包括：改建航空母舰服役 1 艘，另有国产航母 2 艘在建；大型两栖攻击舰 5 艘；新型驱逐舰 21 艘，老式驱逐舰 8 艘；新型护卫舰 48 艘，老式护卫舰 29 艘；战略导弹核潜艇 5 艘，攻击核潜艇 8 艘，常规动力核潜艇 53 艘；隐身导弹艇 83 艘；大中型登陆舰 50 艘；扫雷/布雷舰 3 艘，扫雷艇 125 艘。[①] 海军武器装备的更新换代，初步扭转了中国海军"太弱太小"的状况，基本具备了与霸权主义海军相抗衡的适当力量。

3. *海军建设要讲质量，讲真正的战斗力，搞少而精的真正顶用的*

以海军建设为标准，实现社会主义的优越性，既要讲舰艇的数量，更要讲舰艇的质量，核心是提高海军的战斗力，用邓小平的话来说就是海军装备要"真正顶用的"。1979 年 7 月 29 日，邓小平在接见中共海军委员会常委扩大会议的全体同志时说，几年前，"那时我们海军的同志，天天只要多少吨位，只讲数量不讲质量。现在改变了，讲质量，讲真正的战斗力，搞少而精的真正顶用的。"[②] 邓小平关于海军战斗力的论述，包括三个方面的内容：（1）确保"每一艘战斗舰艇包括辅助舰艇都要顶用"[③]。这是就海

① 《海军舰艇建造创纪录》，《广角镜》，2015 年 1 月 16 日—2015 年 2 月 15 日，第 50 页。

② 《邓小平军事文集》第 3 卷，军事科学出版社、中央文献出版社 2004 年版，第 160—161 页。

③ 《邓小平军事文集》第 3 卷，军事科学出版社、中央文献出版社 2004 年版，第 161 页。

军装备的维护管理提出来的。针对20世纪70年代中期，军队武器装备管理混乱、舰艇在航率不高的情况，邓小平说："舰艇的在航率那么低，这个作风就很不好，讲作风首先是讲这个。"① 舰艇的维护管理如果抓得好，起码可以解决很多问题。在对越自卫还击战中，南海舰队一个月抢修了8艘潜艇，这表明海军是有能力来搞好装备的维护管理的。同时，邓小平强调，像南海舰队为战备搞突击抢修尽管取得了成效，"但这不是主要办法"，"装备修理，关键靠搞好平时的维修保养。"② 邓小平要求海军要制定武器装备维护管理的章程、舰艇修理人员都应该搞成辈子兵，要确保80%的舰艇顶用。（2）确保海军武器装备的齐装配套。军舰是复杂的武器装备系统，要形成战斗力必须在技术上配套，不然缺少某一部分就不能或者影响正常使用。20世纪70年代，因为生产能力有限、装备采购经费紧缺、研制生产质量等多方面的原因，海军装备不配套等问题非常突出。因此，邓小平在强调海军建设要讲真正的战斗力的时候，提出"有些舰艇要配套"③。根据邓小平的要求，海军坚持新装备不配套就不定型、不配套就不验收、不配套就不列装部队，在20世纪80年代初经过装备补缺齐装，基本上解决了技术配套问题。（3）要研制真正现代化的海军装备。邓小平认为，海军战斗力的突出标准是武器装备的现代化，也就是技术的先进性。海军"这个力量要顶用。我们不需要太多，但要精，要真正是现代化的东西"④。20世纪80年代初开始，中国海军采用了两条腿走路的方式，展开了海军现代化的进程。它对第一代苏联设计的舰艇进行了

---

① 《邓小平军事文集》第3卷，军事科学出版社、中央文献出版社2004年版，第161页。

② 《邓小平军事文集》第3卷，军事科学出版社、中央文献出版社2004年版，第196页。

③ 《邓小平军事文集》第3卷，军事科学出版社、中央文献出版社2004年版，第161页。

④ 《邓小平军事文集》第3卷，军事科学出版社、中央文献出版社2004年版，第161页。

改型，采用了较新的海军舰艇技术，并在独立自主设计以及主要结合外国武器系统的基础上，着手建造第二代和第三代海军舰艇。

航空母舰是20世纪舰艇发展的伟大成就。航空母舰作为舰机结合、攻守兼备、机动灵活、坚固难损和高技术密集的攻防体系，把海战的模式从平面推向了立体，实现了真正的超视距作战，被视为综合国力的象征。海军强大与否，一个显著的标志就是能否拥有航空母舰。按照邓小平提出的“搞少而精的真正顶用的”海军装备的方针，就是要搞航空母舰。20世纪80年代，受国家经济状况的制约，军队要“忍耐”的武器装备发展环境，加上技术方面的重重困难，中国没有作出研制航空母舰的决策。但是，早在1975年9月1日，刘华清就海军十年发展规划给毛泽东、邓小平和海军领导人的《关于海军装备问题的汇报》中提出，“为了解决大量水面舰艇和潜艇到中、远海作战的空中掩护、支援配合问题，有必要尽早着手研制攻击型和护航航空母舰，先搞常规动力，排水量在4万吨左右，不一定搞8万吨、10万吨的。”① 刘华清建议，将搞大型驱逐舰的人力财力拿出来搞航空母舰。他认为，当时中国的工业和科技条件是具备解决制造航母问题的。与1918年英国开始建造航母、1921年美国开始建造航母、1931年日本开始建造航母时的钢产量相比较，中国各种机械、造船、航空、电子工业等工业均较发达，钢铁及其他各种材料亦基本具备。抓紧时间，在前7年左右将航母首舰试制出来，10年末开始形成战斗力。如果这个10年特别是“五五”计划不上马，那就要在20年之后中国才有航空母舰。因为它的研制周期起码要7年左右的时间，而且我们又是从头做起，时间会长些。② 对刘华清的信，邓小平所作的“有些意见值得重视”的批示，是否包括航空母舰的研制的意见，目前的文献还无从查核。不过，作为邓小平十分看重和信赖的军事领导人，刘

① 《刘华清军事文选》上卷，解放军出版社2008年版，第110页。

② 《刘华清军事文选》上卷，解放军出版社2008年版，第110—111页。

华清对发展中国的航空母舰的观念，应当也反映了邓小平的思考。1984 年 1 月 11 日，在海军装备技术工作会议上，刘华清指出："海军想搞航母的时间也不短了。由于国家经济能力不行，看来 90 年代以前已没有这个可能了。但是，航空母舰还是要造的。当前应研究如何把岸基飞机发展到海上去，更好地符合它的作战威力。"① 两年后，刘华清又一次提到：航母总要造的，到 2000 年航母总要考虑；发展航母，可以先不提上型号，而先搞预研。② 刘华清认为，对于航空母舰要采取实事求是的态度，不能把搞航空母舰与向外侵略等同起来，发展航空母舰也是海上防御的需要。1986 年 4 月 29 日，在国防大学作报告时，刘华清提出：根据我国的现实情况，对建造航空母舰可以先从技术上做些准备，一旦条件成熟、技术成熟，就能很快开展研制。

1987 年 1 月 10 日刘华清在海军装备技术工作会议上的讲话中，结合欧洲"尤里卡"计划对军事发展的影响，全面论述了发展现代航空母舰的必要性，并提出从长远看，发展航空母舰是中国的客观需要。刘华清说，航空母舰要搞得能适应未来战争和作战的需要，就要很好地研究和论证。现在各国都很注意发展航空母舰，我们搞困难大一些，财力、技术都有一定的困难，但从长远的客观需要来看也是需要的。如果我们从现在开始考虑，即使速度快一点，也要 15 年，速度不快就得 20 年。"现在不搞，10 之后再搞，也还有困难，也要 15—20 年。因此，要早论证，早点把这个问题搞好。"③ 1987 年 3 月 31 日，刘华清向总部机关汇报了关于海军装备规划中的两大问题，一是航空母舰，二是核潜艇。刘华清提出，中国航空母舰的发展，"七五"开始论证，"八五"搞研究，2000 年视情况上型号。随后国防科工委与海军装备系统开展了有相当深

---

① 《刘华清军事文选》上卷，解放军出版社 2008 年版，第 269—270 页。

② 刘华清著：《刘华清回忆录》，解放军出版社 2004 年版，第 478 页。

③ 《刘华清军事文选》上卷，解放军出版社 2008 年版，第 522—523 页。

度的论证研究工作。刘华清到中央军委工作后，亲自统筹安排航空母舰预研经费，批准专家到国外考察航空母舰研制，聘请航空母舰专家来华讲学并引进部分设计资料。20 世纪 80 年代开始的技术积累，为中国航空母舰研制创造了条件。2004 年 8 月，中共中央作出研制航空母舰的重大决策，经过 8 年时间提前实现了建造首艘航母的既定目标。

二、要确定海军装备的战略要求，根据战略要求研制和生产

邓小平认为，发展武器装备不能盲目地进行，不能简单地重复，科研和生产都必须要有战略眼光，要从战略着眼。1977 年 10 月 4 日，在讨论军队装备和国防科研工作的会议上，邓小平明确提出："海军装备的战略要求是什么？主要装备是什么？哪些要淘汰？应该还有什么内容？总之，一定要确定战略要求，没有确定的要确定，确定以后就不要动摇，按照战略要求指导科研和生产。"① 海军装备研制周期长，投资巨大，没有战略高度的规划，难以建成强大的现代海军。

1. 我们应当是近海作战，是防御，海军建设要服从这个方针

海军战略是海军贯彻总的军事战略用于指导海军建设和作战的总方略。海军战略从属于总的积极防御的军事战略，是积极防御军事战略在海军建设中的具体体现和运用，其内容可以概括为"近海防御战略"。1979 年 9 月 29 日，邓小平在接见中共海军委员会常委扩大会议的全体同志时提出："我们的战略是近海作战。"② "我们的海军应当是近海作战，是防御的，……我们不称霸，海军建设要服从这个方针。"③ 1985 年 12 月 20 日，刘华清在《应加强海军战略问题的研究》的讲话中，结合"积极防御"的总战略，

---

① 《邓小平军事文集》第 3 卷，军事科学出版社、中央文献出版社 2004 年版，第 71 页。

② 《邓小平军事文集》第 3 卷，军事科学出版社、中央文献出版社 2004 年版，第 161 页。

③ 转引自《刘华清军事文选》上卷，解放军出版社 2008 年版，第 346 页。

将邓小平提出的“近海作战战略”概括为“近海防御战略”[①]。邓小平提出的近海防御海军战略包括三个方面的内容：

（1）立足防御搞武器装备，建设防御型的海军。美苏海军为了能在世界各大洋执行全球进攻战略任务，把建设重点放在能远涉重洋适应各种海情要求的大型战斗舰艇上。苏联海军是以导弹核潜艇为核心、大型水面舰艇为骨干的远洋进攻型的海上作战力量；美国海军是以战略导弹核潜艇为后盾、航空母舰为核心的远洋进攻型海军。积极防御的战略规定了中国海军不同于霸权主义国家海军的进攻战略，而是实行近海防御战略，就是要建立一支用于近海防御的、具有现代战斗能力的海上战斗力量。邓小平说：“我们的海军不准备发展得太大，主要是用于防御。我们不会到国外去侵占别人的地方，……不搞霸权主义，只要有自己的防御力量就够了。”[②]邓小平关于中国海军建设的论述，首先从战略上规定了中国要建立一支防御型的海军，而不是全球性的进攻型的海军。[③]

（2）积极防御包含着进攻，海军武器装备要有适当的进攻力量。邓小平认为：“积极防御本身就不只是一个防御，防御中有进攻。”[④] 这就是说，海军的近海防御不是被动的消极防御，而是主动的积极防御。要以积极的海上攻击行动，来达到战略防御的目的。不但要在近海范围实行积极防御，而且也不放弃在有利的条件下，派出适当的兵力深入到远海去打击敌人。对此美国国家军事学院国际事务教授保罗·H. B. 戈德温认为，尽管“积极防御”是中国基本军事理论的最高原则，但在中国的资料中并未把解放军海军的战略定义为“近海积极防御”，中国的文件仅提“近海防御”。但是，必须假定“积极防御”的内涵，即在战役的开局阶段通过

① 《刘华清军事文选》上卷，解放军出版社 2008 年版，第 412 页。

② 《邓小平年谱（1975—1997）》上，中央文献出版社 2004 年版，第 514 页。

③ 《刘华清军事文选》上卷，解放军出版社 2008 年版，第 412 页。

④ 《邓小平军事文集》第 3 卷，军事科学出版社、中央文献出版社 2004 年版，第 177 页。

攻势作战夺取战场主动权，也是解放军海军作战理论的核心。积极防御是解放军理论传统的核心，而海军延续了这一传统。中国的海洋战略被称为“近海防御”，其中蕴含了清晰的进攻之意。①

（3）正确理解“近海”是战略概念，发展与近海作战相适应的海军武器装备。邓小平指出，中国海军是近海作战。海军战略所理解的“近海”，是一个战略上的概念。对此美国国家军事学院国际事务教授保罗·H. B. 戈德温认为，首先要明确“近海防御”对解放军海军到底意味着什么。把“第一岛链”和“第二岛链”作为近海的界限已经有 20 多年了。但目前在对解放军海军近海防御外缘的界定中却很少被正式提及。这可能是因为近海防御现在只是一个没有地理界限的战略概念，其主要作用是宣誓解放军海军已经不再仅仅是一支海岸防御力量。② 对“近海”概念的不同理解，决定着海军武器装备发展的方向。此前，海军所实行的战略方针实际上是“近岸防御”。实现由“近岸防御”到“近海防御”的转变，就必须发展与近海作战相适应的海军武器装备。安德鲁认为“近海防御战略概念在某种程度上还可以成为解放军海军为获取更为先进的武器和支援系统争夺军费预算的工具”③，无论怎样理解他这一不太中听的言论，近海防御必须拥有相应的海军装备。

2. 海军装备主要是要研究些新型号，搞得更现代些，搞点大中型的

中国海军战略从“近岸防御”向“近海防御”转变，要求海

① 〔美〕安德鲁·S．埃里克森、莱尔·J．戈尔茨坦、威廉·S．默里、安德鲁·R．威尔逊主编：《中国未来核潜艇力量》，刘宏伟译，海洋出版社 2015 年版，第 37 页。

② 〔美〕安德鲁·S．埃里克森、莱尔·J．戈尔茨坦、威廉·S．默里、安德鲁·R．威尔逊主编：《中国未来核潜艇力量》，刘宏伟译，海洋出版社 2015 年版，第 49—50 页。

③ 〔美〕安德鲁·S．埃里克森、莱尔·J．戈尔茨坦、威廉·S．默里、安德鲁·R．威尔逊主编：《中国未来核潜艇力量》，刘宏伟译，海洋出版社 2015 年版，第 50 页。

军武器装备建设实现从传统到现代的升级。海军装备发展必须符合近海防御的海军战略。与世界发达国家的现代化海军相比较，20世纪70年代中国海军武器装备的特点是“老、旧、杂、小”，技术水平不高，平台和武器、设备系统发展不平衡，只注重了武器的订购、储备，没有重视新装备的论证和研制，等等。针对海军武器装备建设中存在的技术和观念问题，1975年4月10日，在中共中央军委常委听取关于国防工业和军队装备问题汇报时，邓小平提出，海军装备“主要是要研究些新型号，搞得更现代化些，搞点大中型的，小型的临时生产也来得及，可以少搞点”①。邓小平这一讲话有三方面的要求：第一，强调技术的先进性，发展现代化的海军装备。第二，适应近岸防御向近海防御转变的要求，主要研制大中型舰艇。第三，落后的小型舰艇，要减少生产。然而，1975年6月16日，由海军党委与六机部党的核心领导小组联合上报的《关于海军舰艇十年发展规划的请示报告》，仍然没有突破中国海军传统的发展思路，没有体现近海作战的战略要求。1975年9月初，时任海军副参谋长的刘华清向毛泽东和邓小平呈报了《关于海军装备问题的汇报》，对海军武器装备发展规划存在的问题进行了全面深刻的剖析，提出了新的发展思路。9月4日，邓小平就把《汇报》批给时任海军政委的苏振华，“请你考虑一下，我看有些意见值得重视”②。刘华清的意见，可以说是对邓小平研制新型号、研制现代化、研制大型舰艇的具体阐述。

为落实邓小平提出的战略设想，海军对“七五”“八五”“九五”三个五年计划的时间和经费进行了通盘考虑，实行“15年向前跨一大步”的发展战略。从1985年开始，组织编拟了《海军2000年前发展设想和“七五”建设规划》《2000年的海军》和

---

① 《邓小平军事文集》第3卷，军事科学出版社、中央文献出版社2004年版，第23页。

② 刘华清著：《刘华清回忆录》，解放军出版社2004年版，第350页。

《海军2000年前装备发展规划》。这些规划提出，要考虑现代作战能力和精干、顶用的要求，直接发展20世纪90年代中后期和21世纪作战使用的新一代武器装备，不搞或少搞过渡装备；要有重点按比例地均衡发展；要逐步形成中国自己的武器装备体系和系列；要以自力更生为主，引进为辅，着眼提高自己的开发能力和水平；要拉开装备层次，新旧并存，梯次更新；要军民联合，平战结合。总之，要把装备技术的发展战略，与海军战略研究结合起来；服从海军战略的要求，充分考虑作战海域和环境条件，以适应未来战争需要。“海军《规划》中的新型舰艇、飞机、武器系统等，大都获得中共中央、国务院和中央军委的支持批准，纳入了国家和全军的建设规划，在80年代先后启动。”① 其中，规划力求水面舰艇形成三大系列。第一类是驱逐舰，排水量从3000多吨发展到五六千吨以上；第二类是护卫舰，排水量约3000吨；第三类是兼顾近海巡逻、导弹攻击或反潜的约500吨至1000吨作用的导弹护卫舰。对新型驱逐舰，1983年定为第二代导弹驱逐舰，1984年中央军委批准立项，经过近10年的研制，首舰“哈尔滨号”、2号舰“青岛号”先后造成，并交付部队使用。这两艘驱逐舰先后于1996年出访朝鲜和俄罗斯，1997年出访美洲四国和东南亚三国，1998年又出访澳大利亚、新加坡和菲律宾。几次出访都获得了圆满成功，在世人面前展示了中国海军的实力。同时，还抓了护卫舰“小步快跑”式的改进提高、新一代导弹护卫艇的研制和常规潜艇的“两条腿前进”式的改进和新研核潜艇的发展以及海军特种飞机的研制等。到了90年代，新一代海军现代装备体系初步形成。②

3. 究竟要建立一个什么样的海军？我看是要顶用的。装备要能够形成战斗力

强大的具有现代战斗力的海军有什么样的标准？1979年4月3

① 刘华清著：《刘华清回忆录》，解放军出版社2004年版，第471页。

② 刘华清著：《刘华清回忆录》，解放军出版社2004年版，第473页。

日，在听取关于海军现代化建设问题的汇报时，邓小平说："究竟要建立一个什么样的海军？我看是要顶用的。装备要能够形成战斗力。"① 现代海军要顶用，各种装备要集合形成战斗力，核心就是要保证装备配套。海军装备的战役配套，即各种舰艇装备的合理组合，是形成完善的战斗力的重要条件。20 世纪 80 年代初，中国陆、海、空三军的武器装备的齐装配套"问题较多的主要是海军"②。当时中国海军的水面舰艇，包括驱逐舰、护卫舰、猎潜舰等，都只是单一型号的舰艇，不仅是战术不配套，协同作战困难，不能实施多种战斗任务，而且要完成鱼雷攻击，就不能同时进行布雷、战役侦察、各种遣送和运输等任务。因此，海军装备不但技术上要齐装配套，在战役战术上也要搞好配套。近海作战既有近岸海区作战，也有离岸较远的海区作战。离岸较远海区的作战要以潜艇和飞机为主力，飞机作战半径也应搞大一点。近岸海区作战主要靠炮艇、鱼雷艇、猎潜艇，一些护卫舰、驱逐舰也可参加近岸作战。总之，在战役战术上要形成一个体系。20 世纪 80 年代，海军"在装备上就是要保证潜艇、导弹舰艇和海军特种飞机的发展"③，就是要抓住战役配套的重点，带动整个装备的发展。

潜艇作为中国海军战役配套的重器，其发展进度和程度受到世界各国的高度关注。美国海军专家认为，中国海军战斗力的构成在于强大的潜艇部队，攻击型核潜艇是判断中国海军发展终极目标的重要指针。"若一直把柴油潜艇作为发展重点，就表明中国海军战略主要是着眼于台湾或是东亚近岸海域而不是全球大洋水域作战的。"④ "中国的新型攻击型核潜艇非常适合解放军海军的近海防御

---

① 《邓小平年谱（1975—1997）》上，中央文献出版社 2004 年版，第 504 页。

② 《刘华清军事文选》上卷，解放军出版社 2008 年版，第 168 页。

③ 《刘华清军事文选》上卷，解放军出版社 2008 年版，第 211 页。

④ 〔美〕安德鲁·S．埃里克森、莱尔·J．戈尔茨坦、威廉·S．默里、安德鲁·R．威尔逊主编：《中国未来核潜艇力量》，刘宏伟译，海洋出版社 2015 年版，第 3 页。

战略。"① "中国将会建造多少093型攻击型核潜艇来支撑解放军海军的近海防御使命并不取决于生产能力。先进的国产常规潜艇正在批量建造中，可见中国造船厂的潜艇建造能力是不成问题的。中国可能已经从俄罗斯得到攻击型核潜艇建造的技术援助。这将有助于中国船厂量产核潜艇。中国究竟打算为攻击型核潜艇部队建设投入多少资源才是最为关键的因素。1974年起开始服役的5艘最初的091型'汉'级攻击型核潜艇问题很多，因此，即使北京考虑的093型平台的规模达到20艘似乎也不为过。"②

美国军事专家曾分析预测，2010年之前中国潜艇大致为70艘左右。并且在10年内，战斗力强的现代化潜艇数量将由2000年的6艘激增至2010年的大约40艘。③ 即使如此，中国也不能像美国那样打造一支全核动力型潜艇部队，因为中国既需要常规动力潜艇来保卫本国水域，也需要在太平洋地区建立海军存在，而后者则是核潜艇的强项。2005年底，美国海军退役上将艾尔·科内奇尼预测，2020年中国海军潜艇的数量可能达到美国海军的2倍，到2025年则可能达到3倍。

三、有了导弹就不建造军舰的做法，是不行的

导弹作为精确制导武器对军舰有着极大的威胁。1974年11月13日，在会见也门民主人民共和国总统委员会主席鲁巴伊时，邓小平说："有个历史材料说，赫鲁晓夫上台后，在五十年代中期，苏联曾认为像军舰这样的常规武器没有用，一九五四年赫鲁晓夫到

---

① 〔美〕安德鲁·S. 埃里克森、莱尔·J. 戈尔茨坦、威廉·S. 默里、安德鲁·R. 威尔逊主编：《中国未来核潜艇力量》，刘宏伟译，海洋出版社2015年版，第4页。

② 〔美〕安德鲁·S. 埃里克森、莱尔·J. 戈尔茨坦、威廉·S. 默里、安德鲁·R. 威尔逊主编：《中国未来核潜艇力量》，刘宏伟译，海洋出版社2015年版，第53—54页。

③ 〔美〕安德鲁·S. 埃里克森、莱尔·J. 戈尔茨坦、威廉·S. 默里、安德鲁·R. 威尔逊主编：《中国未来核潜艇力量》，刘宏伟译，海洋出版社2015年版，第125页。

北京来时就告诉我们说，现在有了导弹，军舰那个东西是活靶子，没有用。因此，苏联曾经两三年没有搞军舰，但很快他们感觉到没有常规武器不行，他们就改变了做法。除了飞机、坦克、导弹以外，他们拼命发展海军。”① 邓小平的评价表明，反舰导弹的出现尽管没有让海军这个军种消失，但是，必须看到导弹在现代海军装备中的极端重要性。20 世纪 80 年代，中国海军舰艇武器装备的发展方向是导弹化，要“在岸舰导弹、舰舰导弹、地空导弹、空舰导弹方面形成系列，并且要在现有的技术基础上，争取一弹多用，同时要考虑巡航导弹的发展”②。海军武器研制的导弹化方向，是提高海军现代作战能力的重要途径。

反舰导弹，是从水面、水下、空中和岸上发射，用来攻击水面舰船的飞航式导弹，它包括舰舰、潜舰、空舰、岸舰导弹。反舰导弹具有机动灵活、命中精度高、突防能力强、爆破威力大等特点，是现代海战的重要武器。中国从 20 世纪 50 年代末期开始研制反舰导弹，从亚音速研制发展到超音速，从液体发动机研制发展到固体发动机研制和冲压发动机研制，从单向制导研制发展到综合制导研制，经历了仿制、改型设计和自行设计、研制第二代反舰导弹等几个阶段。20 世纪七八十年代研制的第二代反舰导弹，在重要战术技术性能上已接近或达到了当时的世界先进水平。

舰舰导弹，是装备在舰艇上，用来攻击敌方水面舰艇的武器，它具有比舰炮和鱼雷的射程远、命中精度高、机动性能较好等特点。1967 年 8 月，中国仿制苏联的第一代舰舰导弹上游 1 号，被批准设计定型。1977 年至 1982 年，改进型的上游 1 号甲导弹先后进行 4 次定型试验，于 1984 年 3 月批准设计定型。改进了的上游 1 号甲导弹，不仅提高了抗干扰能力，而且超低空飞行性能达到了较

① 《邓小平军事文集》第 2 卷，军事科学出版社、中央文献出版社 2004 年版，第 363 页。

② 《刘华清军事文选》上卷，解放军出版社 2008 年版，第 268 页。

先进的水平。为增强海军的作战能力，执行远洋护航的任务，中国决定把海鹰 1 号岸舰导弹装备到导弹驱逐舰上，作为舰舰导弹的武器系统。1976 年 1 月被批准设计定型。1987 年 2 月，改型后的海鹰 1 号舰舰导弹通过技术鉴定命名为海鹰 1 号甲舰舰导弹。

空舰导弹，是海军航空兵的主要武器装备。它是由飞机发射，用来攻击水面舰艇，具有射程远、作战区域大、机动性能好等特点。20 世纪 60 年代，空军、海军都提出了为轰－5、轰－6 新飞机装备导弹的要求，在经过一系列论证后确定了以海鹰 2 号导弹为原型设计空舰导弹，1975 年 9 月中央军委批准了恢复空舰导弹武器系统的研制工作，1977 年 10 月国务院、中央军委批准了《轰 6 丁型飞机挂鹰击 6 号导弹武器系统研制总方案》，经过对轰－6 丁型飞机的改装，经过对鹰击 6 号空舰导弹的飞行试验、火控系统装机进度试验、研制性海上飞行试验、全武器系统研制性海上飞行试验和设计定型试验，1986 年 6 月，鹰击 6 号导弹成功通过了国家设计定型鉴定。

岸舰导弹，是从海岸发射，用来攻击敌方水面舰艇的防御性武器，担负着保卫沿海的城市、海港、封锁海峡、海湾和易受攻击的区域的任务。1974 年 8 月到 1989 年 4 月，中国先后研制改进的有海鹰 1 号岸舰导弹、海鹰 2 号甲导弹、海鹰 2 号甲Ⅱ型导弹、海鹰 2 号乙型或称降高弹、海鹰 2 号乙Ⅱ型导弹。

多用途反舰导弹。由于液体火箭发动机的反舰导弹维护比较复杂，使用不便，海军要求以维护简单，使用方便的固体、小型多用途反舰导弹更新部队装备，提高战斗力。中国从 20 世纪 60 年代末期开始了多用途反舰导弹的研制工作，1977 年 9 月经国务院、中央军委批准研制、1987 年设计定型的鹰击 8 号导弹，是中国自行研制的第二代反舰导弹，既可机挂，又可改装舰艇以及装潜艇水面发射。鹰击 8 号导弹采用了固体发动机和厢式发射等先进技术，具有超低空掠海飞行、突防能力强、命中精度高、一单多用和小型化等特点，主要性能达到了世界同类反舰导弹的先进水平。同时，20

世纪 80 年代末，中国还研制成功了上游 2 号固体舰舰导弹，低空超音速反舰导弹实现了导弹速度的大飞跃。经过几十年的努力，中国逐步建成了反舰导弹的科研、试验和生产体系，走出了一条按型号系统配套，研究、设计、试制、试验和批量生产相结合的发展道路，为海军舰艇的导弹化提供了坚强的保障。

第三节　装备也有个轻重缓急，平均使用不合算

到 20 世纪 70 年代后期，为适应高技术条件下局部战争的需要，中国陆军武器装备建设不能沿袭大量生产、储备单兵轻武器的传统做法，而是要适应“合成作战”的新要求，研制和装备适应现代陆军立体作战的武器装备。1975 年 7 月 14 日，在中共中央军委扩大会议上的讲话中，邓小平指出：“现在是合成军队作战，空中也有，地面也有，水里也有，不是过去的小米加步枪了。现在当个连长，同过去的连长可不一样了。……打起仗来，给你配几辆坦克，配一个炮兵连，还要进行对空联络，你怎么指挥啊？”① 邓小平提出的建立合成军进行诸兵种合成作战的理念，既是中国军队组织形式的创新，又是中国军队武器装备建设的新课题。因此，在新的历史时期，陆军武器装备重点发展反坦克武器、防空武器，提高压制炮火的威力及自行能力，加强坦克突击力量和军队机械化建设。贯彻邓小平关于陆军武器装备发展的新思路，到 1989 年底，中国成功研制了新型自行高炮、反坦克炮、步兵战车、主战坦克、加榴炮、枪族等 10 余项，使陆军武器装备的性能和质量显著提高。

一、合成军实际上就是集团军，有炮有坦克有导弹

合成作战，是各军种、兵种、各部队为完成共同的作战任务，根据统一计划互相协调一致的作战活动。邓小平认为：“把一个军

① 《邓小平军事文集》第 3 卷，军事科学出版社、中央文献出版社 2004 年版，第 33 页。

组成一个合成军，有炮，有坦克，有导弹，炮包括防空的，实际上就是一个集团军。”① 合成军的联合作战，就是不管步兵也好、炮兵也好、坦克兵也好，打起仗来要像乐队指挥一样能捏到一块，能够发挥诸兵种协同作战的整体威力。因此，邓小平强调：“根据各战区特点，根据军队装备不断改进的情况，搞些合成军、合成师。”② 建设合成军、适应合成作战，是邓小平给中国陆军武器装备建设提出的新任务。

1. 步兵、坦克怎么结合，要作为军队建设的方向定下来

第一次世界大战期间，快速机动的骑兵已经明显经受不住机枪和火炮的袭击，步兵也因机动缓慢难以适应纵深攻击战术。因此，英国人在发明坦克之后，于1918年专门制造了一种在战场上输送步兵的车辆，成为真正的装甲输送车。装甲输送车像一个大铁盒子，装载汽车或拖拉机的底盘上，每次可向前方输送一个班的兵力。车上没有专门的武器，但有的车上留有射孔，并可以通过射孔乘车作战。由于当时人们把注意力集中到坦克上，装甲车的作用没有受到重视。第二次世界大战初期，德国的坦克战专家首先意识到，只有支援坦克的其他兵种也具有与坦克相同的行驶速度和越野能力的时候，坦克才能充分地发挥威力。于是德军装甲师的步兵开始装备半履带式装甲输送车。这种机动性能与当时的坦克相差无几的装甲车，显著地提高了步兵的机动能力。随后，美、英、日和加拿大军队也装备了大量装甲输送车，仅美国生产的半履带式装甲输送车就达4万余辆。苏联采用坦克搭乘步兵的办法作战，由于得不到防护，步兵损失巨大。第二次世界大战后，装甲输送车的重要作用被越来越多的国家所认识。世界各国军队竞相装备装甲输送车，使步兵和坦克产生了有效的战术协同作用，装甲步兵师成为军队中

---

① 《邓小平军事文集》第3卷，军事科学出版社、中央文献出版社2004年版，第178页。

② 《邓小平军事文集》第3卷，军事科学出版社、中央文献出版社2004年版，第172页。

最有战斗力的基本战术兵团。20 世纪 50 年代，苏联以辅助轮式装甲输送车为主，美国等西方国家则侧重辅助履带式装甲输送车。20 世纪 60 年代初，美、苏等国基本实现了装甲车的标准化、通用化和系列化。与早期的装甲车相比，机动能力、装甲厚度和防护性能大为提高。

新中国成立后，建立和发展了坦克工业和科研机构，通过修理和零备件制造，逐步掌握了研制和生产技术，在仿制 59 式中型坦克的基础上，经过改进改型和自行研制，进入到新的发展时期。1977 年以后，贯彻邓小平关于加强科研，加速武器装备现代化的要求，中国认真总结了坦克、装甲车辆研制的经验教训，加强了应用基础和新部件的研究，并积极开展国际技术交流，加速了坦克、装甲车辆的研制进度。1979 年至 1989 年 10 年间，通过鉴定、定型的新型战斗和勤务保障车辆超过前 18 年研制成功总数的 2 倍，新型坦克和各种装甲车辆基本实现了齐装配套。一是改进改型。我们对 59 式、69 式主战坦克进行了重大改进，提高了火力、火控、夜视能力，更新了通信设备。二是自行研制。88 式主战坦克是中国自行研制的第二代主战坦克。它首次应用复合装甲，装配新型的大马力涡轮增压的柴油发动机，采用许多的新技术、新部件，解决了一系列关键技术，其机动性、防护能力和控制等性能明显提高。坦克、装甲车的发展，为中国陆军兵种的联合作战提供了武器装备基础。

2. 将来野战军恐怕都要编个坦克团，再就是编坦克师，这样有利于机动作战

20 世纪 70 年代中期，邓小平高度重视陆军的合成和机动建设，使主要乘用汽车的传统摩托化部队转变到主要乘用各种装甲车辆的机械化部队建设方面。通俗地讲，机械化部队要乘用各种装甲车辆，如乘用坦克、装甲输送车、两栖战车及自行火炮等来进行行军和作战。机械化部队的建设对坦克和装甲车辆的研制提出了新的要求。1975 年 3 月 24 日，在中共中央军委常委会第七次会议上讨论兵种领导机关编制时，邓小平说：“将来野战军恐怕都要编个坦

克团，再就是编坦克师，这样有利于作战机动。机械化军是否编三个师，要考虑。至于军区是否组建特种兵领导机构的问题，下一步考虑野战军编制时，再通盘研究。”① 中国军队的机械化部队，既是一个兵种概念即陆军中的装甲兵，又是一个合成部队的概念即陆军中联合作战的单位，它是以步兵战车、坦克和其他装甲车辆为基本装备，主要进行陆地的攻防作战，又可担负两栖和空降的突击作战，是陆军合成作战力量的主要组成部分。

装甲车的使用为机械化步兵的诞生奠定了物质基础。1948 年底，中国人民解放军利用辽沈战役中缴获的 100 多辆装甲车，组建了第一个装甲团。1955 年组建了第一个装甲师。20 世纪 80 年代，中国机械装甲部队建设步入了新的发展阶段，有一批摩托化部队改建成为机械化部队，出现了机械化集团军。邓小平主持军队工作以后多次推动军队的整编，在陆军部队不断压缩的情况下，机械化步兵的数量仍然大幅度地增加，建设质量得到了显著提高。1975 年 2 月 8 日，在听取总参谋部领导同志汇报时，邓小平提出压缩军队定额、抓好准备质量的要求，特别提出装甲部队技术骨干不能减少。邓小平说：“步兵师可按大师、中师、小师编。大师是满员师。中师、小师，主要是减步兵，技术兵不要减，一定要保留技术骨干。如坦克手，不是一下子就能培养出来的。”② 1975 年 3 月 3 日，在中共中央军委常委会上讨论军队编制问题时，邓小平指出：“现在编坦克师的办法要研究。将来坦克多了，每个师要考虑编个坦克团。不然，平时结合不起来，打起仗来临时配属不熟练。”③ 在邓小平联合作战、机械化作战等理念的指导下，尽管军队经历了百万

① 《邓小平军事文集》第 3 卷，军事科学出版社、中央文献出版社 2004 年版，第 17 页。

② 《邓小平军事文集》第 3 卷，军事科学出版社、中央文献出版社 2004 年版，第 9 页。

③ 《邓小平军事文集》第 3 卷，军事科学出版社、中央文献出版社 2004 年版，第 12 页。

大裁军，但是装甲部队建设却不断得到加强。随着重型机械化部队建设的继续加强、两栖机械化部队建设的充实完善和空降机械化部队建设的逐步展开，机械化步兵已经发展成为“三栖”作战兵种。1985 年装甲兵以坦克师和旅的编制配属新组建的陆军集团军，实现了邓小平编制坦克师的愿望。随着军队改革的不断深入和国家综合国力的提高，中国军队的机械化水平得到了快速提高。习近平总书记在党的十九大报告中强调：“确保到二〇二〇年基本实现机械化。”① 中国装甲部队的不断发展，对坦克、装甲车等装备提出了强烈的需求，促进了装甲车辆的引进和研制。

3. 机械化部队要搞一些装甲车辆，一下子解决不了，要慢慢增加

装甲车、坦克，是陆军机械化作战的标志。20 世纪初，英国首先研制出了装甲汽车并在战争中使用。世界上最早的以钢铁防护的轮式装甲汽车的发明，开创了现代装甲车辆的历史。由于装备了机枪，因而英国人发明的装甲汽车不但拥有较强的防护力和机动力，而且还有一定的战斗能力。装甲车辆按用途大体可分为战斗车辆和辅助车辆，前者有步兵战车、装甲运输车、装甲指挥车等，后者有各种技术和工程保障车辆等。中国军队装备的 63 式履带装甲输送车是 1958 年开始研制、1963 年定型的装甲车。该车的发动机采用的是技术成熟的仿苏制柴油机，是全机械传动，具有涉渡的功能，最大行程已达 500 千米，配备的车载武器是一挺 12.7 毫米的高射机枪。不久，中国又研制了改进型 63B 式装甲输送车。63 系列装甲输送车在中国军队服役了很长时间，曾参加过西南边境的自卫反击战。63 系列装甲输送车虽然在性能上还不错，但还存在着发动机的功率小、装甲薄、车载的火力弱、浮力储备不足等很多缺点。1975 年 4 月 3 日，中共中央军委常委在听取关于国防工业和军队装备问题汇报时，邓小平说：“机械化部队要搞一些装甲车

① 《习近平著作选读》第 2 卷，人民出版社 2023 年版，第 44 页。

辆，一下子解决不了，要慢慢增加。”[①] 此后，中国又研制、生产了89式第二代装甲输送车，并且在此基础上衍生了不少的变型车。然而89式装甲输送车虽然也适应了当时的作战需求，但还是没有明显的改变，仍属于装甲输送车，与步兵战车相比作战性能明显不足。

与传统装甲车相比，现代装甲车性能空前提高，不仅机动性能大为增强，而且火力配备明显改善，能用于对付敌方的轻型装甲车辆、步兵反坦克火力点以及低空超低空飞机，尤其是多数步兵战车和装甲输送车都能在核、化条件下作战。现代装甲车的革命性变化起自苏联。1967年苏军最先装备标准的履带式步兵战车，车上有可以旋转的小炮塔，装有低膛压反坦克炮、并列机枪和反坦克导弹发射架，车体两侧有供步兵射击使用的射孔和观察窗，水陆机动能力比T－62坦克还好。该型装甲车不仅有快速运输步兵的能力，还具有突击反坦克和协助坦克纵深作战的能力。[②] 20世纪80年代初，中国开始仿制苏联生产的该类型步兵战车，定型生产86式步兵战车，即中国军队列装的第一代履带式步兵战车。[③] 86式步兵战车发展了多种型号，在1992年前后开始大量用于装备部队。20世纪80年代末，中国开始进行轮式装甲战斗车的研制，1994年被批准定型，当时命名为92式轮式装甲车，后改为92式步兵战车。20世纪90年代后期，中国步兵战车研制有了突飞猛进的发展，研制和生产了03式轻型步兵战车即空降兵战车、04式履带步兵战车、05式两栖步兵战车和08式轮式步兵战车。这四种型号的步兵战车不仅适应了陆战、空降、渡海和快速机动作战的需要，而且其性能已经达到了世界先进步兵战车的水平。步兵战车、装甲输送车、水陆

---

① 《邓小平军事文集》第3卷，军事科学出版社、中央文献出版社2004年版，第21页。

② 《武器百科》编委会编写：《武器百科》，中国华侨出版社2011年版，第348页。

③ 《与部分官兵——谈装备》，《兵器知识》，2013年第5期，第25页。

坦克以及其他装甲车辆的较大发展，形成了较为完整的中国装甲战斗车辆型谱，满足了建设机械化部队的需要。

4. 炮的生产要提要求搞规划，有目标地去研制，而不是海阔天空地去搞

火炮是压制兵器，主要包括迫击炮、榴弹炮、加农炮和火箭炮。压制兵器是以强大炮火压制敌方火力、摧毁其军事设施、消灭其有生力量的武器，素有“战争之神”的称号。在现代战争中，尽管导弹已经广泛应用，但是压制兵器仍然是陆军的主要武器装备，受到各国的重视。20 世纪 50 年代末，中国压制兵器虽然已经实现制式化，但仿制的苏式火炮多数比较笨重，机动性差，操作使用不便，加之制造炮弹要使用大量铜材，不适应中国的实际情况。20 世纪 60 年代中期到 70 年代中期，中国依靠自己的力量发展压制火炮，在对已有的火炮改进改型、减轻重量、增加机动性的同时，开始自行研制新型火炮。1975 年 4 月 3 日，中共中央军委常委在听取关于国防工业和军队装备问题汇报时，邓小平说：“炮的生产，要求有多远的射程，有多重，有多大的威力等，都要提出要求，搞个规划，然后再委托有关部门去研制，这样才能集中力量，有目标地去研制，而不是海阔天空地去搞。”①

根据邓小平关于诸兵种合成作战的指示，火炮的研制要符合现代战争协同作战的要求，1977 年以后特别是 20 世纪 80 年代，中国的压制兵器有了长足进步，设计定型多达 20 余种。其中，81 式 122 毫米火箭炮、83 式 273 毫米火箭炮、83 式 122 毫米榴弹炮、86 式 152 毫米加农炮，获得国家科技进步一等奖；研制成功的 40 管 122 毫米自行火箭炮，一次携带两组共 80 发弹，两组弹发射间隔短、火力猛、反应速度快，技术性能接近国际先进水平；研制成功的 83 式 152 毫米自行加榴炮，122 毫米自行榴弹炮，新型 60 毫米、

① 《邓小平军事文集》第 3 卷，军事科学出版社、中央文献出版社 2004 年版，第 22 页。

82 毫米、100 毫米、120 毫米迫击炮，82 毫米和 120 毫米履带式自行迫击炮等压制火炮，其综合技术性能达到了国际同类产品的水平；改进设计成功的 81 式 108 毫米轮式自行火箭炮，提高了机动性；82 式 130 毫米火箭炮，发射管数由 19 管增加到 30 管，提高了火力密度。同时，为压制兵器配套研制的弹药和引信也取得很大进展，缩小了与世界先进水平的差距。总的讲，中国研制的新型压制兵器机动性增强，射程增大，弹药品种增多，射速增高，火力密度增加，射击指挥自动化、反应快速、精度提高，开始向自动化方向迈进。

迫击炮是一种用座钣金属承受后坐力，发射尾翼炮弹的曲射火炮，是火炮家族中体积最小的一种。特点是射角大，弹道弯曲，最小射程近，适于对近距离遮蔽物后的目标和反斜面上的目标射击，杀伤效果好，操作方便，可以伴随步兵迅速隐蔽地行动。如 1935 年，红军在强渡大渡河时，用仅有的 31 发 82 毫米的迫击炮弹，发发命中敌方的桥头堡，有力地掩护了 17 名勇士渡过大渡河。第二次世界大战期间，地面部队战场死亡人员 50% 以上是由迫击炮造成的。在抗日战争期间，中国抗日军队曾装备使用过一些国产迫击炮，其中使用最多的是 60 毫米和 82 毫米迫击炮。1940 年在关家垴战斗中，八路军的迫击炮分队用仅有的一门 82 毫米迫击炮，在距离敌人几十米的地方实施猛烈炮射，配合步兵重创了日本岗崎分队。①

迫击炮按照使用的要求分成三种类型：一是小口径迫击炮，它的口径在 60 毫米以下，其总质量不超过 20 千克，最大射程达 300—2600 米；二是中口径迫击炮，它的口径在 75—100 毫米，其总质量为 34—68 千克，最大射程达 500—6000 米；三是大口径迫击炮，它的口径在 100 毫米以上，其最大射程达 560—8000 米。由于迫击炮具有适用于运动战、游击战的优点，使其成为中国军队在

① 《解密中国榴弹武器》，航空工业出版社 2015 年版，第 6—9 页。

对敌作战中必不可少的武器。新中国成立后，中国于1961年在美造60毫米迫击炮的基础上重新进行改进设计，命名为63式60迫击炮；1976年后研制了83式82毫米迫击炮。20世纪70年代，由于有一段时间重生产轻研制，生产了大量技术含量低不适应现代战争的小口径迫击炮，造成了浪费。在邓小平科研先行的精神指导下，总结在对越自卫还击作战中63式迫击炮使用方面的一些问题，1980年以后中国加强小迫击炮的研制，研制成功83式60毫米迫击炮，1986年定型为M83A式60毫米迫击炮；经过20世纪80年代对越自卫还击作战的使用和改进，1989年定名为PP89式60毫米迫击炮，是中国军队装备的60毫米口径迫击炮系列中的第二代半迫击炮。PP89式60毫米迫击炮为中国轻型迫击炮装备注入了新的活力，但是与同期应用新材料和新技术的世界名炮相比，还有一定差距。20世纪90年代研制出PP93式60毫米远程迫击炮，该炮最大射程5532米，超出PP89式60毫米迫击炮最大射程2672米的一倍还多，超过世界名炮法国60毫米迫击炮最大射程532米。[①] PP93式60毫米远程迫击炮采用大量新材料、新工艺，具有结构简单、质量轻、火力大、机动性好等优势。

二、现在的问题是弹药缺乏，打坦克、打飞机的弹药太少，怎么能打仗？

随着世界军用飞机技术的发展，对空防御问题越来越突出。尤其是空军在现代战争中作用日益重要，中国开始加快研制防空武器。为落实1977年12月国务院、中央军委《关于加速我军武器装备现代化的决定》精神，在1980年7月15日召开的全军装备规划座谈会上，刘华清提出："我军装备的发展要以反坦克和防空武器为重点来进行全面规划，统筹安排。这个重点解决好了，在技术上它可以带动其他各种武器的发展。"[②] 因此，20世纪80年代，"根

① 《解密中国榴弹武器》，航空工业出版社2015年版，第76页。

② 《刘华清军事文选》上卷，解放军出版社2008年版，第160—161页。

据我军作战对象的特点，就全军来说，发展防空和反坦克武器是当务之急，尤其是反坦克导弹、防空导弹……要尽快搞上去”①。中国在抓紧原有反坦克导弹、防空导弹改进的同时，开始大力发展新型反坦克和防空导弹以及反坦克和防空火炮。

反坦克武器包括反坦克火箭筒、反坦克炮、反坦克导弹、火箭布雷车以及配属的反坦克弹药等，主要是用于摧毁敌方坦克和其他的装甲目标。20 世纪 80 年代，反坦克武器的发展致力于提高威力、机动能力和快速反应能力，以对付现代坦克，并为未来的发展做好预先研究工作。1986 年研制成功的 86 式 100 毫米反坦克炮系统，标志着中国高膛压反坦克火炮、弹药的设计和制造术已跻身于世界先进行业；1987 年研制成功的 59 式 100 毫米坦克炮钨合金脱壳穿甲弹，利用杆式穿甲弹技术，大大提高了穿甲能力，使 59 式坦克能与披挂复合装甲的现代化坦克作战；研制成功的第二代 84 式 122 毫米火箭布雷系统 1 辆发射车 1 次齐射可在射程 6 公里处，构筑长 650 米、宽 400 米的雷区；研制成功的第二代单兵反坦克火箭，其综合技术性能具有 20 世纪 80 年代国际水平。

20 世纪 70 年代世界各国相继研制开发出防护能力更强的复合装甲主战坦克后，当时中国的单兵反坦克火箭不具备将其击毁的能力。在邓小平“打坦克的弹药太少”精神指导下，提高中国军队单兵反坦克能力成为武器装备研制的重要任务。1979 年中国开始新一代单兵反坦克火箭预研，1983 年 10 月总参和国防科工委批准立项开始研制，经过近 7 年的方案论证、工厂研制和靶场设计定型试验，1990 年 1 月经国务院、中央军委批准设计定型，投入批量生产，陆续装备部队。然而随着反应装甲的出现，各种轻型反坦克武器显得无能为力。1990 年中国开始立项研制新型反坦克火箭，1998 年 120 毫米反坦克火箭正式定型，被命名为 PF98 式 120 毫米反坦克火箭，于 1999 年正式装备部队。该武器的研制成功，标志

① 《刘华清军事文选》上卷，解放军出版社 2008 年版，第 189 页。

着中国轻型反坦克火箭进入世界同类武器先进行列。

第二次世界大战后研制成功的反坦克导弹是一种小型的反坦克武器，它的问世标志着反坦克武器已经从“无控”时代进入“有控”时代。20 世纪 50 年代中期由法国率先投入使用，随后众多的国家掀起了研制的高潮，其经历了“四代”的发展：即已经淘汰的第一代反坦克导弹需要射手同时瞄准目标并控制导弹；正在服役的第二代、第三代以及改进型的反坦克导弹，只需要射手瞄准目标或以激光器照射目标即可；绝大多数还处于研制状态的第四代，其基本特征是“打了就不用管”，能够自动追踪攻击目标，不需要任何的人为干预。中国的反坦克导弹研制起步于 20 世纪 50 年代末期，北京工业学院首先开始探索第一代反坦克导弹技术。1962 年，炮兵科学技术研究院开展了反坦克导弹的研制工作，于 1969 年完成设计和试制，1973 年完成了 J－201 型反坦克导弹的研制工作，这一系列的研制工作，为中国反坦克导弹技术的发展奠定了基础。1973 年 10 月第四次中东战争期间，埃及与以色列展开的坦克大会战为世界战争史所罕见，反坦克导弹发挥的重大作用使世界各国更加重视其发展。苏联的 AT－3 萨格尔反坦克导弹在中东战争中的优秀表现，强化了中国仿制的想法。1972 年中国获得了首批 AT－3 萨格尔反坦克导弹样弹，1973 年又获得了第二批样弹，随即开始研究仿制。经过 5 年的研制，于 1978 年通过设计定型，命名为红箭－73 反坦克导弹。红箭－73 反坦克导弹系统性能先进，装备部队后，加强了中国军队的反弹坦克作战能力，是中国第一代反坦克导弹。1977 年，中国决定研制第二代反坦克导弹。第二代反坦克导弹采用了光学瞄准、管式发射、红外跟踪、有线传输指令半自动制导等新技术和新结构，技术难度大。我们曾经设想从外国引进反坦克导弹技术，但由于他们的条件苛刻，便决定自行研制并于 1987 年研制成功红箭 8 号，其综合性能已经达到了国际先进水平。为满足机械化部队的作战需要，利用第二代履带式装甲输送车车体，研制成功履带式红箭 8 号发射车，提高了武器系统的机动性、快速反应能力和生存能力。20 世纪 70 年代以来的历次局部战争表明，反坦克导弹是当今最有效的反坦克武器，随着其战术技术性能的显著提高，已成为世界各国反坦克武器的主体。

地空导弹是从地面或军舰上发射，用来攻击空中飞行目标的武器系统。地空导弹与高炮等传统防空武器相比较，有作战空域大、杀伤威力强、单发杀伤概率高等优点。中国的中高空地空导弹是仿制苏制斯 -75 型导弹，命名为红旗 1 号导弹和红旗 2 号导弹武器系统，是 20 世纪五六十年代比较先进的地空导弹系统。根据邓小平“解决打飞机的弹药”问题的精神，20 世纪 70 年代中期开始，中国大力发展急需的防空导弹，20 世纪 80 年代，红旗 2 号导弹经过改装，形成了红旗 2 号甲、红旗 2 号乙导弹系列，使武器系统的作战能力不断提高，具有拦截地空导弹的能力。中国的中低空地空导弹于 1976 年开始研制，兼有舰空、地空通用，命名为红旗 61 甲导弹，1988 年 11 月被批准设计定型。20 世纪 70 年代，飞机的入侵方式出现了由高空进入转向低空、超低空进入的趋势。1979 年 6 月，中国开始研制命名为红旗 7 号导弹的新一代低空、超低空导弹，并于 1988 年 4 月至 6 月，拦截超低空目标试验成功，它标志着中国地空导弹武器的研究、设计、试制、试验的能力实现了由第一代向第二代的转变。到 20 世纪 80 年代末期已经形成了超低空、低空、中低空、中高空导弹系列。从 1991 年开始，中国陆续引进苏联在 20 世纪 80 年代研制的 S -300 防空导弹。尤其是在同年海湾战争中，美国军队称为“沙漠风暴”的空袭威力，使在 20 世纪 50 年代水平的萨姆 -2 基础上仿制的红旗 -2 防空导弹，显得大大落后，远远无力抗击，因此，中国在此后的十几年间购买了多批不断改进的 S -300 各种型号。同时，为保障陆军部队的野战防空，20 世纪 90 年代中国又引进了俄罗斯的道尔 - M1 防空导弹系统，此后又购买其技术大量进行仿制。在吸收消化的基础上，中国研制出了新型的红旗 -17 防空导弹系统，2012 年开始装备部队。

肩射防空导弹是防空导弹中最小型的一支，由单兵操作，主要用于打击低空及超低空目标。1975 年初国务院、中央军委下达了便携式单兵肩射红缨 5 号导弹的研制任务，1985 年 4 月批准设计定型，之后对导弹头电子舱的集成化和增加战斗部装药等方面进行了改进，提高了导弹的可靠性和杀伤力。红缨 5 号导弹是一种轻型武器，它的使用、维护和保管都较简便，行军时由射手背在身后，作战时扛在肩上，在开阔地、战壕、沼泽地和屋顶上，甚至在平坦道路低速行进的装甲车上都可以站着或跪着进行射击，具有对目标攻击的突然性。导弹发射后，会自动跟踪并击毁目标，既可对速度较低的喷气式飞机、螺旋桨飞机和直升机进行尾追攻击，也可对速度很低的直升机螺旋桨飞机进行迎击。在红缨 5 号导弹研制的同时，中国还开展了红缨 5 号甲便携式肩射导弹的研制，并于 1979 年 1 月正式列入研制计划，1986 年 11 月被批准定型。红缨 5 号甲导弹的战术技术性能与红缨 5 号相比，主要是增加了战斗的威力，提高了导引头对太阳、云层等复杂自然环境的抗干扰能力，增大了导引头探测器的探测距离等。1982 年 4—6 月，在英国与阿根廷为争夺马尔维纳斯群岛进行的马岛战争中，登上马岛的英国步兵首次在实战中使用“吹管”式肩射防空导弹，为现代战争中的步兵打飞机开创了新篇章。中国这方面的研制也是不断进行中，在 1994 年的英国范堡罗国际航空航天展览会上首次展出了一种新型的便携式防空导弹武器系统——前卫一号肩射式防空导弹；1998 年中国在法茵堡航展和珠海航展中公开展示了国产前卫防空导弹，可由单兵携带和发射，也可配备在车辆和船舰上作为低空防空武器使用，攻击高度在 10—3500 米之间，有效射程在 500—6000 米之间，导弹装备时间少于 5 秒，最大飞行速度 600 米/秒，导弹装有一个重量 1.42 千克的弹头，具有发射后不用管的能力，这是中国自主研制的第三代单兵肩射式防空导弹，标志着中国的单兵防空导弹发展达到了一个新的阶段。

高射兵器是从地面、舰面攻击飞机等空中目标的武器，主要包括高射机枪和高射炮。发展性能优良的小口径高炮与防空导弹结合，互相取长补短，是解决低空和超低空防御的有效途径。20 世纪 80 年代，中国高射兵器研制的重点是提高高射兵器的现代化水平。87 式 25 毫米高射炮，采用两位一体的激光航路仪火控系统，由计算机解算射击诸元，配有爆破和穿甲燃烧等多种弹药，其技术性能接近国际同类武器水平。20 世纪 80 年代末期研制成功的 88 式双 37 毫米自行高射炮，集火力系统、火控系统和运载系统三位一体，是中国自行研制的第一代小口径自行高炮，它的研制成功填补了中国陆军防空装备的空白。1987 年底，中国成功地引进了瑞士的“双 35”高射炮，经过 10 多年的努力得以定型，并于 1999 年参加了国庆 50 周年阅兵。“双 35”高射炮具有初速高、射速高、精度高和反应速度快“三高一快”的特点，“无论在当时还是现在，都称得上是世界一流的低空防空武器系统”①。在发展小口径高炮的同时，开展了第二代 12.7 毫米高射机枪的研制，研制成功的 85 式 12.7 毫米高射机枪，减轻了重量，提高了机动性和火力。研制成功的 82 式单管 14.5 毫米高射机枪，既可以分解成几个部分由人力搬运，又可以用吉普车牵引，使中国的武器装备前进了一步。

三、传统步兵轻武器，不能大量生产、大量储备

与传统战争相比较，步兵轻武器在现代高科技条件下的局部战争中的地位发生了巨大变化。因此，邓小平强调，步枪、机枪、小迫击炮等步兵轻武器的发展要走重研制轻生产的新路，不能再走大量生产、大量储备的老路。

步枪是单兵使用的长枪管抵肩射击的枪械，以火力、枪刺和枪托杀伤敌人的有生力量，有半自动步枪、自动步枪、突击步枪、狙击步枪等各种型号。其使用特点是精度好、弹道低伸、足够的杀伤力、良好的可靠性和勤务性。很多现代步枪还可发射枪榴弹，用以杀伤敌方的集团有生力量，使用穿甲榴弹、穿甲燃烧榴弹，还可以

---

① 《引进“双 35”背后的故事》，《兵器知识》，2012 年 11 期，第 79 页。

对敌人的轻型装甲目标进行射击。步枪由于枪管和瞄准的基线较长，精度相对较好，战场上主要用于进行精确射击的任务，对敌单个、点状的目标进行射击，其有效的射程通常为400米。狙击步枪由于配备了光学瞄准镜和使用了专用子弹，射击的精度更高，有效射程达到了1000米以上，在战场上主要用于对敌方指挥人员和点状主要目标进行射击。20世纪50年代中国仿制的53式马枪和56式半自动步枪，只能单发射击，1963年研制成功的63式自动步枪，具有射速快、动作可靠等特点。进入20世纪80年代，在分析了世界各国武器装备发展的趋势后，基于中国武器生产的状况，邓小平果断决定停止生产步枪。

机枪是配有枪架、枪座或者两脚架并能够实施连发射击的自动枪械的总称。机枪可分为轻机枪、重机枪、通用机枪和高射机枪四类。轻机枪具有良好的机动性、隐蔽性、一定的射程和足够的战斗射速，是中、近距离作战的有力武器，是步兵班的重要自动武器。轻机枪用以杀伤中、近距离上的集团和单个重要的有生目标，其有效的射程一般为800米，它配备了穿甲弹或者穿甲燃烧弹，能够对在500米内低空飞行的敌机和伞兵进行射击，它是伴随步兵班在各种条件下进行作战。重机枪是用以杀伤中距离上暴露的或者是隐蔽在小起伏地形后面的集团有生目标，以及压制和消灭敌人的火力点，其有效的射程一般为1000米。它配备了穿甲弹或者穿甲燃烧弹，可以对500米低空飞行的飞机和伞兵射击，在300米以内可以射击敌人的轻型装甲目标。它还可以实施间隙射击、翼后射击、散布射击和超越射击等，主要是支援步兵分队进行战斗，是步兵分队的主要自动武器。通用机枪也称轻重两用机枪，当使用两脚架时可以作为轻机枪使用，遂行轻机枪的任务。当使用比较稳固的三脚架时，就可以作为重机枪使用，遂行重机枪的任务。在通常的情况下通用机枪是以作重机枪使用为主。20世纪50年代中国仿制的机枪型号多、机动性差，从1958年开始研制、1967年研制成功的7.62毫米轻重两用机枪，取代了仿制的轻、重两种机枪，简化了型号系列。

从20世纪70年代开始，中国开始枪族的研制。枪族是使步枪、冲锋枪和轻机枪等轻兵器使用同种弹药，而且零部件通用化的系列枪械。它适应多种战斗用途的需要，可简化部队装备，也便于大量生产和使用维修。1981年研制成功的81式7.62毫米自动步枪和轻机枪，机械结构紧凑，通用件达到60%，自动机、复进机和供弹具均可互换，其技术性能与世界同类兵器相近，为步枪和轻机枪的更新换代提供了新装备。“七五”期间，轻武器的发展主要是研制小口径枪族。20世纪70年代初，中国开始研制小口径枪族，但是由于现役和库存装备数量庞大，改变口径将造成很大浪费；在口径选择上是自主选定，还是采用西方或苏联的口径，曾经出现过较大的争论；在研制过程中出现过“遍地开花”，低水平重复的现象，因而拖延了研制周期，直到1989年才完成设计定型。1987年研制成功的87式5.8毫米自动步枪和轻机枪，比7.62毫米步枪、轻机枪的初速大、后座能量小、射击精度好、命中率高、动作可靠、外形美观、携弹量多，其主要技术性能相当于国际同类小口径枪族的水平。

20世纪70年代中期以来，从将来的世界大战不一定是核战争的战略判断出发，邓小平提出我们主要是发展常规武器，强调“空军第一”“建设一支强大的具有现代战斗力的海军”，开始改变了在特定历史时期形成的“陆军主导型”武器装备发展思路，把空军和海军武器装备的发展放到了重要地位，同时，根据陆军的战略要求，加快了反坦克和防空武器的研制和生产，并按照合成作战的要求加快了陆军机械化建设，走出了常规武器装备现代化的中国道路。

第六章　我国的军工体制是学苏联的，要从照搬的旧体制中解放出来

国防科技工业是实现中国武器装备现代化的物质基础和技术基础。新中国的国防科技工业是在苏联的援助下逐步建立起来的，沿袭了苏联的管理体制。随着时代的发展，苏联“那些东西看来是落后了”①，国防科技工业管理体制改革势在必行。邓小平指出：“我国的军工体制是学苏联的，要从照搬的旧体制中解放出来。”②改革是邓小平领导中国进行第二次革命的关键政策，是各种体制的根本性变革。国防科技工业管理体制改革，按照邓小平提出的建立军民结合新体制的改革目标，从宏观的国家统一领导、中观的政企分开、微观的企业改制三个层面进行，从而使新时期武器装备现代化的持续健康发展建立在充满活力和生机的新的国防科技工业体制之上。国防科技工业各个层面、各个领域、各个环节的全方位的体制改革，是邓小平武器装备现代化思路富有鲜明时代特征的重要篇章，是中国武器装备现代化建设的强大推动力量。

第一节　装备体制必须高度集中统一，否则就是个“杂货摊子”

武器装备的领导管理体制，是对武器装备的发展和使用决策及

① 《邓小平年谱（1975—1997）》上，中央文献出版社2004年版，第438页。

② 转引自国防科学技术工业委员会编：《邓小平国防科技工业建设思想研究》，北京航空航天大学出版社2004年版，第33页。

实施的组织领导体系以及相关制度的统称，它主要包括领导和管理武器装备发展和使用的机构设置、各级的职责和权限的划分，以及相应的组织管理的法规和制度体系。科学的武器装备领导管理体制是武器装备健康发展的组织保证。为纠正中国传统武器装备领导管理体制的弊端，邓小平强调改革武器装备管理体制。1975 年 4 月 14 日，在中共中央军委常委听取国防工业和军队装备问题汇报时，邓小平指出："装备体制必须高度集中统一。否则的话，就是个'杂货摊子'，计划没有办法订，仗没有办法打，弹药没有办法补充，指挥也不方便。"[①] 20 世纪 70 年代中期，邓小平开始探索国家层面武器装备管理体制的调整和改革问题。

一、改革国防科研管理体制这个问题很大，将在充分酝酿后讨论决定

国防科研体制改革问题，涉及整个国家工业科技体制改革，邓小平极其慎重，要求在最高层充分讨论后，作出决策。1979 年 12 月，由中共中央军委科技装备委员会向邓小平报送了《关于加强国防科技装备工作统一集中领导的请示报告》，这个报告提出："我国国防科技装备工作由国防科委、国防工办、总参谋部和总后勤部、空军、海军等多家分管的现行管理体制弊病甚多，主要不利于实施集中统一领导。"[②] 1980 年 6 月 26 日，时任解放军副总参谋长的刘华清率中国军事技术代表团访问美国之后，向邓小平报送了《改进我国国防科技管理的建议》。1980 年 6 月 29 日，邓小平作出批示："现将军委科技装备委员会去年十二月的报告，和这次刘华清同志访美后的报告，共两件，印发政治局、书记处、军委常委各同志阅。这个问题很大，将在充分酝酿之后，再行讨论和决定。"[③] 邓小平对改革国防科技工业管理体制的高度重视，源于对苏联模式

① 《邓小平军事文集》第 3 卷，军事科学出版社、中央文献出版社 2004 年版，第 24 页。

② 《邓小平年谱（1975—1997）》上，中央文献出版社 2004 年版，第 650 页。

③ 《邓小平年谱（1975—1997）》上，中央文献出版社 2004 年版，第 650 页。

管理体制弊端的深刻认识。

1. 中国的军工体制还是同苏联的一样，苏联的体制证明是吃了亏的

中国军工体制即国防科技工业管理体制，第一个弊端是“军民分立”，军事工业独立于国民经济体系。“军民分立”曾经是世界多数国家处理国防建设与经济建设的传统模式。冷战时期，在与苏联进行的长达40多年、耗资超过13万亿美元的“战争”中，美国推行了“先军后民，以军带民”的国防经济政策和军民分离的国防采办制度，逐渐形成了军工与民用两个几乎完全分立的市场，建造了几乎完全脱离商业民用市场的受到政府保护的庞大的国防工业体系、后勤保障体系。当时，全美有1/3的科学家和工程师在为国防工业服务，国防研发经费占政府科研经费的70%，但却只创造了6%的国内生产总值。[①] 随着冷战的结束，美国的国防开支和武器采购急剧下降，国防生产能力严重过剩，国防工业部门步履维艰，不堪重负，在对原来自成体系的保障规模进行压缩的同时，被迫选择“军民一体”管理和发展模式。

为了与美国争夺世界霸主地位，苏联不惜一切代价发展国防工业。苏联实行国民经济军事化的政策，集中国家的各种资源优先发展国防工业，并逐步地形成了“抑民扬军、军工优先”的体制，建立了独立于国民经济部门之外的、完整的国防工业体系。在管理体制上，国防工业实行国家高度的集中统一管理，一切科研与生产都实行高度的集中统一和指令性计划，对军品统购统销，财政上统收统支，企业没有经营自主权，军品生产几乎没有竞争性，国防工业和民用工业基本上是处于“两张皮”的状态。巨大的国防投入以及相对独立的国防工业，使得苏联有了强大的军事实力，成为能够与美国抗衡的军事大国。但是，苏联军民分割的国防工业是处于

① 于川信、周建平主编：《军民融合式发展理论与实践》，军事科学出版社2010年版，第132—133页。

完全的封闭状态，先进的军用技术不能有效地转为民用，国防工业对国民经济的带动作用没有得到充分的发挥。据统计，在冷战时期，苏联的国防投入占其国内生产总值（GNP）的比重长期高达12%—15%，到苏联解体前夕的1991年，苏联共有军工企业约1500家、900个军工研究所、从业人员达900多万人，拥有固定资产达1080亿卢布（1990年价格）。但是，随着国际形势的发展变化，军工生产呈萎缩状态，武器和弹药的生产水平分别下降到过去的1/2和1/5，中短程导弹几乎停止生产。[①] 进入20世纪90年代，为缩减庞大军工生产规模，俄罗斯选择了“先军后民”的军民融合式发展模式。

新中国成立后，由于走学习苏联工业发展道路和受世界大战迫在眉睫战略判断的影响，我们也建立了军民分离的两个科研系统、两个机械加工系统、两套科技职工队伍和领导班子，人为地割裂了国防科研、生产与民用科研、生产的内在联系，严重制约了国防科技适时应用于经济建设、转化为新的社会生产力，妨碍了国防资源的充分利用和国防工业企业的自我发展。20世纪六七十年代，受当时国际局势的影响，中国国防科技工业体系高速发展，所有社会经济几乎都在围绕或服务于国防工业的建设和发展，国防工业能力成为整个国家工业发展的主流。20世纪70年代后期以来，随着世界军事战略环境的进一步缓和，党和国家的工作重点开始向经济建设主战场转移，军品订货相对减少，自成体系、自我封闭、分工过细、军民分割的国防工业暴露出摊子过大、行业重叠、生产能力过剩的严重弊端。军工企业的生产能力无法发挥，不能将先进的生产设备服务于国民经济和提高人民生活水平方面，形成了军工产品严重积压，直到1979年，国防工业民品产值比例只有10%。20世纪

① 于川信、周建平主编：《军民融合式发展理论与实践》，军事科学出版社2010年版，第142页。

80 年代初期，“产品积压，军工部门比民用部门更严重”[①]。1986 年，原四个军工部门的固定资产，占全国机械工业固定资产总额的 24.5%，但从当年的总产值占全国机械工业总产值的情况看，军工企业有近一半的潜力没有发挥出来。[②] 邓小平认为，出现这种情况的根源是体制有问题。我国的军工体制还是同苏联的一样。苏联的体制证明是吃了亏的。[③]

20 世纪 20 年代中期苏联逐步建立的苏联模式，是走优先发展重工业的建设道路。在优先发展重工业的前提下，苏联建立的以军工为主的“举国体制”，在苏联卫国战争中发挥了重大作用，然而，在战后的和平时期这种建设模式的消极作用越来越大。第二次世界大战后的 40 多年，苏联在经济总量不到美国 1/3 的情况下，与美国展开了长期的军备竞赛，虽然在军事力量方面旗鼓相当，工业产值也在不断地上升，但是人民生活水平长期得不到提高，远远落后于西方，甚至落后于众多的发展中国家。和平时期长期保持落后的生活状态，必然引起人民群众的严重不满。“苏联最后从内部瓦解，这一历史悲剧从军工体系也能找到一部分原因。”[④] 因此，不仅从军工体制改革而且从国家发展的高度，邓小平反复强调要“以苏为戒”，改革军民分离弊端，做好“军民结合”的大文章。

2. 要采取专业化协作生产，不要走小而全、中而全、大而全的苏联道路

妨碍装备体制高度统一的第三大障碍，是军工企业生产组织方式的“小而全、大而全”。在计划经济体制下，以军工企业为主体的国有企业普遍存在着“小而全、大而全”的现象，即企业办社

---

① 《邓小平年谱（1975—1997）》上，中央文献出版社 2004 年版，第 636 页。

② 国家经济体制改革委员会编：《中国经济体制改革十年》，经济管理出版社、改革出版社 1988 年版，第 386 页。

③ 国防科学技术工业委员会编：《邓小平国防科技工业建设思想研究》，北京航空航天大学出版社 2004 年版，第 37 页。

④ 《苏联军工体制对中国启示》，《广角镜》，2015 年 12 月 16 日—2016 年 1 月 15 日，第 38 页。

会、辅助单位多、机构臃肿，人浮于事，重复低效投资，在产品结构方面表现为所有零部件都自我生产、自我供给。军工企业生产组织的“小而全、大而全”，是妨碍武器装备研制、生产技术进步和质量提高的重要因素。例如，武器中用的惯性器件、测量用的敏感元件、电子计算机技术、遥测遥控技术等，航空、航天、兵器、船舶工业都要用，但由于条条分割等体制方面的原因，没有统一规划，家家都搞，技术上一时谁都上不去。有的测试、试验设备，如静力强度、振动、环境试验等，本来应该是集中建设使用，也都是各搞各的。海军用的柴油机和铁路用的柴油机，本来可以共同开发，但长期以来也是各干各的。制造燃气轮机和液压器件，航空部门有技术优势，而有的部门对这门技术不过关，又拿不到，只好另搞一套。这种与专业化、社会化大生产背道而驰的分割型封闭体制，不仅造成了资金的浪费，也影响了军工技术的发展。针对军工企业存在的“小而全、大而全”的弊端，邓小平指出：“要采取专业化协作生产，这样又快又省，不要走小而全、中而全、大而全的道路。这是苏联的道路。”① 1985 年 1 月 24 日，电子工业部党组向中共中央书记处所作《加速发展我国电子工业的基本战略和对策》的汇报提出，中国电子工业薄弱的主要表现之一为，“企业结构‘大而全’‘小而全’，专业化生产水平低”②。克服军工企业“小而全、大而全”的弊端，方向就是走专业化协作的道路。

随着现代科技的高度分化，军事科技的发展日益呈现出专业化的特点，导致一套复杂的武器系统可能由数十万个零部件组成，每个零部件的特定功能及其加工集成，都涉及不同专业领域的知识。军事科技的高度专业化趋势使武器装备的种类越来越多，结构越来越复杂，其研究、设计、制造和试验、使用、维护等，涉及的学科

① 《邓小平年谱（1975—1997）》上，中央文献出版社 2004 年版，第 377 页。

② 江泽民著：《论中国信息技术产业发展》，中央文献出版社、上海交通大学出版社 2009 年版，第 191 页。

专业领域越来越小，分工越来越多样化和专业化，任何单一的军工企业无论其规模多大，都难以胜任专业繁多、分工细化的武器研制任务，必须采取专业化协作的方式，取各家之长。邓小平提出的“要采取专业化协作生产，这样又快又省”的思路，是中国军工企业克服“小而全、大而全”弊端的必然途径。专业化协作是社会化大生产的组织形式，是现代化大生产的规律。专业化是工业或行业内部各部门和企业之间按照专业进行的合理分工；生产协作是专业化部门与企业之间为了完成同一生产任务而建立的横向的生产联系。实现相互协作能使专业部门与企业之间加强联系，不断地扩大合作范围，使现代工业生产中相互依存的关系能够得到不断发展。专业化把产品及其生产分解成各个相互独立的生产单元，而协作又把分解了的各个单元联结成生产的有机整体。因此，专业化是协作化的前提，协作化是专业化发展的条件。协作化起着发挥专业化经济效益和推动社会生产发展的作用。1985 年 9 月 23 日，在中国共产党全国代表会议上的讲话中，邓小平强调“七五”计划是一个好文件。[①]“七五”计划建议提出：“要打破部门、地区、军民之间的界限，按照专业化协作和经济合理的原则，促进企业进行必要的调整和联合，建立大中小企业配置合理的企业组织结构。”[②] 1986 年 4 月六届全国人大四次会议通过的“七五”计划，把大力发展企业的横向联系，作为增强企业活力的重要措施，提出打破所有制、地区、部门、城乡、军民的界限，发展专业化的协作，发展生产、销售以及资金、技术、劳务等多方面的联合，逐步地形成一批企业群体和企业集团。邓小平关于“专业化协作生产”的观点，通过党代会成为党的主张，通过人代会成为国家意志，在 20 世纪 80 年代中国的企业改革中得以贯彻，成为组建军工集团的指导思想。

---

① 《邓小平文选》第 3 卷，人民出版社 1993 年版，第 142—143 页。

② 《十二大以来重要文献选编》中，人民出版社 1986 年版，第 808 页。

克服国防科技工业“小而全、大而全”的弊端，走专业化协作的现代管理道路，是极其艰难的改革。国内有学者认为，直到2010年“军工集团公司实际上仍存在大而全、小而全的问题，企业之间还没有形成良好的分工协作关系”。①

二、武器装备研制，要有一个统一的机构抓

邓小平认为，解决武器装备的“杂货摊子”问题，从管理机构的设置角度来讲，就是武器装备研制的各个方面、各个环节，无论是哪个军种还是哪个兵种的武器，不能各部门、各总部、各兵种各搞各的，必须有一个顶层机构实施权威管理，即要有“抓总”的机构。1977年8月23日，在中共中央军委座谈会上的讲话中，邓小平指出：“不管是战略性的还是常规性的武器定型、批准、试制、生产等等，要有一个统一的机构抓。”② 20世纪70年代中期至80年代末，随着形势的变化和认识的深化，邓小平对建立高层次的武器装备管理机构的思考和探索，经历了军委科技小组、军委科装委和国防科工委三个阶段。

1. 军委要搞个科技小组，好好地抓一抓战略装备、常规装备

武器装备统一管理的机构究竟如何建立呢？长期以来，中国军队武器装备的最高领导机关是装备管理部门，按编制设在总后勤部。邓小平在担任军委副主席并兼任总参谋长后，于1975年2月8日对总参谋部的工作提出“第一抓压缩定额问题，第二抓装备问题，第三抓作战问题”③ 三项任务，明确要求“总参要很好地抓一下装备问题，要在最近几年把装备搞上去”④。作为总参抓装备的

---

① 于川信、周建平主编：《军民融合式发展理论与实践》，军事科学出版社2010年版，第225页。

② 《邓小平军事文集》第3卷，军事科学出版社、中央文献出版社2004年版，第65页。

③ 《邓小平军事文集》第3卷，军事科学出版社、中央文献出版社2004年版，第9页。

④ 《邓小平军事文集》第3卷，军事科学出版社、中央文献出版社2004年版，第11页。

措施，首先是调整总部机构，把“装备部要划到总参来”[①]。1975年4月2日，在中共中央军委常委听取国防工业和军队装备问题汇报后，邓小平强调：“装备的抓总问题，今后由总参负责。”[②] 14日，在听取汇报后，邓小平再次强调，解决装备管理体制“杂货摊子”，实行高度集中统一管理“这个问题恐怕总参抓总比较好，要定一下。这不排除各个地方的积极性，各个地方要搞什么新武器，要报告，要经过批准，再给经费、材料去试制。试制出来不一定适用，不适用没关系，哪有一个东西一下就试验成功的？为使试验有效，合乎装备的要求，必须集中统一。没有经过总参、军委审批，不能随便投入生产”。[③]

1977年7月邓小平在第二次复出后，任中共中央副主席、国务院副总理、中央军委副主席兼总参谋长，针对当时国防科技工业的混乱状况，邓小平设想建立军委直接领导的武器装备领导小组，来加强对全军武器装备的研制和生产的领导。1977年8月23日，在中共中央军委座谈会上的讲话中，邓小平提出：“装备要好好地抓一抓。军委要有个小组抓，包括抓战略的装备、常规的装备。”[④]邓小平提议在军委之下“要搞个科技小组。基本上以国防科委为基础，也算是军委直辖的。包括尖端武器、常规武器装备的科研、定型，要搞得快一点”[⑤]。他特别强调“科技小组，是要长期存在

① 《邓小平军事文集》第3卷，军事科学出版社、中央文献出版社2004年版，第10页。

② 《邓小平军事文集》第3卷，军事科学出版社、中央文献出版社2004年版，第21页。

③ 《邓小平军事文集》第3卷，军事科学出版社、中央文献出版社2004年版，第24页。

④ 《邓小平军事文集》第3卷，军事科学出版社、中央文献出版社2004年版，第65页。

⑤ 《邓小平军事文集》第3卷，军事科学出版社、中央文献出版社2004年版，第68页。

的”。[①] 经过两年多的思考，着眼于武器装备集中统一领导，邓小平关于中国武器装备研制抓总机构设置的顶层设计，由“总参抓总”提升到“军委抓总”。

2. 科技装备委员会的任务，就是统一军队武器装备发展方向

提议设立“军委科技小组”后1个多月，邓小平对武器装备“抓总”机构的设置又有了新的认识，提出了设立军委科技装备委员会的建议。1977年10月4日，在讨论军队装备和国防科研工作会议上，他提出：“成立科技装备委员会，要写出文件，向中央和军委提出报告。国防工办的科研、生产也要统一到这方面来。……权力要集中到科技装备委员会，由张爱萍同志负责。”[②] 同年11月14日，国务院、中央军委发出了《关于成立军委科装委的通知》，决定成立中央军委科学技术装备委员会及其办公室（简称“军委科装委”“军委科装办”），来统一领导国防科学技术研究和国防工业生产的工作。军委科装委由副总参谋长兼国防科委主任张爱萍任主任，国防工办主任洪学智、国防科委政委李耀文任副主任，王震副总理和国务院、军委有关部门领导，共13人组成。

军委科装委是国务院、中央军委统一领导国防科学技术研究和国防工业生产的业务办事机构。邓小平强调“科技装备委员会的任务，就是统一军队装备发展方向”[③]，即从战略着眼，提出我军各个时期装备的要求和制定装备体制；统一组织国防科学技术研究的规划和实施；统一组织武器装备的科研、设计、试制、试验、定型、生产等工作，并适时向军委提出建议，经批准后执行。对执行情况，有检查督促的责任。同时，还要协调科研、生产、使用之间

---

① 《邓小平军事文集》第3卷，军事科学出版社、中央文献出版社2004年版，第68页。

② 《邓小平军事文集》第3卷，军事科学出版社、中央文献出版社2004年版，第70页。

③ 《邓小平军事文集》第3卷，军事科学出版社、中央文献出版社2004年版，第154页。

的关系；协同国家计委对军队使用部门与承担军工产品的民用工业部门进行协调；并统一管理国防口引进国外先进技术和购买装备的规划、计划。根据国务院、中央军委总体部署，军委科装委和科装办从制定规划入手，规划武器装备发展的蓝图，组织制定了《1979—1985 年国防科学技术（常规部分）发展规划纲要》《1985 年前引进外国先进技术规划》《1985 年前全军常规武器装备体制》等三个规划。其中，后两个规划正式批准下达贯彻执行。第一项规划编制出来后，军委科装委不掌握经费控制权，加之受旧体制束缚，被迫不了了之。《1979—1985 年国防科学技术（常规部分）发展规划纲要》的流产，暴露出领导管理体制还存在着严重的问题，继续深化改革的任务迫在眉睫。

3. 成立国防科工委，使武器装备研制有了统一的核心统帅机构

武器装备体制改革，不仅要解决统一管理的问题，而且要解决科研与生产脱节的问题。国防科委和国防工办两个机构并行的体制，是历史形成的科研与生产分离的典型管理体制。20 世纪 50 年代末 60 年代初，管理国防科技事业的机构有国防部航空工业委员会（后改组为国防科委）、国务院国防工业委员会（后改为国防工业办公室）、常规武器装备委员会（后合并归国防科委）。到 20 世纪 70 年代末，在国防科技工业的调整改革过程中，邓小平深刻地认识到，国防科委和国防工业办公室两个体制并行是造成比例严重失调，影响整个国防科技事业发展的重要原因。成立军委科技装备委员虽然减少了矛盾，但是仍然没有解决科研与生产的协调问题。在 1977 年 10 月 4 日讨论军队装备和国防科研会议上，邓小平决策成立科技装备委员会，但也没有触及“国防科研”和“国防工办”并行的体制。因为，军委科装委只是一个协调性机构，虽然可以作协调的工作，但由于经费渠道没有改变，协调作用有限。由于没有改变武器装备原有的管理体制，“在一定意义上说，成立军委科装

委只能治标，不能治本”①。

1980 年 6 月 26 日，刘华清率军事技术代表团访问美国后，向国务院、中央军委作了《改进我国国防科技管理的建议》的报告。刘华清在报告中指出，任何一个发达国家，对军事技术装备的领导都是高度集中统一的。参观美国以后，更加深了这种印象。现在，全军的科研工作由四家分管，虽然有科技装备委员会协调其间，但它只是军委的一个咨询机构，虽然每年都开了一百多次会议，但也解决不了什么问题。随着全国工业体制向专业化公司的过渡，国防科技装备工作的上层领导权力必须集中。刘华清提出了四个建议方案：第一个方案是恢复“文化大革命”前的国防科委。第二个方案是把国防工办的职能和机构并入国防科委，既管科研又管生产。第三个方案是成立总科技装备部，各国防工业部组成若干专业化公司后，通过合同与公司发生联系。第四个方案是成立常规武器科技装备部或第二国防科委，统一常规武器的科研装备计划工作。刘华清认为，第三个方案即把尖端、常规的科研、装备计划都统一了起来，便于从全军科学技术、武器装备的全局出发，统一管理，比较理想，但牵动面太大。经权衡比较，认为第二个方案比较现实可行。② 1980 年 7 月 26 日，在全军装备规划座谈会闭幕时的讲话中，刘华清指出，历史经验证明，凡是集中统一领导，科研成果就出得多，装备发展就快；反之，分散领导，各自为政，互相扯皮，就妨碍工作。为此，建议建立一个在军委领导下统管全军武器装备发展研究的权力机构，统筹全军武器装备发展研究、研制试验、检测、定型工作；统管装备采购经费，以及装备的订购、分配、管理等工作。③ 这个权力机构是有别于军委科装委那样的协调机构，是有责有权有钱的实权机构。

---

① 刘华清著：《刘华清回忆录》，解放军出版社 2004 年版，第 383 页。

② 《刘华清军事文选》上卷，解放军出版社 2008 年版，第 155—156 页。

③ 《刘华清军事文选》上卷，解放军出版社 2008 年版，第 166 页。

同时，张爱萍、王震等分管国防科技工业的领导同志都深刻地感到，国防科委和国防工办两个体制并行弊端严重。1981 年 10 月 23 日，他们以军委科装委、国防科委、国防工办的名义向国务院、中央军委上报了《关于调整国防科技、国防工业管理体制的请示》，提出了两个调整方案。1982 年 5 月 10 日，国务院、中央军委正式批转上述请示，同意第一个方案，即以国防科委现有的机构为基础，将国防科委、国防工办、军委科装委办公室合并，组成中国人民解放军国防科学技术工业委员会，简称“国防科工委”，隶属中央军委的建制，受国务院、中央军委的双重领导。1982 年 8 月 10 日，国防科工委对外正式挂牌办公。国防科工委的成立，对全军来说，在编制体制上是一个重大的突破。从此，尖端武器和常规武器的研制、设计、立项、试验、定型和批量生产，就有了一个统一领导、统一规划、统一部署和统一协调的集中统管机构。① “这一改革，初步实现了对国防科研、生产实行集中统一领导管理的目标。”② 实践证明，国防科工委作为武器装备发展的核心统帅机构，有力地推动了尖端武器、常规武器的快速发展。

然而，国防科工委的成立仍然没有完全解决武器装备“抓总”的问题，到 20 世纪 80 年代后期，国防科技装备体制的问题已经非常突出，而且长期围绕“集中领导，统一管理”和“集中领导，分散管理”两个方案争论不休，直到 1992 年新时期军事战略方针确立，中央军委才颁发了局部调整全军武器装备工作分工问题的规定。有学者认为，1998 年 3 月国防科工委与总参谋部装备部等单位合并成立总装备部，进一步理顺了中国武器装备的管理体制，实现了对全军武器装备建设的统一领导。1999 年 11 月 24 日，在中央军委“三讲”会议上的讲话中，江泽民同志指出：“长期以来，

① 陆其明、范敏若编著：《张爱萍与两弹一星》，解放军出版社 2011 年版，第 427 页。

② 刘华清著：《刘华清回忆录》，解放军出版社 2004 年版，第 386 页。

在我们的武器装备建设中存在着多头、分散、分段的现象，严重影响合力的形成和发展。去年三月，我们果断决策成立总装备部。可以肯定地说，加强武器装备建设的集中统一领导，这个方向是正确的，必须毫不动摇地坚持。”① 江泽民同志肯定了总装备部实现集中统一领导的正确方向，从运转的实际情况看，总装备部的管理体制与加强武器装备全系统全寿命管理的客观要求还有相当差距，仍然存在着武器装备建设总体规划和顶层设计不强，宏观调控能力有限、手段不多、力度不大，各阶段协调难度大等等问题。

三、该定型的要早定型，定型后才能生产，不然搞出来又不能用

定型是武器装备管理的重要环节。要解决中国武器装备“杂货摊子”的问题，必须健全定型机构，加强定型管理，确立符合新时期军事战略要求的定型原则。1975 年 4 月，在中共中央军委常委听取关于国防工业和军队装备问题汇报时，邓小平指出，武器装备“要定型后才能生产，不然搞出来又不能用”②。1977 年 8 月 23 日，在中共中央军委座谈会上的讲话中，邓小平又指出：“武器装备凡是该试验的，要定项目。试验成功的要试制，该定型的早定型，不要拖延几年不决。定了型先小批生产，搞生产线，然后成批生产。”③ 邓小平把定型作为武器装备“抓总”的抓手，从工作目标、工作原则和机构完善等方面，提出了以定型为龙头的武器装备集中统一的管理思路。

1. 武器装备要很好地解决“三化”问题，实现系列化、通用化、标准化

邓小平提出的武器装备建设标准化、系列化和通用化的“三

---

① 《江泽民文选》第 2 卷，人民出版社 2006 年版，第 461 页。

② 《邓小平军事文集》第 3 卷，军事科学出版社、中央文献出版社 2004 年版，第 22 页。

③ 《邓小平军事文集》第 3 卷，军事科学出版社、中央文献出版社 2004 年版，第 66 页。

化”目标，是中国武器装备发展的工作目标，是定型工作的指导性原则。1978 年 7 月 1 日、2 日，在听取五机部负责人汇报时，邓小平指出：“武器装备要很好地解决‘三化’问题。”① 军用标准化是为满足武器装备发展和国防现代化而制定的标准，贯彻标准以及对贯彻标准进行监督的全过程。标准化是科学管理的重要组成部分，它对促进国防科技工业的进步，保证武器装备的质量，提高系列化、通用化的程度，缩短研制和生产周期，便于部队使用维修，提升后勤供应的效能等，起着十分重要的作用。军用标准，包括国家军用标准和各部门、各单位制定的军用标准，内容广泛、涉及面广，是一项兼有管理和技术的综合性技术的基础工作，是武器装备定型的重要尺度。美国和欧洲一些发达国家，因实现了武器装备的标准化，可以在不增加国防预算的情况下，提高防务能力20%—30%。

军用标准化是武器装备现代化的重要标志。20 世纪 50 年代，中国军工企业按引进的苏联标准仿制生产武器装备，驻厂军代表按苏联标准进行检查和验收。1963 年至 1966 年，多数国防科技工业部门先后成立了标准化管理机构和标准化研究所，积极开展军用标准的研究和制定工作，一些国防科技部门还主动与有关军兵种联合制定并颁布了一些军用标准。1964 年 5 月，国防科委成立了计量标准局，统一管理国防科技部门的标准化工作。这个时期，军用标准化工作得到较快发展。“文化大革命”结束后，邓小平高度重视军用标准化工作。1977 年 12 月，经邓小平提议制定的中央军委《关于加速军队武器装备现代化的决定》，把标准化作为了武器装备现代化的重要内容。《关于加速军队武器装备现代化的决定》指出：“我军武器装备现代化，就是以最先进的科学技术，研制和生产最优良的武器装备，使各类装备按战略、战术配套，实现系列

① 《邓小平军事文集》第 3 卷，军事科学出版社、中央文献出版社 2004 年版，第 131 页。

化、通用化、标准化。”[①] 随后，国务院批准国家经委的报告，决定军用标准的管理、审批和发布，属于军工方面的，由军工有关部门负责，属于军民通用的由国家标准总局负责。1982 年，根据国务院、中央军委的决定，国防科工委成立了标准计量局，组建军用标准化中心，统一管理军用标准工作，组织制定国家军用标准和开展军用标准的研究工作。同时，国务院、中央军委批准颁发实施了军用标准管理办法。20 世纪 80 年代，军用标准化工作以武器装备现代化的需要为依据，坚持科研、生产、使用相结合，积极采取国家标准和国外先进标准，贯彻军民结合、军民通用的原则，取得了显著的成绩。到 1989 年 9 月，已成立全国性的军用专业标准化技术委员会 30 余个，完成了航空、卫星、导弹、兵器、舰艇、军用电子装备、军用材料等 13 大类标准体系表的编制工作，最大限度地满足了武器装备建设的需要。

2. 所有武器型号要减少，凡是能通用的就要通用，这个方针要定

新中国成立初期，由于历史原因，中国军队的武器装备长期存在着品种繁多、规格杂乱、性能落后等问题，枪炮就有 100 多个品种，80 多种口径，产自几十个国家，曾有“万国牌”之称。经过长期的努力，火炮口径和弹药品种过多，陆、海、空三军弹药互不通用等问题仍然没有得到有效解决。武器装备通用率低，既不利于研制、生产，也不利于使用、维护和保养。打起仗来，供应补给十分困难，可能贻误战机，造成严重后果。简化型号是实现武器装备系列化、通用化、标准化的重要措施，邓小平将其确定为武器装备定型的工作方针。1978 年 7 月 1 日、2 日，在听取五机部负责人汇报时，邓小平强调，武器装备“型号要简化，凡是能通用的就要通用，不要太繁杂，枪、炮的口径不要太复杂了。炮弹要通用，不能

① 转引自谢光主编：《当代中国的国防科技事业》下，当代中国出版社 1992 年版，第 381 页。

型号太多，否则打起仗来不方便。这个方针要定”①。1978 年 7 月 31 日，在听取第八机械工业总局负责人汇报时，邓小平在谈到武器型号问题时又强调：“武器型号要减少，要使军队好学、好用，型号多，复杂，修理也困难，这是个政策。”② 武器装备定型工作以减少型号为指导，目的是使部队便于学习、便于掌握、便于操作和便于使用，能够形成真正的战斗力。

按照军民结合的原则，实现武器装备发展的通用化目标，必须解决军用标准与民用标准不相容的难题。事实上，在许多重要的高新技术领域，军用技术与民用技术已无明显差别，许多产品完全可以实现军民通用，许多技术完全可以做到军民共享。但由于军用产品的质量层次高于一般的民用产品，所采用的产品制造标准与国家所制定的标准也不尽相同，致使军用标准与民用标准通用化程度相对较低，武器装备科研生产军民融合式发展存在标准上的障碍，因此，必须组成统一的标准化研究开发机构，加紧建立国家标准、军用标准和行业标准协调补充的标准体系，促进军品民品标准的衔接。

3. 搞什么型号，决定生产什么，权力要集中，定型委员会机构不能太大，小组不能太多

邓小平认为，加强对武器装备研制的集中统一管理，不仅要从全军的高度集中各种武器装备的管理权，而且要从研制项目的层面集中各种型号武器装备的管理权，更是要集中具体型号的单一武器装备的管理权，也就是要对每一型号武器从立项到大批量生产装备部队的各个环节实行“全程管理”。20 世纪 70 年代中期，妨碍中国武器装备定型工作有效开展的主要因素是机构不健全、人员多、权力分散，缺乏集中统一领导。1975 年 4 月，在中共中央军委常

① 《邓小平军事文集》第 3 卷，军事科学出版社、中央文献出版社 2004 年版，第 131 页。

② 《邓小平年谱（1975—1997）》上，中央文献出版社 2004 年版，第 348—349 页。

委听取关于国防工业和军队装备问题汇报时，邓小平提出要研究建立和完善定型委员会机构问题。1975 年 5 月 19 日，在中共中央军委常委听取国防科委和七机部负责人汇报时，邓小平又指出："定型委员会机构不能太大，人不要太多，成百人是不行的，要搞精干一点。一开定型会，一百多人参加，定不了型。这次搞的定型工作条例……可以同意，还要报政治局批准。"① 1979 年 5 月和 7 月，国务院、中央军委相继改组了常规装备发展领导小组和国防尖端武器定型小组，重新组成国务院、中央军委常规军工产品和战略核武器两个一级定型委员会，均由张爱萍任主任，办公室分别设在总参谋部和国防科委。在此前后，中央军委还调整了原有海军、航空等 15 个二级军工产品定型委员会的成员，健全了武器装备定型的领导机构。

武器装备种类繁多、型号杂乱，导致定型机构众多。如何协调各个层级、各个部门的定型机构的工作，防止"政出多门"，造成新的"杂货摊子"的局面，核心是必须坚持集中统一管理的原则。1977 年 10 月 4 日，邓小平召集讨论军队装备和国防科研的工作会议，首先强调的问题就是要成立军委科学技术装备委员会，赋予其统一管理武器装备定型的职责。邓小平指出："搞什么型号，要求什么，决定生产什么，定型、试制、鉴定，小批生产到大批生产等任务都归这个委员会。过去，定型小组太多了，又不认真搞，连有的轻武器也长期没有定型。权力要集中到科技装备委员会。"② 邓小平要求对定型的新的武器装备的"小批量生产"实行集中管理，新型武器装备的发展要走积极研制、小批量生产、部分装备部队试装训练的路子，不能定型后就大批量生产。因为新装备定型后还会发现技术质量问题，还要改进提高。如果盲目大批量生产，就有可

① 《邓小平军事文集》第 3 卷，军事科学出版社、中央文献出版社 2004 年版，第 26 页。

② 《邓小平军事文集》第 3 卷，军事科学出版社、中央文献出版社 2004 年版，第 70 页。

能造成巨大浪费。同时，新武器装备小批量生产，装备“拳头部队”，符合“新老并存，梯次更新”的现代武器装备建设发展趋势。大型武器装备的研制周期，一般都在10年左右，往往一种新武器刚刚装备部队，下一代后继型已经研制，未来的第三代技术和方案也开始探讨和酝酿，在和平时期，如果新装备定型后就大批量生产，就有可能造成技术落后的局面。因此，邓小平的“小批量生产实行集中管理”符合武器装备现代化的客观规律。

第二节　中国的军工体制要改革，否则也要吃亏

军民分割、政企不分、不遵循价值规律，是中国传统军工管理体制的典型弊端。随着中国改革开放步伐的加快，贯彻邓小平军民结合的精神，国防科技工业企业基本实现了由单一军品型向军民结合型的转变，但是旧有的格局尚未根本改变，效率低下、能力不足与实现武器装备现代化的矛盾日益突出。究其根源，可归结为体制性障碍。因此，邓小平强调：“我国的军工体制要改革，否则也要吃亏。”① 由此邓小平提出了国防科技工业体制中观层面改革的思路，即将军工企业纳入整个国民经济、实行军民结合，推行政企分开、实行军工企业的公司化改革，遵循价值规律、实行武器装备研制合同制。

一、军工力量不纳入整个经济发展范围，是极大的浪费

在传统的中国国防科技工业管理体制中，国防工业企业都由中央国防工业部门直接领导，基本建设项目是由中央直接安排和控制，独立于整个国民经济之外。这种管理体制，在当时中国经济基础十分薄弱的情况下，对集中力量来确保国防工业的重点建设，迅速地提高武器研制的生产水平起到了重要的作用。但是，随着中国

① 国防科学技术工业委员会编：《邓小平国防科技工业建设思想研究》，北京航空航天大学出版社2004年版，第37页。

经济建设的迅速发展，这种军民分割封闭型的管理体制浪费资源的弊端十分突出。邓小平深刻地指出："军工力量不纳入整个经济发展范围，是极大的浪费。"① 因此，军工企业改革的首要任务，就是要通过军民结合的路径将国防科技工业纳入国民经济体系。

1. 军事工业孤立地一马当先，带动不了民用工业，带动不了整个经济和技术

军民分割的科技工业体制造成的后果是军事工业孤军奋进，民用工业缓慢前行。苏联的实践证明，通过采取高度集中的军民分割的封闭型国防工业管理体制，虽然较快地把武器装备生产搞上去了，但却牺牲了其他方面的发展。1986 年 6 月 3 日，邓小平在谈到国防工业和军工体制时，深刻地指出："我们的军工体制基本上还是苏联的模式。苏联体制的突出问题是军事工业孤立地一马当先，带动不了民用工业，带动不了整个经济和技术。"② 所谓"军事工业孤立地一马当先"，也就是军工企业违背国防建设与经济建设协调发展的原则，不顾经济建设的基础，孤军冒进，最终要拖累国家的整体发展。中国在国民经济发展水平比较低的情况下，投入相当的资源和资金，依靠自己的力量，研制成功"两弹一星"，在国防尖端技术的某些领域达到世界先进水平，但是，先进的军工技术并没有带动民用技术的进步，一般性的生产技术仍然相当落后，普遍存在着高耗能、高成本、低效率等现象，尤其是管理体制的障碍导致"高精尖"军工技术成果，长期不能为生产民用品服务，不能使国民经济受益。20 世纪 80 年代初，日本《日经产业新闻》刊登该报驻北京记者稻田题为《中国探寻独自的开发技术道路》的报道，提醒中国国防科技工业体制要防止重蹈苏联覆辙的危险。中国对于科学技术的现状，正在从根本上予以重新考虑。中国依靠

① 《邓小平军事文集》第 3 卷，军事科学出版社、中央文献出版社 2004 年版，第 281 页。

② 《邓小平军事文集》第 3 卷，军事科学出版社、中央文献出版社 2004 年版，第 281 页。

自己的力量研制了原子弹和氢弹、发射了人造卫星和向南太平洋发射了洲际导弹。它既然掌握了上述各方面的材料工程、制造电子、精密机器技术和设计能力，为什么整个产业技术水平还很低呢？这个问题成了反省的中心课题。其背后，好像是越来越意识到，倘若继续实行现在这种开发技术政策，将有重蹈苏联覆辙的危险。①

军事需求是科技发展的强劲动力。先进的军事科技向民用领域的转移，带动经济社会的发展，是当代世界科技发展的普遍趋势。美国的军用科技向民用领域的成功转移，往往能够获得巨大的经济效益。美国陆军军械部设立的“弹道研究实验室”为研制和开发新型大炮和炮弹的需要，时任弹道研究所顾问、正在参加美国第一颗原子弹研制工作的数学家冯·诺依曼带着原子弹研制的大量计算问题的加入其中，促使1964年2月在美国诞生了电子计算机。经过努力，计算机已经从单纯的军事用途进入社会生产和公众生活的各个领域，掀开了自工业革命以来的又一场新的科技革命。20世纪60年代发展起来的互联网，前身是美国军方为防止在遭受突然核攻击后军事指挥全面瘫痪而开发的军事项目，20世纪70年代开始逐渐转为民用，最终成为改变人类生活方式的全球互联网。美国和苏联都开发了主要为军用导航、定位服务的卫星导航定位系统，但是苏联严格局限于军事用途，每年要投入大量经费维持，而美国则很快打开了民用市场，不但应用于船舶和飞机的导航、户外作业、勘测，还通过为汽车提供导航走入全球的千家万户，创造了巨大的经济效益。同样，20世纪80年代美国提出的“星球大战”计划，表面上是一个纯军事计划，其实有深远的政治经济目的。有专家认为，美国实施“星球大战”计划，试图通过国防高科技的发展，带动高新技术和国民经济的全面振兴，确保其在世界军事经济和政治格局中的优势地位，抢占21世纪的战略制高点。新中国编制的第一个科技规划，是按照“以国家任务为经，以多种学科为

① 《中国探寻独自的开发技术道路》，《参考消息》，1981年4月25日。

纬，以任务带学科”的原则确定的。聂荣臻认为：“‘任务带学科’。这是发展科学技术的一个好方法。当然，这并不是唯一的方法。现代科学技术是复杂的，要采用多种途径，不能‘一刀切’。”① “以任务带学科”就是要通过对“两弹一星”的科技攻关，带动中国高科技学科的建立，进而推动国家科技的整体进步。事实上，中国学习苏联模式的结果是“重”国防科技的突进，“轻”国防科技向民用品的转移，没有思考带动整个国民经济的战略性问题。

2. 军工力量用不上，对四个现代化建设不利，对国防建设也不利

军事工业能否带动民用工业，不是一个理论问题，而是一个政策问题，一个科技工作的组织管理问题。新中国成立以来，通过学习苏联的军工体制，我们的国防科技工业得到了极大的发展，建立起了相对先进的技术基础，集聚了庞大人才队伍，形成了强大的生产能力。如果将改革开放先进的军工生产力用于经济建设，将有利于国防建设与经济建设的协调发展。但是，由于改革开放前中国国防工业系统始终立足于临战状态，绝大部分军工企业的生产设备只军不民，以发展军品研制为唯一目标，缺乏生产民用产品的动力和机制。20 世纪 60 年代以后，核工业、航空工业、兵器工业、航天工业四个军工部门的民品产值一直在 10% 以下徘徊，直到 1979 年民品产值比例也只有 10% 。落实邓小平军民结合的理念，从 20 世纪 80 年代初期开始，国家计委、国家科委、国防科工委等部门先后制定了《军工企业生产民品管理办法》《国防科技工业民品科研、生产管理办法》，国务院转发了相关部门《关于进一步推进军民结合工作的请示》，对“六五”“七五”期间军工企业开发民品的重点、技术改造、市场开拓等进行了规划，使军工技术转民用逐步扩大并持续稳步发展。但是，邓小平对军转民工作的进展和效果都不甚满意，要求消除体制性障碍，推动军工企业服务国家建设。

① 《聂荣臻同志和科技工作》，光明日报出版社 1984 年版，第 11—12 页。

邓小平指出："军工企业的人才、设备都是好的。这个力量用不上，对四个现代化建设不利，对国防建设也不利。"① 从1986年开始，军工技术转民用不仅合同数量稳步增长，而且技术水平也不断提高，开始向高新技术方向发展。截至1989年，军转民技术近3万项，技术合同成交额达到15亿元以上，帮助民用部门解决了3.1万多项过去长期没有解决的难题，在国民经济建设的许多领域发挥了积极作用。例如，核萃取分离技术应用于制药行业，航天涡轮膨胀制冷技术应用于油田回收天然气，兵器制造中的感应加热技术应用于抽油杆淬火工艺等，不仅提高了相关行业的技术水平，而且取得了比较好的社会效益和经济效益。军工技术转民用，不但有力地支援了国家的经济建设，也使国防工业积蓄了强大的后劲。

3. 军工企业应该纳入整个国家的规划，要结束另外一个天地的时代

建立军用技术转化为民用技术的有效机制，根本的途径就是把军事工业纳入整个国家规划，结束其独立于国民经济之外的状态。邓小平认为，改革军工体制，从体制改革的角度来说，就是要将国防科技工业纳入国民经济的整体规划，打破军民分割的状态，结束自我封闭、自我封锁的局面。具体措施是通过机构改革，合并、撤销由中央军委管理的国防科技工业的主管机构，组建军民结合的管理机构列入国务院序列，由国务院统一管理国防科技工业和民用科技工业。1980年5月19日，在听取中共中央军委、总参谋部、总政治部和总后勤部领导同志汇报军队精简整编工作时，邓小平提出了撤销国防工办的改革任务。"国防工办肯定要撤销，不要考虑与国防科委合并问题。国务院也要精简，五十多个部，有的要合并，有的要撤销。"② 1984年11月1日，在中央军委座谈会上的讲话

---

① 《邓小平军事文集》第3卷，军事科学出版社、中央文献出版社2004年版，第281页。

② 《邓小平军事文集》第3卷，军事科学出版社、中央文献出版社2004年版，第176页。

中，邓小平指出："军工体制怎么改革，我们还没有最后决定，但这个问题现在已提到日程上来了。比如，几个机械工业部，除了二机部、七机部以外，应该纳入整个国家的规划，要结束另外一个天地的时代。"[①] 1986 年 6 月 3 日，在谈到国防工业和军工体制问题时，邓小平指出，现有的国防科技工业体制，对四个现代化建设不利，对国防建设也不利。"因此，要下决心改变这种状况，要在第三季度完成军工几个部移交给国务院的工作。这件事关系到明年计划的安排，不能再晚了。这也是改革。"[②] 27 日，国务院召开常务会议，传达了邓小平关于限时完成军工部门交国务院管理的谈话。1986—1988 年，中共中央、国务院、中央军委先后决定将核工业、航空工业、兵器工业、航天工业 4 个国防工业部门移交国务院直接领导。经过 20 世纪 90 年代的探索，2000 年 10 月党的十五届五中全会通过了《中共中央关于制定国民经济和社会发展第十个五年计划的建议》，提出"建立适应国防建设和市场经济要求的新型国防科技工业体制"的目标，从国家体制的高度赋予"深化国防科技工业体制改革"的长远任务。

二、公司制改革要按系统管理，可以打破省的界限

国防科技工业体制改革，必须坚持政企分开，实行公司制，逐步企业化。1980 年 5 月 19 日，在听取军队有关领导同志汇报精简整编工作时，邓小平提出撤销国防工办的改革任务。他说："部的机构人不要多，下面可以设公司，按系统管理，可以打破省的界限。再搞一个机械制造工业部，下边也设一些公司，如汽车公司、发动机公司等等。"[③] 被邓小平称赞为"马克思主义的基本原理和

---

① 《邓小平军事文集》第 3 卷，军事科学出版社、中央文献出版社 2004 年版，第 267 页。

② 《邓小平军事文集》第 3 卷，军事科学出版社、中央文献出版社 2004 年版，第 281 页。

③ 《邓小平军事文集》第 3 卷，军事科学出版社、中央文献出版社 2004 年版，第 176 页。

中国社会主义实践相结合的政治经济学”[①] 的《中共中央关于经济体制改革的决定》指出：“过去国家对企业管得太多太死的一个重要原因，就是把全民所有同国家机构直接经营企业混为一谈。……如果全民所有制的各种企业都由国家机构直接经营和管理，那就不可避免地会产生严重的主观主义和官僚主义，压抑企业的生机和活力。”“根据马克思主义的理论和社会主义的实践，所有权同经营权是可以适当分开的。”[②] 实行政企分开，就是要将军工企业从国家部委的直接经营管理中分离出来，使其真正成为相对独立的经济实体。完成中央军委管理的军工部移交国务院之后，邓小平又提出军工企业的企业化改制任务，要求成立国防工业企业集团。

1. 船舶工业要改组，可搞专业公司，按照经济方法管理经济

改革开放前，中国船舶工业的管理体制，基本上是保持着多条多块、分别由各主管部门直接管理企业的模式。虽然有的部门曾经局部地作过探索性的改革，但是基本上没有改变20世纪50年代形成的旧格局，领导多头，管理分散，纵横分割，束缚了生产力的发展和企业积极性的发挥。体制改革给中国船舶工业的发展以重大的推动。六机部作为政府部门，管理着整个军用舰船的研制。根据邓小平关于造船工业企业化改革的要求，中国造船工业进入国际市场之初，遇到了六机部作为政府机关不能同外商签订合同，不能参加商务谈判，同国际惯例不接轨的体制性矛盾。对此，邓小平明确提出：“六机部可搞专业公司，也可以是部级的。官气要打掉，按照经济方法管理经济。”[③] 落实邓小平关于成立上海、大连和广州3个地区性船舶公司的指示，1979年初，在军工企业中先行改革的六机部决定，与广东协商于1980年1月成立广东造船公司，管理六机部直属的3家骨干船厂和归口的省属24家企业。同年，该公

① 《邓小平年谱（1975—1997）》下，中央文献出版社2004年版，第1006页。

② 《十二大以来重要文献选编》中，人民出版社1986年版，第565页。

③ 国防科学技术工业委员会编：《邓小平国防科技工业建设思想研究》，北京航空航天大学出版社2004年版，第62页。

司与香港华昌国际有限公司在香港以合股形式联合成立华昌国际船舶有限公司。这次改革试点，初步打破了部门之间、中央与地方之间条块分割、部门封闭的管理体制。1980 年底，中共中央、国务院决定，将六机部由国务院国防工办领导，改为国家机械委员会领导。1981 年 8 月至 1985 年 2 月，六机部（船舶工业总公司）组建了 9 个地区性公司，分别管理本地区六机部（船舶工业总公司）的直属企业、事业单位。

1982 年 5 月，经全国人大常委会和国务院先后批准，撤销六机部，成立中国船舶工业总公司。这是由国务院直接领导的第一个跨部门的全国性公司，是第一家全国性的部级专业公司，即中国船舶工业总公司。该总公司是由六机部所属的全部企业、事业单位与交通部所属的 15 个大中型修造船企业、事业单位总共 153 家机构组成的经济性组织。中国船舶工业总公司把以往由六机部和交通部两个政府部门分别管理船舶工业的行政体制，改变为统一的船舶工业经济实体，打破部门、地区界限，实行权利、责任、利益三统一，并把工业同贸易、军品同民品、造船同修船、科研同生产紧密结合起来，运用经济手段，走联合发展道路，成为面向国内、国际两个市场的经济实体。1982 年 8 月，邓小平在谈到六机部的体制改革时，高兴地说："造船工业改组为造船工业公司成功了，这就把许多矛盾解决了，也把六机部、交通部多年的公案解决了。"①邓小平所讲的"公案"，指的是中国造船工业军民分离的体制性矛盾。新中国成立以来，在体制上六机部主要负责军用舰船的研制，交通部管民用船只，同时交通部自身还有几十家大中型民用船舶修造厂，这就在体制上造成了军民分离、互争任务的状况。组建中国船舶工业总公司时，决定把交通部所属的 15 家大中型船舶修造企业划归其管理和经营，就从体制上解决了军民分割的矛盾。有美国

① 国防科学技术工业委员会编：《邓小平国防科技工业建设思想研究》，北京航空航天大学出版社 2004 年版，第 62 页。

学者认为，撤销六机部建制成立中国船舶工业总公司，“这不仅仅是名称的改变，这一决策将中国船舶工业总公司管辖的全部国家造船业务纳入了‘企业化’的轨道，并允许在一定程度上实行基于市场的经济独立，这在社会主义经济体制下是前所未有的”。①

有西方学者认为，在中国的国防工业转型的过程中，造船工业成功转型的原因是：第一，体制改革走在其他军工部门的前面。1993 年其他军工部门开始启动体制改革时，中国船舶工业总公司已大部分完成了“军转民”转型，到 1992 年其产品的 80% 主要提供给民用部门，许多子公司已完全脱离军工生产的行列。第二，在由军向民转型的过程中，中国造船业遇到的技术障碍相对较小。20 世纪 80 年代按照 20 世纪 50 年代苏联设计建造的主要军舰技术上更接近当时西方商船而非军舰标准，并且多数造船厂的军事建造设施已经具备建造商船的一些基本经验。第三，有早期参与国际市场的经验。20 世纪 70 年代就与日本、英国等国家进行技术合作，对造船厂进行民用生产的设计改造。第四，国内需求和出口需求的良性均衡。国内市场对中小型船只稳定需求为中国造船业提供了重要的订单来源，同时造船业已逐步克服打通国际市场的挑战。第五，造船企业的地理优势。中国规模最大、生存力最强的造船厂都分布在沿海一带，距离改革开放后为中国经济增长作出巨大贡献的上海、大连、广东和香港等商业中心很近。第六，大量廉价的劳动力。源源不断的廉价劳动力所催生的具有竞争力的价格优势，为中国造船业进入竞争激烈的国际造船市场助了一臂之力。②

2. 航空工业不应是单独的工业体系，搞几个公司是必要的

20 世纪上半叶的两次世界大战表明，几乎在一切国家，航空科研和航空工业都具有直接的军事重要性。新中国成立以来，航空

① 〔美〕安德鲁·S．埃里克森、莱尔·J．戈尔茨坦、卡恩斯·洛德主编：《中国走向海洋》，董绍峰、姜代超译，海洋出版社 2015 年版，第 317 页。

② 〔美〕安德鲁·S．埃里克森、莱尔·J．戈尔茨坦、卡恩斯·洛德主编：《中国走向海洋》，董绍峰、姜代超译，海洋出版社 2015 年版，第 318—319 页。

工业长期隶属于国家军事机关直接管理。1951 年 4 月，经中央军委批准成立了航空工业管理委员会，同时，经国务院批准成立了航空工业局，归口航空工业管理委员会管理。1956 年 11 月，在成立第二机械工业部时，航空工业局转隶属于第二机械工业部。1961 年 6 月，经中央军委批准国防部组建了航空研究院，称为国防部第六研究院。1963 年 9 月，从第二机械工业部中分离出航空工业局，组建了第三机械工业部，主要负责航空工业。1965 年 1 月，国防部第六研究院转隶属于第三机械工业部。归属国家部委直接管理的航空工业，“企业实际上成了行政机构的附属物”①。1980 年 7 月 17 日—20 日，邓小平在武汉视察期间，听取了胡耀邦等汇报制定“六五”计划和长远规划的一些基本设想，在谈到国防工业问题时，邓小平说：“航空工业不应是单独的工业体系，搞几个航空工业公司是必要的。”② 但是，由于航空工业的特殊性，航空工业的公司化改革进展不大，主要是机构名称和主管业务的变更、分解与合并，直到 1993 年 3 月撤销航空航天工业部组建航空工业总公司和航天工业总公司，航空工业体制改革的公司化方向才进入实施阶段，也就是说，在 13 年后，邓小平的设想得以实现。

3. 建立公司是为了企业化，建立的公司，不能成为行政机构

邓小平高度赞赏船舶工业的公司化体制改革，要求其他国防工业也要根据情况加快公司化改革步伐。1979 年 8 月 9 日，在接见中共天津市委负责同志时，邓小平说：“建立公司的目的是用经济办法管理经济，是为了企业化，实行独立核算。建立的公司不能成为行政机构。”③ 1984 年 10 月通过的《中共中央关于经济体制改革的决定》明确指出：“全国性和地区性的公司，是在国民经济发展的需要和企业互有需要的基础上建立的联合经济组织，它们必须

① 《十二大以来重要文献选编》中，人民出版社 1986 年版，第 573 页。

② 《邓小平科技思想年谱（1975—1994）》，中央文献出版社、科学技术出版社 2004 年版，第 158 页。

③ 《邓小平年谱（1975—1997）》上，中央文献出版社 2004 年版，第 545 页。

是企业而不是行政机构，不能因袭过去的一套办法，而必须学会现代科学管理方法。”① 经济体制改革的决定明确公司化改革的企业化方向，力图厘清政府与企业的关系，要求各级政府部门原则上不再直接经营管理企业。对于少数由国家赋予直接管理企业责任的政府经济部门，要求按照简政放权的精神，正确处理同所属企业的关系，以增强企业自主经营的活力，避免由于高度集中可能带来的弊端。1993 年，中国的机构改革对国防工业部门进行了重新划分，成立了 5 个总公司，即中国核工业总公司、中国航空工业总公司、中国航天工业总公司、中国北方工业总公司和中国船舶工业总公司。国防工业的企业化改制目标是减少企业对于国家的依赖，激发经济活力，鼓励创新，最终实现盈利和自负盈亏。

邓小平用“革命”来形容体制改革的艰巨性，作为特殊行业，国防科技工业体制改革的困难程度更是大而又大。有国外研究机构认为，中国国防工业部门频繁地分分合合，实际上大都是做表面文章。同样，中国学者对军工集团公司改革不彻底的问题也有深刻的剖析，认为“军工企业有相当一部分还没有建立起现代企业制度；一些军工企业尽管名义上已经转制为公司制，但实际上只是一个挂牌公司，企业没有按照规范的公司制进行运作；一些现代企业制度改革相对较好的军工企业还存在许多不完善之处，如作为法人单位的军工集团成员企业（主要是全资子公司和控股子公司）在经营中未能真正体现独立市场主体地位，在重大决策之外的一些日常经营管理活动经常受到集团公司的制约和左右，使企业经营活动不能有效地适应市场变化；军品生产多采取集团公司的全资子公司形式，不能通过资本市场募集资本和通过规范的公司运作方式提高军品科研生产能力和效率”②。

---

① 《十二大以来重要文献选编》中，人民出版社 1986 年版，第 573—574 页。

② 于川信、周建平主编：《军民融合式发展理论与实践》，军事科学出版社 2010 年版，第 226 页。

三、建立起订货关系后，以民为主还是以军为主的问题就不存在了

建立社会主义市场经济体制，中国国防科技工业企业面临着深刻的革命。武器装备作为一种特殊的商品，必须体现其内在的价值，遵循调节商品价值的竞争规律和供求规律。国防科工委的成立，解决了武器装备科研、生产的统一管理。但是，由于还有一些军工生产部门不归科工委统一领导，因此，科研管理部门与使用部门之间，国防工业系统与民用工业系统之间，还有些重大问题需要通过体制创新来实现统一的领导。对于在社会主义市场经济条件下武器装备的科研、生产、使用三者之间的关系，邓小平概括为"订货关系"。邓小平认为，国防科技工业体制改革，最终要落脚到在军队与工业部门之间建立起新的关系，即订货关系。"这样，以民为主还是以军为主的问题就不存在了，只存在订货关系。"①

1. 军队需要的装备，没有签订合同不能强迫军队接受

合同制是市场经济的产物。实行合同制，实质上是通过合同的方式来落实武器装备的科研和生产任务，并按照经济的办法来进行管理，强化市场对资源配置的作用，把计划和市场这两种手段结合起来，通过合同这种契约形式来规范供求双方的权益关系，实现责权利的统一。1980 年 5 月 20 日，同胡乔木等谈编制长期规划问题时，邓小平强调武器装备研制要严格执行合同，没有签订合同，企业不能强迫军队采购。邓小平提出："以后，军队需要的装备，由军事部门和机械工业部门签订合同，哪个工厂生产合适，就同哪个工厂订合同，签订合同以后，企业必须优先保证军队的需要。没有签订合同的、军队不要的产品，就是企业生产出来了，也不能强迫军队接受。"② 1980 年 7 月 17 日—20 日，邓小平在听取了胡耀邦

① 《邓小平军事文集》第 3 卷，军事科学出版社、中央文献出版社 2004 年版，第 176 页。

② 《邓小平年谱（1975—1997）》上，中央文献出版社 2004 年版，第 636—637 页。

等汇报制定“六五”计划和长远规划的一些基本设想后，指出：“军队同军工厂的关系是订货关系。”[①] 邓小平坚决推行武器装备研制的合同制，军队使用部门和工业生产部门双方形成了新的合作关系，有利于提高武器装备的研制质量、加快研制进度。

装备合同是指装备需求方为获取武器装备、军事技术及相关服务与供应方依法订立的书面协议。装备合同适用于装备采购项目，包括科研、购置、维修类项目，凡与装备研制、订购、维修直接有关的合同均属装备合同范畴。因此，按照装备业务的性质划分，可分为装备科研合同、装备购置合同、装备修理合同、装备服务合同。装备合同是需求方和供应方履行合同义务、享受相应权利的法律文件，具有民事合同和行政合同的一般特征，又有其自身的特殊性。“武器装备研制任务，是为了满足维护整个国家和平、安全需要而安排的，首先是国家集中统一的指令性任务，属于国家计划中的‘必成指标’。但武器装备这种特殊商品，不进入国内市场流通领域，在研制合同中，只是部分引入商品的经济机制，在我国现实的国情下，其价格也不完全体现智能劳动的增值。因此，武器装备研制的合同，并不完全遵循价值规律。主管工业部门对武器装备研制的管理，是代表国家行使管理职能。”[②] 装备合同的特殊性表现为三个方面，第一，装备合同的经费来源是国家财政拨款，性质属于政府采购合同范畴。由于合同标的特殊性，需要对合同全过程实施监管，确保经费支出的合法性，确保装备质量、进度目标的实现。第二，装备合同关系到国家的国防安全，其订立更多的是追求国防效益，既要考虑装备采购方的性价比因素，又要注重装备市场的培育，也就是说还要考虑装备供给方的后续研发能力和经济效益。第三，装备合同管理具有军方主导性。装备合同主管部门必须加强合同全过程的监管，达到追求装备建设国防效益的最大化目

① 《邓小平年谱（1975—1997）》上，中央文献出版社 2004 年版，第 657 页。
② 《刘华清军事文选》上卷，解放军出版社 2008 年版，第 629 页。

标。同时，随着国防战略的不断变化，军方会调整合同执行的时间、技术指标，也就是有变更、解除甚至终止装备合同的权力。另外，装备合同具有很强的保密性。

2. 军火生产改成订货关系这是一个全局问题，现在要解决这个问题，不能再犹豫了

武器装备实行合同制，是军工体制的重大改革，涉及各方面的利益，推动起来困难重重。1984 年 11 月 1 日，在中央军委座谈会上的讲话中，邓小平十分坚决地强调，实行合同制，形成订货关系，是必须做的事情。要求不再犹豫，不再拖延，现在就解决这个问题。他指出："我讲了好几年了，军火生产改成订货关系。将来恐怕必须是这样。因为一搞责任制，你不搞订货关系，怎么行呢？这样做，最大的好处是这些设备、技术、人才综合利用起来，效益不止成倍增加。这样做有百利而无一害。这是一个全局问题。现在要解决这个问题，不能再犹豫了，拖一天就损失一天。"① 1987 年 1 月 22 日，国务院、中央军委颁布实施了《武器装备研制合同管理暂行办法》，它标志着中国的武器装备研制实现了重大的改革，即由原来单一的指令性计划改为在指令性计划之下的合同制，国防科技工业经费由国防科工委直接拨给使用部门，使用部门通过招标或谈判的方式，直接与研制部门在平等原则的基础上签订合同，使双方供需的关系变为了订货关系。实行合同制后，对武器装备的发展起到了积极的促进作用和推动作用。在坚持国家指令性计划结合必要的行政管理的前提下，适当引进经济和法律手段，实行指令性计划下的合同制这样的一种管理办法，应该说是比较好的。虽然由于改革中各项制度还不够健全、不够完善，有关政策也没有完全配套，在合同签订和执行过程中，甲乙双方和各级管理机构出现了一些矛盾和意见分歧，或有这样那样的问题，这不奇怪。随着改革的

① 《邓小平军事文集》第 3 卷，军事科学出版社、中央文献出版社 2004 年版，第 267—268 页。

不断深化，这些问题是会得到很好的解决的。“强有力的指令性计划加上逐渐完善的合同制，可以相互弥补、相互促进，使武器装备的研制发展搞得好一些、省一些、快一些。”① 2000 年中央军委颁布了《中国人民解放军装备条例》，2002 年中央军委颁布了《中国人民解放军装备采购条例》，这两个法规的颁布实施，使武器装备合同制的法治化建设更加健全和完善。

3. 把科研经费交给工业部门，研制出新产品，合乎要求的军队就订货

武器装备合同制的核心是改变国防科研试制费的拨款办法。1980 年 5 月 19 日，在听取军队有关领导同志汇报精简整编工作时，邓小平指出：“军队可以向这些工业部门提出武器生产项目和要求，把科研经费交给他们，由他们研制，研制出新产品，合乎要求的军队就订货。军队和这些部、公司就是个订货关系。有些武器装备，这个部可以制造，别的部也可以制造。哪个部产品好，军队就买哪个部的，他们可以互相竞赛。”② 根据邓小平关于改革国防科研经费的指示，国防科工委组织有关部门草拟的《国防科研试制费拨款管理暂行办法》于 1986 年 4 月获得中央军委批准，1987 年 1 月由国务院、中央军委颁布实施。新的拨款办法是将国防科研的试制费分为武器装备研制费、应用和基础研究费、技术基础费三大部分，并根据各自的特点来进行分类管理。武器装备研制费直接用于武器装备型号研制，按照计划立项的任务分配给军兵种，通过合同、协议的形式，用经济、法律和行政手段参与武器装备研制工作的管理；应用和基础研究费主要用于武器装备的预先研究，根据预先研究项目计划分配给承担研究任务的工业部门，通过合同、承包、择优资助和基金制等形式分配给承担任务的科研单位，实行项

① 《刘华清军事文选》下卷，解放军出版社 2008 年版，第 81—82 页。

② 《邓小平军事文集》第 3 卷，军事科学出版社、中央文献出版社 2004 年版，第 176 页。

目管理；技术基础管理费主要用于军用标准、计量和国防科技情报、成果管理等技术保障和技术服务工作，主要分配给国防科技工业部门从事这方面工作的研究单位。1986 年国防科工委选择了条件较好的 16 个武器装备研制的项目，开始进行合同制的试点，在总结试点经验的基础上于 1987 年全面推行合同制，到 1989 年 91% 的研制项目都签订了合同。同时，针对科研试制费、成本核算等问题，国防科工委围绕完善合同制和加强经费管理等方面，制定和颁布了相应的法规性文件，推动了拨款制和合同制的顺利执行。

四、发展武器装备，研究和生产是丝毫不可分离的

按照苏联模式建立起来的中国国防科技工业体制，突出的弊端是科研与生产分离，即研究和开发工作是由研究设计机构承担，生产任务是由各工业部门承担。国防科研与国防生产的严重脱节，长期困扰着中国武器装备的发展。一方面，许多先进的国防高技术成果无法及时地物化为武器装备进而形成战斗力；另一方面，许多军民两用技术的成果又不能及时地产业化，降低了其对国民经济工作的带动作用，削弱了国民经济对国防建设的支撑。因此，从体制上和机制上解决科研与生产脱节的问题，是国防科技工业体制的深层次改革。邓小平强调，抓武器装备“研究和生产是丝毫不可分离的”①。解决国防科研与生产“两张皮”的问题，是推动武器装备快速发展的重要措施。

1. 研究院归机械部，部院合并，要早点定下来

军工科研院所集中了武器装备科研生产的主要科研力量，担负着国防以及相关领域高新技术发展、新型武器装备和相关高新技术产品研制以及为国防科技工业提供科技支撑的繁重任务。自新中国成立到 1964 年，中国组建了隶属国防部建制的导弹研究院、核武器研究机构、航空舰艇无线电电子学研究院及所辖 22 个研究所，7

① 《邓小平军事文集》第 3 卷，军事科学出版社、中央文献出版社 2004 年版，第 65 页。

个兵器研究所隶属兵种业务归属国防科委指导的科研单位 22 个，包括空军雷达技术、指挥引导、海军工程以及炮兵、防化、装甲、军械等领域。当时中国的国防科研单位共有 38 个，约 8 万人的规模，形成了一支尖端和常规武器装备的研制队伍，初步建立了一个比较配套的国防科技体系。[①] 20 世纪 60 年代中期，为促进国防科研与国防生产的结合，中共中央提出“部院结合”的国防科研体制改革设想，打算将国防科研设计部门与国防工业部门合并。刘华清认为，当时的“部院合并”是一次决策错误。因为，当时生产与科研工作存在的问题，并不是影响生产与科研体制的根本性问题。科研体制调整，应该具体问题具体分析，不可采取千篇一律的办法。设计工作与研究工作密切结合，不宜放在工业部门；施工设计与生产联系密切，放在生产部门较为有利。同时，一个研究院担负的任务，与多个工业部门对口，合并到一个工业部门对科研不利。刘华清认为，“部院合并”使“国防科研力量更加分散了”。用现在的眼光看，如果当时研究院能稳定几年，有些院不实行“厂所合并”，而发展成科研——生产联合体，会更有后劲，更有竞争力，更有利于赶超世界先进水平，增强我国海防乃至国防实力，同时牵动国民经济的持续发展。[②] “文化大革命”后期，针对国防科研力量严重分散的状况，1975 年 4 月 2 日，在中共中央军委常委听取关于国防工业和军队装备问题汇报后，邓小平说：“科研队伍要集中，研究院归机械部，不能再分了。”[③] 14 日，在听取汇报后，邓小平再次强调：“科研的问题也要解决一下，部院合并，有的人想不通，军兵种还要留人，我看就不要留了吧！类似这

① 谢光主编：《当代中国的国防科技事业》上，当代中国出版社 1992 年版，第 35—38 页。

② 刘华清著：《刘华清回忆录》，解放军出版社 2004 年，第 305—306 页。

③ 《邓小平军事文集》第 3 卷，军事科学出版社、中央文献出版社 2004 年版，第 21 页。

样的事要早点定下来，不要拖了。”① 这时，邓小平从国家体制改革的战略高度，提出的“部院合并”的任务，适应科技与工业相互融合的发展趋势，是加快武器装备发展的重要举措。

2. 所有军事工业生产单位，要建立科研队伍

在传统的中国国防科技工业体系中，研究和开发工作是由研究机构进行，而研究机构在组织结构上与生产企业是脱离的。20 世纪 70 年代后期以来，鉴于美国和日本等发达国家的大企业，都拥有相当规模的科学研究机构，邓小平认识到，中国的工厂、企业，包括大工厂没有多少研究机构，是不行的。在国防工业企业建立科研机构，是解决科研与生产脱离的有效措施。1977 年 10 月 4 日，在召集会议讨论军队装备和国防科研工作时，邓小平说：中国的科学研究有四个方面军。生产部门的研究机构是最大的方面军。它主要是搞生产中的科学研究，要逐步建立起来。“重要的工厂应该开展自己的科学研究工作。”②“要加强所有军事工业的生产单位，要建立科研队伍，并且予以监督指导。”③ 20 世纪 80 年代，中国对以国防企业为主的国有大型企业建设科技机构作出了政策性规定。1981 年 4 月 16 日，由中共中央、国务院转发的国家科委党组《关于我国科学技术发展方针的汇报提纲》的通知指出，为使科学技术在国民经济中真正地发挥作用，现行的体制需要逐步加以改革。“科研单位同生产单位之间，可以采用合同制，有的还可以组成科研生产联合体。”④ 1985 年 3 月 7 日，邓小平高度赞扬了中共中央《关于科学技术体制改革的决定》（草案），认为这“是个好文

① 《邓小平军事文集》第 3 卷，军事科学出版社、中央文献出版社 2004 年版，第 25 页。

② 《邓小平军事文集》第 3 卷，军事科学出版社、中央文献出版社 2004 年版，第 70 页。

③ 《邓小平科技思想年谱（1975—1994）》，中央文献出版社、科学技术出版社 2004 年版，第 41 页。

④ 《三中全会以来重要文献选编》下，人民出版社 1982 年版，第 761 页。

件”[1]。《决定》指出，要鼓励“从事技术开发的研究机构，根据自愿互利的原则，同企业、设计机构建立各种形式的联合。有的可以逐步发展成为经济实体；有的可以在联合的基础上进行合并，企业并入研究机构，或者研究机构并入企业。有些研究机构也可以自行发展成为科研生产型企业”[2]。1987 年 1 月 20 日，在《国务院关于进一步推进科技体制改革的若干规定》中，对于推进科研与生产的结合，提出了更加明确的政策性措施，要求国务院各部门都要“把科研机构逐步下放到企业、企业集团、行业和中心城市。……以技术开发工作为主的大多数科研机构，特别是从事产品开发的科研机构，都应逐步进入企业、企业集团或与其实行紧密联合”[3]。1988 年 5 月 3 日，国务院《关于深化科技体制改革若干问题的决定》提出，鼓励和支持科研机构以多种形式进入经济，发展成新型的科研生产经营实体。根据邓小平关于建立国防企业科研机构的精神，国防科技工业在国家政策指导下，进行了多种探索。有的研究所直接进入企业或进入企业集团，成为科研开发中心；有的科研单位同一个或多个企业联合，组成了科研生产联合体；有的科研院所由单纯科研型发展成为集科研、开发、生产、经营型于一体，实现了科、工、贸一体化；有的研究院所采取了“两头在内、中间在外”的办法，即设计开发、总装调试在内，大量一般性的加工任务在外的协作模式；等等。这些探索在一定程度上解决了单个国防工业企业内部的国防科研与国防生产脱节的问题，为国防科技工业的持续、健康、快速发展奠定了良好的基础。

3. 军工企业把科研机构放下去，是减慢速度的方法，建议收回来

20 世纪 70 年代以来，世界发达国家的军工行业都在走“集团化”的道路，但是，中国的某些国防工业领域却反其道而行之，

---

① 《邓小平文选》第 3 卷，人民出版社 1993 年版，第 108 页。

② 《十二大以来重要文献选编》中，人民出版社 1986 年版，第 666 页。

③ 《十二大以来重要文献选编》下，人民出版社 1988 年版，第 1224 页。

走分散化的道路。对此，邓小平提出了不同的意见。1977 年 8 月 23 日，在中共中央军委座谈会上的讲话中，邓小平指出："七机部把一些工厂、科研机构下放了，这样不好工作。这是减慢速度的方法，应该重新考虑。我建议收回来。"① 邓小平认为，航天工业部这样的军工行业，要有自己的科研机构和工厂，不能把科研机构"放下去"，也就是把科研机构交给地方管，加重科研与生产的脱节。20 世纪 80 年代，邓小平领导的经济体制改革和科技体制改革，在军工企业领域组建国家层面的科研生产联合体，把国防科研机构集中到国家层面的大企业里面。到 20 世纪末，国防科技工业领域的科技体制改革取得显著成效。中国航天科技集团公司下辖 8 个主要研究院所和生产基地，中国航天科技集团公司包括 6 个主要研究院和基地，以及许多规模较小的直属企业。中国船舶工业集团控制着 58 家造船厂、研究与开发机构、工厂和各种控股公司。中国船舶重工集团公司下辖 48 家工业企业、28 个研究所、15 个控股公司。中行两个集团下面，有 33 个科研院所，从事有关航空技术发展各个方面的研究。"科研生产联合体"性质的中国国防工业集团，从体制上实现了科研与生产的结合，加快了武器装备的研制进程。然而，由于军工集团公司的领导核心大多是由原先的政府部门转变过来的，就实际运行情况看，尽管军工集团公司内部各企业的业务活动有了较大拓展，但由于各企业之间缺乏技术和经济联系，大多数业务活动是通过行政手段拼凑到一个企业集团内部的，所以还没有发挥出企业自身的经济优势。

第三节　建立严格的科研生产制度，实行严格的科学管理

军工企业的体制改革，在微观方面就是管理制度的改革。实现

---

① 《邓小平军事文集》第 3 卷，军事科学出版社、中央文献出版社 2004 年版，第 65 页。

武器装备现代化，必须通过加强管理来提高武器装备质量。对于“文化大革命”废除各种管理制度导致国防科研生产处于极端混乱状态的现象，邓小平给予严肃的批判。邓小平说，中国军工“企业管理，过去是苏联那一套，没有跳出那个圈子。那时候，苏联企业管理水平比资本主义国家落后得多，后来我们学了那个东西，有了那个东西比没有好。但现在连那个落后的东西也丢掉了，一片混乱。”① 1975 年 5 月 19 日，在中共中央军委常委听取国防科委和七机部负责人汇报时，邓小平强调：“要建立严格的科学管理、严格的科研生产制度。……特别是尖端的东西。没有严格的规章制度，一个小零件，就可以毁全局。”② 在邓小平“管理也是一门科学，是更带综合性的科学”的理念指导下，20 世纪 80 年代，中共中央《关于经济体制改革的决定》、国务院《关于加强工业企业管理若干问题的决定》，要求按照现代企业的要求，建立统一的、强有力的、高效率的生产指挥和经营管理系统；提出积极推行和完善全面质量管理，建立质量保证体系；加强企业管理基础工作，加快企业管理现代化的步伐等任务。国防科技工业企业质量管理的加强，质量管理制度的健全，为中国武器装备质量稳步提升提供了重要保证。

一、武器装备质量问题是影响战争胜败的问题，是决定战争命运的问题

武器装备质量问题是影响战争胜败的问题。邓小平指出：“军队的武器有问题，质量不行，是要死人的，这是决定战争命运的问题。”③ 国防科技工业企业必须坚持质量第一，从各个环节、各个方面全面加强质量管理。

---

① 《邓小平年谱（1975—1997）》上，中央文献出版社 2004 年版，第 378 页。

② 《邓小平军事文集》第 3 卷，军事科学出版社、中央文献出版社 2004 年版，第 27 页。

③ 《邓小平军事文集》第 3 卷，军事科学出版社、中央文献出版社 2004 年版，第 66 页。

1. 军工产品质量必须合格，百分之九十九点九也不行，必须百分之百合格

武器装备质量对于战争的重大影响，决定武器装备的质量必须高标准，不能满足于百分之九十几以上的数字概念，不能停留于笼统的“好的和比较好”模糊评价。1975 年 8 月 3 日，在国防工业重点企业会议上的讲话中，邓小平阐述了军工企业要坚持质量第一的极端重要性，强调现在的军工产品是现代化的武器，更要注意质量问题。紧接着，邓小平分析了军工企业在质量标准、质量评价观念方面的错误认识及其对质量管理的不利影响。他说：“我最近看到一些材料，说有多少国防工厂完成产值多少，产品质量好的和比较好的达到百分之九十五以上。你们切不可满足于这些数目字，这个话以后少讲为好。说产品质量大多数是好的，这不解决问题，有时恰恰在百分之一甚至百分之零点五里面，关键产品、关键零件出了问题。……我们有几次科学试验没有成功，经过检查，并不是技术没有过关，而是那百分之一甚至百分之零点五的零部件质量没有过关，就是那么一点点没有达到要求。”① 邓小平指出，军工“产品质量必须合格，百分之九十九点九也不行，必须百分之百”②。因此，武器装备的质量不能眼睛只盯住整个武器型号的合格率，还要盯住极少数关键产品和关键部件的质量有没有过关，才能确保百分之百合格。

2. 企业管理得好不好，产品质量应该是主要标准

邓小平认为，武器装备质量应当是衡量军工企业管理好不好的主要标准。受“文化大革命”的影响，航空工业的质量管理曾经出现严重的问题，生产的飞机接连出现事故。20 世纪 70 年代，某航空发动机厂生产的涡喷 6 发动机，满足了歼 –6 和强 –5 飞机的

① 《邓小平文选》第 2 卷，人民出版社 1994 年版，第 26 页。

② 《邓小平军事文集》第 3 卷，军事科学出版社、中央文献出版社 2004 年版，第 131 页。

需要。但是，1974 年至 1977 年的 4 年间，某航空发动机厂的产品发生重大质量事故 48 起，生产的 4400 余台发动机一半以上因质量不好而返厂修理。[①] 1977 年 11 月 1 日，在听取国防工业办公室负责人汇报时，邓小平严厉批评军用飞机质量不过关的问题。邓小平说，产品质量搞不好，事故消灭不了。“现在质量事故太多了，要减少到最低限度。原来质量过了关的飞机，过了关的坦克又出现大量质量事故，这怎么行?”[②] 邓小平指出：“对质量问题还要提高认识，强调质量可以提高工艺水平和技术水平，促进技术革新、技术革命。粗制滥造，障碍我们前进，障碍技术进步。企业管理得好不好，产品质量应该是主要标准。”[③] 提高武器装备生产质量，一方面，要严格把住进厂材料质量的“入口关”，不用不合格的材料；另一方面，要严格把住产品出厂检验的“出口关”，不合格的产品不交付军队使用。邓小平说：“飞机质量不好怎么能随便出厂？不讲质量，工厂生产也停了，工资也开不出。说有些原材料质量有问题，不合格的你们为什么要收？宁愿不生产也不要收不合格的原材料，这样就迫使原材料要保证质量。”[④] 根据邓小平关于确保军工产品质量的精神，1977 年 12 月，中央军委明确规定，严格工艺流程，严格质量检验，对不合格的材料要做到坚决不投产，对不合格的零件坚决不装配，对不合格的产品坚决不出厂。1978 年 7 月，国务院、中央军委批转国防工办《关于发动群众彻底整顿产品质量的请示报告》，要求对岗位责任制、检验机构、原材料和配套产品、设计图纸和工艺文件、工艺纪律、工艺装备、机床设备、不合格产品管理、质量原始记录、职工培训等方面，开展“十查十

① 《当代中国的航空工业》，中国社会科学出版社 1988 年版，第 91 页。

② 《邓小平军事文集》第 3 卷，军事科学出版社、中央文献出版社 2004 年版，第 74 页。

③ 《邓小平年谱（1975—1997）》上，中央文献出版社 2004 年版，第 241 页。

④ 《邓小平军事文集》第 3 卷，军事科学出版社、中央文献出版社 2004 年版，第 73—74 页。

整”，保证出厂产品百分之百的合格。国防科技工业在整顿质量的基础上，推行全面质量管理，颁布和实施《军工产品质量控制暂行条例》，有效地促进了武器装备质量的稳定提高，重大事故明显减少。1987 年 6 月，经国务院、中央军委批准，国防科工委发布了《军工产品质量管理条例》，提出增强质量意识，更新质量观念，确保“一次成功、系统管理、预防为主”三个思想的要求，突出了研制过程中的质量控制。

3. 军工产品凡是不合格的都不接受，宁肯少，宁肯没有，也不要破烂货

在计划经济时期，原则上是军工企业生产什么武器装备，部队就使用什么武器装备，主动权在企业。邓小平认为，保证部队武器装备的质量，作为使用方的军队也要负起责任，不合格的产品，军队就不能接收。以此倒逼企业加强管理，提高质量。1975 年 3 月 3 日，在中共中央军委常委会会议上，邓小平强调：“关于飞机质量问题，要讲清楚，不合格的飞机，军队一定不能接收。”① 1978 年 6 月 28 日、29 日，在听取了六机部和海军领导同志汇报关于造船工业的情况后，邓小平强调要保证军舰的质量：“质量不好，根本不接收。凡不合格的都不接收，宁肯少，宁肯没有，也不要破烂货。军舰质量有问题，海军不接收是对的。质量不好是要死人的，要寸步不让。质量不好，就是不要，拒绝接收。不能老说是‘四人帮’的流毒和影响，有流毒为什么不肃清？不能重复过去的错误，是过去的问题，现在要补救，要有改进措施。从今年起，对质量不好的军舰就不接收了。”② 1978 年 7 月 1 日、2 日，在听取五机部负责人汇报时，邓小平再次强调了军工产品的质量，指出：“不合格的产品不验收，要掌握这一条。不管有多少条意见，没有

---

① 《邓小平年谱（1975—1997）》上，中央文献出版社 2004 年版，第 24 页。

② 《邓小平军事文集》第 3 卷，军事科学出版社、中央文献出版社 2004 年版，第 129 页。

这一条不行。质量不好，一是国家不收，二是军队不用，看你怎么办！”① 这些讲话，一方面表明当时邓小平对武器装备管理体制的担忧，另一方面也表明，即使是没有主持党、国家和军队的全面工作，邓小平从分管军队工作的角度严格把住武器装备质量关口的坚决态度和责任担当。

4. 要建立和落实质量管理制度，没有敢字当头的领导班子搞不成

企业领导人敢于管理是落实制度、确保产品质量的前提。“文化大革命”时期，批判资产阶级当权派，企业的各级领导都成为批判的对象，国防工业企业更是重灾区。国防科技工业企业领导人对科研和生产不敢管、不想管的现象突出。邓小平坚决支持敢于管理的领导人，当时任国防科委主任张爱萍到派性猖獗的七机部蹲点调查、进行整顿，搞派性的人就贴大字报、写匿名信进行攻击，企图把张爱萍赶出七机部时，邓小平明确表态：“你要勇敢地工作，不要怕说错话。说错话，有错误，这不要紧，做工作没有错误不可能，错了就改嘛！只要你们大胆工作，错了我负责。”“就是有一万张大字报也不要怕。”② 另一方面，邓小平对那些不敢管理企业的负责人提出了严厉的批评。1975 年 8 月 3 日，邓小平在国防工业重点企业会议上的讲话中，指出：“有的人就是一个怕字。过去怕，还有点道理，不能说过去怕的人都不好。作为一个共产党员，过去怕也不对，但是还可以原谅，因为有当时的情况。现在中央支持地方，上级支持下级，再怕就只能怪自己，怪自己革命意志衰退，怪自己革命干劲差。只能得出这个结论。”③ 整顿国防工业企业，建立确保军工产品质量的管理体系，首先要有敢于管理的领导班子。1975 年 8 月 3 日，在国防工业重点企业会议上，邓小平强

① 《邓小平军事文集》第 3 卷，军事科学出版社、中央文献出版社 2004 年版，第 131 页。

② 陆其明、范敏若编著：《张爱萍与两弹一星》，解放军出版社 2011 年版，第 311—312 页。

③ 《邓小平文选》第 2 卷，人民出版社 1994 年版，第 25 页。

调："你要斗派性，没有敢字当头的领导班子就根本不可能；要建立必要的规章制度，要落实政策，没有这样的领导班子也搞不成。……怕字当头，不干工作，小病大养，无病呻吟，这样的领导干部，索性请他好好休息，不然占着茅坑不拉屎怎么行？领导班子问题一定要抓紧解决，要找一些能够办事、敢于办事的同志来负责。这件事不要拖，特别是省里管工业的书记要注意。解决领导班子的问题，主要是配备好一、二把手，一、二把手敢字当头，就可以把队伍带起来。"① 人浮于事是国有企业的典型弊端，是影响管理和质量的关键。邓小平认为，2 万人的企业 1/4 是干部，还有什么管理？他要求军工企业先"消肿"，需要多少人，就多少人，多余的干部宁可搞编外处理，也不要在那里占位置。国防工业"关键性的生产机构，领导干部、人员要配好"②，管理才能落实，质量才能有保障。

二、武器装备就是要求质量，要在工厂设军代表，要派好的

由军方向承制单位派出现场代表，监督装备合同履行情况和检查验收产品，是一项通用的国家制度，是美、俄、英、法等军工强国的通行做法。总结中国的做法和借鉴外国的经验，邓小平坚决纠正否定军事代表制度的做法，他明确指出："装备就是要求质量。要在工厂设军代表，要派好的。"③ 落实邓小平军事代表制度精神，中国武器装备质量监督体系逐步完善。

1. 驻厂军代表是否取消，可缓一步，现在不要忙

中国的军事代表工作制度是国家为监督武器装备生产和保证军队获得武器装备所采取的一项重要制度。现代武器装备是一项复杂的系统工程，技术含量高、投资大、研制的周期长、生产工艺复

① 《邓小平文选》第 2 卷，人民出版社 1994 年版，第 25—26 页。

② 《邓小平军事文集》第 3 卷，军事科学出版社、中央文献出版社 2004 年版，第 27 页。

③ 《邓小平军事文集》第 3 卷，军事科学出版社、中央文献出版社 2004 年版，第 65 页。

杂，为了提高研制和生产的质量，避免因设计、制造缺陷而造成贻误战机和不必要的伤亡，由军队派出军事代表对武器装备的研制、订货合同进行监督，对研制、生产的过程进行质量监督，对产品进行检验验收，对成本价格进行审查，是确保产品质量、实现装备计划、提高装备购置费的使用效率的重要措施。新中国成立初期，沿用苏联的军事代表工作方式，陆续向国防企业派驻军事代表，承担军工产品检验工作。1970 年 1 月，当时的军委办事组决定取消军事代表制度，改为设订货联络小组或验收组，军事代表改称联络员。军事联络员只能办理产品接收，不履行对产品质量的监督职责。1975 年 2 月 8 日，在听取了总参负责人汇报关于军队的工作时，邓小平指出："驻厂军代表是否取消，可缓一步，现在不要忙，人数也不多。军代表和工厂在产品质量上的矛盾，已解决多少年了，现在还没解决好。军工产品就是要搞好质量，质量第一，要过得硬，打仗嘛！至于将来某一个工厂，某一个产品质量真正过关了，可不搞常驻军代表，采取流动检验的办法。"① 然而，当年的 11 月 1 日，国务院、中央军委还是下发了《关于取消驻厂军事代表制度颁发军工产品交接若干问题暂行规定的通知》。由于军事代表制度被取消，武器装备进入军队的最后"关口"被撤掉。

2. 军代表制度应该保留，现在要设，至少有段时间要设

中国的驻厂军事代表对武器装备生产过程介入较多，参与了每一个重要的生产环节，不仅采取层层把关、道道设防的方式来保证产品质量，而且还参与了工厂的生产管理，当产品的性能和质量达不到要求时，他们有权停止生产。邓小平高度认同军事代表制度对于武器装备质量的保证作用，"文化大革命"结束后，就立即部署恢复和加强军事代表工作。1977 年 8 月 23 日，在中共中央军委座谈会上的讲话中，邓小平提出，要在工厂设军代表，"至少有段时

① 《邓小平军事文集》第 3 卷，军事科学出版社、中央文献出版社 2004 年版，第 10—11 页。

间要设。即使说以后不设，但三五年内要设，因为现在工厂不能保证质量，如果三年后不需要了，三年后取消，两年后不需要了，两年后取消，一年后工厂能够保证质量了，一年后取消也可以，但现在要设。”① 1977年9月4日，邓小平在总后勤部党委《关于保留驻厂军事代表制度的报告》上批示：“军代表制度应该保留。由总后商同国防工办拟一正式决议（对原规定进行审查，加以修改），提交军委扩大会议通过。”② 同年10月26日，国务院、中央军委下发了《关于恢复驻厂军事代表制度的通知》。到1979年，地区性的军事代表办事处和驻厂军事代表室都基本组建完毕并开始开展工作。1983年5月，由总参谋部发出的《关于全军驻厂军事代表工作归口管理问题的通知》，规定了共同性的工作由总参谋部装备部归口管理。1983年12月，总参谋部、总政治部、总后勤部三部门联合在北京召开了第一次全军驻厂军事代表工作会议，会议充分肯定了军事代表工作制度，高度评价了军事代表在国防现代化建设中的作用，肯定了其地位。1989年9月26日，由国务院、中央军委修订并颁布的《中国人民解放军驻厂军事代表工作条例》，把军事代表的质量监督职能从生产阶段拓展到了科研、使用阶段，它不仅拓宽了军事代表的业务工作范围，而且还赋予了军事代表开展质量监督和检验工作的独立性。

三、没有必要的责任制度，武器装备质量难于保证

质量管理是现代企业管理的核心，责任制是质量管理的前提。20世纪70年代中后期，面对武器装备质量频繁出问题的状况，邓小平明确提出“当前对装备的中心要求是质量”③。“质量问题与建

---

① 《邓小平军事文集》第3卷，军事科学出版社、中央文献出版社2004年版，第65—66页。

② 《邓小平年谱（1975—1997）》上，中央文献出版社2004年版，第195页。

③ 《邓小平军事文集》第3卷，军事科学出版社、中央文献出版社2004年版，第71页。

立规章制度有关。没有必要的责任制度，质量难于保证。”① 解决产品质量差、质量事故难于消灭的问题，关键在建章立制。

1. 要好好研究管理制度，搞出一套制度来，彻底改变质量事故多的局面

保证武器装备研制和生产的质量，从管理的角度来看，关键是要建立和完善管理制度尤其是岗位责任制度。1977 年 11 月 1 日，在听取国防工业办公室负责人汇报工作时，邓小平说：“国防工办要找各个部好好研究管理制度，特别是岗位责任制。要搞出一套制度来，彻底改变质量事故多的局面。”“不建立岗位责任制，出了事故找负责的也找不到。”② 建立岗位责任制，前提是要理顺党委领导、行政指挥和技术责任之间的关系。（1）建立岗位责任制，解决党委管得过多的问题。邓小平说：“整顿国防工业，岗位责任制要赶快建立起来。没有岗位责任制，什么事都找党委，党委哪能管得这么多！工程师不顶事了，车间主任也没有责任了，总工程师也不签字了。”③ 企业实行生产经营和行政管理工作的厂长负责制，要求企业党组织要从思想观念到工作内容、工作方法，都来一个大转变，要从繁忙的日常的行政事务中解脱出来，把工作重心放到积极支持厂长实现任期的责任目标和统一指挥生产经营的活动上，放到保障监督党和国家方针政策的贯彻上，放到搞好企业党的建设和思想政治工作上，由此来保证企业的生产、经营工作任务的顺利进行。1986 年 9 月 15 日，由中共中央、国务院颁布的《中国共产党全民所有制工业企业基层组织工作条例》，规定了企业党组织保障监督作用的具体内容。（2）企业管理要制定一个制度，实行党委领导下的厂长负责制。1978 年 7 月 1 日、2 日，在听取五机部负责

① 《邓小平文选》第 2 卷，人民出版社 1994 年版，第 26 页。

② 《邓小平军事文集》第 3 卷，军事科学出版社、中央文献出版社 2004 年版，第 74、73 页。

③ 《邓小平军事文集》第 3 卷，军事科学出版社、中央文献出版社 2004 年版，第 73 页。

人汇报时，邓小平提出制定厂长负责制。邓小平说："要研究企业的管理问题。要制定一个制度，实行党委领导下的厂长负责制，叫分工负责制。""工厂要建立党委领导下的厂长负责制，研究所里是党委领导下的所长负责制。要搞这个制度，否则，没有责任制嘛！"① 1984 年开始，全国部分全民所有制工业企业试点厂长负责制，探索适合中国工业企业现代化管理要求的管理办法。1986 年 9 月 15 日，由中共中央、国务院颁布的《全民所有制工业企业厂长工作条例》，以法规的形式规定了厂长负责制的具体内容，由此保证厂长在企业真正实现经营重大问题上的决策权，突出了厂长在行政指挥中的作用。（3）恢复岗位责任制方面，军工企业要走在前面。1977 年 11 月 1 日，在听取了国防工业办公室负责人的汇报后，邓小平要求："在恢复制度方面，特别是岗位责任制方面，军事工业部门应该走在前面。……要恢复各种制度，恢复总工程师、总设计师、总工艺师等岗位责任制。要从工作需要出发，要很好研究，哪一些是需要的，赶快恢复起来。"② 军工企业党委工作制度的完善、厂长负责制的建立和岗位责任制的恢复，从管理制度层面建立了武器装备质量保障的机制。

2. 恢复两条指挥线的型号研制制度，建立强有力的生产指挥系统

恢复和建立国防工业企业岗位职责制，目的是建立强有力的生产指挥系统，确保产品质量。1978 年 10 月 8 日，在审改关于中国工会第九次全国代表大会上的祝词时，邓小平增加了以下内容："我们的企业要实行党委领导下的厂长或经理负责制，要建立强有力的生产指挥系统。工会要教育全体会员维护企业实行高度集中的行政领导，维护生产指挥系统的高度权威。只有这样，才能有效地

① 《邓小平军事文集》第 3 卷，军事科学出版社、中央文献出版社 2004 年版，第 132、73 页。

② 《邓小平军事文集》第 3 卷，军事科学出版社、中央文献出版社 2004 年版，第 73 页。

克服现在普遍存在的无人负责现象，才能正常地、有秩序地组织生产。”① 邓小平所增加的内容其核心是强调了厂长负责制和建立生产指挥系统。

武器装备型号研制强有力的生产指挥系统是由“技术指挥系统”和“调度指挥系统”构成的。“两条指挥系统”是20世纪60年代国防科技企业创建的具有中国特色的现代管理方法。1962年11月，原国防部五院在“科研十四条”的基础上制订的《第五研究院暂行条例》，标志着研制工作的两条指挥线的体制已基本形成。在“文化大革命”期间，这个体制遭严重的破坏。粉碎“四人帮”以后，特别是在党的十一届三中全会以后，两条指挥线的大规模研制工作体制已经得到恢复和完善。② 1977年10月，国防科委、七机部决定，首先在七机部所属研制单位恢复建立型号研制设计师制度，任命屠守锷为洲际导弹总设计师、黄纬禄为潜地导弹总设计师、任新民为卫星通信工程总设计师，建立了技术指挥系统。同时，按行政隶属关系，加强了行政指挥系统。随后，国防科委、国防工办和有关工业部，对列入国家计划的研制项目特别是重点项目，相继建立了设计师系统和行政指挥系统，健全了两条指挥线。1981年12月12日，由国防科学技术委员会、国务院国防工业办公室、国家机械工业委员会联合发布了《武器装备研制工作建立总设计师制度和行政指挥管理责任制的规定》，1984年4月4日，国务院、中央军委颁布了《武器装备研制设计师系统和行政指挥系统工作条例》，军工企业以设计师系统和行政指挥系统组成的生产指挥系统的建立获得国家法规层面的制度保障。

以科技专家为主体的科研指挥体系或者称之为技术指挥系统，是武器装备研制的技术负责主体。现代武器装备的研制需要通过规模宏大的科学研究和浩瀚复杂的工程系统来实现。尤其是“两弹

① 《邓小平年谱（1975—1997）》上，中央文献出版社2004年版，第395—396页。

② 《聂荣臻同志和科技工作》，光明日报出版社1984年版，第135—136页。

一星”这样的高技术武器装备，其研制过程具有多层次、多部件、多组件并进的特点，需要经历预先研制、型号研制、正式生产三大阶段，头绪繁多、结构紧密、程序复杂，组织管理空前困难，中国长期实行的总工程师或总设计师制度显得不太适应。一位总工程师，即使再加上几位各有分工的副总工程师，有水平、有充沛的精力，也应付不了全部技术组织管理和多方的技术组织和协调工作。因此，要有一个一百人、几百人规模的总体设计部，一类产品一个总体设计部。总体设计部是型号总设计师和副总设计师的参谋机构。总设计师和副总设计师是型号的技术指挥员。这个集体以及下面各组成部分的技术负责人就是型号研制工作的技术指挥系统或技术指挥线。《武器装备研制设计师系统和行政指挥系统工作条例》规定：“武器装备研制设计师系统（以下简称设计师系统）是由各级设计师组成的跨建制、跨部门的技术指挥系统，负责武器装备研制中的设计技术工作。”武器装备型号研制任务一经上级批准列入计划后，负责研制“抓总”工作的部门应立即组成设计师系统。设计师系统由武器装备的型号总设计师、系统或者分系统的主任设计师和单项设备（含部件，下同）的主管设计师组成。简单的武器装备型号可以只设主任设计师或主管设计师。各级设计师可以设副职。总设计师是负责武器装备研制任务的技术总负责人，即是设计技术方面的组织者、指挥者和重大技术问题的决策者。总设计师的主要职能之一就是确保武器装备的设计质量，即“在研制过程中，进行可靠性设计，加强全面质量管理，从设计上确保武器装备的研制质量”。武器装备型号或产品的技术指挥系统是主管一个个型号、产品的，但具体的研制工作又分散在专业的技术单位和车间、工厂。每一个技术单位，每一个车间、工厂同时要承担不同型号、不同产品的工作。如何协调？这是生产的管理和调度要解决的问题。为了做好这项工作，要有各级的调度指挥部门和负责每一型号的调度指挥员，即行政指挥系统。

两个各有专职的系统，技术指挥系统和调度指挥系统，每个型号两组指挥员，总设计师和副总设计师是技术指挥员，还有调度指挥员。两个系统、两组指挥员都向部门的领导负责，在部门领导的领导下亲密协作编好一个型号、一个产品的研制工作。这就是中国通过国防尖端技术、导弹核武器和人造卫星研制工作逐步形成的大规模科学技术研制工作的现代化组织管理体制。

3. 总工程师管技术，出了问题唯他是问，干得好提级涨工资

奖惩制度是岗位责任制的重要组成部分，也是落实岗位责任制的重要保证。只有建立了奖罚分明的奖惩制度，武器装备研制的岗位责任制才能发挥质量保证的作用。邓小平说："工厂没有总会计师、总工程师，岗位责任制这样的制度也没有了。这些制度是必须有的。一个产品是不是合格，检验员要签字。有的事是总工程师签字，有的事是总会计师签字，签了字就要负责任。"①

邓小平认为，武器装备的研制质量问题，主要责任应当是负责技术的总工程师。邓小平说："质量问题那么严重，老出事故怎么行？以后飞机出厂，总工程师要签字，技术上要负责任。""质量没有搞好，党委有责任，但总工程师管技术，应该把责任加在他身上，有职有权，出了技术问题就找他，唯他是问。""有些质量事故要追究责任，严重的要判刑。"② 1977 年 11 月 1 日，在听取国防工业办公室负责人的工作汇报时，邓小平要求建立奖惩制度来确保产品质量。邓小平指出："要有奖惩制度，出了质量大事故要给刑事处分。好的工程师要放在重要岗位上，当得好，称职，过一段时间，就可以提级嘛！提级就涨工资。科学院把陈景润提为研究员，还提了两个副研究员，这在国外反应很强烈。这些问题中央政治局讨论过，大家意见是一致的。不从制度着手，产品质量搞不好，事故消

---

① 《邓小平年谱（1975—1997）》上，中央文献出版社 2004 年版，第 239 页。

② 《邓小平军事文集》第 3 卷，军事科学出版社、中央文献出版社 2004 年版，第 73 页。

灭不了。”[①] 从奖惩制度着手，保证武器装备的质量，不仅是邓小平个人的意见而且当时就已经成为中共中央政治局的集体共识。

高质量的武器装备，不仅有赖于具有先进技术的军事工业而且需要严格的科学管理。武器装备现代化是复杂的长期的浩大工程，把现代科技物化为先进的武器装备，必须加强各个层次各个方面各个环节的科学管理。立足于管理也是科学、管理也是生产力的观念，邓小平从国家层面，探索了符合武器装备建设规律的集中统一管理体制，从产业层面，探索了适应社会主义市场经济的武器装备研制管理制度，从企业层面，探索了国防科技工业企业以责任制为核心的现代企业的管理制度，为中国武器装备现代化建设提供了适合国情、具有特色的武器装备领导制度和管理体系。

---

① 《邓小平军事文集》第 3 卷，军事科学出版社、中央文献出版社 2004 年版，第 74 页。

参考文献

一、文献及传记

1.《毛泽东文集》1—8 卷，人民出版社 1993—1999 年版。

2.《建国以来毛泽东军事文稿》上、中、下卷，军事科学出版社、中央文献出版社 2010 年版。

3.《周恩来选集》上、下卷，人民出版社 1984 年版。

4.《周恩来军事文选》1—4 卷，人民出版社 1997 年版。

5.《朱德年谱（新编本）》，人民出版社 2016 年版。

6.《邓小平文选》1—3 卷，人民出版社 1993—1994 年版。

7.《邓小平年谱（1975—1997）》上、下卷，中央文献出版社 2004 年版。

8.《邓小平军事文集》1—3 卷，军事科学出版社、中央文献出版社 2004 年版。

9.《邓小平西南工作文集》，中央文献出版社、重庆出版社 2006 年版。

10.《邓小平思想年编（1975—1997）》，中央文献出版社 2011 年版。

11.《邓小平传（1904—1974）》上、下卷，中央文献出版社 2014 年版。

12.《邓小平文集（1949—1974）》上、中、下卷，人民出版社2014年版。

13.《聂荣臻同志和科技工作》，光明日报出版社1984年版。

14.《聂荣臻传》，当代中国出版社1994年版。

15.《聂荣臻回忆录》，解放军出版社2007年版。

16.《张闻天选集》，人民出版社1985年版。

17. 薄一波著：《若干重大决策与事件的回顾》上、下卷，中共中央党校出版社1991年版。

18.《杨尚昆日记》，中央文献出版社2001年版。

19. 江泽民著：《论科学技术》，中央文献出版社2001年版。

20.《江泽民文选》1—3卷，人民出版社2006年版。

21. 江泽民著：《论中国信息技术产业发展》，中央文献出版社、上海交通大学出版社2009年版。

22. 李鹏著：《起步到发展：李鹏核电日记》上，新华出版社1994年版。

23.《刘华清回忆录》，解放军出版社2004年版。

24.《刘华清军事文选》上、下卷，解放军出版社2008年版。

25.《方毅传》，人民出版社2008年版。

26.《三中全会以来重要文献选编》上、下，人民出版社1982年版。

27.《十二大以来重要文献选编》上、中、下，人民出版社1986—1988年版。

28.《十三大以来重要文献选编》上、中、下，人民出版社1991—1993年版。

29.《十四大以来重要文献选编》上、中、下，人民出版社1996—1999年版。

30.《建国以来重要文献选编》1—20册，中央文献出版社2011年版。

31.《中华人民共和国国民经济和社会发展第七个五年计划（1986—1990）》，人民出版社1986年版。

二、其他著作

1. 《延安自然科学院史料》，中共党史资料出版社、北京工业学院出版社 1986 年版。

2. 《当代中国海军》，中国社会科学出版社 1987 年版。

3. 《当代中国的核工业》，中国社会科学出版社 1987 年版。

4. 《当代中国的电子工业》，当代中国出版社 1987 年版。

5. 《当代中国的航天工业》，中国社会科学出版社 1988 年版。

6. 国家经济体制改革委员会编：《中国经济体制改革十年》，经济管理出版社、改革出版社 1988 年版。

7. 《当代中国空军》，中国社会科学出版社 1989 年版。

8. 郭建荣主编：《中国科学技术纪事（1949—1989）》，人民出版社 1990 年版。

9. 杨立忠等著：《高技术战略》，军事科学出版社 1991 年版。

10. 谢光主编：《当代中国的国防科技事业》上、下，当代中国出版社 1992 年版。

11. 《当代中国的船舶工业》，当代中国出版社 1992 年版。

12. 《当代中国的兵器工业》，当代中国出版社 1993 年版。

13. 程新桥等著：《新中国军事经济史（1949—1989）》，海潮出版社 1994 年版。

14. 段炳麟著：《世界当代史》，北京师范大学出版社 1994 年版。

15. 樊洪业主编：《中国科学院编年史（1949—1999）》，上海科技教育出版社 1999 年版。

16. 陆授观著：《中国第一颗人造地球卫星的诞生·请历史记住他们》，暨南大学出版社 1999 年版。

17. 曾敏著：《聂荣臻科学技术思想研究》，中央文献出版社 1999 年版。

18. 崔禄春著：《建国以来中国共产党科技政策研究》，华夏出版社 2002 年版。

19. 刘戟锋、刘艳琼、谢海燕著：《两弹一星工程与大科学》，山东教育出版社 2004 年版。

20. 《春天长在，丰碑永存——邓小平同志与中国科技事业》，科学技术文献出版社 2004 年版。

21. 张柏春等著：《苏联技术向中国的转移（1949—1966）》，山东教育出版社 2004 年版。

22. 国防科学技术工业委员会编：《邓小平国防科技工业建设思想研究》，北京航空航天大学出版社 2004 年版。

23. 《春颂——邓小平同志与中国科技事业》，科学技术文献出版社 2004 年版。

24. 曾敏主编：《中国共产党科技思想研究》，四川出版集团、四川人民出版社 2005 年版。

25. 聂力著：《山高水长——回忆父亲聂荣臻》，上海文艺出版社 2006 年版。

26. 怀国模主编：《中国军转民实录》，国防工业出版社 2006 年版。

27. 李成智编著：《中国航天技术发展史稿》上、中、下，山东教育出版社 2006 年版。

28. 段联合、曹胜斌编著：《科学技术哲学教程》，科学出版社 2007 年版。

29. 胡维佳主编：《中国科技规划、计划与政策研究》，山东教育出版社 2007 年版。

30. 《新世纪新阶段国防和军队建设》，人民出版社、党建读物出版社 2008 年版。

31. 李颖编著：《共和国历史的细节》，人民出版社 2009 年版。

32. 张晓天著：《军民融合式发展的探索与实践》，国防大学出版社 2009 年版。

33. 董文先著：《再论现代空军》，蓝天出版社 2009 年版。

34. 郭世贞主编：《军事装备思想研究》，国防工业出版社2010年版。

35. 《武器百科》编委会编写：《武器百科》，中国华侨出版社2011年版。

36. 张秦洞主编：《论新时期国防与军队建设》，军事科学出版社2011年版。

37. 陆其明、范敏若编著：《张爱萍与两弹一星》，解放军出版社2011年版。

38. 周碧松著：《中国特色武器装备建设道路研究》，国防大学出版社2012年版。

39. 刘继贤主编：《邓小平军事思想教程》，军事科学出版社2013年版。

40. 杨连新著：《见证中国核潜艇》，海潮出版社2013年版。

41. 李显荣著：《论核战略》，人民出版社2014年版。

42. 王仲春著：《核战解码——关于核武器与核战争的那些人和事》，海洋出版社2014年版。

43. 赵超阳、魏俊峰、韩力著：《武器装备多维透视》，国防工业出版社2014年版。

44. 田越英著：《图解中国国防》，人民出版社2014年版。

45. 陈婧主编：《强国空军之路》，解放军出版社2014年版。

46. 吴国辉著：《科技铸剑——国防科技和武器装备创新发展》，长征出版社2015年版。

47. 胡延宁、李炳彦、王圣良著：《光战争——世界军事革命新趋势》，解放军出版社2015年版。

48. 《解密中国榴弹武器》，航空工业出版社2015年版。

49. 向红军、雷彬、赵科义编著：《非致命武器技术》，兵器工业出版社2015年版。

50. 〔英〕罗素著：《西方哲学史》上、下卷，马元德译，商务印书馆1982年版。

51. 〔英〕J·D·贝尔纳著：《科学的社会功能》，陈体芳译，商务印书馆1982年版。

52. 保罗·肯尼迪著：《大国的兴衰》，王保存等译，求实出版社1988年版。

53. 〔美〕理查德·P·萨特米尔著：《科研与革命——中国科技政策与社会变革》，袁南生等译，国防科技大学出版社1989年版。

54. 〔美〕罗纳德·里根著：《里根回忆录——一个美国人的生平》，何力译，新华出版社1991年版。

55. 〔美〕托马斯·库恩著：《科学革命的结构》，金吾伦、胡新和译，北京大学出版社2003年版。

56. 〔美〕R. K. 默顿著：《科学社会学》上、下册，鲁旭东、林聚任译，商务印书馆2003年版。

57. 〔美〕安德鲁·S．埃里克森、莱尔·J．戈尔茨坦、威廉·S．默里、安德鲁·R．威尔逊主编：《中国未来核潜艇力量》，刘宏伟译，海洋出版社2015年版。

58. 〔美〕安德鲁·S．埃里克森、莱尔·J．戈尔茨坦、卡恩斯·洛德主编：《中国走向海洋》，董绍峰、姜代超译，海洋出版社2015年版。

三、相关报道与资料

1.《卫星技术吸引着著名的中国科学家》，《参考消息》，1977年6月14日。

2.《在中子弹方面的争论》，《参考消息》，1977年7月10日。

3.《卡特说他支持生产中子弹》，《参考消息》，1977年7月14日。

4.《邓先生复职的中国：现代化的“重点”是军备》，《参考消息》，1977年7月29日。

5.《我又成功发射一颗人造地球卫星》，《参考消息》，1978年1月31日。

6.《中国回收卫星又一次获得成功》，《参考消息》，1978年2月1日。

7.《中国加紧重建它的军队：购买外国武器来抵挡苏联人》，《参考消息》，1978年5月16日。

8.《不准向中国出口集成电路成套设备》，《参考消息》，1978年6月28日。

9.《美准许卖给我一颗通讯卫星并代为发射》，《参考消息》，1978年10月14日。

10.《美中就电视卫星计划达成协议》，《参考消息》，1979年2月11日。

11.《中国公布国防费有极其重要意义》，《参考消息》，1979年7月1日。

12.《中国军事首脑到达伦敦》，《参考消息》，1979年7月6日。

13.《敦促美国援助中国军方》，《参考消息》，1979年10月6日。

14.《五角大楼研究同中国建立军事关系的前景》，《参考消息》，1980年1月6日。

15.《布朗在观看中国战斗机表演后的谈话》，《参考消息》，1980年1月12日。

16.《中国对莫斯科兵力的牵制作用》，《参考消息》，1980年2月4日。

17.《西德报纸谈中国在世界上的作用》，《参考消息》，1980年2月10日。

18.《中国在军事上的崛起》，《参考消息》，1980年6月5日。

19.《美中央情报局发表关于中国防务的研究报告》，《参考消息》，1980年8月17日。

20.《美国防部副部长佩里谈同我方会谈的情况》，《参考消息》，1980 年 9 月 12 日。

21.《对中国在武器方面的需要左右为难》，《参考消息》，1980 年 10 月 22 日。

22.《罗申说美如发展中子弹苏就要跟着同样干》，《参考消息》，1981 年 2 月 9 日。

23.《苏联对美国航天飞机试飞持敌视态度》，《参考消息》，1981 年 4 月 12 日。

24.《中国探寻独自的开发技术道路》，《参考消息》，1981 年 4 月 25 日。

25.《〈华尔街日报〉报道温伯格谈美国的新战略——美打算建立同时能打两场大规模战争的力量》，《参考消息》，1981 年 6 月 18 日。

26.《苏联把航天技术用于军事目的》，《参考消息》，1981 年 6 月 28 日。

27.《美空军试验激光束取得较好效果》，《参考消息》，1981 年 6 月 28 日。

28.《法国防部长就苏试验中子武器发表谈话》，《参考消息》，1981 年 8 月 12 日。

29.《中子弹：为什么它使俄国人感到不安》，《参考消息》，1981 年 8 月 17 日。

30.《美已制定在战时摧毁苏间谍卫星的绝密计划》，《参考消息》，1981 年 8 月 18 日。

31.《苏丹〈天天报〉谈美间谍卫星活动情况》，《参考消息》，1981 年 9 月 4 日。

32.《我国首次用一枚火箭发射三颗卫星》，《参考消息》，1981 年 9 月 22 日。

33.《日报评论中国发射卫星成功》，《参考消息》，1981 年 9 月 23 日。

34. 《中国核武器研制工作不断取得进展》，《参考消息》，1981 年 12 月 31 日。

35. 《美苏一九八二年的宇航成就和竞争》，《参考消息》，1983 年 1 月 10 日。

36. 《外电评述我国发射一颗试验卫星》，《参考消息》，1984 年 2 月 1 日。

37. 《外国记者评我成功发射通信卫星》，《参考消息》，1984 年 4 月 12 日。

38. 《观察家说试验通信卫星成功定点，大大有助于提高中国的通信水平》，《参考消息》，1984 年 4 月 20 日。

39. 《美科学家评论我国通信卫星发射成功确实是一个里程碑》，《参考消息》，1984 年 4 月 21 日。

40. 《武器控制协议不能制止武器竞赛》，《参考消息》，1985 年 1 月 20 日。

41. 《何谓“星球大战”计划》，《参考消息》，1985 年 2 月 1 日。

42. 《美专家向中国有关人士通报“星球大战”计划》，《参考消息》，1985 年 6 月 22 日。

43. 《英在“星球大战”计划中的研究项目》，《参考消息》，1985 年 12 月 10 日。

44. 《增强中国的防御能力》，《参考消息》，1986 年 4 月 11 日。

45. 《美国会将批准向中国出售航空电子技术》，《参考消息》，1986 年 4 月 15 日。

46. 《苏联用什么对付星战计划》，《参考消息》，1986 年 10 月 21 日。

47. 《苏对付美“星球大战”计划的反措施》，《参考消息》，1986 年 11 月 12 日。

48. 《苏披露对付星球大战的高招》，《参考消息》，1986 年 12

月 21 日。

49.《中国生产的武器有竞争力》，《参考消息》，1987 年 2 月 22 日。

50.《中国三线企业战略再转移》，《参考消息》，1987 年 7 月 29 日。

51.《中国人争取进入太空》，《参考消息》，1988 年 2 月 19 日。

52.《西方公司压澳放弃利用我火箭发射卫星》，《参考消息》，1988 年 6 月 19 日。

53.《裁军并未减少美苏研制新武器》，《参考消息》，1990 年 3 月 29 日。

54.《中国首次打入商业卫星发射市场》，《参考消息》，1990 年 4 月 9 日。

55.《中国造船业发展迅速，日本造船主感到不安》，《参考消息》，1990 年 4 月 16 日。

56.《中国将跻身载人太空飞行先进行列》，《参考消息》，1990 年 7 月 20 日。

57.《美星战计划缩小了规模》，《参考消息》，1991 年 8 月 23 日。

58.《努力掌握技术，确保安全运转——日报报道中国秦山核电站在安全方面完全达标》，《参考消息》，1992 年 2 月 12 日。

59.《北京宇航业有相当长的成功历史》，《参考消息》，1992 年 4 月 1 日。

60.《世界各国核电站情况一览表》，《参考消息》，1992 年 4 月 17 日。

61.《人民日报》海外版，1992 年 7 月 22 日。

62. 陈宜元：《资源一号发射成功标志着我国空间技术实现了新的飞跃》，《中国航天》，2000 年第 3 期。

63. 成发韧等：《中国载人飞船的进展简况》，《国际太空》，

2002 年第 12 期。

64. 《回首中国人的航母梦——徐焰将军访谈录》，《兵器知识》，2012 年第 11 期。

65. 《引进“双 35”背后的故事》，《兵器知识》，2012 年第 11 期。

66. 《与部分官兵——谈装备》，《兵器知识》，2013 年第 5 期。

67. 《中国国防费增长揭秘》，《广角镜》，2013 年 4 月 16 日—2013 年 5 月 15 日。

68. 《俄制苏 - 35 战机落户中国》，《广角镜》，2013 年 8 月 16 日—2013 年 9 月 15 日。

69. 袁诗敏：《揭开中国三线建设的神秘面纱》，《纵横》，2014 年第 1 期。

70. 陈东林：《三线建设的决策与价值：50 年后的回眸》，《新华文摘》，2014 年第 24 期。

71. 《中俄合作武器研发内幕》，《广角镜》，2014 年 6 月 16 日—2014 年 7 月 15 日。

72. 《中国战机总量世界第二》，《广角镜》，2014 年 11 月 16 日—2014 年 12 月 15 日。

73. 《海军舰艇建造创纪录》，《广角镜》，2015 年 1 月 16 日—2015 年 2 月 15 日。

74. 《芯片上的中国军事力量》，《广角镜》，2015 年 12 月 16 日—2016 年 1 月 15 日。

75. 《苏联军工体制对中国启示》，《广角镜》，2015 年 12 月 16 日—2016 年 1 月 15 日。

76. 《坎坷曲折的中国航母之路》，《镜报》，2015 年 12 月。

77. 黄志澄：《“追梦者”：美国新一代航天飞机》，《文汇报》，2016 年 1 月 24 日。

78. 《从 ARJ21 到 C919——中国民用客机的自主创新历程》，《百年潮》，2016 年第 4 期。

79. 《送别“歼－10之父”》，《瞭望》，2016年第14期。

80. 《人民日报》，2016年7月22日。

81. 《从数量规模制胜走向精兵制胜》，《参考消息》，2017年7月19日。

82. 《CNN披露美海军首款现役激光炮》，《参考消息》，2017年7月19日。

83. 《中国或将试射“巨浪”－3型导弹》，《参考消息》，2017年8月21日。

后　记

作为2015年国家社会科学基金西部项目的最终成果，《邓小平关于武器装备建设的论述研究》得以出版，是中央文献出版社和审稿单位鼎力支持的结果。中央文献出版社按照重大选题备案制度进行选题备案，审稿单位组织相关领域知名专家审读把关，极大地提升了本书的学术水平，对各位专家严谨的学风、深厚的理论素养、敏锐的洞悉能力表示深深的敬佩！

本课题由曾敏研究员牵头申报、组织撰写，是参与人员通力合作的成果。曾敏研究员撰写了绪论和第四、五、六章并对全书进行统稿，李泉霖博士研究生撰写了第一、二、三章并负责搜集外文资料。兰想博士、彭波博士、邱潇博士参与了课题申报、提纲讨论、资料收集等工作。本课题在申报、调研、结项等环节，得到了四川省社会科学院、四川省社会科学界联合会的大力支持。同时，本书参考和借鉴了有关专家学者的观点和材料，在此，表示衷心的感谢！

囿于搜集资料渠道的局限、相关实际工作经历的缺乏和武器装备理论知识储备的不足，本书某些理论观点的论述略显肤浅，敬请读者批评指正。

作者

2024年7月

图书在版编目（CIP）数据

邓小平关于武器装备建设的论述研究 / 曾敏, 李泉霖著.
-- 北京：中央文献出版社, 2024. 8. -- ISBN 978-7-
5073-5033-3

Ⅰ. A849.165

中国国家版本馆CIP数据核字第2024A240K8号

邓小平关于武器装备建设的论述研究

DENG XIAOPING GUANYU WUQI ZHUANGBEI JIANSHE DE LUNSHU YANJIU

著　　者： 曾　敏　李泉霖
责任编辑： 杨　平
封面设计： 嘉盛时代&尽心斋
责任印制： 黄　冉

出版发行： 中央文献出版社
地　　址： 北京西四北大街前毛家湾1号
邮　　编： 100017
网　　址： www.zywxpress.com
电子邮箱： zywx5073@126.com
销售热线： 010–83072503 / 83072509 / 83089404 / 83089317 / 83072511
经　　销： 新华书店
排　　版： 陈丰林　李文娟
印　　刷： 北京晨旭印刷厂

710毫米 × 1000 毫米　16 开　24 印张　335 千字
2024 年 8 月第 1 版　2024 年 8 月第 1 次印刷

ISBN 978 – 7 – 5073 – 5033 – 3　定价：62.00元